普通高等学校应用型教材
市场营销

市场调查与预测

第3版

主 编 陈 静
副主编 刘宏涛 王永东

中国人民大学出版社
·北京·

图书在版编目（CIP）数据

市场调查与预测 / 陈静主编；刘宏涛，王永东副主编. --3版. --北京：中国人民大学出版社，2024.4
普通高等学校应用型教材. 市场营销
ISBN 978-7-300-32497-5

Ⅰ.①市… Ⅱ.①陈… ②刘… ③王… Ⅲ.①市场调查-高等学校-教材②市场预测-高等学校-教材 Ⅳ.①F713.52

中国国家版本馆CIP数据核字（2024）第018959号

普通高等学校应用型教材·市场营销
市场调查与预测（第3版）
主 编 陈 静
副主编 刘宏涛 王永东
Shichang Diaocha yu Yuce

出版发行	中国人民大学出版社		
社 址	北京中关村大街31号	邮政编码	100080
电 话	010－62511242（总编室）		010－62511770（质管部）
	010－82501766（邮购部）		010－62514148（门市部）
	010－62515195（发行公司）		010－62515275（盗版举报）
网 址	http://www.crup.com.cn		
经 销	新华书店		
印 刷	天津鑫丰华印务有限公司	版 次	2016年7月第1版
开 本	787 mm×1092 mm 1/16		2024年4月第3版
印 张	18.75插页1	印 次	2024年12月第2次印刷
字 数	430 000	定 价	49.00元

前　言

“市场调查与预测”是市场营销等工商管理类专业开设的重要专业课程，主要介绍如何运用科学的方法，系统、有效率地收集和分析市场信息，以得到经营管理和市场营销的科学决策依据，其目的是帮助学生掌握市场调查与预测的基本理论知识，增强实践应用能力。

作者从事“市场调查与预测”课程的教学工作多年，使用过多个版本的教材。所用过的教材中存在两种截然不同的倾向：一种倾向是对市场调查与预测的理论和方法介绍得过于简略，读者读完后只知其然不知其所以然，这类教材往往只介绍理论的实际应用，至于为什么用这些理论或方法去解决实际问题则介绍得颇为简略甚至根本未提及；另一种倾向则是介绍得过于细致，将与市场调查与预测有关的每一种理论和方法都置于教材之中，甚至追根溯源详加推导，导致教材内容繁杂、层次不分明、重点不突出、目标不清晰。

2016 年，在总结同类教材优缺点的基础上，我们推出了《市场调查与预测》。书中对常用的、主流的市场调查与预测理论和方法做了详细介绍，对较少使用的理论和方法则一笔带过或省略不提，体现了简繁有度、层次分明、重点突出的特点。该书被众多高校和读者采用，受到许多同行和读者的好评，并得到了他们提出的许多宝贵意见和建议，为修订和完善奠定了基础。

2020 年，在第 1 版的优秀内容和形式的基础上，我们听取众多同行和读者的意见修订出版了第 2 版。第 2 版先后被近百所高校选作教材，累计发行量近两万册，获得了众多好评。

2022 年，在中国人民大学出版社的大力支持下，我们启动了第 3 版的修订工作。第 3 版继续采用前两版的优秀内容，搜集了众多读者的意见，听取了多所高校教师的建议，做了如下修订：(1) 在每章适当位置增加案例和扩展阅读；(2) 在第 6 章（市场调查资料的整理与分析）中增加 SPSS 的应用介绍；(3) 在第 9 章（时间序列预测方法）中增加 SPSS 的应用介绍；(4) 在教材几乎所有章节增加了课程思政内容。

第 3 版仍然分为市场调查与市场预测两大部分。

市场调查部分包括六章，即第 1 章市场调查概述，第 2 章市场调查方案与问卷设计，第 3 章定性调查方法，第 4 章定量调查方法，第 5 章抽样调查方法，第 6 章市场调查资料的整理与分析。

市场预测部分包括五章，即第 7 章市场预测原理，第 8 章定性预测方法，第 9 章时间序列预测方法，第 10 章马尔柯夫预测方法，第 11 章回归分析预测方法。

本书在介绍必要的理论内容的基础上，强调内容的实用性，适合作为培养应用型人才的高等院校相关专业本科生和研究生的学习用书，也可作为相关专业人士和自学者的参考书。

在此次的修订过程中，听取了山西传媒学院高环成老师、湛江科技学院陈小建老师、山东青年政治学院王立军老师等多位同人的意见和建议。同时，还得到了沈阳航空航天大学经济与管理学院市场营销教研室王永东、刘宏涛两位同事的支持：王永东老师承担了第 6 章的修订工作，刘宏涛老师承担了第 9 章和第 11 章的修订工作。此外，还参考借鉴了其他人的研究成果，引用了相关教材的部分内容，在此表示由衷的感谢。尽管我们尽最大努力提高本书的可读性和质量，但由于水平所限和时间仓促，书中难免出现错误和疏漏，恳请广大读者批评指正。

陈　静

目 录

第 1 章 市场调查概述

第 1 节 市场调查的概念 1
第 2 节 市场营销信息系统概述 2
第 3 节 市场调查的作用 3
第 4 节 市场调查的分类 5
第 5 节 市场调查的内容 7
第 6 节 市场调查的基本步骤 9

第 2 章 市场调查方案与问卷设计

第 1 节 市场调查方案的概念和内容 14
第 2 节 市场调查问卷设计基础 22
第 3 节 市场调查问卷的整体设计 26

第 3 章　定性调查方法

第 1 节　文献调查法　33
第 2 节　焦点访谈法　35
第 3 节　深度访谈法　39
第 4 节　投影技法　45

第 4 章　定量调查方法

第 1 节　询问调查法　49
第 2 节　观察调查法　59
第 3 节　实验调查法　65

第 5 章　抽样调查方法

第 1 节　抽样调查概述　73
第 2 节　抽样方案设计　75
第 3 节　抽样方法　77
第 4 节　样本容量确定　86

第 6 章　市场调查资料的整理与分析

第 1 节　市场调查资料的接收和检查　90
第 2 节　市场调查资料的编码　95
第 3 节　调查数据的录入与净化　102
第 4 节　统计表和统计图　107
第 5 节　调查数据的描述性统计分析　113
第 6 节　市场调查报告的撰写与陈述　133

第 7 章　市场预测原理

第 1 节　市场预测概述　143
第 2 节　市场预测的内容与分类　145
第 3 节　市场预测的一般原理与要素　148
第 4 节　市场预测的程序与预测误差　150

第 8 章 定性预测方法

第 1 节 定性预测概述 155
第 2 节 经验判断预测法 156
第 3 节 专家预测法 161

第 9 章 时间序列预测方法

第 1 节 时间序列预测方法概述 174
第 2 节 简单平均预测方法 178
第 3 节 移动平均预测方法 184
第 4 节 指数平滑预测方法 192
第 5 节 季节指数预测方法 203

第 10 章 马尔柯夫预测方法

第 1 节 马尔柯夫预测方法概述 218
第 2 节 马尔柯夫预测方法的步骤及预测内容 222
第 3 节 马尔柯夫预测方法的应用 225

第 11 章 回归分析预测方法

第 1 节 回归分析预测方法概述 233
第 2 节 一元线性回归预测法 235
第 3 节 多元线性回归预测法 248

附 录 260

参考文献 293

第1章 市场调查概述

在现代市场营销观念下，营销管理的任务就是在满足消费者的需求和欲望的前提下达成企业的利润目标。企业营销管理人员为完成上述任务，需要对企业可控制的因素（即产品、定价、分销和促销策略）进行综合运用以制定有效的市场营销策略，而这必须建立在收集全面、可靠的市场信息的基础之上。市场信息收集、整理、分析的全过程就是市场调查。

第1节 市场调查的概念

市场调查即 marketing research，在不同的著作中有不同的翻译，有的翻译为市场研究，有的翻译为市场调研，有的翻译为营销调研。按照中文习惯，翻译成市场调查、营销调研或市场调研比较合适，但是不管翻译成其中的哪一个，其所涉及的内容、作用等都是相同的。下文中这三个名词会交替使用。

关于市场调查的概念，国内外的学者根据自己的研究领域从不同的角度有不同的定义，虽然侧重点各不相同，但基本上大同小异。最为典型的两种是美国著名营销学者、美国西北大学教授菲利普·科特勒和美国市场营销协会给出的定义。

菲利普·科特勒的定义：市场调查是对那些可用来解决特定营销问题的信息所进行的系统的设计、收集、分析并报告与公司面临的特定市场营销状况有关的数据和调查结果。

美国市场营销协会的定义：市场调查是一种借助信息把消费者、顾客及公共部门和市场联系起来的特定活动。这些信息被用来识别和界定市场营销的机会和问题，产生、改进和评价营销活动，监控营销绩效，增进对营销过程的理解。

菲利普·科特勒的定义主要集中于市场调查过程所涉及的步骤，美国市场营销协会的定义则主要明确了市场调查的用途和基本活动。

综合市场调查的各种定义，我们对市场调查做如下定义：市场调查就是指运用科学的方法，有目的、系统地收集、记录、整理有关市场营销信息和资料，分析市场情况，了解市场的现状及其发展趋势，为市场预测和营销决策提供客观的、正确的资料。

市场调查在以下几种情况下往往被企业决策者重视：

(1) 需要寻找新的市场机会时。在做出把某一产品投入市场的决策之前，要了解哪些是消费者新的需要和偏好，哪些产品已进入其生命周期的尽头，等等。

(2) 需要寻找某种问题的产生原因时。例如，发现在某一市场上原来深受用户喜爱的产品现在被用户冷落了，这时就会由管理者或决策者向调研部门提出调研课题，了解其原因是产品质量或服务质量下降了，还是消费者或用户的偏好有所变化。

(3) 决策制定后，决策者必须在其实施过程中进行监测、评价和调整时。许多情况下，市场营销调研就是针对决策是否有效而进行的，以分析一项新的决策是否使市场营销活动向更为有利的方向发展。

(4) 预测未来时。调研为预测提供资料依据，预测的准确性很大程度上取决于营销调研的质量。营销调研与预测是既密切联系又有区别的两个概念。

在市场营销决策过程中，决策者需要通过收集、分析企业外部和内部、宏观和微观的各种信息从而做出正确的营销决策。为了提高信息收集、分析的针对性、科学性和高效性，需要建立起企业的市场营销信息系统。

第2节　市场营销信息系统概述

市场营销信息系统是一个由人员、机器设备和计算机程序组成的相互作用的复合系统，它连续有序地收集、挑选、分析、评估和分配恰当的、及时的和准确的市场营销信息，为企业营销管理人员制定、改进、执行和控制营销计划提供依据。它由内部报告系统、营销情报系统、营销调研系统和营销分析系统组成。

一、内部报告系统

内部报告系统亦称内部会计系统，是企业营销管理者经常使用的最基本的信息系统。内部报告系统的主要功能是及时向营销管理人员提供有关订货数量、销售额、产品成本、存货水平、现金余额、应收账款、应付账款等反映企业经营状况的信息。通过对这些信息的分析，营销管理人员能够发现市场机会、找出管理中的问题，同时可以比较实际状况与预期水准之间的差异。其中订货—发货—开出收款账单这一循环是内部报告系统的核心，销售报告是营销管理人员最迫切需要的信息。

二、营销情报系统

营销情报系统是指营销管理人员用以获得日常的有关企业外部营销环境发展趋势的恰当信息的一整套程序和来源。它的任务是利用各种方法收集、考察和提供企业营销环境最新发展的信息。营销情报系统与内部报告系统的主要区别在于：后者为营销管理人员提供事件发生以后的结果数据，前者则为营销管理人员提供正在发生和变化中的数据。

三、营销调研系统

上述两个子系统的功能都是收集、传递和报告有关日常的和经常性的情报信息，但是企业有时候还需要对营销活动中出现的某些特定的问题进行研究，比如企业希望测定某一产品广告的效果。营销调研系统的任务就是系统地、客观地识别、收集、分析和传递有关市场营销活动各方面的信息，提交与企业所面临的特定的营销问题有关的研究报告，以帮助营销管理者制定有效的营销决策。与营销信息系统不同，营销调研系统主要侧重于企业营销活动中某些特定问题的解决，即营销调研系统的任务主要是完成市场调查。

四、营销分析系统

营销分析系统也称营销管理科学系统，它通过对复杂现象的统计分析，建立数学模型，帮助营销管理人员分析复杂的市场营销问题，做出最佳的市场营销决策。营销分析系统由两个部分组成，一个是统计库，另一个是模型库。其中统计库的功能是采用各种统计分析技术从大量数据中提取有意义的信息。模型库包含由管理科学家建立的解决各种营销决策问题的数学模型，如新产品销售预测模型、广告预算模型、厂址选择模型、竞争策略模型、产品定价模型以及最佳营销组合模型等。

第 3 节　市场调查的作用

调查研究是中国共产党的传家宝。毛泽东同志在《反对本本主义》中提出了“没有调查，没有发言权”这一著名论断。习近平同志指出，“调查研究是谋事之基、成事之道”。2023 年 3 月，中共中央办公厅印发了《关于在全党大兴调查研究的工作方案》，并发出通知要求各地区各部门结合实际认真贯彻落实。调查研究是从实际出发的中心一环，是尊重客观规律、发挥主观能动性的典型形式。调查研究既是从物到感觉和思想的唯物主义认识路线的具体体现，也是发挥人的主观能动性、把握客观规律的具体途径，因此是一切从实际出发的根本方法。

市场调查被视为营销活动的开始，只有根据市场调查的结果做出的市场决策才是科学的决策，没有调查就没有发言权，没有调查也没有决策权。

市场调查具有三种功能：描述、诊断和预测。它的描述功能是指收集并陈述事实。例如，某个行业的历史销售趋势是什么样的？消费者对某产品及其广告的态度如何？它的诊断功能是指解释信息或活动。例如，改变包装对销售会产生什么影响？换句话说，为了更好地服务顾客和潜在顾客，应该如何对产品和服务进行调整？最后一种功能是预测功能。例如，企业如何更好地利用持续变化的市场中出现的机会？市场调查的具体作用主要体现在以下几个方面：

第一，有助于更好地吸收国内外先进的管理经验和最新技术，改进企业的生产技术，提高管理水平。当今世界，科技发展迅速，新发明、新创造、新技术和新产品层出不穷，日新月异，这种技术的进步自然会在商品市场上以产品的形式反映出来。通过市场调查，可以得到有助于我们及时地了解市场经济动态和科技信息的资料，为企业提供最新的市场情报和技术生产情报，以便更好地学习和吸取同行业的先进经验和最新技术，改进企业的生产技术，提高人员的技术水平，提高企业的管理水平，从而提高产品的质量，加速产品的更新换代，增强产品和企业的竞争力，保障企业的生存和发展。

第二，为企业管理部门和有关负责人提供决策依据。任何一个企业都只有在对市场情况有实际了解的情况下，才能有针对性地制定市场营销策略和企业经营发展策略。企业管理部门和有关人员在针对某些问题进行决策时（如制定产品策略、价格策略、分销策略、广告和促销策略），要了解的情况和考虑的问题通常是多方面的，主要有：本企业产品在什么市场上销售较好，有发展潜力；在某个具体的市场上预期可销售数量是多少；如何才能增加企业产品的销售量；如何掌握产品的销售价格；如何制定产品价格，才能保证在销售和利润两方面都能有所改善；怎样组织产品推销，销售费用又将是多少；等等。这些问题都只有通过具体的市场调查才可以得到具体的答案，而且只有通过市场调查得来的具体答案才能作为企业决策的依据。否则，就会形成盲目的和脱离实际的决策，而盲目则往往意味着失败和损失。

第三，增强企业的竞争力和生存能力。由于现代化社会大生产的发展和技术的进步，商品市场的竞争日益激烈。市场情况在不断地发生变化，而促使市场发生变化的原因，不外乎产品、价格、分销、广告、推销等市场因素和政治、经济、文化、地理条件等市场环境因素。这两种因素往往又是相互联系和相互影响的，而且不断地发生变化。企业为适应这种变化，必须通过广泛的市场调查，及时地了解各种市场因素和市场环境因素的变化，从而有针对性地采取措施，通过对市场因素（如价格、产品结构、广告等）的调整，去应对市场竞争。对于企业来说，及时了解市场变化情况，并适时适当地采取应变措施，是取胜的关键。

案例1-1

20世纪，日本手表制造商想进入美国市场，但不能确定应该向美国市场提供什么样的产品，制定什么样的价格。为了掌握美国市场手表消费的具体情况，日本手表制造商聘请了专业调查公司进行调查，以便为其进入美国市场提供决策依据。

根据市场调查的结果，美国市场有三类不同的消费者群体：

23%的消费者对手表的要求是：能计时、价格低廉；

46%的消费者对手表的要求是：计时基本准确、耐用、价格适中；

31%的消费者追求象征性价值，要求是：名贵、计时精确。

而美国市场上已有的手表制造商都是素有盛名的本土手表厂商和瑞士手表厂商，它们往往只注重第三类消费者群体，即占比31%的高端消费人群，着重经营名牌优质手表。

而第一、二类消费者群体即占比近70%的消费者的需求未得到充分满足。日本手表制造商认为这是一个巨大的市场。根据这两类消费者群体对手表的要求，日本手表制造商决定向其提供款式新颖、价格便宜并可以免费修理的精工电子表。

日本精工电子表在美国上市后，受到消费者的热烈追捧，很快在美国市场上占有巨大的市场份额。日本一家手表制造商专门生产那种外观漂亮而寿命只有9个月的低质手表，价格在3.5美元左右，很快就打开了市场。

思考：请通过本案例对市场调查的作用进行总结。

延伸阅读

市场调查与社会调查的区别

社会调查是指人们运用特定的方法和手段，从社会现实中收集有关社会事实的信息资料，并对其做出描述和解释的一种自觉的社会认识活动。

社会调查的目的有三个：一是建立科学的社会理论，指导社会实践；二是制定有效的政策和措施，解决社会问题；三是在实践中检验政策、计划和理论。从以上三个目的来看，社会调查主要是为了解决社会管理问题而进行的调查活动。

社会调查根据其分析范围的不同，可分为宏观调查（如对国家、省、市、县人口普查等大范围或大规模的调查）和微观调查（一般包括对两三人或数人的小群体的调查）。

社会调查根据其调查内容和功能的不同，可分为研究性的调查（为解决理论性或政策性的问题而进行）和工作性的调查（为解决当前实际工作中的问题而进行）。

市场调查是指运用科学的方法，有目的、系统地收集、记录、整理有关市场营销信息和资料，分析市场情况，了解市场的现状及其发展趋势，为市场预测和营销决策提供客观的、正确的资料。

市场调查的主要目的是收集与分析资料以帮助企业更好地做出决策，从而减少决策的失误，即市场调查是企业为了解决经营管理问题（尤其是市场问题）而进行的调查。

市场调查是市场营销活动的起点，它是通过一定的科学方法来了解和把握市场，在调查活动中收集、整理、分析市场信息，掌握市场发展变化的规律和趋势，为企业进行市场预测和决策提供可靠的数据和资料，从而帮助企业制定正确的发展战略。

由此可以得出，市场调查与社会调查的区别主要在于：调查的目的不同，研究的方法不同，调查的内容不同，收集的资料不同。

第4节　市场调查的分类

按照不同的划分依据，市场调查有不同的类型。常见的是按调查的目的和调查所持续的时间进行分类，如图1-1所示。

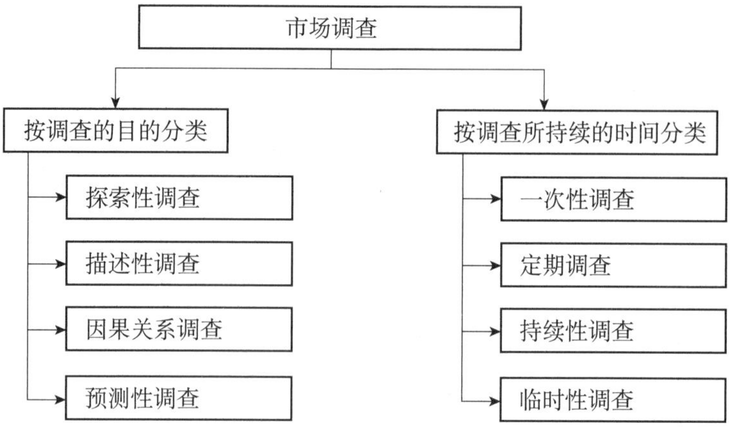

图1-1　市场调查的分类

一、按调查的目的分类

具体可分为探索性调查、描述性调查、因果关系调查和预测性调查。

1. 探索性调查

探索性调查用于探询企业所要研究的问题的一般性质。研究者在研究之初对所要研究的问题或范围还不很清楚，不能确定到底要研究些什么问题，这时就需要应用探索性调查去发现问题、形成假设。至于问题的解决，则有待进一步的研究。

2. 描述性调查

描述性调查是通过详细的调查和分析，对市场营销活动的某个方面进行客观的描述。大多数的市场调查都属于描述性调查。例如，对于市场潜力和市场占有率、产品的消费群结构、竞争企业的状况的描述。在描述性调查中，可以发现其中的关联因素，但是，此时我们并不能说明两个变量哪个是因、哪个是果。与探索性调查相比，描述性调查的目的更加明确，研究的问题更加具体。

3. 因果关系调查

因果关系调查的目的是找出关联现象或变量之间的因果关系。描述性调查可以说明某些现象或变量之间相互关联，但要说明某个变量是否引起或决定其他变量的变化，就要用到因果关系调查。因果关系调查的目的就是寻找足够的证据来验证这一假设。

4. 预测性调查

市场营销所面临的最大问题就是市场需求的预测，这是企业制定市场营销方案和市场营销决策的基础和前提。预测性调查就是企业为了推断和测量市场的未来变化而进行的研究，它对企业的生存与发展具有重要的意义。

二、按调查所持续的时间分类

具体可分为一次性调查、定期调查、持续性调查和临时性调查。

1. 一次性调查

一次性调查是间隔一定时间而进行的调查，一般间隔时间相当长，如一年以上，它是对事物在一定时点上的状态进行的登记，如工业普查、设备普查等。一次性调查的主要目的在于获得事物在某一时间点上的水平、状态的资料。

2. 定期调查

定期调查是指企业根据市场情况和经营决策的要求，按一定的时间间隔周期所做的市场调查。其形式包括月末调查、季末调查、年终调查等。

3. 持续性调查

持续性调查又称经常性调查，是指结合日常登记和核实资料，通过定期报表而进行的一种经常的、连续不断的调查。这种调查不必专门组织调查机构，而是利用原有的机构和力量，通过层层上报和汇总资料取得全面资料。在进行这种调查时，研究对象在过程量上的变化都被记录下来，因此所取得的资料体现了现象的发展过程和一段时间内现象发展变化的总量，例如企业产品产量、原材料的投放量、劳动工时消耗等。这类标志的数值经常在变动，必须在观察期内进行连续登记才能完成调查。

4. 临时性调查

临时性调查是企业根据临时需要（如投资开发新产品，开拓新市场，建立新的经营机构）或者根据市场某些特殊情况而开展的临时性市场调查活动。

第 5 节　市场调查的内容

市场调查的内容涉及市场营销活动的整个过程，主要包括：

一、市场环境调查

市场环境调查的内容主要包括经济环境、政治环境、社会文化环境、科学环境和自然地理环境等，具体的调查对象可以是市场的购买力水平，经济结构，国家的方针、政策和法律法规，风俗习惯，科学发展动态，气候等各种影响市场营销的因素。具体包括：

（1）国家、地方的有关大政方针和政策，制度调整，体制变化，国家、地方颁布的法规、法令，产业政策等。

（2）经济状况：全国和区域经济发展水平，居民的收入水平和消费水平，工商、农业、财政、金融基础设施，GDP，产业结构、人口结构变化等。

（3）社会文化：社会生活方式、风俗习惯、宗教信仰、价值观、受教育水平、职业状况、区域性的消费习惯和消费文化等。

（4）自然风貌：地理位置、自然资源、气候，交通状况，人口分布、数量、结构等。

（5）科技动向：科研新发展、新发明、新创造，新技术、新工艺、新材料的研发、应用、发展趋势，新产品开发上市情况等。

二、市场状况调查

市场状况调查的内容包括市场现状、规模及发展动向等，具体包括以下几个方面：

（1）市场特性；

（2）市场性质，包括顾客分布、顾客特征、顾客变化、市场比较、潜在市场的决定、销售额的预测等；

（3）市场规模，包括现实需求和潜在需求；

（4）可能销量的预测；

（5）市场动向和发展；

（6）市场对产品销售的态度；

（7）市场增长率；

（8）本公司及竞争对手产品的市场占有率；

（9）最大竞争对手的市场占有率。

三、市场竞争情况调查

市场竞争情况调查的内容主要包括对竞争企业的调查和分析，了解同类企业的产品、价格等方面的情况，它们采取了什么竞争手段和策略。通过调查，企业可以做到知己知彼，确定自己的竞争策略。具体包括以下几个方面：

（1）竞争者属性；

（2）竞争企业各类产品销售额；

（3）各区域销售所占比例；

（4）顾客评价；

（5）产品特性和产品竞争力及与本公司产品的优劣比较；

（6）按地域划分的销售网点数和销售额；

（7）交易条件及其变化；

（8）对销售网点的援助和指导情况；

（9）广告、宣传的方法、频率、投入金额、渗透情况等；

（10）人员推销的方法、推销活动的特点；

（11）营业推广的方法；

（12）营销人员的数量、素质；

（13）售后服务的方法及质量。

四、消费者调查

消费者调查主要包括消费者需求调查、消费者收入调查、消费结构调查、消费者行为调查，包括消费者为什么购买、购买什么、购买数量、购买频率、购买时间、购买方式、购买习惯、购买偏好和购买后的评价等。具体调查内容如下：

（1）消费者结构；

（2）消费者的需求特点、数量、种类；

（3）消费者的购买意图，包括购买意图评价、期望和购买意图之间的关系、购买意图的实现程度等；

（4）消费者的购买能力和购买行为；

（5）消费者的动机，包括购买动机、产品及店铺的选择背后的动机、购物及产品比较的动机等；

（6）消费者的态度，如消费者对店铺、产品的态度，消费者的不满，消费者态度的相对强度，消费者对店铺及产品形象的评价，消费者对店铺方便程度的评价，消费者评价对购买计划的影响等；

（7）消费者偏好，如店铺偏好、产品偏好、对店铺及产品的忠诚度、购买频率等。

五、市场营销因素调查

市场营销因素调查主要包括对产品、分销渠道、物流、价格和促销的调查。具体调查内容有：

（1）产品调查的内容包括产品使用者的特征和需求，潜在购买者的态度和偏好，各产品行情好坏及原因，产品的顾客，产品的市场占有率、知名度、认知度，顾客的购买动机，对产品的不满、抱怨、牢骚，不同产品的购买习惯及变化，新产品的前景、开发、试销，包装和标签，消费者对现有产品的态度和对现有产品的改进建议等；

（2）分销渠道调查的内容包括店铺选址、渠道选择与变更、中间商和零售商的选择等；

（3）物流调查的内容包括物流中心的规划选址、产品处理包装、库存管理、最佳运输手段等；

（4）价格调查的内容包括定价决策、折扣折让策略、市场划分、赊销方式、付款条件等；

（5）促销调查的内容包括推销人员分配、推销策略、任务设定、激励政策、活动分工、广告媒体选择、广告信息决定、广告效果测定、广告策略变更、广告费用预算、营业推广策略、公关策略等。

在开展市场调查的过程中，具体对哪些内容进行调查应当根据企业营销决策的需要、期望达到的调查目的以及企业市场调查的预算等因素来确定。

第6节　市场调查的基本步骤

市场调查是一项系统的、有序的企业活动，包括准备阶段、实施阶段和总结阶段三个部分（如图1-2所示）。

一、调查准备阶段

调查准备阶段主要是确定调查目的、要求及范围并据此制订调查方案。在该阶段中包括三项任务。

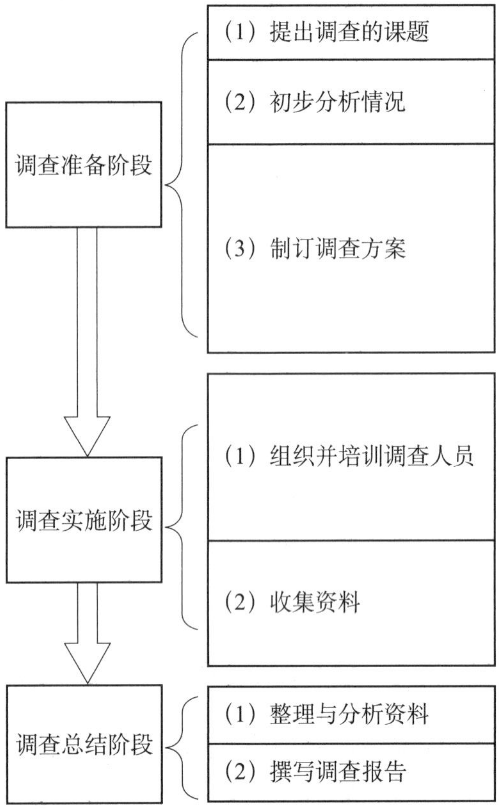

图1-2　市场调查的基本步骤

1. 提出调查的课题

市场调查人员根据决策者的要求或在市场营销调查活动中所发现的新情况和新问题，提出需要调查的课题。

2. 初步分析情况

根据调查课题，收集有关资料作初步分析研究。许多情况下，市场调查人员因为对所需调查的课题尚不清楚或者不能抓住调查课题的要点而无法确定调查的内容，这就需要先收集一些资料进行分析，找出症结，为进一步调查打下基础，通常称这种调查方式为探索性调查。探索性调查所收集的资料有：现有的资料，向专家或有关人员做调查所取得的资料。探索性调查完成后，需要调查的课题已明确。

3. 制订调查方案

制订调查方案需要确定调查对象、设定调查内容、确定调查方法、设定报告项目、安排调查日程和调查预算，在这个方案中还必须明确规定调查单位的选择方法、调查资料的收集方式和处理方法等。

二、调查实施阶段

这一阶段的主要任务是根据调查方案，组织调查人员深入实际收集资料，它又包括两个具体步骤：

（1）组织并培训调查人员。企业往往缺乏有经验的调查人员，要开展市场调查，首先必须对调查人员进行一定的培训，目的是帮助他们对调查方案、调查技术、调查目标及与此项调查有关的经济、法律等知识有明确的了解。

（2）收集资料。首先收集的是第二手资料，也称次级资料。其来源通常为国家机关、金融服务部门、行业机构、市场调查与信息咨询机构等公布的统计数据，也有些发表在科研机构的研究报告或著作、论文中。对这些资料的收集方法比较简单，花费也较少，我们一般将利用第二手资料来进行的调查称为案头调查。其次是通过实地调查来收集第一手资料，即原始资料。这时就应根据调查方案中确定的调查方法和调查方式，先确定每一位被调查者，再利用设计好的调查方法与方式来取得所需的资料。我们将取得第一手资料并利用第一手资料开展的调查工作称为实地调查。与前一种调查活动相比，这种调查活动虽然花费较大，但是它是调查所需资料的主要方式。本章所讲的市场调查方法、技术等都是针对收集第一手资料而言的，也就是介绍如何进行实地调查。

三、调查总结阶段

充分发挥市场调查的作用，与做好调查总结阶段的两项具体工作密切相关。

1. 整理和分析资料

通过市场调查取得的资料往往相当零乱，有些只能反映问题的某个侧面，带有很大的片面性或虚假性，所以必须对这些资料进行审核、分类、制表。审核即去伪存真，不仅要审核资料的正确性，还要审核资料的全面性和可比性。分类是为了便于资料的进一步利用。制表的目的是使各种具有相关关系或因果关系的经济因素更为清晰地显示出来，便于做深入的分析研究。

2. 撰写调查报告

调查报告是调查活动的结论性意见的书面报告。撰写原则应该是客观、公正、全面地反映事实，以求最大限度地减少营销活动管理者在决策前的不确定性。调查报告包括的内容有：调查对象的基本情况、对所调查问题的事实所做的分析和说明、调查者的结论和建议。

以上是对市场调查基本步骤的简要描述，由此可见，市场调查的确是一项“系统工程”。一次市场调查从提出或发现课题，确定市场调查目标，到完成调查报告，是一个严密而科学的“系统”，中间哪个环节或步骤出现问题，都会影响到市场调查的有效性。

扩展阅读　国务院关于开展第七次全国人口普查的通知

素养园地

中国古代社会调查情况

市场调查在我国的应用历史很短，但统计调查在我国的历史源远流长，早在原始社会时期，就有了统计调查的萌芽。《周易·系辞下》中记载，“上古结绳而治，后世圣人易之以书契，百官以治，万民以察”。原始社会时期，人们通过“结绳记事”进行简单的统计分组（大事、小事），形成了简单的分组总量指标（大事件数、小事件数），出现了中华民族统计调查的萌芽。到了黄帝、尧舜时代，人们创制了从一到十的数码字，于是开始在竹、木或龟甲、兽骨上刻字以记数、记事，统计向“书契记数”的时代迈进。我国历朝历代的文献中均有统计调查方面的记载，详见表1-1。

表1-1 中国古代统计调查应用例证

序号	文献名称	朝代/时期	文献中体现统计调查的内容	说明
1	《周易·系辞下》	原始社会	“上古结绳而治，后世圣人易之以书契，百官以治，万民以察”	通过“结绳记事”进行简单的统计分组（大事、小事），形成了简单的分组总量指标（大事件数、小事件数），出现了中华民族统计调查的萌芽
2	《通典·卷第七·食货七》	夏朝	“禹平水土，为九州，人口千三百五十五万三千九百二十三。”	很可能是关于夏朝人口数的最早的统计数据
3	《禹贡》	夏朝	“禹别九州，随山浚川，任土作贡。”	《禹贡》最早提出“九州”的说法，是古代较早的国土资源调查结果
4	《卜辞》	商朝	“登帚好三千登旅一万，呼伐羌。”	不仅有统计数字，而且有简单情况，说明商代已有人口调查统计的表册
5	《汉书·食货志》	西周	“孟春之月，群居者将散，行人振木铎徇于路以采诗，献之太师，比其音律，以闻于天子。”	西周时期统治者通过采风制度收集民歌来体察民情，《诗经》可以说是最早的社情民意调查报告
6	《管子·八观》	西周	“行其田野，视其耕芸，计其农事，而饥饱之国可以知也。……故以此八者，观人主之国，而人主毋所匿其情矣。”	管仲根据长期治国经验，通过“八观”调查，进行国情研究，直至当今仍具有借鉴意义
7	《说文》	春秋战国	“计，会也，算也，从言从十。”直言曰“言”，“十者总成数”	“计”指包括统计与会计在内的经济计算。战国时期的上计制度，基本上是一种统计报告制度
8	《资治通鉴·秦纪二》	秦朝	“始皇帝下三十一年（乙酉，公元前二一六年）使黔首自实田。”	秦始皇颁发了“令黔首自实田”法令，要占有土地的封建地主和自耕农向国家报告占有土地的数额，开创了被调查者自填法的先河

续表

序号	文献名称	朝代/时期	文献中体现统计调查的内容	说明
9	《东观记》	汉朝	“今年八月案比之时。”	汉代每年八月全国普遍实行“算人”（人口普查），同时要案验核查户口
10	《隋书·食货志》	隋朝	“高祖令州县大索貌阅，户口不实者，正长远配”	隋炀帝采纳裴蕴建议，在全国彻底清查户口，命令州县官员“大索貌阅”
11	《旧唐书》	唐朝	“史官李吉甫撰《元和国计簿》”，“吉甫都纂其事，成书十卷。”	《元和国计簿》包括人口、赋役、财政、税收等方面的统计资料，是我国官方最早的统计资料汇编
12	《宋会要辑稿·食货》	宋朝	“可睹太上皇初履帝位，主计之臣亦乞撰《会计录》以进”	《会计录》包括户籍、计账等统计资料，分析采用了本期收支对比、与前期对比、比例分析等统计方法
13	《明太祖洪武实录》	明朝	“民者，国之本也。今天下已定，而民数未核实，其命户部籍天下户口，每户给以户帖。”	明初户帖制度是一种户籍（人口）调查制度，基本上与现代人口普查一致，这是世界上最早试行全面的人口普查的历史证据

资料来源：穿越古今：带你了解统计调查发展史．(2022－08－30)．https：//mp. weixin. qq. com/s?__biz＝MzAwODA4MzY4Nw＝＝&mid＝2650817376&idx＝1&sn＝6324708bdcad4f17d95b570d4c5adb3e&chksm＝8080a2e8b7f72bfe91ba665b43f79daa2abac6e470009c021692859cca99bc7fd41632baab95&scene＝27.

重点名词

市场调查　　市场营销信息系统　　探索性调查　　描述性调查　　因果关系调查

思考题

1. 什么是市场调查？
2. 什么是市场营销信息系统？市场营销信息系统由哪些子系统构成？
3. 市场调查有哪些作用？
4. 市场调查有哪些类型？
5. 市场调查的内容有哪些？
6. 市场调查分为哪几个阶段？各个阶段各有哪些工作内容？
7. 如何认识我国的市场调查业？

第2章 市场调查方案与问卷设计

第1节 市场调查方案的概念和内容

一、市场调查方案的概念

市场调查方案，是指根据调查研究的目的和调查对象的性质，在进行实际调查之前，对调查工作总任务的各个方面和各个阶段进行通盘考虑和安排，以提出相应的调查实施方案，制定合理的工作程序。

市场调查的范围可大可小，但无论是大范围的调查工作，还是小规模的调查工作，都会涉及相互联系的各个方面和全部过程。这里所讲的调查工作的“各个方面”，是指要考虑到调查所涉及的各个组成项目。例如，对某城市的银行竞争能力进行调查，就应将该市所有或有代表性的银行提供的服务内容、质量、价格、信誉等各个方面作为一个整体，对各种既相互区别又密切联系的调查项目进行整体考虑，避免调查内容出现重复或遗漏。这里所说的“全部过程”，是指调查工作所需经历的各个阶段和环节，也就是调查资料的收集、整理和分析等。只有对所有阶段和环节事先做出统一考虑和安排，才能保证调查工作有秩序、有步骤地顺利进行，减少调查误差，提高调查质量。

二、市场调查方案设计的意义

市场调查是一项复杂的、严肃的、技术性较强的工作，一项全国性的市场调查往往要组织成千上万人参加。为了在调查过程中统一认识、统一内容、统一方法、统一步调，圆满完成调查任务，必须事先制定出一个科学、严密、可行的市场调查方案，以使所有参加调查工作的人员都依此执行。具体来讲，市场调查方案设计的意义有以下四个方面：

第一，从认识角度讲，市场调查方案设计是从定性认识过渡到定量认识的开始阶段。虽然市场调查所收集的许多资料都是定量资料，但应该看到，任何调查工作都是从对调查对象的定性认识开始的，没有定性认识就不知道应该调查什么和怎样调查，也不知道要解决什么问题和如何解决问题。例如，要研究某工业企业的生产经营状况，就必须先对该企业生产经营活动过程的性质、特点等有详细的了解，设计出相应的调查指标以及收集、整理调查资料的方法，然后再去实施市场调查。可见，市场调查方案设计正是定性认识和定量认识的连接点。

第二，从工作角度讲，市场调查方案设计起着统筹兼顾、统一协调的作用。现代市场调查可以说是一项复杂的系统工程，对于大规模的市场调查来讲，尤为如此。在调查中会遇到很多复杂的矛盾和问题，其中许多问题是调查本身的问题，也有不少问题并不是调查的技术性问题，而是与调查相关的问题。例如，抽样调查中样本量的确定，按照抽样调查理论，可以根据允许的误差，计算出必要的抽样数目，但这个抽样数目是否可行，要受到调查经费、调查时间等多方面条件的限制。又如，采用普查方法虽然能够获得较为全面、准确的资料，但普查工作涉及面广、工作量大，需要动用大量人力、物力等，而且普查工作耗时较长，这些都需要各个方面的通力协作，尤其像人口普查、第三产业普查等全国性的调查，通常要由国家有关部门牵头组织协调，依靠某一个调查机构难以完成。因此，只有通过市场调查方案的设计，明确调查流程，才能采用合适的调查方法，使调查工作有序地进行。

第三，从实践要求角度讲，市场调查方案设计能够适应现代市场调查发展的需要。现代市场调查已由单纯的资料收集活动发展到把调查对象作为整体来反映的调查活动，与此相适应，市场调查过程也应被视为由市场调查方案设计、资料收集、资料整理和资料分析组成的一个完整工作过程，而市场调查方案设计正是这个过程的第一步。

第四，从市场竞争角度讲，目前的市场调查项目委托方一般都采用招标的方式选择最理想的合作者。调查机构要想在竞标中获胜，提供一份高水平的方案设计书是至关重要的。

三、市场调查方案的主要内容

市场调查方案是在完成了市场调查方案的设计工作后，提交的一份书面形式的市场调查研究策划报告，也称市场调查研究计划书。它涵盖了市场调查过程中的主要阶段和关键内容，主要包括：

（1）标题。

（2）摘要。摘要是方案的第一部分，高度概括调查项目的主要内容、特点和意义。

（3）背景。主要描述与调查项目相关的背景和主要的历史资料。

（4）调查研究的目的和主要内容。

（5）调查对象和调查单位。

（6）调查项目。

（7）调查研究的方式和方法。

（8）数据资料收集、整理和分析的方法。

（9）调查的时间和调查工作的期限。

（10）调查研究经费预算。

（11）调查报告的形式。

（12）附录。包括其他各种有价值的信息资料。

四、市场调查方案的设计

（一）确定调查的目的和任务

调查目的是指特定的调查课题所要解决的问题，即为何要调查，要了解和解决什么问题，调查结果有什么用处。调查任务是指在调查目的既定的条件下，市场调查应获取什么样的信息才能满足调查的要求。明确调查的目的和任务是调查方案设计的关键，因为只有明确了调查目的和任务，才能确定调查的对象、内容和方法，才能保证市场调查具有针对性。

（二）确定调查对象和调查单位

确定调查对象和调查单位是为了明确向谁调查和由谁来提供资料的问题。调查对象是根据调查目的和任务确定的一定时空范围内的要调查的总体，它是由客观存在的具有某一共同性质的许多个体单位组成的整体。调查单位就是调查总体中的各个个体单位，它是调查项目的承担者或信息源。

在确定调查对象和调查单位时，应注意以下几个问题：

（1）由于市场现象具有复杂多变的特性，因此在许多情况下，调查对象也是比较复杂的，必须以科学的理论为指导，严格规定调查对象的含义，并划清它与其他有关现象的界限，以免调查实施时由于界限不清而出现差错。例如，以城市职工为调查对象，就应明确城市职工的含义，划清城市职工与非城市职工、职工与居民等概念的界限。

（2）调查单位的确定取决于调查目的和对象，调查目的和对象变化了，调查单位也要随之改变。

（3）不同的调查方式会产生不同的调查单位。如果采取的是普查的方式，调查总体内所包含的全部单位都是调查单位；如果采取的是抽样调查方式，则用各种抽样方法抽取的样本单位就是调查单位。

（三）确定调查项目

调查项目是将要向调查单位调查的内容。调查项目的确定取决于调查的目的和任务，以及调查对象的特点与数据资料收集的可能性。确定了调查项目也就明确了要向被调查者了解什么问题，这也是问卷设计的前期工作。

在确定调查项目时，除了要考虑调查目的和调查对象的特点外，还应注意以下几个问题：

（1）确定的调查项目应当既是调查任务所需，又是能够取得答案的。不满足这一条件的，不应列为调查项目。

（2）调查项目的表达必须明确，要使答案具有确定的表达形式。如果答案没有明确的表达形式，会使被调查者产生不同理解而得出不同的答案，造成汇总时的困难，因此不应列为调查项目。

(3) 确定调查项目应尽可能做到项目之间相互关联，使取得的资料相互对照，以便了解现象发生变化的原因、条件和后果，便于检查答案的正确性。

(4) 调查项目的含义要明确、肯定，必要时可以附以对调查项目的解释。

(四) 设计调查表或问卷

调查项目确定之后，就可设计调查表或者问卷，作为市场调查收集相关资料的工具。调查表或问卷既可作为书面调查的记载工具，亦可作为口头询问的提纲。调查表用纵横交叉的表格按一定顺序排列调查项目；问卷是根据调查项目设计对被调查者进行调查、询问的测试卷，是市场调查收集资料的常用工具。本章后面几节将专门介绍调查表或问卷的设计。

(五) 确定调查时间和调查期限

调查时间是指调查资料的所属时间，即应收集调查对象何时的数据。确定调查时间是为了保证数据的统一性，否则，数据无法分类和汇总，将导致市场调查失效。调查时期现象（如收入、支出、产量、产值、销售额、利润额等流量指标）时，应确定数据或指标项目的起止时间；调查时点现象（如期末人口、存货、设备、资产、负债等存量指标）时，应明确规定统一的标准时点。

调查期限是指整个调查工作所占用的时间，即一项调查工作从调查策划到调查结束的时间长度。一般来说，应根据调查课题的难易程度、工作量的大小、时效性要求等合理确定调查期限，并制定调查进度安排表。

(六) 确定调查方式和方法

市场调查方式是指市场调查的组织形式，通常有市场普查、重点市场调查、典型市场调查、抽样市场调查、非概率抽样调查等。对于调查方式，应根据调查的目的和任务、调查对象的特点、调查费用的多少、调查的精度要求等做出选择。

市场调查方法的确定应根据调查资料收集的难易程度、调查对象的特点、数据取得的源头、数据的质量要求等做出选择。如果调查课题涉及面大、内容较多，则应选择几种不同的调查方法获取数据和资料。既要获取现成的资料，又要获取原始资料。例如，商场顾客流量和购物调查，通常采用系统抽样调查的组织方式，即按日历顺序等距抽取若干营业日调查顾客流量和购物情况，收集资料的方法则主要有人工计数、仪器计数、问卷测试、现场观察、顾客访问、焦点访谈等。

(七) 确定资料整理的方案

资料整理是对调查资料进行加工整理、系统开发的过程，其目的在于为市场分析研究提供系统化、条理化的综合资料。为此，应确定资料整理的方案，对资料的审核、订正、编码、分类、汇总等做出具体的安排。大型的市场调查还应对计算机自动汇总软件的开发或购买做出安排。

（八）确定分析研究的方案

市场调查资料的分析研究是对调查数据进行深度加工的过程，其目的在于从数据导向结论，从结论导向对策研究。为此，应制订分析研究的初步方案，对分析的原则、内容、方法、要求、调查报告的编撰、成果的发布等做出安排。

（九）确定市场调查的进度安排

市场调查的进度安排是对市场调查各阶段的工作在时间进度上的计划安排。在调查方案的设计或策划过程中，要制定整个调研工作完成的期限以及各个阶段的时间进程，即必须有详细的进度计划安排，以便督促或检查各个阶段的工作，保证按时完成整个市场调查工作。

（十）编制市场调查经费预算

在编制预算时，要将可能需要的费用尽可能考虑全面，以免将来出现一些不必要的麻烦而影响调查的进度。例如，预算中没有鉴定费，但是调查结束后需要对成果做出科学鉴定，否则无法发布或报奖。在这种情况下，课题组将面临十分被动的局面。当然，没有必要的费用就不要列上，必要的费用也应该认真核算出一个合理的估计数额，切不可随意多报乱报。不合实际的预算将不利于调研方案的审批或竞标。因此，既要全面细致，又要实事求是。

（十一）制订调查的组织计划

调查的组织计划，是指为确保调查的实施而制定的具体的人力资源配置计划，主要包括调查的组织领导、调查机构的设置、调查员的选择与培训、课题负责人及成员、各项调查工作的分工等。企业委托外部市场调查机构进行市场调查时，还应对双方的责任人、联系人、联系方式做出规定。

（十二）撰写市场调查计划书

以上市场调查方案设计的内容确定之后，市场调查策划人员就可撰写市场调查计划书（也称市场调查总体方案或调查项目建议书），以供企业领导审批，或作为调查项目委托人与承担者之间的合同或协议的主体。市场调查计划书的构成要素包括标题、导语（或摘要）、主体和附录等。其中，主体部分主要包括以上11个方面的内容，另加附录（有些内容如调查的组织计划亦可列入附录）。附录的内容主要包括调查项目负责人及主要参加者，抽样方案及技术说明，问卷及有关技术说明，数据处理所用软件等。

案例2-1

B2C预售模式下网络购物消费习惯调查与分析

一、背景

网络购物的兴起，改变了人们固有的生活和生产方式，网络购物所带来的便捷，使其已经成为人们生活中不可或缺的一部分。大学生是未来网络购物市场中的潜在用户。随着购物形式的转变与发展，涌现出新的销售模式——B2C 预售模式。此模式中消费者登录预售平台先付定金再付尾款就能购买商品，许多商品只要支付定金就可以享受优惠抵扣，还能领取多种优惠券叠加使用，这种模式大大增加了消费额，促进了市场经济增长。我们需要通过调查了解 B2C 预售模式下消费者购买意愿的影响因素，发掘潜在用户，进而探究该模式的发展前景。因此，小组决定对 B2C 预售模式下的网络购物消费习惯进行调查。

二、调查目的和主要内容

（一）调查目的

1. 搜集消费者的基本信息，包括性别、年龄、职业、月收入等数据，分析 B2C 预售模式下消费者群体的特征及行为特点。

2. 调查消费者在 B2C 预售模式下网络购物的原因及偏好，深入研究消费者群体的特征及行为特点。

3. 搜集消费者对 B2C 预售模式下网络购物各方面的满意度，包括需要花费的时间、提前交定金、使用感受等，进一步分析“定金＋尾款”网络预售模式下影响消费者购买意愿的因素。

（二）调查内容

依据调查目的，应了解认知情况（包括了解程度、了解渠道）、消费情况（包括产品种类、消费金额、消费频率）、用户黏度（包括满意度、推广意愿、复购意愿以及产品缺陷）、消费动机（包括功能价值、情感价值、社会价值、认知价值和条件价值五个价值维度），以此深入了解消费者对 B2C 预售模式下网络购物的偏好。为了更好地对所需调查项目进行考量和保证答题者答题的准确性，我们将相应调查项目进行了高度概括。

三、调查对象和调查单位

基于调查目的，我们不仅需要调查 B2C 预售模式下的消费情况，还需要调查潜在用户群体对 B2C 预售模式的了解及看法。因此，我们选择辽宁省居民作为调查对象。本调查小组成员均是辽宁省居民，在辽宁省拥有广泛的人脉资源，能获取大量有效数据，进而实现调查目的。

综上所述，根据调查的目的，本次调查的调查对象为辽宁省居民，调查单位为辽宁省每一个居民。

四、调查项目

调查项目最终体现为调查问卷，本次调查基于 SICAS 消费者行为模型和感知价值与风险模型进行调查问卷的设计，主要思路如下：

第一部分是消费者画像。通过消费者的身份特征设置五道题，分别是年龄、性别、职业、学历和每月平均自由支配收入，探究消费者在 B2C 预售模式下网络购物方面的特征差异。

第二部分是人群筛选。该问卷的调查数据基于消费者对 B2C 预售模式需求的偏好，因此用了解程度筛选出合适的调查对象，即对 B2C 预售模式有一定了解的消费者。

第三部分是消费行为。基于 SICAS 消费者行为模型，围绕消费者感知信息、间接消费、直接消费和用户黏度四个方面进行问题设置，其中感知信息方面包括用户的了解渠道，间接消费方面包括互动的频率、平台，直接消费方面包括产品种类、消费金额和消费频率，用户黏度方面包括满意度、推广意愿、复购意愿和产品缺陷，从而探究消费者在B2C预售模式下的消费行为轨迹（感知—行动—体验），分析具体的消费行为。

第四部分是消费动机。基于感知价值与风险模型，对消费者进行有关满意度的问题设置。其中，采用预售库存量、价格和产品流行等级来测度消费者的感知价值，用描述相符度、发货时间来预测、感知风险。

五、调查方法

（一）文献调查法

搜集辽宁省居民对B2C预售模式现状的看法、意见等相关数据，并研究相关的调查报告，吸取经验教训以更好地设计问卷。

（二）网络爬虫法

通过爬虫技术，以“B2C预售模式”为关键词在互联网上搜集相关信息，并制作词云图对B2C预售模式的相关信息进行分析，从而更好地设计问卷。

（三）深度访谈法

深度访谈法是无结构的、直接的、一对一的访问调查。对调查对象进行深入访谈，有利于发掘其对某一问题的真实动机、态度和情感。

（四）网络问卷调查法

为分析B2C预售模式下消费者购买意愿的影响因素，本次调查在相关文献的基础上合理地设计问卷题目并利用问卷网平台制作标准统一的自填式问卷。为防止被调查者重复回答，在问卷发放前进行设备限制。

六、抽样设计

为了保证调查的科学性，我们采用概率抽样的方式，使总体中的每个单位都有一个事先已知的非零概率被抽中，这种抽样遵循了随机原则，排除了主观随意性或目的性。为了减小抽样误差，我们首先进行分层抽样；为了使每个调查单位的入样概率相等，我们采取了三阶段抽样方法。因此，本次调查采用分层抽样和三阶段抽样相结合的概率抽样调查方式，其中三阶段抽样先抽取市区，再从市区中抽取街道，最后从街道中抽取常住居民。这样就保证了在前两阶段进行等概率抽样，使得各单元入选样本的概率相同，并且考虑了人力因素和问卷回收效果。我们主要采取在街道周边拦访调查的方式进行问卷调查。

七、数据资料搜集、整理和分析方法

数据资料的搜集采用实地访谈搜集、网络问卷调查搜集、网络爬虫搜集等方法；数据的整理主要采取“人工+计算机”方式；数据的分析主要采用SPSS统计分析、逻辑回归分析、二元选择模型分析、层次分析等方法。

八、调查期限与组织计划

本次调查从2021年11月7日开始，到2022年3月1日结束，总共历时115天。

1. 时间进度安排

调查时间进度安排表见表2-1。

表 2-1　调查时间进度安排表

项目名称	开始日期	结束日期	持续时间（天数）
前期准备阶段			
搜集资料并商定课题	11 月 7 日	11 月 10 日	4
制订调查计划	11 月 11 日	11 月 13 日	3
分工查资料	11 月 14 日	11 月 19 日	6
明确方案规划	11 月 20 日	11 月 21 日	2
分工书写方案	11 月 22 日	11 月 29 日	8
汇总完善	11 月 30 日	12 月 1 日	2
小计			25
调查实施阶段			
问卷分工及设计	12 月 2 日	12 月 9 日	8
汇总修改并制作网络问卷	12 月 10 日	12 月 11 日	2
试点调查及完善网络问卷	12 月 12 日	12 月 16 日	5
正式调查	12 月 17 日	1 月 5 日	20
网络爬虫	1 月 6 日	1 月 20 日	15
小计			50
资料整理、分析阶段			
数据整理与录入	1 月 21 日	1 月 23 日	3
数据审核与预处理	1 月 24 日	1 月 28 日	5
数据分析	1 月 29 日	2 月 11 日	14
小计			22
报告撰写阶段			
撰写报告	2 月 12 日	2 月 19 日	8
完善及提交报告	2 月 2 日	3 月 1 日	10
小计			18
合计			115

2. 调查组织计划

调查小组成员分工表见表 2-2。

表 2-2　调查小组成员分工表

成员	分工
成员 A	模型的建立与分析，统筹调查过程，与指导老师保持联系
成员 B	整理分析数据

续表

成员	分工
成员 C	网络数据的挖掘与分析
成员 D	后期 PPT 的制作
成员 E	调查方案的设计，问卷质量的检验

思考：请对本案例中设计的调查方案内容进行评价。

第 2 节　市场调查问卷设计基础

扩展阅读　第七次全国人口普查的进程

问卷调查是现代社会市场调查的一种十分重要的方法，而在问卷调查中，问卷设计又是一个关键，问卷设计的好坏，将直接决定着能否获得准确可靠的市场信息。本节我们将详细介绍问卷设计的有关概念和过程。

一、问卷设计概述

调查问卷和调查表，都是调查者根据一定的调查目的精心设计的调查表格，是现代社会用于收集资料的一种最为普遍的工具。调查问卷和调查表本质上是一样的，只是表现形式不一样而已。调查问卷是将调查项目以答卷的形式呈现，调查表是将调查项目以表格的形式呈现，使用者根据调查目的、收集信息的便利性等因素选择使用即可。以下仅以调查问卷为例，介绍其设计过程。

按照不同的分类标准，可将调查问卷分成不同的类型。

（1）根据市场调查中使用问卷方法的不同，可将调查问卷分成自填式问卷和访问式问卷两大类。

自填式问卷，是指调查者发给（或邮寄给）被调查者，由被调查者自己填写的问卷。访问式问卷则是由调查者按照事先设计好的问卷或问卷提纲向被调查者提问，然后根据被调查者的回答进行填写的问卷。一般而言，访问式问卷要求简洁，最好采用选择题的形式进行设计；而自填式问卷由于可以借助视觉功能，在问题的设置上可以更加详尽、全面。

（2）根据问卷发放方式的不同，可将调查问卷分为送发式问卷、邮寄式问卷、报刊式问卷、人员访问式问卷、电话访问式问卷和网上访问式问卷六种。其中前三种大致可以划归自填式问卷范畴，后三种则属于访问式问卷。

1）送发式问卷。由调查者将调查问卷送给选定的被调查者，待被调查者填答完毕之后再统一收回。

2）邮寄式问卷。通过邮局将事先设计好的问卷邮寄给选定的被调查者，要求被调查者按规定的要求填写后回寄给调查者。邮寄式问卷的匿名性较好，缺点是问卷回收率低。

3）报刊式问卷。随报刊将问卷送给报刊读者，要求报刊读者对问题如实作答并回寄给报刊编辑部。报刊式问卷有稳定的传递渠道，匿名性好，费用低，因此有很强的适用性，缺点也是回收率不高。

4）人员访问式问卷。由调查者按照事先设计好的调查提纲或调查问卷对被调查者提问，然后再由调查者根据被调查者的口头回答填写问卷。人员访问式问卷的回收率高，也利于设计一些利于深入讨论的问题，但不便涉及敏感性问题。

5）电话访问式问卷。这是通过电话中介来对被调查者进行访问调查的问卷类型。此种问卷要求简单明了，在问卷设计上要充分考虑以下几个因素：通话时间限制、听觉功能的局限性、记忆的规律、记录的需要。电话访问式问卷一般应用于问题相对简单明确，但需及时得到调查结果的调查项目。

6）网上访问式问卷。这是在互联网上制作，并通过互联网来进行调查的问卷类型。此种问卷不受时间、空间限制，便于获得大量信息，特别是对于敏感性问题，相对而言更容易获得满意的答案。

二、问卷的基本结构

（一）问卷的基本要求

一份完善的问卷应能从形式和内容两个方面同时胜出。

从形式上看，要求版面整齐、美观，便于阅读和作答，这是总体上的要求，具体的版式设计、版面风格与其他要求，这里暂不详述。

再从内容上看，一份好的问卷至少应该满足以下几方面的要求：

（1）问题具体、表述清楚、重点突出、整体结构好。

（2）确保问卷有助于完成调查任务，达到调查目的。

（3）调查问卷应该明确正确的政治方向，把握正确的舆论导向，注意可能对阅读者造成的影响。

（4）便于统计整理。

（二）问卷的结构

问卷的结构一般包括四个部分，即说明信、调查内容、编码和结束语。其中调查内容是问卷的核心部分，是每一份问卷都必不可少的，其他部分则可根据设计者的需要进行取舍。

（1）说明信。说明信是调查者写给被调查者的一封简短的信，主要内容是调查的目的、意义、选择方法以及填答说明等，一般放在问卷的开头。

（2）调查内容。问卷的调查内容主要包括各类问题、问题的回答方式及指导语，这是调查问卷的主体，也是问卷设计的主要内容。

问卷中的问答题，从形式上看，可分为开放式、封闭式和混合型三大类。开放式问答题只提问题，不给具体答案，要求被调查者根据自己的实际情况自由作答。封闭式问答题则既提问题，又给出若干答案，被调查中只需对选中的答案打“√”即可。混合型问答题，又称半封闭式问答题，是在采用封闭式问答题的同时，再附上一个开放式问题。

至于指导语，也就是填答说明，是用来指导被调查者填答问题的各种解释和说明。

（3）编码。编码一般应用于大规模的问卷调查。因为在大规模的问卷调查中，调查资料的统计汇总工作十分繁重，借助编码技术和计算机，则可大大简化这一工作。

编码是将调查问卷中的调查项目以及备选答案赋予统一设计的代码。编码既可以在设计问卷的同时就设计好，也可以等调查工作完成以后再设计。前者称为预编码，后者称为后编码。在实际调查中，常采用预编码的方式。

（4）结束语。结束语一般放在问卷的最后面，用来简短地对被调查者的合作表示感谢，也可征询一下被调查者对问卷设计和问卷调查本身的看法和感受。

在本章末的附录中，我们给出了一份调查问卷的示例。

三、问卷设计的过程

问卷设计的过程一般包括十大步骤，即确定所需信息、问卷的类型、问题的内容、问题的答案设计、问题的措辞、问题的顺序、问卷的排版和布局以及进行问卷的测试、问卷的定稿、问卷的评价。其中前 4 步是问卷设计的基础，我们在此处介绍；后 6 步属于问卷的整体设计，因此放在第 3 节中介绍。

（一）确定所需信息

确定所需信息是问卷设计的前提。调查者必须在问卷设计之前把握所有达到研究目的和验证研究假设所需要的信息，并决定所有用于分析使用这些信息的方法，比如频率分布、统计检验等，并按这些分析方法所要求的形式来收集资料，把握信息。

（二）确定问卷的类型

制约问卷类型选择的因素很多，而且研究课题不同，调查项目不同，主导的制约因素也不一样。在确定问卷类型时，必须先综合考虑以下制约因素：调研费用、时效性要求、被调查对象、调查内容。

（三）确定问题的内容

确定问题的内容似乎是一个比较简单的问题，其实不然，这其中还涉及个体的差异性问题，也许你认为容易的问题在他人看来就是困难的问题，你认为熟悉的问题在他人看来就是生疏的问题。因此，确定问题的内容，最好与被调查对象联系起来。分析被调查者群体，有时比盲目分析问题的内容效果要好。在对问题进行筛选时，应注意以下几点：

（1）问题本身的必要性。即考虑某个问题是否必要，主要应参照所研究的问题和调研目标以及其他问题的内容。

（2）问题细分的必要性。有时，将一个问题分割成两个或几个问题可能更有利于获取确切的信息。

（3）被调查者是否掌握所需信息。如果多数被调查者对所询问的信息基本不了解或不清楚，这类问题就不要保留，否则，据此获取的信息会有很大的误差。

（4）被调查者是否提供所问信息。即所问的问题必须是被调查者根据自身所掌握的信息能够回答的或是愿意回答的。

（四）确定问题的答案设计

问卷当中，问题的类型归结起来分为五种：自由问答题、两项选择题、多项选择题、顺位式问答题和赋值式问答题。其中后四类均可以称为封闭式问题。

（1）自由问答题。自由问答题，也称开放式问答题，只提问题，不给具体答案，要求被调查者根据自身实际情况自由作答。自由问答题主要限于探索性调查，在实际的调查问卷中，这种问题不多。自由问答题的主要优点是被调查者的观点不受限制，便于深入了解被调查者的建设性意见、态度、需求等。主要缺点是编码和统计难度大。自由问答题一般应用于以下几种场合：作为调查的介绍；某个问题的答案太多或根本无法预料；由于研究需要，必须在研究报告中引用被调查者的原话。

（2）两项选择题。两项选择题，也称为是非题，是多项选择题的一个特例，一般只设两个选项，如“是”与“否”，“有”与“没有”等。被调查者只能在两个选项中进行非此即彼的选择。如：

您家有新能源汽车吗？

1. 有　　2. 没有

两项选择题的特点是简单明了，缺点是所获信息量太少，两种极端的回答有时难以了解和分析被调查者群体中客观存在的不同态度层次。

（3）多项选择题。多项选择题是让被调查者从多个备选答案中选择一项或几项的问题。这是各种调查问卷中采用最多的一种问题类型。如：

请问您在购买小轿车时，主要考虑哪些因素？（选出您认为合适的答案）

1. 价格　2. 款式　3. 品牌　4. 耗油量　5. 售后服务　6. 维修费用　7. 乘坐舒适　8. 行驶平稳

多项选择题的优点是便于回答，便于编码和统计，缺点主要是答案的排列次序可能引起偏见。这种偏见主要表现在以下三个方面：

第一，对于没有强烈偏好的被调查者而言，选择第一个答案的可能性大大高于选择其他答案的可能性。解决的办法是打乱排列次序，制作多份调查问卷同时进行调查，但这样做的结果是增加了制作成本。

第二，如果被选答案均为数字，没有明显态度的人往往选择中间的数字而不是偏向两端的数。

第三，对于 A、B、C 字母编号而言，不知道如何回答的人往往选择 A，因为 A 往往与高质量、好等相关联。解决的办法是用其他字母，如 L、M、N 等进行编号。

（4）顺位式问答题。顺位式问答题，又称序列式问答题，是在多项选择的基础上，要求被调查者对询问的问题答案，按自己认为的重要程度和喜欢程度顺位排列。如：

您在购买这种牌子的电视机时，主要考虑哪些因素？（按重要程度进行排序）

1. 产品的品牌　2. 价格合理　3. 售后服务　4. 外形美观　5. 维修方便

（5）赋值式问答题。赋值式问答题要求被调查者根据自己的实际情况，对给定的选项赋予一定的数值来代表自己的选择。这种问答题主要用于一些定性但又需要进行定量刻画的情况。比如衡量对产品质量满意程度的心理感受类问题，如：

您对这款轿车是否感到满意?

1. 非常满意　2. 比较满意　3. 一般　4. 不太满意　5. 不满意

在现实的调查问卷中，往往是几种类型的问题同时存在，单纯采用一种类型问题的问卷并不多见。

第 3 节　市场调查问卷的整体设计

一、问卷编制的程序

前述关于问卷设计基础的内容都是为了最终设计出一份完整、适用、符合调查目的等各方面要求的实际调查问卷。编制问卷有一定的技巧，要有利于调查人员与被调查者之间的信息传递或沟通，以达到预期目标。编制问卷时，要按照一定的程序进行（如图 2－1 所示）。

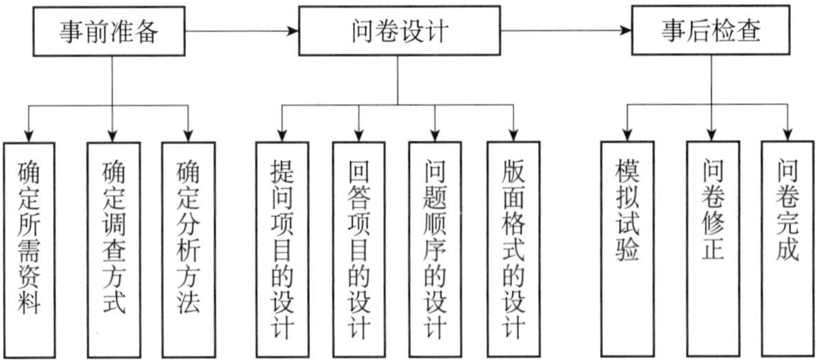

图 2－1　市场调查问卷的编制程序

二、问题的措辞

很多人可能不太重视问题的措辞，而把主要精力集中在问卷设计的其他方面，这样做有可能降低问卷的质量。

下面是几条法则，不妨试试。

（1）问题的陈述应尽量简洁。

（2）避免提带有双重或多重含义的问题。

（3）最好不用反义疑问句和否定句。

（4）注意避免问题的从众效应和权威效应。

（5）注意避免诱导性提问。

（6）注意敏感性问题的处理。

对于一些敏感性问题可以采用如下处理技巧：

（1）释难法。即通过在问题之前加一段有助于降低被调查者为难程度的文字，使提问自然化。

（2）人称代换法。指将要直接向被调查者询问的问题，改成关于第三人称的问题，使被调查者处于纯客观的地位，便于回答问题。

（3）数值归档法。即将要研究的变量的取值划成几个连续的区间，由被调查者选择。适于询问被调查者的年龄、收入等敏感问题。

三、问题的顺序

问卷中的问题应遵循一定的排列次序，问题的排列次序会影响被调查者的兴趣、情绪，进而影响其合作积极性。所以，一份好的问卷应对问题的排列做出精心的设计。

一般而言，问卷的开头部分应安排比较容易的问题，这样可以给被调查者一种轻松、愉快的感觉，以便于他们继续答下去。中间部分应安排一些核心问题，即调查者需要掌握的资料，这一部分是问卷的核心部分，应该妥善安排。结尾部分可以安排一些背景资料类问题，如职业、年龄、收入等。背景资料类问题虽然属于事实性问题，十分容易回答，但有些问题，诸如收入、年龄等同样属于敏感性问题，因此一般安排在末尾部分。当然，在不涉及敏感性问题的情况下也可将背景资料类问题安排在开头部分。

还有一点就是注意问题的逻辑顺序，有逻辑顺序的问题一定要按逻辑顺序排列，即使打破上述规则。这实际上就是一个灵活机动的原则。

四、问卷的排版和布局

问卷的设计工作基本完成之后，便要着手问卷的排版和布局。问卷排版和布局总的要求是：

（1）问卷的主体部分要突出、醒目。

（2）外表及内容的印刷要美观，让被调查者产生好感。

（3）各问题之间要留出一定的空间，不要排得过密。

五、问卷的测试

问卷的初稿设计完成之后，不要急于投入使用，特别是对于一些大规模的问卷调查，最好先组织问卷的测试，以便发现问题及时修改。测试通常选择 20～100 人，样本数不宜太多，也不要太少。如果第一次测试后有很大的改动，可以考虑是否有必要组织第二次测试。

六、问卷的定稿

当问卷的测试工作完成，确定没有必要再进一步修改后，可以考虑定稿。问卷定稿后就可以交付打印，正式投入使用。

七、问卷的评价

问卷的评价实际上是对问卷的设计质量进行一次总体性评估。对问卷进行评价的方法很多，包括专家评价、上级评价、被调查者评价和自我评价。

专家评价一般侧重于技术性方面，比如对问卷设计的整体结构、问题的表述、问卷的版式风格等方面进行评价。

上级评价则侧重于政治性方面，比如对政治方向、舆论导向、可能对群众造成的影响等方面进行评价。

被调查者评价可以采取两种方式：一种方式是在调查工作完成以后再组织一些被调查者进行事后性评价；另一种方式则是调查工作与评价工作同步进行，即在调查问卷的结束语部分安排几个反馈性题目，比如："您觉得这份调查表设计得如何?"

自我评价则是设计者对自我成果的一种肯定或反思。

重点名词

市场调查方案　调查对象　调查单位　调查项目　调查问卷

思考题

1. 什么是市场调查方案？如何设计市场调查方案？
2. 市场调查方案的设计有何意义？
3. 市场调查方案应如何设计？包含哪些内容？
4. 调查问卷有哪些不同的类型？
5. 调查问卷的结构包括哪些内容？
6. 调查问卷中的问题有哪些类型？应如何筛选问卷的问题？
7. 问卷中的问题设计应注意哪些要点？
8. 编制问卷的程序有哪几个阶段？
9. 确定问卷问题的措辞和顺序有哪些原则？
10. 对于敏感性问题应如何处理？
11. 在网上找一份调查问卷，对其进行全面的评价。

课后实践训练

选择调查主题，设定调查目的，撰写一份调查方案并设计一份调查问卷。

1. 具体要求

以小组为单位，完成以下任务：

（1）选择与在校大学生有关的产品或服务作为调查目标。

（2）设计有针对性的营销决策问题，明确调查对象。

（3）根据调查目的，撰写调查方案。

（4）根据调查目的，确定市场调查的具体问题并设计一份调查问卷。

（5）估计调查方案的时间进度、人员及费用。

（6）形成具体的市场调查计划。

2. 实施步骤

（1）教师布置调查任务后，将班级成员分成若干小组，每组 5 人左右，公布分组名单和召集人。

（2）各组推选负责人，由负责人对小组成员进行分工，小组成员商讨确定具体的调查目标，明确调查目的、调查的具体问题和调查对象，制订并撰写调查方案，形成纸质文档。

（3）进行初步资料搜集，由负责人进行汇总，根据调查目的设计调查问卷。

（4）确定各项任务完成的时间节点，形成调查计划书，对调查方案的可行性进行分析。

（5）由负责人或指定成员在课堂上展示调查方案，回答问题。

（6）各组互评成绩。评分内容：调查目的是否明确清晰、调查方案是否合理完善、调查方案是否可行、问卷问题设计是否与调查目的相符、时间进度安排是否合理。文案内容占 70 分，语言表达与课堂展示表现占 20 分，团队协作和文案的规范性占 10 分。

（7）教师进行综合评定和总结。

附录　调查问卷示例

网约租车对传统出租车行业影响的调查问卷

您好：

为了了解网约租车对于传统出租车行业的影响，促进传统出租车行业改革，制定符合时代发展的租车行业政策，特制定本问卷。本次调查纯属调研所用，我们将对您的个人信息绝对保密，感谢您抽出宝贵时间帮我们完成这份问卷，祝您健康愉快！

1. 您的年龄段是（　　）。

A. 18 岁以下　　B. 18～30 岁

C. 31～40 岁　　D. 41～50 岁

E. 50 岁以上

2. 您了解网约租车吗？（　　）

A. 不了解　　B. 比较了解

C. 一般了解　　D. 非常了解

3. 您支持网约租车软件的哪些功能模块？（可多选）（　　）

A. 出租车　　B. 快车

C. 专车　　D. 顺风车

4. 您认为网约租车服务对传统出租车行业的冲击程度如何？（　　）

A. 不大　　B. 较大

C. 一般　　D. 非常大

5. 请问您是乘客还是出租车司机？（如果本题选择 A，请回答问题 6～18，如果选择

B，请回答问题19～28）（　　）

A. 乘客　　B. 出租车司机

6. 您用过网约租车软件叫车吗？（　　）

A. 曾经用过　　B. 正在使用

C. 从没用过（如果本题选择C，则可结束调查，谢谢您的参与）

7. 您常用哪款网约租车软件？（　　）

A. 滴滴出行（原滴滴打车）　　B. Uber专车

C. 百度顺风车　　D. 神州专车

8. 您的职业是（　　）。

A. 学生　　B. 企事业单位员工

C. 个体商户及其雇员　　D. 自由职业者

E. 无职业　　F. 其他

9. 您每月的收入是（　　）

A. 1 500元以下　　B. 1 500～3 000元

C. 3 000～5 000元　　D. 5 000元以上

10. 您最常用的出行交通工具是（　　）。

A. 自行车　　B. 公交车

C. 地铁　　D. 出租车

E. 私家车　　F. 其他

11. 您一个月的打车次数大概是（　　）。

A. 5次以内　　B. 6～10次

C. 11～20次　　D. 21次以上

12. 您一般会在哪些时间段使用网约租车软件叫车？（可多选）（　　）

A. 6点以前　　B. 6～8点

C. 8～10点　　D. 10～15点

E. 15～17点　　F. 17～19点

G. 19～21点　　H. 21～23点

I. 23点以后

13. 您使用网约租车软件的主要原因是（　　）。（可多选）

A. 价格便宜　　B. 等车时间短，方便，节省时间

C. 身边用的人很多，随大流　　D. 不用站在街边招手打车

E. 司机服务态度好　　F. 其他

14. 您使用网约租车软件叫车的频率是（　　）。

A. 少于每周1次　　B. 每周2～4次

C. 每周5～7次　　D. 每周7次以上

15. 您常使用网约租车软件中的哪些功能？（请按使用的频率排序）（　　）

A. 出租车　　B. 专车

C. 快车　　D. 顺风车

16. 您一般在什么情况下使用网约租车软件叫车？（可多选）（　　）

A. 基本每次打车都会使用　　B. 天气不好的时候

C. 地点偏僻不好打车的时候　　D. 交通高峰期

E. 有急事，着急打车的时候　　F. 深夜打不到车的时候

G. 其他

17. 您在选择专车、快车和顺风车时最担心的是什么？（　　）

A. 人身安全　　B. 财产安全

C. 司机爽约　　D. 司机接乘不及时

E. 其他

18. 与专车、快车和顺风车相比，您认为传统出租车存在哪些欠缺？（　　）

A. 价格高　　B. 司机拒载现象比较严重

C. 服务态度不好　　D. 很难归还乘客遗忘的东西

E. 其他

19. 您是否使用网约租车软件接单？（如果本题选择 B，请忽略第 20、24 题）（　　）

A. 是　　B. 否

20. 您使用网约租车软件接单的原因是（　　）。（可多选）

A. 降低空驶率，不用扫街费油　　B. 易于接单，提高收入

C. 灵活安排工作时间　　D. 同行普遍在用

E. 接单后软件给予额外奖励　　F. 避免了因争抢客户与其他司机发生矛盾

G. 其他

21. 网约租车软件出现后对您的收入有影响吗？（　　）

A. 根本不影响　　B. 影响不大

C. 一般　　D. 影响非常大

22. 您担心网约租车出现后可能会出现什么问题？（可多选）（　　）

A. 乘客减少，收入减少　　B. 行车过程中接单，易发生交通事故

C. 需要再三确认乘客信息很麻烦　　D. 需要承担乘客违约的风险

E. 传统出租车减少　　F. 其他

23. 您认为网约租车的出现对于传统出租车行业来讲是利还是弊？（　　）

A. 利大于弊　　B. 利弊参半

C. 弊大于利

24. 如果您已使用网约租车（打车）软件接单，每天的接单收入中有多大比例来自打车软件？（　　）

A. 低于 10%　　B. 10%～30%

C. 30%～40%　　D. 40%～50%

E. 50%以上

25. 专车、快车及顺风车的出现对您的影响程度如何？（　　）

A. 不大　　B. 比较大

C. 一般　　D. 非常大

26. 您认为监管部门现在对网约租车的监管怎么样？（　　）

A. 存在很大的漏洞　　B. 问题不大，可以忽略

C. 还可以，但仍需要改进　　D. 很完美，不需要改进

27. 您认为专车、快车、顺风车与传统出租车是什么样的关系？（　　）

A. 互补　　B. 竞争

C. 合作　　D. 竞争与合作并存

E. 没关系

28. 针对专车、快车和顺风车对传统出租车司机的影响，您觉得政府应该怎么做？（可多选）（　　）

A. 出台法规限制专车、快车和顺风车的发展

B. 出台法规规范专车、快车和顺风车的发展

C. 对传统出租车行业进行改革

D. 其他

（此问卷是本书作者指导学生参加2016年辽宁省市场调查与分析大赛获得省级二等奖作品中的问卷。）

第3章 定性调查方法

第1节 文献调查法

企业在经营过程中常常需要了解市场行情、国民经济发展情况等信息，这些信息很难从消费者那里得到，文献调查法能很好地帮助企业获取这方面的信息。文献调查法是指通过寻找文献收集有关市场信息的调查方法，它是一种间接的非介入式的市场调查方法。文献调查法所收集的资料数据主要是二手数据。

一、文献调查法的主要优点

与其他收集市场信息的方法一样，文献调查法也需要制订严密的调查计划，并对将要利用的文献进行真实性、可用性的检查，这样才能保证调查的系统性和可靠性。但作为一种独立的调查方法，文献调查法又有其自身固有的优点。

（1）文献调查法超越了时间、空间的限制，通过对古今中外文献进行调查，可以研究极其广泛的社会情况。这一优点是其他调查方法不可能具有的。

（2）文献调查法主要是书面调查，只要收集的文献是真实的，就能够获得比口头调查更准确、更可靠的信息。这就避免了口头调查可能出现的种种记录误差。

（3）文献调查法是一种间接的、非介入性调查。它只对各种文献进行调查和研究，而不与被调查者接触，不介入被调查者的任何反应。这就避免了直接调查中经常发生的调查者与被调查者互动过程中可能产生的种种反应性误差。

（4）文献调查法是一种非常方便、自由、安全的调查方法。文献调查法受外界制约较少，只要找到了必要的文献就可以随时随地进行研究；即使出现了错误，也可通过再次研究进行弥补，因而其安全系数较高。

（5）文献调查法省时、省钱、效率高。文献调查法是在前人和他人劳动成果基础上进行调查，是获取知识的捷径。它不需要大量研究人员，不需要特殊设备，可以用比较少的人力、经费和时间，获得比其他调查方法更多的信息。因而，它是一种高效率的调查方法。

二、文献的种类和来源

文献调查的对象是文献，这就需要对文献的种类和来源有深入的了解。从我国目前实际情况来看，有关市场信息的文献种类和来源包括：

（1）国家统计局和各级地方统计部门定期发布的统计公报、定期出版的各类统计年鉴，这些都是权威性很高的综合性资料文献。

（2）各种经济信息部门、各行业协会和联合会提供的定期或不定期信息公报。这类文献或数据定向性较强，是市场调查中文献的重要来源。

（3）国内外有关报纸、杂志、电视等大众传播媒介提供的内容。这些传播媒介提供种类繁多、形式多样的各种直接或间接的市场信息，它们是文献调查中主要的查找对象。

（4）各种国际组织、外国驻华使馆、外国商会等提供的定期或不定期统计公告或交流信息。

（5）国内外各种博览会、交易会、展销订货会等营销性会议，以及专业性、学术性会议上发放的文件和资料。

（6）工商企业内部资料，如销售记录、进货单、统计报表、财务报表等。

（7）各级政府部门发布的有关市场的政策法规，以及执法部门公布的有关经济案例。

（8）研究机构、高等院校发表的学术论文和调查报告等。

三、文献真实性和可用性检验

文献真实性检验是很重要的一项工作，通常的检验方法是看作者，排除有疑问的作者，剔除浮夸成风年代的文献。

文献可用性检验，是指检查文献的属性，特别是对数据性文献资料，要检查数据测量尺度、分组状态是否与调查内容及要求相适应。如果需要原始数据，还应事先了解清楚所需支付的费用，以防超出支付能力。文献的可用性检验，还包括对文献的时效性、完整性的考察。

文献真实性和可用性的检验，是根据调查目的对将要采用的文献可利用价值的考察。高质量的文献资料的基本特点是真、新、全、准。

四、文献资料的整理和分析方法

文献调查法所涉及的文献种类、格式一般较多，对其进行整理分析是一项核心工作。基本要求是紧紧围绕调查目的，依据事先制订的分析计划，选择正确的统计方法和指标。这与其他调查方式获得资料的方法基本一致。在此主要介绍一种将定性资料转化为定量资料的技术，即内容分析方法。

内容分析方法是对载于报纸杂志中有关定性类文献予以定量分析处理的一种方式。其基本操作过程如下：

（1）找出最能代表某类现象的“关键词”。

(2) 计算出在文献中“关键词”出现的频数、位置以及字体的面积，并赋予不同的权重。例如频数的权重为 0.5；位置的权重分别为：第一版 0.2，非第一版 0.1；字体面积的权重为：标准 3 号字或更大的为 0.3，4 号字为 0.2，5 号字以下为 0.1。

(3) 进行加权平均处理。通过加权平均处理，就可以比较清楚地看到各类现象的重要程度。

五、文献调查法的意义

采用这种整理分析方法，可以简化定性文献的分析处理工作，并使处理资料的过程标准化。

在市场调查中，文献调查法具有特殊的重要作用，常被作为收集资料的首选方式，或者说，所有的市场调查都始于收集现有文献资料，只有当现存资料不能提供足够的依据时，才考虑进行实地调查。

随着我国信息市场的完善和统计法规的健全，以及出版行业的发展，文献调查法的应用将会更加广泛，其重要性也会更加凸显。文献调查法已越来越受到调查研究单位和委托调查单位的重视。

第 2 节　焦点访谈法

焦点访谈法又称焦点小组座谈法，就是采用小型座谈会的形式，由一个受过训练的主持人以一种无结构、自然的形式与一个小组的具有代表性的消费者或客户交谈，从而获得对有关问题的深入了解。

一、焦点访谈法的实施步骤

(一) 准备焦点小组座谈

(1) 环境。一般是有一个焦点小组测试室，主要设备应包括话筒、单向镜、室温控制器、摄像机。对调研者来说，焦点小组座谈是一种了解消费者动机的理想方法。

(2) 征选参与者。一般是在商业街上随机地拦住一些人或者随机选择一些电话号码。征选时应极力避免出现重复的或“职业”性受访者。一个小组一般包括 8 名参与者。注意，并不存在理想的参与人数，应根据小组的类型而定，经历性的小组比分析性的小组所需的受访者要多。

另外，调查发现，人们同意参加焦点小组的动机依次是：报酬、对话题感兴趣、有空闲时间、焦点小组有意思、受访者对产品知道得很多、好奇、座谈活动提供了一个表达的机会。

(二) 选择主持人

拥有合格的受访者和一个优秀的主持人是焦点访谈法成功的关键。焦点小组对主持人的要求是：第一，主持人必须能恰当地组织一个小组；第二，主持人必须具有良好的商务沟通技巧，以便有效地与委托商的员工进行互动。不仅对主持人的培训和主持人自身的准备是非常重要的，而且委托商的员工在观察小组之前也必须做好充分的准备。

（三）编制讨论指南

编制讨论指南一般采用团队协作法。讨论指南要保证按一定顺序逐一讨论所有重要的话题。讨论指南是一份关于座谈会中所要涉及话题的概要。编制讨论指南的工作一般包括三个阶段：第一阶段是建立友好关系，解释小组中的规则，并提出讨论的主题；第二阶段是由主持人激发深入的讨论；第三阶段是总结重要的结论，衡量信任和承诺的限度。

（四）编撰焦点访谈报告

访谈结束主持人可做一次口头报告。

正式的报告，开头通常解释调研目的，说明所调查的主要问题，描述小组参与者的个人情况，并说明征选参与者的过程。接着，总结调研发现，并提出建议，通常为2～3页的篇幅。如果小组成员的交谈内容经过了精心归类，那么完成报告的主体部分也就很容易了。先列出第一个主题，然后总结对这一主题的重要观点，最后使用小组成员的真实记录（逐字逐句的记录）进一步阐明这些重要观点。以同样的方式一一总结所有的主题。

二、焦点访谈法的工作要点

要组织完成一场座谈会，需要做好以下三方面的工作。

（一）做好座谈会前的准备工作

主要内容有：

（1）确定会议主题；

（2）确定会议主持人；

（3）选择参加人员；

（4）选好座谈会的场所和时间；

（5）确定座谈会的次数；

（6）准备好座谈会所需要的演示和记录用具，如录音、录像设备等；

（7）如果需要同声翻译，应该让翻译了解所要讨论的大概内容。

（二）组织和控制好座谈会的全过程

主要内容有：

（1）把握座谈会的主题；

（2）做好与会者之间的协调工作；

（3）做好座谈会记录，一般由专人负责记录，同时还常常通过录音、录像等方式记录。

(三) 做好座谈会后的各项工作

主要内容有：

(1) 及时整理、分析座谈会记录；

(2) 回顾和研究座谈会情况；

(3) 做必要的补充调查；

三、焦点访谈的注意事项

企业在进行焦点访谈时，应该注意以下事项：

(1) 焦点访谈的目的决定了所需要的信息，从而也决定了需要的受访者和主持人。企业可以应用一些特殊的调研技术（如测试态度的量表技术），以及一些特殊的仪器（如进行广告效果测试时，常常需要显示器和投影仪），这些都需要提早落实，准备到位。

(2) 曾经参加过焦点访谈的人，是不合适的参与者。

(3) 参与者中应该避免亲友、同事关系，因为这种关系会影响发言和讨论，万一发生这种现象，应该要求他们退出。

(4) 每个小组参与者的数量。8～12 人是合适的，但经常有 4～5 人的焦点访谈小组，小组的人数可根据讨论的内容来定。如我们为一个家用电脑软件实施焦点小组座谈时，为了让消费者能充分熟悉软件功能，并尽量深入发表意见，每组只有 4 个参与者，座谈持续 3 小时以上。

(5) 吸引参与者参加座谈的措施。

1) 报酬越高越能吸引人参与；

2) 越枯燥的调研项目报酬越高；

3) 座谈会要尽量安排在周末举行；

4) 向目标人选描述座谈会如何有趣、有意义；

5) 强调目标人选的参与对研究十分重要。

(6) 主持人在焦点小组座谈中要明确工作职责。其工作职责包括：

1) 与参与者建立友好的关系；

2) 说明座谈会的沟通规则；

3) 告知调研的目的并根据讨论的进展灵活变通；

4) 征询参与者的意见，激励他们围绕主题热烈讨论；

5) 总结参与者的意见，评判其对各种参数的认同程度和分歧。

(7) 主持人应把握会场气氛。主持人在座谈会开始时就应该亲切热情地感谢大家的参与，并向大家解释焦点小组座谈是怎么一回事，使参与者尽量放松。然后，坦诚地介绍自己，并请参与者一一作自我介绍。沟通规则一般应该包括以下内容，要诚恳地告诉参与者：

1) 不存在不正确的意见，你怎么想就怎么说，只要你说出真心话；

2）你的意见代表着其他很多像你一样的消费者的意见，所以很重要；

3）应该认真听取别人的意见，不允许嘲笑贬低；

4）不要互相议论，应该依次大声说出观点；

5）不要关心主持人的观点，主持人在这个调研课题面前跟大家一样，主持人不是专家；

6）如果你对某个话题不了解，或没有见解，不必担心，也不必勉强地临时编撰；

7）为了能在预定时间内完成所有主题的讨论，请原谅主持人可能会打断你的发言。

（8）焦点访谈的数据和资料分析要求主持人和分析员共同参与。他们必须重新观看录像，不仅要听取参与者的发言内容，而且要观察发言者的面部表情和肢体语言。企业在进行产品的概念测试时要特别注意这一点，因为参与者往往不愿意对设计的概念提出激烈的反对意见，只有当企业自己观察到参与者不屑一顾的嘲讽表情时，才会认识到这一概念并不受欢迎。

四、焦点访谈法的优缺点

（一）焦点访谈法的优点

（1）资料收集快，效率高。由于可以同时访问多名被调查者，因此能节省人力和时间。

（2）取得的资料较为广泛和深入。由于有多名被调查者同时参与座谈会，在主持人的适度引导下，能开动脑筋、相互启发，获得大量及有创意的想法和建议。

（3）结构灵活。焦点访谈在覆盖的主题及深度方面是可以灵活控制的。

（4）能将调查与讨论相结合。能探讨出现问题的原因和解决问题的途径。

（5）可进行科学监测。焦点访谈法允许对资料的收集进行密切监视，研究人员和客户可亲自观看座谈会现场讨论的情况，并可将其录制下来供后期分析使用，达到科学监测的目的。

（二）焦点访谈法的缺点

（1）对主持人的要求较高，而挑选理想的主持人往往比较困难。

（2）容易造成判断错误。焦点访谈法的结果与其他调查方法的结果相比较，更容易被错误地判断，受主持人的影响而出现偏差。

（3）访谈结果散乱，使后期对资料的分析和说明都比较困难。

（4）有些涉及隐私、敏感或保密的问题，很难在座谈会上公开讨论。

（5）受讨论时间的限制，有时难以进行深入细致的交流，造成讨论结果对于总体而言不具有代表性。

五、焦点访谈法的应用

焦点访谈法主要可以用于以下一些实际问题：

（1）了解消费者关于某种产品种类的认知、理解、偏好和行为。
（2）获得消费者对于新产品的印象。
（3）产生关于旧产品的新观念。
（4）为广告提出有创意的概念或文案素材。
（5）获得消费者对于价格的印象。
（6）获取消费者对于具体营销计划的初步反应。

第 3 节　深度访谈法

一、深度访谈法简介

深度访谈法又称深层访谈法。深度访谈法是一种无结构的、直接的、个人的访问，在访问过程中，一个掌握高级技巧的调查员深入地访谈被调查者，以揭示其对某一问题的潜在动机、信念、态度和感情。

与焦点访谈法一样，深度访谈法主要也是用于获取被调查者对问题的了解和深层理解的探索性研究。不过，深度访谈法的应用不如焦点访谈法那么普遍。比如，为发掘目标顾客由某产品所引起的深度动机，可采用深度访谈法。在此过程中，研究者为消除顾客的自我防卫心理，可以采用各种技巧（如文字联想法、语句完成法、角色扮演法等）来对顾客进行访问。

深度访谈法适用于了解复杂、抽象的问题。这类问题往往不是三言两语可以说清楚的，只有通过自由交谈，对所关心的主题深入探讨，才能从中概括出所要了解的信息。

二、深度访谈法的技术

比较常用的深度访谈技术主要有三种：阶梯前进、隐蔽问题探寻和象征性分析。

阶梯前进是顺着一定的问题线探索，例如从产品的特点一直到使用者的特点，使得调查员有机会了解受访者思想的脉络。

隐蔽问题探寻是将重点放在个人的“痛点”而不是社会的共同价值观上，放在与个人密切相关的而不是一般的生活方式上。

象征性分析是通过反面比较来分析对象的含义。要想知道“是什么”，先想办法知道“不是什么”。例如在调查某产品时，其逻辑的反面是：产品的不适用方面，“非产品”形象的属性，以及对立的产品类型。

调查员对于深度访谈成功与否是十分重要的。调查员应当做到：

（1）避免表现自己的优越和高高在上，要让受访者放松；
（2）超脱且客观，但又要有风度和人情味；
（3）以提供信息的方式问话；
（4）不要接受简单的“是”“不是”之类的回答；
（5）探究受访者的内心。

三、深度访谈法的工作流程

（一）接收任务书

访谈任务书是访谈委托方或上级部门下达的访谈任务书面文件，是访谈者确定具体访谈事宜和开展后续访谈工作的凭据。所以访谈者在开展访谈工作前必须接收来自委托方或上级部门的访谈任务书。

（二）制订约人方案

主要内容包括：确认受访者条件；确认配额；准备确认甄别问卷；制定劳务费标准（约人费用、礼金等）；购买礼品、准备礼金。

（三）预约受访者

（1）培训联络者：说明受访者条件、公司的介绍信及访问说明、劳务费标准、深访时间、约人注意事项、约人终止时间。

（2）为避免预约到有重大变故的受访者，要求访问员在约定的时间内将受访者的情况及时反馈给公司。

（3）根据受访者背景情况，对预约受访者进行甄别。

多约几人备用（具有相同背景的人选）；可以采用突然发问等形式的侧面甄别技术；同一个访问员所约的受访者之间不能相互认识，并且不能是同一单位的；最后确认访谈时间。

（4）控制受访者配额，行业、职务、从业工龄、生活背景应该均匀分布。

（5）将时间安排、访问安排传真给客户，如有变动及时取得联系。

（四）进行正式访问

主要内容包括：访问员整理现场问卷、录音；访问员一对一地与受访者进行现场访问；督导对收回的问卷、录音要亲自过目；及时将回收的问卷、记录、录音等发给客户。

（五）完成访问后的整理工作

访问后，应该将访谈过程中所收集的各种资料进行整理、分类，做好记录，并存档留底以备后期的核验或查询之用。

（六）完成访问后续工作

访问完成后，应对访谈所得资料数据进行分析；根据分析结果拟定访谈报告；总结本次访谈的经验得失。

四、深度访谈法的优缺点

深度访谈法比焦点访谈法能更深入地探索受访者的内心思想与看法。而且深度访谈可将反应与受访者直接联系起来，不像小组座谈中难以确定哪个反应是来自哪个被调查者。深度访谈可以更自由地交换信息，而在小组座谈中也许做不到，因为有时会有社会压力不自觉地要求小组形成一致的意见。但是深度访谈也有与小组座谈一样的缺点，而且常常在程度上更深。能够做深度访谈的有技巧的调查员（一般是专家，需要有心理学或精神分析学的知识）报价高昂，也很难找到。由于调查的无结构使得结果很容易受调查员自身的影响，其结果的质量和完整性也十分依赖于调查员的技巧。最终得到的数据常常难以分析和解释，因此需要心理学家来解决这个问题。由于占用的时间和所花的经费较多，因而在一个调研项目中深度访谈的数量是十分有限的。

案例 3-1

某大学的一个学生调查团队在某城市开展了该城市垃圾分类影响因素的调查，除开展文献调查、问卷调查外，小组成员利用课余时间选取了部分市民进行深度访谈，以便深入了解市民对垃圾分类的了解程度和所持态度，为后续修订问卷提供依据。以下是他们确定了调查任务，制订约访方案并预约了受访者后，对几位受访者进行深度访谈的结果。

××市垃圾分类影响因素研究访谈提纲

您好，我们是××大学的本科生，现在做一个关于垃圾分类影响因素的调查研究，本次受访者是通过分层抽样选取的，我们对您的个人信息及相关作答会严格保密，只做学术研究之用。恳请您真实回答每个问题，谢谢您的配合！

访谈对象：现居住在××市的全部居民。

为确保本次数据的有效性，需先确认您是否了解垃圾分类的相关知识与政策。垃圾分类一般是指按规定或标准将垃圾分类储存、投放和搬运，从而转变成公共资源的一系列活动的总称。2017 年 3 月 18 日，《国务院办公厅关于转发国家发展改革委、住房城乡建设部生活垃圾分类制度实施方案的通知》发布。同年 8 月，××省人民政府办公厅印发了《××省城乡生活垃圾分类四年滚动计划实施方案（2017—2020 年）》的通知。

以下为访谈结果：

受访者一

问题 1：您认为您对垃圾分类的了解程度如何？您是否清楚垃圾分类的标准（如干垃圾与湿垃圾等）？

回答：一般了解。能够简单区分可回收垃圾与不可回收垃圾、干垃圾和湿垃圾、有害垃圾等。

问题 2：您接受过有关垃圾分类的教育或宣传吗？请举例说明。

回答：接受过。社区电梯里的广告、电视里的广告、微博以及一些综艺节目有介绍。

问题 3：您认为垃圾分类的好处都有哪些呢（对自身、社区、社会、经济等均可）？请列举您认为最重要的几点。

回答：对自身，了解垃圾分类知识，提高保护环境的意识；对社区，营造良好的社区环境，减少社区工作人员的工作压力，打造舒适的宜居社区；对社会，减少对自然的污染，保护土地与生物多样性，营造良好的社会环境，打造宜居城市；对经济，变废为宝，通过回收利用可以增加经济来源，促进经济可持续发展，同时可以催生新兴职业，促进就业。

问题4：媒体的宣传报道、政府出台的相关政策、居委会或党员的宣传教育等是否对您参与垃圾分类产生过影响？请举例说明。

回答：之前媒体有关于上海市严格垃圾分类的报道，在惊讶之余我还去了解了垃圾分类的标准；对于政府政策了解较少，居委会的宣传教育对我有影响，在乘坐电梯时我会阅读电梯间的关于垃圾分类的广告。

问题5：您认为当前制约您进行垃圾分类的因素都有哪些？

回答：垃圾箱的分类不够明确；对一些垃圾不知道是哪一类；家里没有分类垃圾桶，经常装到一个垃圾袋中；垃圾分类缺少监督。

问题6：您对于“参与垃圾分类能够促进循环经济，进而实现碳达峰与碳中和”持有怎样的看法？

回答：赞同。垃圾分类是一个社会不可或缺的大环节。垃圾分类从投放到收集再到运输，能够促进回收利用再生产，促进经济发展，同时减少垃圾焚烧产生的二氧化碳。在全社会以及国家的共同努力下，垃圾分类会对碳达峰与碳减排产生作用。

问题7：垃圾分类是否给您的生活带来了不便？如果是，体现在哪些方面？

回答：没有带来不便。

问题8：您对于××市垃圾分类现状评价如何？又有怎样的建议？

回答：××市垃圾分类推行得不是很好，在社区经常能见到垃圾分类箱，但不全，而且居民很少真正进行垃圾分类。商场等场所也基本只有可回收、不可回收两类垃圾箱，有的甚至没有分类。建议政府鼓励企业生产标准化垃圾箱，媒体大力宣传垃圾分类，居委会等积极动员社区成员，学校开设有关垃圾分类的课程，每个人自主学习垃圾分类知识，为提高生态文明做出自己的贡献。

受访者基本资料

1. 您的性别：男（ ） 女（√）

2. 您的年龄：18岁以下（ ） 18～25岁（√） 26～35岁（ ） 36～45岁（ ） 46～55岁（ ） 55岁以上（ ）

3. 您目前获得的最高学历（含在读）是：初中及以下（ ） 高中（ ） 专科（ ） 本科（√） 研究生及以上（ ）

4. 您的职业是：企事业单位、党政机关和公众团体工作者（ ） 专业技术人员（教师、医生、工程技术人员、作家等专业人员）（ ） 私营企业主或企业工作者（ ） 第三产业服务人员（ ） 产业工人（ ） 农林牧渔业的劳动者（ ） 家庭主妇（ ） 学生（√） 个体经营者（ ） 无业/失业/退休人员（ ） 其他（ ）

5. 您的家庭总年薪是：3万元以下（ ） 3万～10万元（ ） 10万～20万元（ ） 20万元以上（√）

受访者二

问题1：您认为您对垃圾分类的了解程度如何？您是否清楚垃圾分类的标准（如干垃圾与湿垃圾等）？

回答：比较了解。因为之前做过这方面的答题，有过了解。

问题2：您接受过有关垃圾分类的教育或宣传吗？请举例说明。

回答：接受过，社区有过广告宣传还有志愿服务宣传。

问题3：您认为垃圾分类的好处都有哪些呢（对自身、社区、社会、经济等均可）？请列举您认为最重要的几点。

回答：对自身，增强个人垃圾分类和保护环境的意识；对社区，有利于社区环境的整洁，提高环境优美度；对经济，将垃圾回收利用，有利于低碳经济发展和经济的可持续发展。

问题4：媒体的宣传报道、政府出台的相关政策、居委会或党员的宣传教育等是否对您参与垃圾分类产生过影响？请举例说明。

回答：产生过影响，了解过北京、上海的垃圾分类政策，平时在社区里会看到居委会的宣传，比如广告和立牌。

问题5：您认为当前制约您进行垃圾分类的因素都有哪些？

回答：家里不会刻意将不同的垃圾装到不同的垃圾袋；垃圾桶分类标准太笼统；垃圾后续处理不完善，比如清洁工会把分好的垃圾统一收走。

问题6：您对于“参与垃圾分类能够促进循环经济，进而实现碳达峰与碳中和”持有怎样的看法？

回答：垃圾分类可以将有限的资源回收利用，促进低碳经济的发展，有利于早日实现双碳目标。

问题7：垃圾分类是否给您的生活带来了不便？如果是，体现在哪些方面？

回答：之前不清楚标准，经常搞不清楚垃圾属于哪一类，降低了扔垃圾的效率。

问题8：您对于××市垃圾分类现状评价如何？又有怎样的建议？

回答：目前××市垃圾分类工作做得并不是很好，分类垃圾桶少，而且清理工经常把所有垃圾桶的垃圾放到一个袋子里，导致之前的分类毫无意义，还是表面功夫。建议政府出台相关具体政策，针对各个环节制定具体的措施；加大宣传力度，开展各种宣讲活动、举办社区学习活动等；各学校开设有关课程，提高个人的垃圾分类意识。

受访者基本资料

1. 您的性别：男（√）　女（　）

2. 您的年龄：18岁以下（　）　18～25岁（　）　26～35岁（√）　36～45岁（　）　46～55岁（　）　55岁以上（　）

3. 您目前获得的最高学历（含在读）是：初中及以下（　）　高中（　）　专科（　）　本科（　）　研究生及以上（√）

4. 您的职业是：企事业单位、党政机关和公众团体工作者（√）　专业技术人员（教师、医生、工程技术人员、作家等专业人员）（　）　私营企业主或企业工作者（　）　第三产业服务人员（　）　产业工人（　）　农林牧渔业的劳动者（　）　家庭主妇（　）　学生（　）　个体经营者（　）　无业/失业/退休人员（　）　其他（　）

5. 您的家庭总年薪是：3万元以下（　）　3万～10万元（　）　10万～20万元（　）　20万元以上（√）

受访者三

问题1：您认为您对垃圾分类的了解程度如何？您是否清楚垃圾分类的标准（如干垃圾与湿垃圾等）？

回答：不怎么了解。对于垃圾分类的标准不是很清楚。

问题2：您接受过有关垃圾分类的教育或宣传吗？请举例说明。

回答：接受过有关教育，但是对我的作用不是特别大，并没有让我很清楚地了解，或者是我也没有很认真地去学习这方面的内容。我唯一参加过的就是××大学能拓和校团委一起开办的中心大会，有一次玩的游戏跟这个有关系，才有一些了解。

问题3：您认为垃圾分类的好处都有哪些呢（对自身、社区、社会、经济等均可）？请列举您认为最重要的几点。

回答：能够减少对于环境的污染吧，对于社区来说，应该能很大程度上减少那些社区工作者对于垃圾分类的工作压力。经济方面应该也能够促进对于这些垃圾的回收再利用，然后发挥这些垃圾最后的价值吧。

问题4：媒体的宣传报道、政府出台的相关政策、居委会或党员的宣传教育等是否对您参与垃圾分类产生过影响？请举例说明。

回答：我觉得对我影响最大的就是媒体的宣传报道和政府出台的相关政策。我最开始知道这个事情，还是因为北京和上海最先启动。然后根据政府的政策，如果分错类的话会罚款，这个事件当时在微博上也很火，让我印象挺深的。而且我觉得如果政府出台相关政策的话，应该以惩罚性政策为主。因为罚钱大家肯定心疼，奖励的话，有人并不是很需要。

问题5：您认为当前制约您进行垃圾分类的因素都有哪些？

回答：制约我垃圾分类的就是我还没有这个意识，也不太知道垃圾分类的具体标准。

问题6：您对于“参与垃圾分类能够促进循环经济，进而实现碳达峰与碳中和”持有怎样的看法呢？

回答：我非常认同这个观点。它确实能够促进垃圾和废品的循环利用，减少了碳排放。

问题7：垃圾分类是否给您的生活带来了不便？如果是，体现在哪些方面？

回答：我觉得带来的不便就是我需要把垃圾分开放，扔的时候，还要单独扔在不同的垃圾桶里，好麻烦。

问题8：您对于××市垃圾分类现状评价如何？又有怎样的建议？

回答：我觉得现在非常不到位。对于可回收、不可回收垃圾，还有有害垃圾等，就我目前观察到的，大家一般都是随便扔的，没有按照垃圾箱上面的标识来分。如果想要促进这方面的发展，还是要政府制定一些惩罚性的措施，罚款之类的，来督促垃圾分类。

受访者基本资料

1. 您的性别：男（ ）　女（√）

2. 您的年龄：18岁以下（ ）　18～25岁（√）　26～35岁（ ）　36～45岁（ ）　46～55岁（ ）　55岁以上（ ）

3. 您目前获得的最高学历（含在读）是：初中及以下（　）　高中（　）　专科（　）　本科（√）　研究生及以上（　）

4. 您的职业是：企事业单位、党政机关和公众团体工作者（　）　专业技术人员（教师、医生、工程技术人员、作家等专业人员）（　）　私营企业主或企业工作者（　）　第三产业服务人员（　）　产业工人（　）　农林牧渔业的劳动者（　）　家庭主妇（　）　学生（√）　个体经营者（　）　无业/失业/退休人员（　）　其他（　）

5. 您的家庭总年薪是：3 万元以下（　）　3 万～10 万元（　）　10 万～20 万元（　）　20 万元以上（√）

思考：请对照本节所学内容，对案例中利用深度访谈法进行的调查，包括对调查前的准备工作、调查的实施过程和调查的后续工作情况进行评价。

第 4 节　投影技法

一、投影技法简介

投影技法又叫投射技法，是一种无结构的非直接的询问形式，可以鼓励被调查者将他们对所关心问题的潜在动机、信仰、态度或感情投射出来。在投影技法中，并不要求被调查者描述自己的行为，而是要他们解释其他人的行为。在解释他人的行为时，被调查者就间接地将他们自己的动机、信仰、态度或感情投影到了有关的情景之中。因此，通过分析被调查者对那些没有结构的、不明确而且模棱两可的“剧本”的反应，他们的态度也就被揭示出来了。

二、投影技法的分类

剧情越模糊，被调查者就会越多地投影他们的感情、需要、动机、态度和价值观，就像在心理咨询诊所中利用投影技法来分析患者的心理那样。和心理学中的分类一样，投影技法可分成联想技法、完成技法、结构技法和表现技法。

（一）联想技法

在投影技法中，将一种刺激物呈放在被调查者面前，然后询问被调查者最初联想到的事。在这类技法中最常用的是词语联想法。在词语联想法中，给出一连串的词语，每给一个词语，都让被调查者回答其最初联想到的词语（叫反应词语）。调研者感兴趣的那些词语（叫试验词语或刺激词语）是散布在那一串展示的词语中的，在给出的一连串词语中，也有一些中性的或充数的词语，用于掩盖研究的目的。例如在对百货商店顾客光顾情况的调研中，试验词语可以选择“位置”“购物”“停车场”“质量”“价格”之类的词语。被调查者对每一个词的反应是逐字记录并且计时的，这样可以识别出反应犹豫者（要花 3 秒钟以上来回答）。调查员记录反应的情况，这样被调查者书写反应词语所用的时间也就得到了控制。这种技法的潜在假定是，联想可让反应者或被调查者暴露出他们对有关问题的内在情感。对回答或反应的分析可计算如下几个变量：

（1）每个反应词语出现的频数；

（2）在给出反应词语之前间隔的时间；

（3）在合理的时间段内，对某一试验词语完全无反应的被调查者的数目。

完全无反应的被调查者就被认为存在情感卷入造成的反应阻塞。研究者常常将这些联想分为赞成的、不赞成的和中性的三类。一个被调查者的反应模式以及反应的细节，可用来决定其对所研究问题的潜在态度或情感。

（二）完成技法

在完成技法中，给出一种不完全的刺激情景，要求被调查者来完成。常用的方法又分为句子完成法和故事完成法。

1. 句子完成法

句子完成法与词语联想法类似，是给被调查者一些不完全的句子，要求他们完成。一般来说，要求他们使用最初想到的那个单词或词组。与词语联想法相比，句子完成法对被调查者提供的刺激更直接，从中可能得到的有关被调查者情感方面的信息也更多。不过，句子完成法不如词语联想法那么隐蔽，许多被调查者可能会猜到研究的目的。句子完成法的另一种类型是段落完成，被调查者要完成由某个刺激短语开头的一段文字。

2. 故事完成法

在故事完成法中，给被调查者故事的一个部分，要足以将被调查者的注意力引到某一特定的话题，但是不要提示故事的结尾。被调查者要用自己的话来说出结尾。例如，在百货商店顾客光顾情况的调查研究中，被调查者需要完成下面的故事：

一位男士在他喜爱的一家百货商店里买上班穿的西服。他花了45分钟试了几套之后，终于选中了一套他所喜欢的。当他往结账柜台走去的时候，一位店员过来说："先生，我们现在有减价的西服，同样的价格但质量更高。您想看看吗?"这位消费者的反应是什么？为什么？

从被调查者完成的故事中就可以看出他（她）对花费时间挑选商品的相对价值的态度，以及他（她）在购物中的情感投资行为。

（三）结构技法

结构技法与完成技法十分相近。结构技法要求被调查者以故事对话或绘图的形式构造一种反应。在结构技法中，调查者为被调查者提供的最初结构比完成技法中提供的少。结构技法中的两种主要方法是图画回答法和卡通试验法。

1. 图画回答法

图画回答法的起源为主题统觉法或叫TAT法。做法是显示一系列的图画，有一般的也有不寻常的事件。在其中的一些画面中，人物或对象被描绘得很清楚，但在另外一些画面中却很模糊，要求被调查者看图讲故事。他们对图画的解释可以展示出他们自身的个性特征。例如，可以将被调查者的特征描绘为冲动的、有创造性的、没有想象力的等。

之所以称为主题统觉法，是因为主题是从被调查者对图画的感觉概念中抽取出来的。

2. 卡通试验法

在卡通试验法中，将卡通人物显示在一个与问题有关的具体环境内。要求被调查者指出一个卡通人物会怎样回答另一个人物的问话或做出评论。被调查者的答案可以展示出他（她）对该环境或情况的情感、信念和态度。卡通试验法比图画回答法在实施和分析上都简单一些。

（四）表现技法

在表现技法中，给被调查者提供一种文字的或形象化的情景，请他（她）将其他人的情感和态度与该情景联系起来。两种主要的表现技法是角色表演法和第三者技法。

1. 角色表演法

在角色表演法中，让被调查者表演某个角色或假定按其他人的行为来做动作。调查者的假定是，被调查者将会把他们自己的感情投入角色。通过分析被调查者的表演，就可以了解他们的情感和态度。例如在百货商店顾客光顾情况调查中，要求被调查者扮演负责处理顾客抱怨和意见的经理的角色。被调查者如何处理顾客的意见表现了他们对购物的情感和态度。在表演中用尊重和礼貌的态度对待顾客抱怨的表演者，作为顾客，希望商店的经理也能用这种态度对待他们。

2. 第三者技法

在第三者技法中，给被调查者提供一种文字的或形象化的情景，让被调查者将第三者的信仰和态度与该情景联系起来，而不是直接地联系自己个人的信仰和态度。第三者可能是自己的朋友、邻居、同事或某种“典型”人物。同样，调查者的假定是，当被调查者描述第三者的反应时，他个人的信仰和态度也就暴露出来了。让被调查者去反映第三者立场的做法减轻了他个人的压力，因此能给出较真实合理的回答。

三、投影技法的应用

投影技法是一种无结构的、非直接的询问形式，可以鼓励被调查者将他们对所关心问题的潜在动机、信仰、态度或情感投射出来。在投影技法中，并不要求被调查者描述自己的行为，而是要他们解释其他人的行为。它一般不像无结构的直接的方法（如焦点访谈法和深度访谈法）那么常用。有一个例外就是词语联想法，常常用于检验品牌的知名度，偶尔也用于测量人们对特殊产品、品牌、包装或广告的态度。如果做到以下几点，投影技法的作用还能加强。

（1）当用直接的方法无法得到所需的信息，应当考虑使用投影技法。

（2）在探索性研究中，为了了解人们最初的想法和态度，应使用投影技法。

（3）投影技法很复杂，不要认为谁都可以使用。

四、投影技法的优缺点

（一）优点

与无结构的直接的方法（如焦点访谈法和深度访谈法）相比，投影技法的一个主要优点就是，可以提取出被调查者在知道研究目的的情况下不愿意或不能提供的回答。在直接询问时，被调查者常常有意地或无意地错误理解、错误解释或错误引导调查者。在这些情况下，投影技法可以通过隐藏研究目的来增加回答的有效性。特别是当要了解的问题是私人的、敏感的或有着很强的社会标准时，作用就更明显。当潜在的动机、信仰和态度处于一种下意识状态时，投影技法也是十分有效的。

（二）缺点

投影技法也有与无结构的直接的方法相同的缺点，而且在程度上可能更严重。这些技术通常需要经过专门训练的调查员去做个人面访，在分析时还需要熟练的解释人员。因此，一般情况下投影技法的费用是十分高昂的，而且有可能出现严重的解释偏差。除了词语联想法之外，所有的投影技法都是开放式的，因此分析和解释比较困难，也易产生主观看法。

扩展阅读　女大学生群体对 HPV 疫苗的认知和接种影响因素的调查

一些投影技法（如角色表演法）要求被调查者从事不平常的行为。在这些情况下调查者可能假定同意参加的被调查者在某些方面也不是平常的。因此，这些被调查者可能不是所研究的总体的代表。为此，最好将投影技法的结果与采用更有代表性样本的其他方法的结果进行比较。

重点名词

文献调查法　　焦点访谈法　　深度访谈法　　投影技法

思考题

1. 什么是文献调查法？
2. 文献调查法有哪些优缺点？
3. 文献有哪些种类和来源？
4. 什么是焦点访谈法？
5. 焦点访谈法如何实施？
6. 焦点访谈法有哪些优缺点？适合哪些场合？
7. 什么是深度访谈法？
8. 深度访谈法有哪些技术？如何实施？
9. 深度访谈法有哪些优缺点？
10. 什么是投影技法？
11. 投影技法有哪几种？具体如何实施？
12. 投影技法适用于什么情况？
13. 投影技法有何优缺点？

第4章 定量调查方法

在绝大多数调查项目的开始阶段，收集二手资料并进行定性调查都是必不可少的，但是仅仅收集二手资料和进行定性调查往往又是不充分的，不能满足解决问题的需要。如何为解决问题提供充分、切实有效的信息呢？这就需要进行定量调查研究，以获取解决问题所需的一手资料。

在收集二手资料和定性调查的基础上，调查人员通过调查一手定量数据获取充分、有效的信息，有效地解决所面临的问题。一手定量数据在收集难度，调查花费的时间和所投入的人力、物力和财力上，都比定性调查大得多，因此，一手定量数据调查才是构成有效数据收集方法的主体。有统计资料显示，在调查的全部费用中，约72%的费用用于定量调查研究，其余的才用于定性调查研究。

定量调查方法按照收集数据的具体方式不同，可以分为询问调查法、观察调查法和实验调查法三种。每一种定量调查方法都有其自身的特点和实用性，因此应当正确掌握每一种方法的特点和操作方法与步骤。

第1节　询问调查法

询问调查法，是指调查人员以口头或书面的形式与被调查者面对面交谈、询问，获取其行为、意向、态度、感知、动机和生活方式等各方面的信息，从而收集资料数据的一种定量调查方法。

询问调查法按照调查者与被调查者接触的方式不同，可以分为直接访问法、电话访问法、邮寄调查法、留置调查法和网上访问调查法。

一、直接访问法

直接访问法又称面谈访问法，是指调查者与被调查者面对面地交谈，被调查者一一回答问题，调查者将答案如实地记录下来以便于统计分析的调查方法。询问时可按事先拟定的提纲顺序进行，也可以采取自由交谈的方式。

直接访问法在所有访问调查方法中费用最高，同时也是回收率较高的一种调查方法。所以，当调查访问的内容较多且复杂，而且调查的范围不大或需要通过面对面访谈收集信息资料作为其他调查方法的补充时，可考虑使用直接访问法。一般来说，直接访问法分为街头访问和入户调查两种方式。

（一）直接访问法的访谈过程

1. 接近受访者

访问的第一个环节是接近受访者。接近受访者的第一个问题是如何称呼。称呼恰当，就为接近受访者开了一个好头；称呼搞错了，就会闹笑话，甚至引起对方反感，影响访问的正常进行。

对受访者的称呼，应注意几个问题：（1）要入乡随俗、亲切自然；（2）要符合双方的亲密程度和心理距离；（3）既要尊重恭敬，又要恰如其分；（4）要注意称呼习俗的发展和变化。

接近受访者大体上有几种可供选择的方式：

（1）自然接近，即在某个共同活动过程中接近对方。这种接近方式，是访问者有心，受访者无意，它有利于消除对方的紧张、戒备心理，有利于在对方不知不觉中了解到许多情况。但是，在公开说明来意之前，很难进行深入系统的访谈。

（2）求同接近，即在寻求与受访者的共同语言中接近对方。

（3）友好接近，即从关怀、帮助受访者入手来联络感情、建立信任。

（4）正面接近，即开门见山，先进行自我介绍，说明调查的目的、意义和内容，然后做正式访谈。这种方式虽有些简单、生硬，但可节省时间、提高效率。在受访者没有什么顾虑的情况下，一般可采用这种方式。

（5）隐藏接近，即以某种伪装的身份、目的接近对方，并在对方没有觉察的情况下访谈。这种接近方式一般只在特殊情况下对特殊对象采用。滥用隐藏接近方式，难免有违反社会公德之嫌，甚至有可能引起严重的社会、法律问题。

2. 提问的种类、方式和语言

访谈过程中提出的问题，可分为两大类，即实质性问题和功能性问题。

实质性问题是指为了掌握访问调查所要了解的情况而提出的问题。它大体上可分为四类：（1）事实方面的问题；（2）行为方面的问题；（3）观念方面的问题；（4）情感、态度方面的问题。

功能性问题是指在访谈过程中为了对受访者施加某种影响而提出的问题。它也可分为四类：（1）接触性问题。提出这些问题的目的，不是了解这些问题本身，而是比较自然地接触受访者。（2）试探性问题。提出这些问题是为了试探一下，看访谈对象和时间的选择是否恰当，以便决定访谈是否进行和如何进行。（3）过渡性问题。有了过渡性问题，访谈过程就会显得比较连贯和自然。（4）检验性问题。提出一个问题的目的，是检验前一个问题的回答是否真实、可靠。

提问的方式多种多样，究竟采取哪种方式提出问题，应该考虑三个方面的因素：（1）考虑问题本身的性质和特点；（2）考虑受访者的具体情况；（3）考虑访问者与受访者之间的关系。

3. 听取回答的技巧

访谈技巧，首先是提问的技巧，同时也包括听取回答的技巧。“善问”和“会听”，是一个熟练访问者不可缺少的两个方面。

听，客观上存在三个层次：(1) 表面的听，即半听半不听，耳朵在听别人讲话，脑子在想别的事，结果大部分内容没有听进去。(2) 消极的听，即在被动地以耳听音，但没有开动脑筋去理解、记忆，因而听的内容很快就忘得差不多了。(3) 有效的听，即积极、专心地听，不仅以耳“察言”、以眼“观色”，而且积极开动脑筋，理解讲的观点，推测言外之意，并反复记忆和考虑如何做出反应。

访谈过程中的听，应该是有效的听。它大体上包括三个步骤：(1) 接收和捕捉信息，即认真听取受访者的回答，积极主动捕捉一切有用的信息，包括各种语言信息和非语言信息。(2) 理解和处理信息，即正确理解、接收捕捉到的信息，及时做出判断或评价，舍弃无用信息，保留有用信息和存疑信息。(3) 记忆或做出反应，即记忆有用信息，并考虑对受访者的回答，特别是对其中的存疑信息做出反应。

实践证明，要有效地听，就必须做到以下几点：

(1) 排除听的障碍。1) 偏见性障碍，即由于不喜欢受访者这个人，而不能认真地听；2) 判断性障碍，即由于主观判断受访者不可能了解情况、他的回答不可能真实等，而不能客观地听；3) 心理性障碍，即由于听取回答的兴趣不浓、情绪不好，而不能积极地听；4) 生理性障碍，即由于疲劳或昏昏欲睡，而不能集中精力地听；5) 习惯性障碍，即由于习惯于打断对方讲话，急于发表自己的意见，而不能耐心地听；6) 理解性障碍，即由于访问者与受访者对同一问题的理解不同，而不能正确地听。

(2) 有正确的态度。首先，要认真地听，即聚精会神、全神贯注。其次，要虚心地听，即对受访者的回答，懂就说懂，不懂就请教，绝不可不懂装懂。最后，要有感情地听，即要理解受访者的感情，并做出感情移入式的反应。

(3) 提高记忆能力。1) 重复，即请受访者复述，或自己默默复述。2) 浓缩，即把听到的回答浓缩成几个要点，以提高记忆的牢固程度。3) 联想，即利用视觉联想、意义联想、情景联想来促进记忆。4) 比较，即通过内容比较、形式比较、环境比较来帮助记忆。5) 改组，即把一长串本无意义的数字改成几组短小的有一定意义的数字。6) 使用，即用受访者的回答来询问情况、探讨问题。实践证明，使用得越多，记忆就越牢。记忆是为了使用，使用则是最有效的记忆。

(4) 善于做出反应。反应可分为两类：1) 无反射反应，即对受访者的回答不插话、不表态、不干扰，保持沉默。2) 有反射反应，即不时用“嗯!”“对!”“讲得好!”“真有意思”“长见识了”等语言信息，或者用点头、肯定的目光和手势等非语言信息鼓励对方继续说下去。对受访者的回答做出恰当反应，是保证访谈过程正常进行的必要条件，也是有效地听的必要条件。

4. 引导和追询

访谈过程除了提出问题和听取回答外，有时还需要引导和追询。与提问不同，引导不是提出新问题，而是帮助受访者正确理解和回答已提出的问题。引导是提问的延伸或补充，是访谈过程中不可缺少的环节或手段。

在什么情况下应该加以引导呢？一般来说，当受访者对所提问题理解不正确、答非所问、文不对题的时候；当受访者顾虑重重、吞吞吐吐、欲言又止的时候；当受访者一时语塞、对所提问题想不起来的时候；当受访者口若悬河、滔滔不绝，且漫无边际、离题太远的时候；当访谈过程被迫中断，又重新开始的时候……总之，当访谈遇到障碍不能顺利进行下去或偏离原定计划的时候，就应及时加以引导。

如何引导呢？要具体情况具体对待。如果是受访者对问题理解不正确，就应该用对方听得懂的语言对问题做出解释或说明；如果是受访者有顾虑，就应该摸清是什么顾虑，然后对症下药、消除顾虑；如果是受访者遗忘了某些情况，就应从不同角度、不同方面帮助对方回忆；如果是受访者的回答离题太远，就应采取适当方式，有礼貌地把话题引上正轨；如果是中断的访谈重新开始，就应该简略回顾一下前面交谈的情况，复述一下尚未回答的问题……总之，只要排除了干扰和障碍，使访谈过程得以按预定计划发展下去，就算达到了引导的目的。

追询不同于提问，也不同于引导，它不是提出新的问题，也不是排除回答中的障碍，而是促使受访者更真实、具体、准确、完整地回答问题。

在什么情况下应该进行追询呢？一般来说，当受访者明显说谎、不肯吐露真情的时候；当受访者的回答前后矛盾、不能自圆其说的时候；当受访者的回答含混不清、模棱两可的时候；当受访者的回答过于笼统、很不准确的时候；当受访者的回答残缺不全、不够完整的时候……总之，当受访者的回答没有真实、具体、准确、完整地说明问题的时候，就要进行追询。

追询有多种方法。一是正面追询，即直接指出回答不真实、不具体、不准确、不完整的地方，请对方补充回答；二是侧面追询，即换一个侧面、一个角度、一个提法来追问相同的问题；三是系统追询，即何时、何地、何人、何事、何因、何果……系统地追问下去；四是补充追询，即只追问那些没有搞清的、需要补充回答的问题；五是重复追询，即对前面已经回答过的问题，到后面再追问一次，以检验前后回答是否真实和一致；六是反感追询，即“激将”追询，看看在“激将”的情况下对方有何表现、作何反应。

追询一定要适当。它有两层含义：一是要适时，二是要适度。

5. 访谈的结束

访谈的结束应该注意两个问题：一是要适可而止，二是要善始善终。

所谓适可而止，主要掌握两条：一是每次访谈时间不宜过长，一般以一两个小时为宜，特殊情况则应灵活掌握；二是访谈必须在良好的气氛中进行。

所谓善始善终，主要做好两件事：一是表示感谢和建立友谊，即真诚感谢受访者对调查工作的支持；同时还应肯定通过访谈建立或加深了友谊，说明访谈是短暂的，友谊却是长存的。二是为以后的调查做好铺垫，即表示今后可能还要登门请教；如果第一次访谈没有完成任务，就应具体约定再次访谈的时间和地点，最好简要说明再次访谈的主要内容，以便对方做好思想和材料准备。

6. 再次访谈

应力争通过一次访谈完成调查任务，能否做到这一点取决于三个因素：一是调查内容和方法；二是访问者的素质；三是受访者的合作态度和具体情况。

再次访谈，大体可分为三种类型：(1) 补充性再次访谈，是指为了完成第一次访谈中没有完成的调查任务，补充第一次访谈中的遗漏和纠正错误进行的再次访谈。(2) 深入性再次访谈，是指为了深入探讨某些问题，按计划在第一次访谈了解一般情况、熟悉受访者后进行的第二次或多次访谈。(3) 追踪性再次访谈，是指为了了解受访者的变化，在第一次访谈后间隔一段时间对原调查对象进行的再次或多次访谈。

(二) 直接访问调查的实施

1. 做好访问前的准备

(1) 准备访谈提纲，学习与调查内容有关的知识。

(2) 选准访谈对象，尽可能了解受访者。

(3) 选好访谈的时间、地点和场合。

2. 建立良好的人际关系

要建立良好的人际关系，就必须做到：(1) 表明来意，消除疑虑；(2) 虚心求教，以礼待人；(3) 平等交谈，保持中立。

3. 重视访谈过程中的非语言信息

在访谈过程中，既要重视语言信息交流的技巧，又要重视非语言信息交流的技巧。衣着、服饰、打扮等外部形象，是一个人的职业、教养、文化品位等内在素质的反映。动作、姿态等行为都是受思想、感情支配的。面部表情是内心感受的外部表现，是传达思想、感情信息的一种方式。眼睛是最富于表情的器官，被称为“心灵的窗户”。

人们周围的环境，包括各种用具、器物陈设，以及某些活动、状态，也蕴含着一定的信息。应该指出，同样的非语言信息，在不同对象、不同情景下往往具有不同的含义。

4. 做好访问记录

访问调查，一般都要做记录。记录有两种方式，即当场记录和事后追记。标准化访问的记录比较好办，按照规定的记录方式，把受访者的回答记录在事先设计好的表格、问卷、卡片上就行了。非标准化访问的记录则比较困难，因为当场记录会分散访问者的注意力，降低访谈质量，影响访谈进度。

有三种记录方法，即速记、详记、简记。

无论是详记还是简记，在记录内容时都应抓住几点：(1) 记要点，即主要事实、主要过程、主要经验或教训、主要观点和建议等。(2) 记特点，即具有特色的事件、情节、语言、表情等，特别要注意捕捉那些“闪光”的思想或语言。(3) 记疑点，为了不打断对方的思路和回答，应把各种有疑问的问题记下来，留待以后去询问或做调查。(4) 记易忘点，如人名、地名、组织名称、时间以及各种数据等。(5) 记主要感受，即把自己的主要感受和“闪光”思想及时记下来，以免遗忘。

5. 对无回答的处置

在访问调查中，经常会出现无回答现象。这通常有两种情况：一是计划访问的对象出差、请假或不在家；二是计划访问的对象不合作，拒绝回答问题。不应轻易放弃这两类对象，因为他们都是按原设计方案选定的、代表着某些类型的调查对象。缺少了对他们的调查，全面调查就会不全面，典型调查就会不典型，抽样调查的样本失去代表性。

对于不在家的人，一般有四种处理方法：一是了解他们什么时候回家，然后去做补充调查，直到找到他们为止；二是在条件允许的情况下，追踪到他所去的地方做访问；三是如果访问调查只涉及一些事实（如人口普查）行为问题，而不涉及观念、情感问题，也可考虑找一些熟悉情况的人代他回答，即用备用调查对象代替。

对于不合作者，首先应认真研究不合作的原因，然后“对症下药”。根据以往经验，不合作者大体有以下六种情况，处理方法各不相同：（1）认识问题；（2）利害问题；（3）时间或情绪问题；（4）信任问题；（5）政治态度问题；（6）对错问题。

（三）直接访问法的优缺点

1. 优点

（1）具有很大的灵活性。由于调查者与被调查者双方面对面交流，交谈的主题可以突破事先所定主题的限制；对于一些新发现的问题，尤其是那些争议较大的问题，调查者可以采取灵活委婉的方式，迂回提问，逐层深入。当被调查者对某一问题产生误解或不理解时，调查者可以当面解释说明，有利于资料收集工作的顺利进行。

（2）拒答率较低。与其他方式相比，直接访问容易得到较高的回答率，这也可以说是直接访问法最为突出的优点之一。

（3）调查资料的质量较好。在访问过程中由于调查者在场，因而既可以对访问的环境和被调查者的表情、态度进行观察，又可以对被调查者回答问题的质量加以控制，从而使得调查资料的准确性和真实性大大提高。

（4）调查对象的适用范围广。由于直接访问法主要依赖于口头语言，因此，它适用的调查对象范围十分广泛，既可以用于文化水平较高的调查对象，也可以用于文化水平较低的调查对象。

2. 缺点

（1）调查费用较高。主要表现为调查者的培训费、交通费、工资以及问卷及调查提纲的制作成本费等。

（2）对调查者的要求较高。可以说，调查结果的质量很大程度上取决于调查者本人的访问技巧和应变能力。

（3）匿名性较差。对于一些涉及被调查者个人隐私或敏感性的问题，往往难以用直接访问法来收集资料。

（4）访问调查周期较长，因而在大规模的市场调查中，这种收集资料的方式较少见。

二、电话访问法

电话访问法又称电话调查法，是指市场调查相关工作人员通过电话向被调查者进行问询，了解市场情况的一种调查方法。它是询问调查法中的一种调查方法。

由于彼此不直接接触，而是借助电话这一中介工具进行访问，因而它是一种间接的调查方法。电话调查分为传统电话调查和计算机辅助电话调查（CATI）。

延伸阅读

电话调查系统

电话调查系统是利用现代化电脑控制通信设备进行的随机电话访问方式。在进行电话访问时，须事先输入受访者的电话号码，由电脑按程序自动拨号，电话访问员在接通电话后不知道对方身份，只负责按规定访问内容进行访问对话。访问过程和内容可以实时录音，以确保调查访问内容真实可靠。这种访问调查方式具有调查内容客观真实、保密性强、访问效率高等特点。

一、电话调查系统的特点

（1）见效快。省去了传统调查所必需的印刷问卷、上门入户或邮寄问卷、审核问卷、数据录入等环节，在短时间内即可完成调查，访问结束后几十分钟内即可汇总数据，周期较短。

（2）科学性强。调查过程被全程监控，没有中间环节，不必进行层层组织和布置，可排除调查过程中的人为干扰因素，使得调查结果更加客观和公正，数据质量高。所有调查访问均以录音方式保存下来以供复核，不易出现作弊情况。

（3）代表性好。利用计算机系统按照统计理论进行抽样调查，可确保其随机性；可按区域等条件进行分组调查；可对电话号码和问卷答题的出现顺序进行控制，可避免因跳问或错选答项而导致数据差错或丢失。

（4）结果真实。由于采用 CATI 系统，问卷不外流，与被调查者不当面接触，可打消被调查者的顾虑，调查成功率高，原始数据和汇总数据的接触人员少，保密性好。

CATI 技术已成为国内外专业调查机构开展民意研究和市场调查最主要的数据收集方法。

二、功能

（1）自动拨号系统：包括手工和自动拨号，直线和电话卡拨号，录音，监听、监视服务等集成系统。该系统是 BW-CATI 的前台部分，使用对象为访问员。

（2）问卷录入系统：具备录入非电话项目的问卷的功能，并可以利用 BW-CATI 提供的与 SPSS、Excel 等通信的标准接口进行数据交换。

（3）问卷设计系统：包括问卷问题设计和问卷结构逻辑设计系统。使用对象为问卷设计人员。

（4）项目管理系统：包括项目的管理、问卷的分配、样本的确定系统。

（5）配额管理系统：能够完成 $n-1$ 级配额控制。

（6）电访抽样系统：主要进行初始电话样本的采集，包括样本数据的导入导出和号码管理。

（7）名单抽样系统：主要用于项目委托方提供客户名单的项目抽样。

（8）数据采集系统：是电话访问数据与各类分析软件的通信接口。

（9）在线监测系统：能够对各 CATI 工作站进行语音监听、屏幕监视。还包括系统广播、聊天室消息系统以及 CATI 工作站管制工具。

（10）访问员管理系统：具备对访问员的效率分析、成功样本统计等功能。

（11）短信数据采集平台：可以针对电话属性进行短信预约、问卷问题的自动收发和采集。

（12）系统维护：能够完成各类系统基本数据的维护。包括区号局电维护、访问员管理、电话卡管理、权限分配等。

（一）电话访问法的优缺点

1. 优点

（1）取得市场信息资料的速度最快。

（2）节省调查时间和经费。

（3）覆盖面广，可以对任何有电话的地区、单位和个人进行调查。

（4）被调查者不会有调查者在场的心理压力，因而能畅所欲言，回答率高。

（5）对于那些不易见到面的被调查者，如某些名人，采用此方法有可能取得成功。

（6）采取计算机辅助电话系统，更有利于监控访问质量；对访问人员的管理更为系统规范，能达到管理集中、反馈及时之效。

2. 缺点

（1）由于电话调查的项目过于简单明确，而且受到通话时间的限制，因此调查内容的深度远不及其他调查方法。

（2）电话调查的结果只能推论到有电话的对象这一总体，因而存在总体不完整的先天缺陷，不利于保证资料收集的全面性和完整性。

（3）不能借助视觉。一些调查项目需要得到被调查者对一些图片、广告或设计等的反应，对此，电话访问无能为力。当然，也可以提前把类似的资料寄给被调查者。

（4）电话调查是通过电话进行的，调查者不在现场，因而很难判断所获信息的准确性和有效性等。

尽管电话访问法存在诸多缺陷，但对那些调查项目单一、问题相对简单明确并需及时得到调查结果的调查项目而言，仍不失为一种最理想的访问方式。

（二）电话访问应注意的问题

电话访问自身的特点决定了，要成功地进行访问，必须首先解决好以下几个方面的问题：

（1）设计好问卷调查表。这种问卷调查表不同于普通问卷调查表，由于受通话时间和记忆规律的约束，大多采用两项选择法向被调查者进行访问。

（2）挑选和培训好调查员。电话访问对调查员的要求主要是口齿清楚、语气亲切、语调平和。

（3）调查样本的抽取及访问时间的选择问题。电话访问的结果只能推论到有电话的对象这一总体，所以必然存在总体不完整的先天缺陷；同时电话访问又很容易导致无反应问题，如白天上班不在家、周末聚会等，使得拒答率高。所以调查样本的抽取及访问时间的选择就显得尤为重要。通常的做法是随机抽取几本电话号码簿，再从每个电话号码簿中随机抽取一组电话号码，以此确定正式抽中的被调查者。至于访问时间的选择，一要根据调查内容而定，比如访问年轻人有关消费者偏好问题，最好选择在工作日的晚上，而对老年人购买习惯的访问，则可以选择在白天；二要考虑被调查者的生活习惯等问题。

三、邮寄调查法

邮寄调查法，是指将事先设计好的调查问卷，通过邮政系统寄给被调查者，由被调查者根据要求填写后再寄回。这是市场调查中一种比较特殊的调查方法。

（一）邮寄调查法的优缺点

1. 优点

邮寄调查法的突出优点主要表现在以下几个方面：

（1）调查的空间范围广。邮寄访问可以不受被调查者所在地域的限制，通邮地区的人员都可以被选为被调查对象。

（2）费用低。与其他方法相比，邮寄调查法可以说是最为便宜、最为方便、代价最小的资料收集方法。

（3）邮寄调查法可以给予被调查者相对更加宽裕的时间作答，便于被调查者深入思考或从他人那里寻求帮助，而且可以避免面访调查时可能受到的调查人员的倾向性意见的影响。

（4）邮寄调查法的匿名性较好，所以对于一些人们不愿公开讨论而市场决策又需要了解的敏感性问题，邮寄调查法无疑是一种合适的方式。

（5）邮寄调查法适用于从那些难以面对面访问的人，包括由于门卫、保安、秘书等的阻碍无法进行面对面访问的人和封闭式社区的居民。

2. 缺点

邮寄调查法也有许多自身无法避免的缺点：

（1）问卷回收率低，因而容易影响样本的代表性。

（2）问卷回收期长，时效性差。

（3）缺乏对调查对象的控制。

（4）问卷或许是由指定地址之外的其他人填写的，可能会出现错误的答复或不真实的信息。

（二）提高邮寄调查问卷回收率的方法

（1）不要把问卷发出去就撒手不管了，试着做些事后的工作，比如写封跟踪信、打个跟踪电话、寄张明信片等，也许会收到意想不到的效果。有调查学者研究表明，跟踪提醒一般可将问卷回收率提高大约 20 个百分点。

（2）附加一点实惠的东西，比如给予一定的中奖机会，赠送一些购物优惠券，承诺给予会员待遇等，有时候也许比打 100 个跟踪电话效果更好。

（3）预先通知一下，这也许并不会花费你太多的时间和精力，却能在一定程度上满足被调查者的情感需求，激发其合作热情，提高问卷作答的质量和问卷回收率。

（4）请权威机构主办。市场调查由受人尊重的权威机构主办将大大提高问卷的回收率。在国内，由政府机构主办和支持的市场调查受到“礼遇”的可能性和收集资料的容易程度大大提高。

此外，附上回邮信封和邮票等细节问题也被认为是提高回收率的有效方法。

四、留置调查法

留置调查法，是指将调查问卷当面交给被调查者，说明填写的要求，并留下问卷，让被调查者自行填写，由调查人员定期收回的一种市场调查方法。

1. 优点

（1）调查问卷回收率高。

（2）被调查者可以当面了解填写问卷的要求，澄清疑问，避免由于误解提问内容而产生的误差。

（3）填写问卷时间充裕，便于思考回忆。

（4）被调查者意见不受调查人员的影响。

2. 缺点

（1）调查地域范围有限。

（2）调查费用较高。

（3）不利于对调查人员的管理监督。

五、网上访问调查法

网上访问调查法，一种随着网络的发展而兴起的最新访问方式，是一场新的革命。它是市场调查者将需要调查的问题系统制作后，通过互联网收集资料的一种调查方法。根据调查方式的不同，可以分为网上问卷调查、网上实验法和网上观察法。

（一）网上访问调查法的媒介

进行网上访问主要有以下三种媒介：E-mail问卷、交互式CATI系统和网络调研系统。

1. E-mail问卷

E-mail问卷就是一份简单的E-mail，并按照已知的E-mail地址发出。受访者回答完毕将问卷回复给调研机构，调研机构有专门的程序进行问卷准备、列制E-mail地址和收集数据。

E-mail问卷制作方便，分发迅速。由于出现在受访者的私人邮箱中，因此能够得到注意。但是，它只限于传输文本，图形虽然也能在E-mail中进行链接，但与问卷文本是分开的。

2. 交互式CATI系统

可利用一种软件语言程序在CATI上设计问卷结构并在网上进行传输。互联网服务器可以设在调研机构中，也可以租用有CATI装置的单位。互联网服务器直接与数据库连接，对收集到的受访者答案直接进行存储。

3. 网络调研系统

有专门为网络调研设计的问卷链接及传输软件。这种软件无须使用编程的方式，包括整体问卷设计、网络服务器、数据库和数据传输程序。一种典型的用法是：问卷由简易的可视问卷编辑器生成，自动传送到互联网服务器上，通过网站，使用者可以随时在屏幕上对回答数据进行整体统计或图表统计。

平均到每次访谈，网络调研系统比交互式CATI系统费用低，但对于小规模的样本调研（少于500名）的费用则比E-mail问卷高。网络调研系统费用较低是由于使用了网络专业工具软件，而且网络费用和硬件费用由中心服务系统提供。

（二）网上访问调查法的样本

网上访问调查法的样本可以分为三类，即随机样本、过滤性样本、选择样本。

（1）随机样本，是指总体中每个要素被选中的概率大于零而得到的有代表性的总体的子集。

（2）过滤性样本，是指通过对期望样本特征配额来限制一些自我挑选的不具代表性的样本。这些特征通常是一些统计特征，如性别、收入、地理区域位置或与产品有关的标准，如过去的购买行为、工作责任、现有产品的使用情况等。

通常以分支或跳问形式对过滤性样本安排问卷，以确定被选者是否适宜回答全部问题。有些网上访问能够根据过滤性问题立即进行市场分类，确定受访者所属类别，然后根据受访者的类型提供适当的问卷。

（3）选择样本，是指网上访问中需要对样本进行更多限制的目标群体。对受访者通过电话、邮寄、E-mail 或个人方式进行信息的补充完善，当认定其符合标准后，才向他们发送 E-mail 问卷或让他们直接访问问卷站点。选择样本对于已建立抽样数据库的情形最为适用，例如，以顾客数据库作为抽样框选择参与顾客满意度调查的样本。

（三）网上访问调查法的优缺点

1. 优点

与其他访问调查方法相比，网上访问调查法具有明显的优点。第一，辐射范围广；第二，访问速度快，信息反馈及时；第三，匿名性好，尤其对于一些人们不愿在公开场合讨论的敏感性问题；第四，费用低廉，与前述几种访问调查方法相比，网上访问调查法的费用是最低的。

2. 缺点

当然，网上访问调查法也有缺点。首先，最主要的缺点是样本对象的局限性，也就是说，网上访问调查法仅局限于网民，这就可能因样本对象的阶层性或局限性问题带来调查误差。其次是所获信息的准确性和真实性程度难以判断。比如，调查女性对××化妆品的意见，并不排除关注该问题的男士参与讨论，而后者在某种意义上并没有发言权。最后，网上访问需要一定的网页制作水平。

但不管怎样，随着网络的迅猛发展和网民比例的不断上升，网上访问不仅代表着一种趋势，也代表着一种潮流，其作用将愈来愈凸显。

第 2 节　观察调查法

观察调查法是指调查者凭借自己的眼睛或摄像录音器材，在调查现场进行实地考察，记录正在发生的市场行为或状况，以获取各种原始资料的一种非介入式调查方法。这种方法的主要特点是：调查者与被调查者不发生直接接触，而是由调查者从侧面直接或间接地借助仪器把被调查者的活动按实际情况记录下来，避免让被调查者感觉正在被调查，从而提高调查结果的真实性和可靠性，使取得的资料更加切近实际。在现代市场调查中，观察法常用于对消费者购买行为的调查以及对商品的花色、品种、规格、质量、技术服务等方面的调查。

一、观察调查法的分类

按照不同的分类标准，可将观察调查法分为很多种。

1. 按观察时间周期，可以分为连续性观察和非连续性观察

连续性观察是指在比较长的一段时间内，对被观察对象连续作多次、反复的观察调查。连续性观察适用于对动态性事件的观察，可以定期进行，也可以不定期进行。

非连续性观察不同于连续性观察，只是在较短时期内的一次性观察调查，一般适用于对过程性、非动态性事件的观察。

2. 按观察所采取的方式，可以分为隐蔽性观察和非隐蔽性观察

隐蔽性观察是指被观察者在没有意识到自己正在受到观察的情况下进行的一切观察活动。

非隐蔽性观察则相反，往往是被观察者了解市场调查的真正目的，知道自己处于被观察状态。一般来说，市场观察既可以采取隐蔽性观察，也可以采取非隐蔽性观察，但前者获取的信息资料更加真实、客观。

3. 按调查者扮演的角色，可以分为参与性观察和非参与性观察

参与性观察是指调查者加入被观察对象群体并成为其中的一员，直接与被观察者产生联系以收集有关资料的一种调查方法。

非参与性观察是指调查者不改变身份，而是以局外人的身份从外围现场收集资料的一种调查方法。一般而言，非参与性观察必须事先制订周密的观察计划，严格规定观察内容和记录方式，如果没有明确的规定，非参与性观察很容易导致观察资料不完整的情况。另外，非参与性观察往往需要配备一定的观测设备和记录设备，比如望远镜、反窥镜、摄影机、摄像机、记数仪器、记数表格等，以尽量保障观察的隐蔽性，减轻调查人员的记数负担，提高资料的可靠程度。

与参与性观察相比，非参与性观察的调研费用更低，但对调查者的责任心和敬业精神要求更高。非参与性观察一般适用于描述市场状况而不追究其原因的市场调查类型。

4. 按调查者对观察环境施加影响的程度，可以分为结构性观察和非结构性观察

结构性观察与非结构性观察的区别主要表现在观察计划、观察提纲等的逻辑结构是否严密上。一般而言，结构性观察必须按照统一的计划、统一的观察内容、统一的要求和统一的手段进行观察调查，市场调查人员没有太多的自主权。与结构性观察相反，非结构性观察则实行开放性政策，不预先制订计划、制作观察提纲或观察卡，只凭调查人员随看、随听、随记，操作简便。这种方法对调研人员的要求很高，只有受过良好训练的调查者才能胜任。受客观发问限制，此种方法一般只适用于探索性观察。

二、观察调查法的优缺点

（一）观察调查法的优点

观察调查法是现代市场调查中一种基本的调查方法，与其他方法相比，它最为明显、突出的优势就是可以获得更加真实、客观的原始资料。它主要有以下优点：

（1）直接性。由于观察者和被观察者直接接触，不需要其他中间环节，观察到的结果、所获得的信息资料具有真实可靠性，是第一手资料。

（2）客观性。观察一般在自然状态下实施，对被观察者不产生作用和影响，有利于避免人际交往中可能引起的误差，能获得生动朴素的资料，具有一定的客观性。

（3）及时性。观察及时，能够捕捉到正在发生的现象，因此获得的信息资料及时、新鲜。

（4）纵贯性。对被观察者可以做较长时间的反复观察和跟踪观察，并对被观察对象的行为动态演变进行分析。

（二）观察调查法的缺点

（1）观察调查法仅能取得表面性资料，无法深入探究其原因、态度和动机等。另外，由于受时空等条件的限制，观察调查法只能观察到正在发生的动作和现象，对已发生的或将要发生的事情却无法得知。

（2）调查者必须具备较高的业务能力和敏锐的洞察能力，能及时捕捉到所需资料，同时必须具备良好的记忆力。

（3）要求较高的调研费用和较长的观察时间。因此，观察调查法最好与其他调查方法结合起来使用。

案例 4-1

观察调查法之神秘顾客——对真维斯专卖店的暗访调查

真维斯在武汉市区开设了 20 多家专卖店。为了督促各专卖店提高服务质量，真维斯经常派出调查员对各专卖店进行暗访调查，作为评比依据。表 4-1 为暗访调查表，图 4-1 为调查操作流程图。

表 4-1　暗访调查表

店铺地址：　　　　　　店铺编号：
访问日期：　　　　　　进店时间：　　　　　　店内顾客人数：
调查员：　　　　　　　调查表编号：　　　　　总得分：

调查项目	等级	评分标准
1. 营业员的礼貌		
（1）顾客进店时，有营业员立即面对顾客打招呼	优 良 中 差	有营业员立即面对顾客热情自然地打招呼 有营业员面对顾客打招呼，但不自然、热情 有营业员打招呼，但不面对顾客 不打招呼
（2）营业员衣着统一、佩戴胸卡、发饰整洁、化妆自然	优 良 中 差	衣着统一、佩戴胸卡、发饰整洁、化妆自然 四项中有一项欠缺 四项中有二项欠缺 四项中有三项以上欠缺或其中一项严重欠缺

续表

调查项目	等级	评分标准
（3）营业员各就各位，无倚靠、聊天、干私事现象	优 良 中 差	营业员各就各位，无倚靠、聊天、干私事现象 四项中有一项欠缺 四项中有二项欠缺 四项中有三项以上欠缺或其中一项严重欠缺
（4）能用普通话接待顾客，礼貌用语、面带笑容	优 良 中 差	礼貌用语、面带笑容（顾客讲普通话时，营业员也讲普通话） 三项中有一项欠缺 三项中有二项以上欠缺 三项均有欠缺或其中一项严重欠缺
（5）当顾客只想看看时，营业员没有板起面孔的现象	优 良 中 差	营业员态度热情，并适当推荐一些特色商品 营业员态度热情，但未推荐商品 营业员态度有较大变化，也未推荐商品 营业员板起面孔
（6）收银员的态度和蔼，唱收唱付，并说“谢谢”	优 良 中 差	态度亲切和蔼，唱收唱付，并说“谢谢” 态度一般，并说“谢谢” 态度一般，不说“谢谢” 态度差
2. 营业员的推销技巧		
（7）同停留在货架前挑选货品的顾客主动打招呼并询问其需求	优 良 中 差	店员主动过来打招呼并询问需求 店员主动过来打招呼但不询问需求 店员未主动打招呼，但顾客招呼时，能迅速过来 店员未主动打招呼，当顾客招呼一遍以上时才过来
（8）主动热情地介绍商品的特性、面料及洗涤方式	优 良 中 差	全面详细地介绍商品的特性、面料及洗涤方式 顾客询问后，一问二答或以上 顾客询问后，被动解答，一问一答 顾客询问后，因反感而不答
（9）鼓励顾客试穿，乐意陪顾客到试衣间，并将待试服装为顾客准备好	优 良 中 差	鼓励顾客试穿，陪同顾客到试衣室，并将待试服装准备好 鼓励顾客试穿，陪同顾客到试衣室，但未将待试服装准备好 不鼓励顾客试穿，顾客提出试穿后同意顾客试穿，但不陪同顾客到试衣室 不鼓励顾客试穿，也不同意顾客试穿
（10）告诉顾客售后服务的内容，包括：免费修改裤长、更换颜色、尺码等	优 良 中 差	主动告诉顾客全部售后服务内容 告诉顾客二项售后服务内容 告诉顾客一项售后服务内容 未告诉顾客售后服务内容
（11）如果服装不合适，则主动、热情地给顾客更换或介绍其他商品给顾客试穿	优 良 中 差	若顾客提出不合适，主动征询不合适原因，并能提供相应的合适货品给顾客 若顾客提出不合适，没有征询不合适原因，就为其提供其他货品 若顾客提出不合适，让顾客自己挑选其他货品 若顾客提出不合适，收回货品，不予理睬，或强行推销该货品

续表

调查项目	等级	评分标准
(12) 如试穿满意，顺便向顾客介绍、配搭其他商品和饰品	优 良 中 差	主动介绍并主动引导顾客配搭其他货品 未主动为顾客配搭，当顾客提出配搭要求后，能热情帮助配搭 顾客提出配搭要求后，不情不愿地寻找相应货品 顾客提出配搭要求后，没有反应
(13) 服饰配搭恰到好处，令顾客满意	优 良 中 差	服饰配搭恰到好处，顾客非常满意 服饰配搭水平较高，顾客比较满意 服饰配搭水平一般，顾客可以接受 服饰配搭水平太低，顾客不能接受
(14) 在不需要同时接待其他顾客时，陪同顾客到收银处付款，并说致谢语	优 良 中 差	陪同顾客付款，并说致谢语 陪同顾客付款，不说致谢语 让顾客自己去付款，说致谢语 让顾客自己去付款，不说致谢语
(15) 顾客离店时，营业员能立即主动地对每位离店顾客说送别语	优 良 中 差	顾客离店时，营业员热情、自然地招呼 顾客离店时，营业员打招呼，但不热情 有营业员偶尔对个别离店顾客打招呼 不打招呼
3. 购物环境		
(16) 在收银台附近整洁摆放或张贴着“顾客服务热线”的标牌	优 良 中 差	店内收银台附近有标牌，且很整洁 店内收银台附近有标牌，但不够整洁 店内收银台附近有标牌，但很脏 无标牌
(17) 店内货架、橱窗、门面招牌、地面整洁	优 良 中 差	店内货架、橱窗、门面招牌、地面整洁 一项欠缺 二项欠缺 三项或四项欠缺，或有一项严重损害商店形象
(18) 货品摆放整齐，货架不空置，货品及模特无污渍、无损坏	优 良 中 差	货品摆放有条不紊、分门别类，货架不空置，货品及模特无污渍、无损坏 有一个货架（或货品、模特）未达到要求 有两个货架（或货品、模特）未达到要求 货品乱放，或三个以上货品及模特有污渍、有损坏
(19) 试衣间整洁、门锁安全、设施齐全（配备衣钩、拖鞋）	优 良 中 差	试衣间整洁、门锁安全、设施齐全 三项中有一项欠缺 三项中有二项欠缺 三项均有欠缺或其中一项以上严重欠缺
(20) 灯光明亮、音响适中、温度适宜、走道通畅（无杂物堆放）	优 良 中 差	灯光充足、音响适中、温度适宜、走道畅通（无杂物堆放） 四项中有一项有欠缺 四项中有二项有欠缺 四项中有三项或四项有欠缺，或有一项以上严重欠缺

说明：对于每项调查内容，优 5 分、良 4 分、中 3 分、差 1 分，满分 100 分。

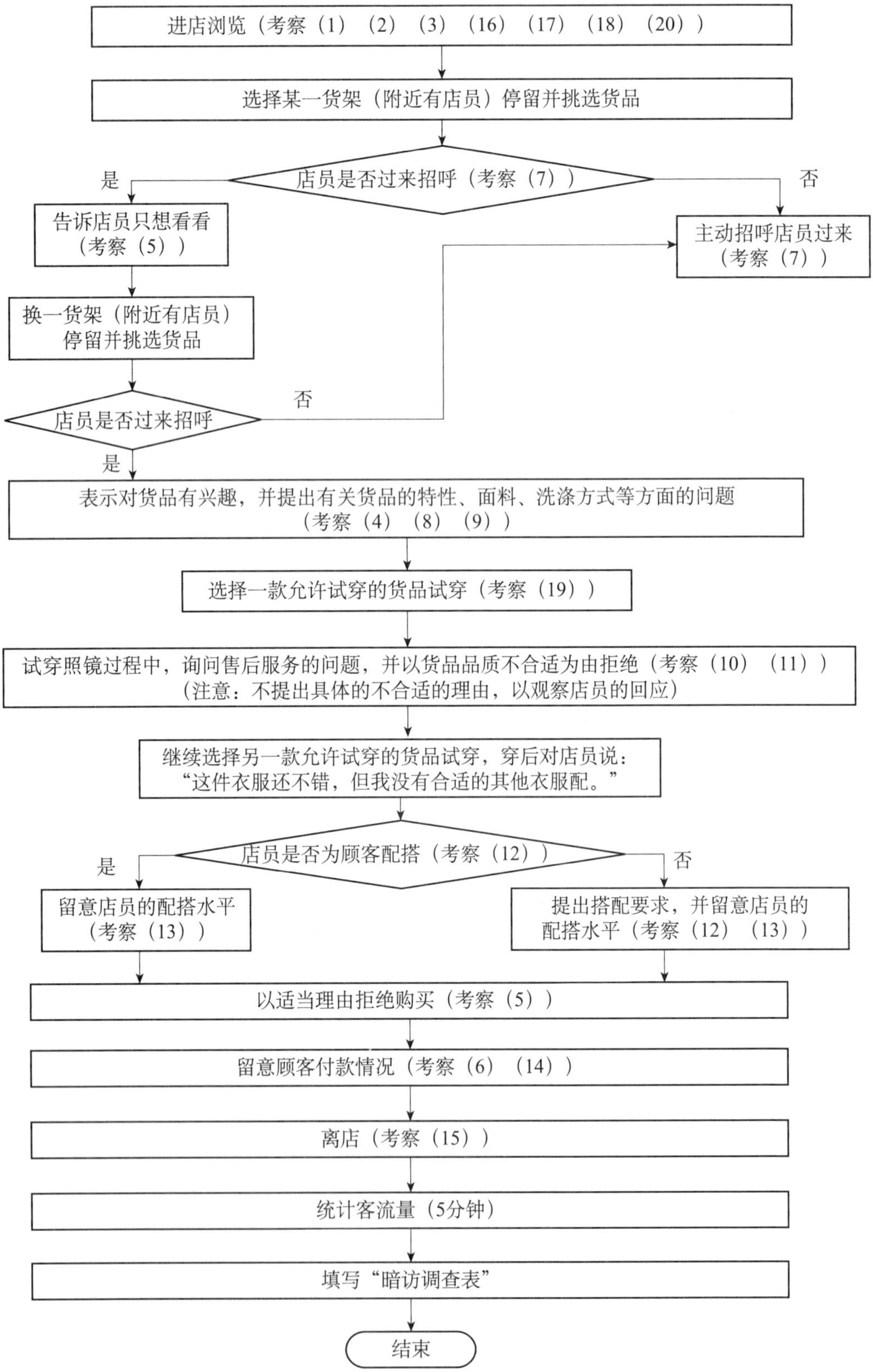
进店浏览（考察（1）（2）（3）（16）（17）（18）（20））
选择某一货架（附近有店员）停留并挑选货品
店员是否过来招呼（考察（7））
是
否
告诉店员只想看看（考察（5））
主动招呼店员过来（考察（7））
换一货架（附近有店员）停留并挑选货品
店员是否过来招呼
否
是
表示对货品有兴趣，并提出有关货品的特性、面料、洗涤方式等方面的问题（考察（4）（8）（9））
选择一款允许试穿的货品试穿（考察（19））
试穿照镜过程中，询问售后服务的问题，并以货品品质不合适为由拒绝（考察（10）（11））（注意：不提出具体的不合适的理由，以观察店员的回应）
继续选择另一款允许试穿的货品试穿，穿后对店员说："这件衣服还不错，但我没有合适的其他衣服配。"
店员是否为顾客配搭（考察（12））
是
否
留意店员的配搭水平（考察（13））
提出搭配要求，并留意店员的配搭水平（考察（12）（13））
以适当理由拒绝购买（考察（5））
留意顾客付款情况（考察（6）（14））
离店（考察（15））
统计客流量（5分钟）
填写"暗访调查表"
结束

图 4-1　调查操作流程图

思考：请对案例中调查的过程进行评价。

第3节 实验调查法

一、实验调查法概述

实验调查法是指从影响调查对象或调查目的的诸多因素中，选出一个或几个因素进行实验，在其余诸因素不发生变化的条件下，了解某个因素的变化对实验结果的影响。

实验调查法是将调查对象置于非自然状态下，在事先设计的情景下进行实验，然后对比分析。这样收集的资料客观真实，排除人为主观估计的偏差。同时调查人员可以有意识地使调查对象在相同条件下反复出现，重复实验，使调查结果更精确。实验调查法既是一种实践过程，也是一种认识过程，它将实践与认识统一为调查研究过程。实验调查法的基本要素有：

(1) 实验者，即实验调查有目的、有意识的活动主体。

(2) 实验对象，即通过实验调查所要了解认识的市场现象。

(3) 实验环境，即实验对象所处的市场环境。

(4) 实验活动，即改变市场现象所处市场环境的实践活动。

(5) 实验检测，即在实验过程中对实验对象所做的检验和测定。

实验调查法最突出的特点在于它的实践性，这是它的本质特点。调查对象的动态性，是实验调查的另一个重要特点。实验调查法还具有综合性的特点。各种调查研究方法的综合应用，在实验调查法中也表现得很明显。

二、实验方法

(1) 单一实验组对比实验，就是只选择若干实验对象作为实验组，通过实验活动前后实验对象变化结果的对比来得出实验结论，这是最简单的一种实验调查。

这种单一实验组前后对比的实验方法虽然比较简单易行，但在实践中往往显得不够完美。因为市场现象作为实验对象，可能会受到诸多因素的影响，并不会仅受实验自变量一个因素的影响。单一实验组前后对比实验只有在实验者能有效排除非实验变量的影响，或者有充分把握认为非实验变量的影响很小，可忽略不计的情况下，实验结果才能够充分成立。

(2) 为了弥补单一实验组的不足，采取实验组与对照组对比实验。这种方法是选择若干实验对象作为实验组，同时选择若干与实验对象相同或相似的调查对象作为对照组，并使实验组与对照组处于相同的实验环境之中；实验者只对实验组开展实验活动，对照组不开展实验活动；根据实验组与对照组的对比，得出实验结论。

实验组与对照组对比实验，是在实验组与对照组具有可比性的条件下进行的，因此实验效果的检测具有较高的准确性。但它对实验组和对照组采取的都是实验后检测方式，实际上仍无法反映实验前后非实验变量对实验对象的影响。为了弥补这一不足，可将上述两种实验设计综合考虑。

（3）实验组与对照组前后对比实验，是指将对照组实验前后与实验组实验前后之间进行对比的方法。它既不同于单一实验组前后对比实验仅就实验组进行对比，也不同于实验组与对照组对比实验仅就实验后检测进行对比，而是对实验组和对照组都进行实验前后对比，再将实验组与对照组进行对比。这实际上是一种双重对比的实验法，它吸收了前两种方法的优点，也弥补了前两种方法的不足。

这几种方法都具有自己的特点，但同时也存在不足。单一实验组对比实验，简单易行，但其使用必须有前提，即能够排除非实验变量的影响，或非实验变量的影响很小可忽略不计。实验组与对照组对比实验，因为有了对照组，所以实验组的检测有了对照标准，也是一种比较简便的方法，但如果实验对象在不同时间受非实验因素影响较大，这种方法是无法反映的。实验组与对照组前后对比实验，不但能够反映实验组与对照组的区别，而且能够区分实验变量与非实验变量的影响，但这种方法的应用比较复杂，必须对实验组和对照组分别做出实验前后的检测，才能计算实验效果。在实际应用中，实验者要根据市场实际情况选择合适的实验方法。

三、实验设计

运用实验调查法进行市场调查，关键在于实验设计。实验设计有两种：非正规设计和正规设计。下面我们分别讨论这两种设计方法。

（一）非正规设计

非正规设计的主要特点是非随机性，即在选择实验对象时缺乏随机性，但由于其耗资少且容易操作，因此在市场调研中仍得以广泛应用。非正规设计又可分为无控制组的事后设计、有控制组的事后设计、无控制组的事前事后设计和有控制组的事前事后设计四种。

（1）无控制组的事后设计。这种实验方式既无控制组也无事前测量，只是根据事后测量做“粗略”判断。

例如，某服装厂认为其服装价位偏高，销售不理想，遂在原价基础上调低10%。服装降价后，销售额比上年同期增长20%，该厂领导认为，如果不采取降价措施，企业绝不会取得如此理想的销售效果，于是决定实施降价策略。

这就是一种典型的无控制组事后设计，严格说来，这不是一种“实验”，至多只能叫“探测性实验”，因为它没有建立在严格的可行性研究基础上，仅凭主观判断即做出了决策。

（2）有控制组的事后设计。这种实验方式主要通过实验组与控制组的事后测量对比来进行判断，是目前市场研究中最常用的方法之一。

例如，某洗发水公司拟测试免费试用品对销售量的影响，特进行了一次免费赠送样品实验。实验随机选定1 000户家庭作为实验组，每户赠送2袋小包装洗发水（试用品），同时发给其一张可在指定商场购买大瓶洗发水的粉红色价格折扣券；选定另 1 000 户为控制组，发给其一张白色价格折扣券，但不给免费试用品。粉红色价格折扣券和白色价格折扣券的优惠程度一样，采用两种颜色仅为区别起见。两个月后商店进行统计，共收到粉红色价格折扣券 560 张，白色价格折扣券 389 张，表明实验组的购买量比控制组多出 171 瓶。

市场实验结论：免费试用品可增加销售量。

(3) 无控制组的事前事后设计。这是一种简便的实验方法。采用这种方法，事先要掌握正在经营的情况；然后再对实验后的情况进行测试，通过事前事后对比观察，了解实验变量的效果。

(4) 有控制组的事前事后设计。有控制组的事前事后设计是指将控制组事前事后测量与实验组事前事后测量进行对比判断的一种实验调查方法。这种方法既可以考察实验组的变动结果，又可以考察控制组的变动结果，从而有利于消除外来因素的影响，提高实验变量的准确性。

例如，某公司打算在春节期间降低 M 牌西服的价格，决定采用有控制组的事前事后设计进行实验以检验其降价效果。于是把分布在全国的专卖店分成实验组和控制组两组。假定实验组实验前两个月的销售额均为 16 000 元。在实验后的一个月内，实验组西服销售额上升为 21 000 元，控制组西服销售额上升为 18 000 元。从实验组看，销售额增加 5 000 元（21 000－16 000），但这并不完全是降价因素带来的结果，其中还包括非实验变量，即春节这个特殊时期造成的影响，它直接导致销售额增加，其增加部分可以从控制组实验前后的销售额变动量反映出来（18 000－16 000＝2 000），这一部分应从实验组的事前事后变动量中剔除，所以真正由于实验，即降价因素导致销售额增加的部分只有 3 000 元（5 000－2 000）。

（二）正规设计

正规设计的特点是只考虑一个变量的市场效果，同时消除非实验变量的影响。正规设计又可分为完全随机设计、分组随机设计、拉丁方格设计和复因素设计等，这里只讨论完全随机设计。

完全随机设计的实验单位完全采用简单随机抽样，尽量控制非实验变量，使之对各实验单位的影响相近，对实验结果所得结论应进行检验。检验方法通常采用单因素方差分析的 F 检验法。

四、实验的有效性

每一项实验完成以后都要检测其有效性，既包括检测其内部有效性，又包括检测其外部有效性，只有当内部和外部同时有效时，实验结果才能推广到总体。

内部有效性检测主要是从实验内部考察实验结果是否有效。实验结果是否完全由自变量变化（实际引入的变化）引起，有没有外部因素参与影响，如果有，其影响如何，诸如此类问题的答案都是对内部有效性的评价。有些实验，比如说实验室实验，从内部考察，有效性相当高；而其外部有效性却很难确定，原因就是，在实验室可以对其内部各种自变量加以有效控制，对外部因素的变化却显得无能为力。

外部有效性检测则主要是从现实的角度来考察实验结果是否有效，也就是说，实验结果能否应用于现实世界。这才是关键的。如果一个实验结果从实验内部讲是有效的，但在现实生活中毫无用处，则这样的实验没有必要进行，实验结果更不会得以推广。

客观地说，内部有效性和外部有效性很难达到绝对一致，这就需要权衡二者之间的关系，同时检测其有效性程度，从而决定是否推广。

五、实验调查法的分类

（一）试销

试销是指将试销商品在小范围内进行销售实验，直接调查消费者对试销商品的反应和喜爱程度，并以此调查资料为依据进行市场预测的方法。

试销的商品一般是尚未在当前市场上销售或还未正式进入市场的新产品，或者改进后的老产品。这种方法应用范围广，凡是试制的新产品或改变了性能、款式、花色、包装、价格等的老产品，要预测其市场销售前景，均可采用此法。试销方式是多样的，如可设立试销专柜，也可委托商店试销。因为试销要求顾客直接付款购买，所以能够真实地了解顾客对试销商品的购买态度；了解消费者对产品花色、外观、质量的意见；了解产品价格是否合适，以及顾客消费量等市场需求情况。所以，通过试销进行市场预测，其结果是比较可靠的。

1. 试销的作用

（1）试销的目的在于通过试销，让消费者了解商品性能，收集消费者意见，为进一步促销奠定基础。

（2）试销有利于企业了解市场行情，收集市场信息。通过试销，可以掌握消费者对商品性能、质量以及销售价格、销售方式、销售服务等方面的评价，及时调整销售策略。

（3）试销有利于企业选择最佳的目标市场。任何企业想面对全部市场进行经营都是不可能或不现实的，为此，必须选择适合自己企业和所经营商品的目标市场。通过试销所反馈的各种信息，企业可以选择有效的细分市场，提高企业经营的针对性。

（4）试销有利于企业选择最佳的促销组合策略。通过试销，企业可以了解各种试用促销策略的效果，并可根据目标市场选定广告、公共关系、营销推广或人员推销的最佳组合。

（5）试销有利于减少企业风险。由于试销采用小批量销售的方式，在市场出现不利因素的情况下，不至于遭受较大损失。

（6）试销有利于促进消费者的购买行为。试销作为一种促销手段，可以将有关商品和销售活动中的各种信息传递给消费者，使消费者了解并认识商品，增强其消费需求；同时，消费者在试用过程中可建立良好的印象和记忆，并可起到义务宣传作用，有助于企业达到促进消费者购买的目的。

2. 试销过程的控制

试销是一项费用高昂、占用时间长的工作。要想减少成本、尽快结束试销，没有一个良好的试销控制系统是不可能的。这一控制系统应当拥有一个有效的市场信息子系统和一个营销参谋机构，这样才能正常运转。

控制是指管理人员采取必要的措施，逐渐地把实验结果引向所期望的方向，为新产品投放决策提供依据。为此所需的控制过程和具体方法如表 4－2 所示。

表 4－2　试销的控制过程和具体方法

观察指标理想值	3 个月			6 个月		
	计划目标	实际结果	改进策略	计划目标	实际结果	改进策略
市场份额达到 8%	3%	2%	将广告费用增加至销售额的 5%	8%	6%	感知度高而市场份额低，可能是产品性能差，应对产品性能进行改进
零售分销密度达到 20%	12%	10%	增大零售增值，加大分销力度，与批发商尽可能多签订合同	20%	15%	可能产品在零售店未获重视，因此应改进与零售商的关系
目标市场感知程度达到 50%	30%	25%	改进广告，提升对目标市场的吸引力	50%	60%	继续提高广告的感知度并明晰产品的使用说明
营销成本不超过销售额的 50%	60%	60%	在增加广告开支和增大零售增加值的同时，尽力使成本接近控制目标	50%	60%	找出营销费用高的项目，制订提高效益、压缩营销开支的控制计划

3. 试销的优缺点

（1）优点。

1）试销可以保证新产品大规模投放市场时的安全。例如若未经试销就上市，新产品难保不在推向市场时遭到失败。

2）试销给管理人员为新产品拟定的市场营销组合提供了一个“实验室”，以比较不同的市场营销组合方案，选出最优方案。

3）通过试销可以实际了解消费者类型、态度和与竞争产品比较的结果，由此可以帮助企业修正目标市场，估计销售水平，并为广告和推销方式选择提供参考意见。

4）试销中可以发现产品的缺陷，以便及时改进。

（2）缺点。

1）试销成功并不意味着以后的市场销售就一定成功。这主要是因为消费者的心理和习惯不易准确估计、竞争情况复杂多变、经济形势难以预料等。

2）试销的费用和时间占用是代价高昂的。对于准备推向全国市场的新产品，通常会在几个城市进行试销，花费不低。试销占用的时间有时相当长，可达半年至一年之久。

3）试销给竞争者提供了发现你的计划的机会。竞争对手将会监测你的试销，窃取你的成果，由此迅速发展起他们的新产品或制定出竞争对策。

（二）展览展销

展览展销，是指通过实物并辅以文字、图形或示范性的表演来展现社会组织成果，以提升组织形象、促进产品销售的专题活动。展览展销会有大量的公共关系内容，是各社会组织塑造组织形象的好机会。展览展销是一种十分直观、形象生动的复合型传播方式，可为社会组织和公众提供直接的双向交流、沟通的机会。它可以同时利用产品说明书、宣传手册、活页广告等文字媒介，照片、幻灯片、录像片及电影等音像媒介，讲解、交谈和现场广播等声音媒介，现场表演、示范等动作语言媒介以及实物媒介等多种形式，进行全方位的宣传。

对于公众来讲，可以通过触摸、使用、品尝或其他方式对展览商品加以检验，能形成较完整的感性认识；同时，由于展览展销会集中了许多行业不同的产品，而且价格也较优惠，可以为公众节省大量的时间和费用。因此，很多公众都比较喜欢这种形式，新闻媒介也常对其进行追踪报道。

1. 展览展销的特点

（1）综合运用多种传播手段，能给观众留下深刻印象。展览展销既有面对面的交谈、讲解，也有文字材料，还有图片、幻灯片、录像带等影像资料。多种传播手段的结合，能给观众留下深刻的印象。

（2）沟通、宣传效果好。展览展销通过直观的实物、精致的艺术造型、亲切动人的解说、悦耳的背景音乐，营造出一种绝佳的宣传环境。在这种环境中，组织与公众最容易沟通和交流。

（3）效率高，省时省力。展览展销可集中不同行业的同一产品，也可集中同一行业的不同产品，给公众提供了选择、比较的机会。这为组织的宣传促销节省了大量时间和费用。

（4）颇受新闻媒体关注。展览展销属于综合、大型的社会活动，是新闻媒体关注的焦点。因此，展览展销往往会成为媒体采访的热点，对提高组织的知名度和美誉度有很大的帮助。

2. 展览展销的作用

（1）促进公众对组织的了解：展览展销会上各个组织对自己特色、成就等的介绍，有利于公众对该组织做深层次的了解。

（2）促进产品的销售：展览展销会也是一次商品广告会，各组织届时都会展出自己最好的产品，从而促进组织产品的销售。

（3）促进信息的交流：展览展销会上，组织间通过信息交流，能够迅速掌握行业最新动态和公众心理，为制定政策提供依据。

3. 展览展销的种类

（1）按场地，可分为室内展览和露天展览。

室内展览的优点是正规、隆重；不受天气的影响，展出时间可长可短。缺点是受空间限制大，只能展出精品；布展费用较高。

露天展览的优点是不受空间限制，展品可大可小，可多可少；不需复杂的布展，费用低。缺点是受天气制约大。

（2）按形式，可分为固定展览和流动展览。

（3）按性质，可分为商贸展览（如旅游线路、景点等）和宣传展览（如组织形象宣传）。

（4）按规模，可分为大型展览、小型展览和微型展览（如橱窗展览、流动车展览等）。

（5）按内容，可分为专题展览（主要针对特定专题，如×××美食节）和综合展览（针对一个主题做多方面的宣传，如法国与中国相互举办的文化节展览等）。

4. 展览展销的组织工作程序

（1）分析举办展览展销的必要性。展览展销将耗费大量人力、物力、财力，要对其可行性进行研究，写出可行性报告。非必要，就不举办。

（2）确定展览主题和子主题。在复杂的展览内容中，首先要明确一个基本的主题，作为全局的纲领。其他子主题必须围绕主题，目的是给公众留下一个鲜明、深刻的印象。

（3）确定展览类型和参展单位。

类型：室内或露天；大型或小型；专题类或综合类。

参展单位：一般用广告的方式征集。

（4）明确参观者的类型。参观者有专业型和参观型之分。一般准备两套解说词：对参观型，解说词要通俗易懂；对专业型，介绍的资料应详细和深入，学术性要强。

（5）建立新闻媒体联络机构。工作任务是对外发布新闻、与新闻界联络、挖掘展览展销的新闻热点和亮点、撰写新闻稿件等。

（6）做好工作人员的培训工作。解说员、接待员、服务员的工作质量，将直接影响到展览展销的质量和效果。所以必须对其进行现场培训，使他们熟悉工作和环境，能应对各种特殊情况。

（7）编制展览展销预算。一般情况下，展览展销预算包括七项，即场地费、设计费、人工费、联络和交际费、宣传费、运输费、保险费。预算要留有余地，防止突发事件的发生。

5. 展览展销会的注意事项

展览展销会，特别是大型的展览展销会，是一项综合性的、多维的、立体式的传播活动。办好一个展览展销会需要精心的组织，需要有关部门的密切配合以及必要的展览费用。公共关系部门责无旁贷地扮演着组织者的角色。为办好展览展销会，需要注意以下几个环节。

（1）确定展览展销会的主题和目的。据此确定参展单位、参展项目与参展标准，然后采取广告和发邀请信的方式召集参展者。这时，还要根据交通条件、服务设施、天气情况以及时间长短等情况，确定展会的时间和地点。另外，预测参观人数和参观者的类型或层次，也是一项必须完成的工作。

（2）培训讲解及示范操作人员。展览展销会既是组织产品、服务的展示，也是组织员工精神面貌和综合素质的展示。展览展销会上，公众当然可以通过自己的眼、耳、口、鼻、舌、皮肤等直接感知展销物品，但如果辅之以人员讲解及操作示范，效果无疑会更佳。这就要求在举办展览展销会之前就精心挑选和训练工作人员，如讲解员、接待员、示范员等。培训内容包括：各项目、内容的专业基础知识；公关接待和公关礼仪方面的基本知识；各自的职责、各种可能发生的突发性事件的处理原则和基本程序。

（3）成立专门对外发布新闻的机构。该机构的工作内容是：在展览展销日期、地点确定后，举办记者招待会发布消息，邀请新闻界人士参加开幕式，尽可能多地在报刊、广播、电视上报道开幕式的消息和实况。这样做可以在展览展销开始之前就发挥重要的宣传作用，也可以吸引更多的参观者。安排好新闻发布室，并准备新闻报道所需的各种辅助宣传材料。

在展览展销会期间，新闻发布室应自始至终开放，随时收集参观者及展览展销会的有关信息，并与新闻媒体保持密切联系。

扩展阅读　网络调研系统

（4）展览展销会结束后，公共关系人员应注意收集新闻媒体对展览展销会的有关报道，总结经验教训，留档保存，作为下次举办展览展销会的参考依据。

重点名词

询问调查法　邮寄调查法　留置调查法　网上访问调查法　观察调查法　实验调查法

思考题

1. 什么是询问调查法？询问调查法有哪几种？各有什么优缺点？
2. 什么是邮寄调查法？有何优缺点？
3. 什么是留置调查法？有何优缺点？
4. 网上访问调查法有哪几种方式？有何优缺点？
5. 观察调查法有哪几种方式？有何优缺点？
6. 实验调查法有哪些方式？
7. 试销有何优缺点？
8. 展览展销有哪些特点？有什么作用？

第5章 抽样调查方法

在绝大多数市场调查的过程中，考虑到效率、费用等因素，不可能对调查对象中的每一个个体都进行调查。而且根据调查精度的要求，也没有必要对每一个个体进行调查。所以，为了节省时间和费用，提高效率，只要能够满足调查精度要求，只需要对调查对象中的部分个体进行调查即可。可以通过对部分个体情况的调查、统计，将这部分个体的情况推广到调查对象的全体。这种调查方法就是抽样调查。

第1节　抽样调查概述

抽样调查是一种非全面调查，它是从全部调查研究对象中抽选一部分单位进行调查，并据此对全部调查研究对象做出估计和推断的一种调查方法。

显然，抽样调查虽然是非全面调查，但它的目的却在于取得反映总体情况的信息资料，因而也可起到全面调查的作用。根据抽选样本的方法，抽样调查可以分为概率抽样和非概率抽样两类。概率抽样是按照概率论和数理统计的原理，从调查研究的总体中根据随机原则来抽选样本，并从数量上对总体的某些特征做出估计推断，对推断可能出现的误差可以从概率意义上加以控制，习惯上将概率抽样称为抽样调查。

一、抽样调查的特点

抽样调查是从研究对象的总体中抽取一部分个体作为样本进行调查，据此推断有关总体的数字特征，具有经济性好、时效性强、适应面广、准确性高的特点。

与其他调查一样，抽样调查也会遇到调查的误差和偏误问题。通常抽样调查的误差有两种：一种是工作误差（也称登记误差或调查误差），另一种是代表性误差（也称抽样误差）。抽样调查可以通过抽样设计、计算以及一系列科学的方法，把代表性误差控制在允许的范围之内；另外，由于调查单位少、代表性强、所需调查人员少，抽样调查的工作误差比全面调查要小。特别是在总体包括的调查单位较多的情况下，抽样调查结果的准确性一般高于全面调查。由此可见，抽样调查的结果是非常可靠的。

抽样调查的数据之所以能用来代表和推算总体，是因为抽样调查本身具有其他非全面调查所不具备的特点，主要包括：

（1）调查样本是按随机的原则抽取的，在总体中每一个单位被抽取的机会是均等的，因此，能够保证被抽中的单位在总体中均匀分布，不致出现倾向性误差，代表性强。

（2）抽样调查是以抽取的全部样本单位作为一个“代表团”，用整个“代表团”来代表总体，而不是用随意挑选的个别单位来代表总体。

（3）所抽取的调查样本数量是根据调查误差的要求，经过科学的计算确定的，调查样本的数量有可靠的保证。

（4）抽样调查的误差在调查前就可以根据调查样本数量和总体中各单位之间的差异程度进行计算，并控制在允许的范围内，因此调查结果的准确程度较高。

基于以上特点，抽样调查被公认为非全面调查方法中可以用来代表和推算总体的最完善、最有科学根据的调查方法。

二、抽样调查中常用的名词

在抽样调查中，常用的名词主要有：

（1）总体。总体是指所要研究对象的全体。它是由出于一定研究目的所要调查对象的全体所组成的集合，组成总体的各研究对象称为总体单位。

（2）个体。个体是指总体中的每一个考察对象。

（3）样本。样本是总体的一部分，它是由从总体中按一定程序抽选出来的那部分总体单位所组成的集合。

（4）样本的容量。样本中个体的数量叫作样本的容量。

（5）抽样框。抽样框是指用以代表总体，并从中抽选样本的一个框架，具体表现形式主要有包括总体全部单位的名册、地图等。

抽样框在抽样调查中处于基础地位，是抽样调查必不可少的部分，对于推断总体具有相当大的影响。对于抽样调查来说，样本的代表性如何，抽样调查最终推算的估计值真实性如何，首先取决于抽样框的质量。

（6）抽样比。抽样比是指在抽选样本时，所抽取的样本单位数与总体单位数之比。

（7）置信度。置信度也称可靠度，或置信水平、置信系数。在对总体参数做出估计时，由于样本的随机性，其结论总是不确定的，因此，采用一种概率的陈述方法，也就是数理统计中的区间估计法，确定估计值与总体参数在一定允许的误差范围内的概率有多大，这个相应的概率称为置信度。

（8）抽样误差。在抽样调查中，通常以样本求出估计值对总体的某个特征进行估计，当二者不一致时，就会产生误差。因为由样本求出的估计值是随抽选样本的不同而变化的，即使计算完全正确，它和总体指标之间也往往存在差异，这种差异纯粹是抽样引起的，故称之为抽样误差。

（9）偏差。也称偏误，通常是指在抽样调查中除抽样误差以外，由于其他各种原因而引起的一些偏差。

（10）均方差。在抽样调查估计总体的某个指标时，需要采用一定的抽样方式与选择合适的估计量，当抽样方式与估计量确定后，所有可能样本的估计值与总体指标之间的离差平方的均值即为均方差。

三、抽样调查的适用范围

抽样调查适用的范围十分广泛，从原则上讲，为取得大量社会经济现象的数量方面的统计资料，在许多场合都可以运用抽样调查方法；在某些特殊场合，甚至必须运用抽样调查方法。抽样调查主要用于以下几种情况：

（1）实际工作不可能进行全面调查，而又需要了解全面资料。例如，灯泡耐用时间试验、电视机抗震能力试验、罐头食品的卫生检查、人体白细胞数量的化验等都是有破坏性的，不可能进行全面调查，只能运用抽样调查方法。

（2）虽可进行全面调查，但比较困难或并不必要。例如，了解某森林区有多少棵树、职工家庭生活状况如何等。从理论上讲这是有限总体，可以进行全面调查，但实际上办不到，也没必要。对这类情况的了解一般采取抽样调查方法。

（3）对普查或全面调查统计资料的质量进行检查和修正。有时为了检验或修正普查、全面调查统计资料的时效性、准确性，但又没有必要重新进行全面普查或调查，则只要通过抽样调查的方式抽取部分个体来验证或修正即可。

（4）抽样调查适用于组成事物总体的单位数量较多的情况，如工业生产过程中的质量控制。

抽样调查不但广泛用于生产结果的核算和估计，而且有效地应用于对成批或大量连续生产的工业产品在生产过程中的质量控制，检查生产过程是否正常，及时提供有关信息，以便采取措施，预防废品的发生。

（5）利用抽样调查的方法，可以对某种总体的假设进行检验，判断这种假设的真伪，以决定取舍。例如，验证新教学法的采用、新工艺新技术的改革、新医疗方法的使用等是否有明显效果，须对未知的或不完全知道的总体做出一些假设，然后利用抽样调查的方法，根据实验材料对所做的假设进行检验，做出判断。

随着抽样理论的发展、抽样技术的进步、抽样方法的完善和统计队伍业务水平的提高，抽样调查方法将在社会经济生活中得到更加广泛的运用。

第 2 节　抽样方案设计

抽样方案设计，是指为实施抽样而进行的一组策划，包括确定抽样数量即样本容量、选择抽样方法、确定样本判断准则等。

抽样方案由样本量和对样本的要求两部分组成。抽样方案有计数型和计量型两种类型。

一、计数型抽样检验方案

有些产品的质量特性，如焊点的不良数、测试坏品数以及合格与否，只能通过离散的尺度来衡量，我们抽取样本后通过离散尺度衡量的方法称为计数型抽样检验。计数型抽样检验方案可记为：(n, C)，这里 n 表示样本量，C 表示对样本的要求，即从一批产品中抽取 n 个样品（n 当然不能大于批量），逐个检验这 n 个产品，若在其中发现有 d 个不合格品，若 d 不大于 C，判为总体可接收，若 d 大于 C，判为总体不可接收。计数型抽样检验方案又分为计件和计点两种情况。计数型抽样检验中对单位产品的质量采取计数的方法来衡量，对整批产品的质量，一般采用平均质量来衡量。计数型抽样检验方案又可分为标准计数型一次抽检方案、计数挑选型一次抽检方案、计数调整型一次抽检方案、计数连续生产型抽检方案、二次抽检方案、多次抽检方案等。

1. 一次抽检方案

一次抽检方案是最简单的计数型抽样检验方案，通常用 (N, n, C) 表示，即从批量为 N 的交验产品中随机抽取 n 件进行检验，并且预先规定一个合格判定数 C。如果发现 n 件产品中有 d 件不合格品，当 $d \leqslant C$ 时，则判定该批产品合格，予以接收；当 $d > C$ 时，则判定该批产品不合格，予以拒收。例如，当 $N=100$，$n=10$，$C=1$ 时，这个一次抽检方案表示为（100，10，1）。其含义是从批量为 100 件的交验产品中随机抽取 10 件，检验后，如果在这 10 件产品中不合格产品数为 0 或 1，则判定该批产品合格，予以接收；如果发现这 10 件产品中有 2 件以上不合格品，则判定该批产品不合格，予以拒收。

2. 二次抽检方案

与一次抽检方案比，二次抽检方案包括五个参数，即 $(N, n_1, n_2; C_1, C_2)$。这里，n_1 为所抽取第一个样本的大小；n_2 为所抽取第二个样本的大小；C_1 为抽取第一个样本时的不合格判定数；C_2 为抽取第二个样本时的不合格判定数。

二次抽检方案的操作程序是：在交验批量为 N 的一批产品中，随机抽取 n_1 件产品进行检验。若发现 n_1 件被抽取的产品中不合格品数为 d_1，则

若 $d_1 \leqslant C_1$，判定该批产品合格，予以接收；

若 $d_1 > C_2$，判定该批产品不合格，予以拒收；

若 $C_1 < d_1 \leqslant C_2$，不能判断。在同批产品中继续随机抽取第二个样本（n_2 件产品）进行检验。

若发现 n_2 件产品中有 d_2 件不合格品，则根据 (d_1+d_2) 和 C_2 的比较做出判断：

若 $d_1+d_2 \leqslant C_2$，则判定该批产品合格，予以接收；

若 $d_1+d_2 > C_2$，则判定该批产品不合格，予以拒收。

例如，当 $N=100$，$n_1=40$，$n_2=60$，$C_1=2$，$C_2=4$ 时，这个二次抽检方案可表示为（100，40，60；2，4）。其含义是从批量为 100 件的交验产品中随机抽取第一个样本 $n_1=40$ 件进行检验，若发现 n_1 中的不合格品数为 d_1，则

若 $d_1 < 2$，则判定该批产品合格，予以接收；

若 $d_1 > 4$，则判定该批产品不合格，予以拒收；

若 $2 < d_1 \leqslant 4$（即在 n 件产品中发现的不合格品数为 3 或 4 件），则不对该批产品合格

与否做出判断，需要继续抽取第二个样本，即从同批产品中随机抽取 60 件进行检验，记录其中的不合格品数：

若 $d_1+d_2\leqslant 4$，则判定该批产品合格，予以接收；

若 $d_1+d_2>4$，则判定该批产品不合格，予以拒收。

3. 多次抽检方案

多次抽检方案是允许通过三次以上的抽样最终对一批产品合格与否做出判断。按照二次抽检方案的做法依次处理。

二、计量型抽样检验方案

有些产品的质量特性，如灯管的寿命、棉纱的拉力、炮弹的射程等，是连续变化的。用抽取样本的连续尺度定量地衡量一批产品质量的方法称为计量型抽样检验。计量型抽样检验方案的设计原理同计数型抽样检验方案。

第 3 节 抽样方法

抽样方法按照抽取样本时遵循的原则不同可以分为随机抽样和非随机抽样两大类。根据抽取过程的实施步骤和方法不同，随机抽样又可分为简单随机抽样、等距抽样、分层抽样、整群抽样、多阶段抽样和双重抽样等；非随机抽样则可分为任意抽样、重点抽样、典型抽样、配额抽样和滚雪球抽样等。

一、随机抽样方法

（一）简单随机抽样

1. 定义

简单随机抽样又称单纯随机抽样、纯随机抽样、SPS 抽样，是指从总体的 N 个单位中任意抽取 n 个单位作为样本，使每个可能的样本被抽中的概率相等的一种抽样方式。一般地，设一个总体含有 N 个个体，如果通过逐个抽取的方法从中抽取一个样本，且每次抽取时各个个体被抽到的概率相等，则这样的抽样方法叫作简单随机抽样。

2. 特点

在简单随机抽样中，每个样本单位被抽中的概率相等，样本的每个单位完全独立，彼此间无一定的关联性和排斥性。具体有如下特点：

（1）简单随机抽样要求被抽取的样本的总体个数 N 是有限的。

（2）简单随机样本数 n 小于等于样本总体的个数 N。

（3）简单随机样本是从总体中逐个抽取的。

（4）简单随机抽样是一种不放回的抽样。

3. 抽样方法

（1）直接抽选法。直接抽选法，即从总体中直接随机抽选样本。如从货架商品中随机抽取若干商品进行检验；从农贸市场摊位中随意选择若干摊位进行调查或访问等。

（2）抽签法。抽签法也就是我们通常所说的“抓阄”。先将总体中的所有个体进行编号（号码可以从 1 到 N），并把号码写在形状、大小相同的号签上，号签可以用小球、卡片、纸条等制作，然后将这些号签放在同一个箱子里。抽签时，每次从中抽出 1 个号签，连续抽取 n 次，就得到一个容量为 n 的样本，对个体编号时，也可以利用已有的编号，例如从全班学生中抽取样本时，可以利用学生的学号、座位号等。抽签法简便易行，当总体的个体数不多时，适宜采用这种方法。

（3）随机数表法。随机数表法即利用随机数表进行抽样。随机数表又称乱数表，是将 0 至 9 的 10 个数字随机排列成表，以备查用。其特点是，无论横行、竖行或隔行读均无规律。因此，利用此表进行抽样，可保证随机原则的实现，并简化抽样工作。其步骤是：

1）确定总体范围，并编排单位号码。对总体中的 N 个个体编号时可以从 0 开始，例如 $N=100$ 时编号可以是 00，01，02，…，99，这样总体中的所有个体均可用两位数字的号码表示，便于运用随机数表。

2）确定样本容量。

3）抽选样本单位，即从随机数表中任意一个数码开始，按一定的顺序（上下左右均可）或间隔读数，选取编号范围内的数码，超出范围的数码不选，重复的数码不再选取，直至达到预定的样本容量为止。

4）排列中选数码，并列出相应单位名称。

下面我们举例说明如何用随机数表来抽取样本。

为了检验某种产品的质量，决定从 40 件产品中抽取 10 件进行检查，在利用随机数表抽取这些样本时，可以按下面的步骤进行：

第一步，先将 40 件产品编号，可以编为 00，01，02，…，38，39。

第二步，在随机数表中任选一个数作为开始，例如从第 8 行第 5 列数 59 开始，为便于说明，我们将随机数表中的第 6 行至第 10 行摘录如下：

16 22 77 94 39 49 54 43 54 82 17 37 93 23 78 87 35 20 96 43 84 26 34 91 64
84 42 17 53 31 57 24 55 06 88 77 04 74 47 67 21 76 33 50 25 83 92 12 06 76
63 01 63 78 59 16 95 55 67 19 98 10 50 71 75 12 86 73 58 07 44 39 52 38 79
33 21 12 34 29 78 64 56 07 82 52 42 07 44 38 15 51 00 13 42 99 66 02 79 54
57 60 86 32 44 09 47 27 96 54 49 17 46 09 62 90 52 84 77 27 08 02 73 43 28

第三步，从选定的数 59 开始向右读下去，由于 $59>39$，将它去掉；继续向右读，得到 16，将它取出；继续下去，又得到 19，10，12，07，39，38，33，21，随后的两位数字号码是 12，由于它在前面已经取出，将它去掉，再继续下去，得到 34。至此，10 个样本号码已经取满，于是，所要抽取的样本号码是：

16　19　10　12　07　39　38　33　21　34

当随机地选定开始读数的数后，读数的方向可以向右，也可以向左、向上、向下。

在上面的读数过程中，得到一串两位数字号码，在去掉其中不符合要求的号码、与前面重复的号码后，余下的号码可以看成是依次从总体中抽取的各个个体的号码。由于随机数表中每个位置上出现哪一个数字是等概率的，每次读到哪一个两位数字号码，即从总体中抽到哪一个个体的号码也是等概率的，因此利用随机数表抽取样本保证了各个个体被抽取的概率相等。

简单随机抽样是其他抽样方法的基础，因为它在理论上最容易处理，而且当总体单位数 N 不太大时，实施起来并不困难。但若 N 相当大，简单随机抽样就不是很容易办到。首先，它要求有一个包含全部 N 个单位的抽样框；其次，用这种抽样得到的样本单位较为分散，调查不容易实施。因此，简单随机抽样方法主要用于总体数量较少且个体之间的差异不大的情况。

（二）等距抽样

1. 定义

等距抽样又称系统抽样、机械抽样、SYS 抽样，它是首先将总体中各单位按一定顺序排列，根据样本容量要求确定抽选间隔，然后随机确定起点，每隔一定的间隔抽取一个单位的一种抽样方式。等距抽样是纯随机抽样的变种。在系统抽样中，先将总体从 1 至 N 连续编号，并计算抽样距离 $K=N/n$。这里 N 为总体单位总数，n 为样本容量。然后在 $1\sim K$ 中抽一随机数 k_1，作为样本的第一个单位，接着取 k_1+K，k_1+2K，…，直至抽够 n 个单位为止。

2. 等距抽样的分类

根据总体单位的排列方法，等距抽样的单位排列可分为三类：按有关标志排列、按无关标志排列以及介于按有关标志排列和按无关标志排列之间的按自然状态排列。按照具体实施等距抽样的做法，等距抽样可分为三种：直线等距抽样、对称等距抽样和循环等距抽样。

3. 等距抽样的特点

等距抽样的特点是：抽出的单位在总体中是均匀分布的，且抽取样本可少于纯随机抽样。

4. 等距抽样的要求

等距抽样的样本既可以用同调查项目相关的标志排列，也可以用同调查项目无关的标志排列。

等距抽样要防止周期性偏差，因为它会降低样本的代表性。例如，军队人员名单通常按班排列，10 人一班，班长排第 1 名，若抽样距离也取 10，则样本或全由士兵组成或全由班长组成。

5. 等距抽样的方法

当完成总体单位的顺序排列之后，可选用下列方法进行等距抽样。

（1）随机起点等距抽样。这种方法是在总体分成 K 段（$K=N/n$）的前提下，首先从第一段的 1 至 k 号总体单位中随机抽选一个样本单位，然后每隔 k 个单位抽取一个样本单位，直到抽足 n 个单位为止。这 n 个单位就构成了一个随机起点的等距样本。这种方法能够保证各个总体单位有相同的概率被抽到，但是，如果随机起点单位处于每一段的低端或高端，就会导致往后的单位都会处于相应段的低端或高端，从而使抽样出现偏低或偏高的系统误差。

（2）半距起点等距随机抽样。这种方法又称中点法，它是在总体的第一段取1，2，…，k 号中的中间项为起点，然后每隔 k 个单位抽取一个样本单位，直到抽足 n 个单位为止。当总体是按有关标志的大小顺序排列时，采用中点法抽取样本，可提高整个样本对总体的代表性。

（3）随机起点对称等距抽样。这种方法是在总体第一段随机抽取第 i 个单位，而在第二段抽取第 $2k-i+1$ 个单位，在第三段抽取第 $2k+i$ 个单位，而在第四段抽取第 $4k-i+1$ 个单位……以此交替对称进行。可概括为：在总体奇数段抽取第 $jk+i$ 个单位（$j=0$，2，4，…）；在总体偶数段抽取第 $jk-i+1$ 个单位（$j=2$，4，…）。这种抽样方法能使处于低端的样本单位与另一段处于高端的样本单位相互搭配，从而抵消或避免抽样中的系统误差。

（4）循环等距抽样。当 N 为有限总体而且不能被 n 整除，即 k 不是一个整数时，可将总体各单位按顺序排成首尾相接的循环圆形，用 N/n 确定抽样间隔 k，k 可以取最接近的整数，然后在第一段的1至 k 号中抽取一个样本单位作为随机起点，再每隔 k 个单位抽取一个样本单位，直至抽满 n 个单位为止。

6. 等距抽样排序方法

采用等距抽样时，必须首先对总体单位按某种标志进行排序，有以下两种排序方法。

（1）按无关标志排序。按无关标志排序即总体单位排列的顺序和所要研究的标志是无关的。如调查职工的收入水平，可根据按姓氏笔画排列的职工名单进行等距抽样；工业生产质量检验可按产品生产的时间顺序进行等距抽样；等等。一般认为，按无关标志排序的等距抽样是一种比抽签法、随机数表法更好的纯随机抽样方式，又称无序系统抽样。

（2）按有关标志排序。按有关标志排序即总体单位排列的顺序与所要研究的标志是有直接关系的。例如，对农业产量进行抽样调查时，可对当年估计产量或前几年的平均实际产量采用由低到高或由高到低的顺序进行排列，再进行抽样。这种按有关标志排序的等距抽样又称有序系统抽样，它能使标志值高低不同的单位均有可能选入样本，从而提高样本的代表性，减小抽样误差。一般认为，有序系统抽样比等比例分层抽样更能使样本均匀地分布在总体中，抽样误差也更小。

7. 等距抽样的优缺点

等距抽样相对于简单随机抽样最主要的优势就是经济性。等距抽样比简单随机抽样更简单，花的时间更少，并且花费也少。使用等距抽样最大的缺点表现在总体单位的排列上。一些总体单位可能包含隐蔽形态的样本或者不合格样本，调查者可能因为疏忽，把它们抽选为样本。由此可见，只要抽样者对总体结构有一定了解，充分利用已有信息对总体单位进行排列后再抽样，就可提高抽样效率。

（三）分层抽样

分层抽样就是将总体按某个主要标志进行分组（分层），再按随机原则采用简单随机抽样从各组中抽取一定数目的总体单位组成样本的抽样组织方式。

分层抽样又称分类抽样或类型抽样，它将总体划分为若干同质层，再在各层内随机抽样或机械抽样。分层抽样的特点是将科学分组法与抽样法结合在一起，分组减小了各抽样层变异性的影响，抽样保证了所抽取的样本具有足够的代表性。分层抽样有分层比例抽样、分层最佳抽样和分层最低成本抽样三种方式。

1. 分层比例抽样

分层比例抽样是指分层后，按随机原则根据各层中单位数量占总体单位数量的比例抽取各层的样本数量。

每层抽取样本数的计算公式为：

$$n_i=\frac{N_i}{N}\times n \tag{5.1}$$

式中，n_i为第 i 层抽出的样本数；N_i为第 i 层的总单位数；N 为总体单位数；n 为总体样本数，即样本容量。

【例 5－1】某市有各种规模的书店 500 家，其中大型书店 50 家，中型书店 150 家，小型书店 300 家。为了调查该市图书销售情况，现计划从中抽取 30 家书店进行调查，采用分层比例抽样应从各层中抽取多少家书店？

解：根据分层比例抽样的计算公式（5.1），有

（1）大型书店应抽取的样本数为：

$n_{大}=50/500\times30=3$ 家

（2）中型书店应抽取的样本数为：

$n_{中}=150/500\times30-9$ 家

（3）小型书店应抽取的样本数为：

$n_{小}=300/500\times30=18$ 家

【练习】假定某大学的商学院想对今年的毕业生进行一次调查，以便了解他们的就业意向。该学院共有 5 个专业：会计、金融、市场营销、经营管理、信息系统。今年共有 1 500 名毕业生，其中，会计专业 500 名，金融专业 300 名，市场营销专业 300 名，经营管理专业 250 名，信息系统专业 150 名。假定要抽取的样本数为 180 人，各专业按比例分别应抽取多少人？

2. 分层最佳抽样

分层最佳抽样是指不仅按各层单位数占总体单位数的比例分配各层的样本数，而且根据各层标准差的大小来调整各层样本数目的抽样方法。

每层抽取样本数的计算公式为：

$$n_i=\frac{N_i\sigma_i}{\sum N_i\sigma_i}\times n \tag{5.2}$$

式中，n_i 为第 i 层抽出的样本数；N_i 为第 i 层的总单位数；σ_i 为第 i 层的标准差；n 为样本容量。

【例 5－2】沿用例 5－1 的资料。假设各类型书店图书销售额的标准差估计值为：大型书店 20 000 元，中型书店 8 000 元，小型书店 5 000 元。按照分层最佳抽样，应从各层中抽取多少家书店进行调查？

解：根据分层最佳抽样的计算公式（5.2），有

$$n_{大}=\frac{50\times 20\,000}{50\times 20\,000+150\times 8\,000+300\times 5\,000}\times 30=8\text{（家）}$$

$$n_{中}=\frac{150\times 8\,000}{50\times 20\,000+150\times 8\,000+300\times 5\,000}\times 30=10\text{（家）}$$

$$n_{小}=\frac{300\times 5\,000}{50\times 20\,000+150\times 8\,000+300\times 5\,000}\times 30=12\text{（家）}$$

从计算结果看，与例 5－1 中对应的 3 家、9 家、18 家有了明显的差异。

【练习】某地共有居民 20 000 户，按经济收入高低进行分类，其中高收入的居民户为 4 000 户，标准差为 300 元；中等收入的居民户为 12 000 户，标准差为 200 元；低收入的居民户为 4 000 户，标准差为 100 元。若要从中抽取 200 户进行购买力调查，则分层比例抽样和分层最佳抽样应抽取的样本数分别为多少？

3. 分层最低成本抽样

分层最低成本抽样是指在考虑统计效果的前提下，根据费用支出来确定各层应抽取的样本数，以节省调查费用。

每层抽取样本数的计算公式为：

$$n_i=\frac{N_i\sigma_i/\sqrt{c_i}}{\sum(N_i\sigma_i/\sqrt{c_i})}\times n \tag{5.3}$$

式中，n_i 为第 i 层抽出的样本数；N_i 为第 i 层的总单位数；σ_i 为第 i 层的标准差；c_i 为第 i 层每单位的调查费用；n 为样本容量。

【例 5－3】仍沿用例 5－1 的资料。现假设对不同规模的书店进行调查，每调查一家大型书店需要的调查费用为 600 元，中型书店需要 500 元，小型书店需要 400 元，其他条件不变。按照分层最低成本抽样，应从各层中抽取多少家书店进行调查？

解：根据分层最低成本抽样的计算公式（5.3）有

$$n_{大}=\frac{(50\times 20\,000)/\sqrt{600}}{\dfrac{50\times 20\,000}{\sqrt{600}}+\dfrac{150\times 8\,000}{\sqrt{500}}+\dfrac{300\times 5\,000}{\sqrt{400}}}\times 30=7\text{（家）}$$

$$n_{中}=\frac{(150\times 8\,000)/\sqrt{500}}{\dfrac{50\times 20\,000}{\sqrt{600}}+\dfrac{150\times 8\,000}{\sqrt{500}}+\dfrac{300\times 5\,000}{\sqrt{400}}}\times 30=9\text{（家）}$$

$$n_{小}=\frac{(300\times 5\,000)/\sqrt{400}}{\dfrac{50\times 20\,000}{\sqrt{600}}+\dfrac{150\times 8\,000}{\sqrt{500}}+\dfrac{300\times 5\,000}{\sqrt{400}}}\times 30=14\text{（家）}$$

从计算结果看，与前两种抽取方法的抽取数量均不一样。所以，当根据不同的要求，采用不同的方法对样本进行抽取时，会有不同的结果。

4. 分层抽样的优缺点

分层抽样的优点：一是在不断增加样本规模的前提下降低抽样的误差，提高抽样的精度；二是便于了解总体内不同层次的情况，便于对总体不同的层次或类别进行单独研究。分层抽样的缺点是抽样框较复杂，费用较高，误差分析也较为复杂。

（四）整群抽样

整群抽样又称聚类抽样，是指将总体全部单位分为若干“群”，然后随机抽取一部分“群”，再对被抽中群体的所有单位进行全面调查的抽样组织方式。应用整群抽样时，要求各群有较好的代表性，即群内各单位的差异要大，群间差异要小。

1. 整群抽样与分层抽样的区别

整群抽样与分层抽样在形式上有相似之处，但实际上差别很大，主要表现在以下两个方面：

（1）分层抽样要求各层之间的差异大，层内个体或单元差异小，整群抽样则要求群与群之间的差异比较小，群内个体或单元差异大。

（2）分层抽样的样本是从每个层内抽取若干单元或个体，整群抽样则是要么整群被抽取，要么整群不被抽取。

2. 整群抽样的实施步骤

先将总体分为 i 个群，然后从 i 个群中随机抽取若干个群，对这些群内所有个体或单元均进行调查。抽样过程可分为以下几个步骤：

第一，确定分群的标志。

第二，根据确定的分群标准，将总体（N）分成若干个互不重叠的部分，每个部分为一个群。

第三，根据样本量，确定应该抽取的群数。

第四，采用简单随机抽样或系统抽样方法，从 i 个群中抽取确定的群数。

例如，调查中学生近视的情况，抽某一个班做统计；进行产品检验，每隔 8 小时抽其中 1 小时生产的全部产品进行检验等。

3. 整群抽样的优缺点

整群抽样的优点是简单、方便，易于组织，能节省人力、物力、财力和时间。缺点是由于不同群之间的差异较大，由此引起的抽样误差往往大于简单随机抽样；样本分布面不广、样本对总体的代表性相对较差等。

（五）其他随机抽样方法

以上几种随机抽样方法是最为常见的抽样方法，除此之外，还有多阶段抽样、双重抽样、按规模大小成比例的概率抽样等随机抽样方法。

多阶段抽样是在两个或多个连续阶段抽取样本的一种不等概率抽样。各阶段抽样的单元是分级的，每个阶段的抽样单元在结构上也不同，多阶段抽样的样本分布集中，能够节省时间和经费。但其实施较为复杂，总体估计值的计算也较复杂。

双重抽样，又称二重抽样、复式抽样，是指在抽样时分两次抽取样本的一种抽样方式。其具体程序为：首先抽取一个初步样本，并收集一些简单项目信息以获得有关总体的信息；然后，在此基础上再进行深入抽样。在实际运用中，双重抽样可以推广为多重抽样。

按规模大小成比例的概率抽样，简称 PPS（probability proportional to size）抽样，它是一种使用辅助信息，从而使每个单位均按其规模大小成比例被抽中的抽样方式。其抽选样本的方法有汉森-赫维茨方法、拉希里方法等。PPS 抽样的主要优点是：使用了辅助信息，减少了抽样误差；主要缺点是：对辅助信息要求较高，方差的估计较复杂等。

案例 5-1

为了解普通居民对某种新产品的接受程度，需要在一个城市中抽选 1 000 户居民开展市场调查，在每户居民中选择 1 名家庭成员作为受访者。

由于一个城市中居民的户数可能多达数百万，除了一些大型的市场研究机构和国家统计部门之外，大多数企业都不具有这样庞大的居民户名单。这种情况决定了抽样设计只能采取多阶段抽选的方式。根据调查要求，抽样分为两个阶段进行，第一阶段是从全市的居委会名单中抽选出 50 个样本居委会，第二阶段是从每个被选中的居委会中抽选出 20 户居民。

从统计或者民政部门，我们可以获得一个城市的居委会名单。将居委会编上序号后，用计算机产生随机数的方法，可以简单地抽选出所需要的 50 个居委会。如果居委会名单中还包括了居委会户数等资料，则在抽选时可以采用不等概率抽选的方法。如果能够使一个居委会被抽中的概率与居委会的户数规模成正比，这种方法就是 PPS 抽样方法。PPS 抽样是一种“自加权”的抽样方法，它保证了在从不同规模的居委会均抽选 20 户样本的情况下，每户样本的代表性是相同的，从而最终可以直接进行平均计算。当然，如果资料不充分，无法进行 PPS 抽样，那么利用事后加权的方法，也可以对调查结果进行有效推断。

选定了居委会之后，对居民户的抽选将使用居委会地图来进行操作。此时，需要派出一些抽样员，到各居委会绘制居民户的分布图，抽样员需要了解居委会的实际位置、实际覆盖范围，并了解每幢楼中实际的居住户数。然后，抽样员根据样本量的要求，采用等距或者其他方法，抽选出其中的若干户作为最终访问的样本。

访问员根据抽样员选定的样本户，进行入户访问。以谁为实际的被调查者，是抽样设计中最后一个问题。如果调查内容涉及受访户的家庭情况，则对受访者的选择可以根据成员在家庭生活中的地位确定，例如，可以选择使用计算机最多的人、收入最高的人、实际负责购买决策的人等。

如果调查内容涉及个人行为，则家庭中每一个成年人都可以作为被调查者，此时就需要再次进行抽选，因为如果访问员人为确定受访者，最终受访者就可能会偏向某一类人，例如家庭中比较好接触的老人、妇女等。

思考： 请对本案例中采用的抽样方法的实施过程进行评价。

二、非随机抽样方法

扩展阅读　第七次全国人口普查长表怎么抽取？和短表有什么区别？

非随机抽样的样本是由调研者凭经验主观选定的，因而具有主观性，其代表性依赖于调研者的经验，所以调研结果误差较大，不能准确地反映总体和实际情况。非随机抽样方法分为任意抽样、重点抽样、判断抽样、配额抽样和滚雪球抽样等。

（一）任意抽样

任意抽样适用于随意抽取调查单位进行调查（与随机抽样不同，不保证每个单位有相等的入选机会），如柜台访客调查、街头路边拦人调查。任意抽样是一种由调查人员根据其工作便利而随意选取样本的方法，是非随机抽样中最简便、费用最少的一种方法，一般用于市场初步调查或对市场情况不甚明了时，在正式市场调查中较少采用。

（二）重点抽样

重点抽样适用于只对总体中为数不多但影响大（如标志值在总体中所占比重颇大）的重点单位进行调查。

（三）判断抽样

判断抽样是由市场调查人员根据经验判断而选定样本的一种非随机抽样方法。

判断抽样具有简便易行，符合调查目的，可满足特殊需要，可以充分利用调查样本的已知资料，被调查者配合较好，资料回收率高等优点。缺点是该类抽样结果受研究人员的倾向性影响大，一旦主观判断发生偏差，则极易引起抽样偏差；不能直接对调查总体进行推断。

因此，判断抽样适用于总体的构成单位极不相同而样本数很少，同时调查者对总体的有关特征具有相当的了解（明白研究的具体指向）的情况，适合特殊类型的研究（如产品口味测试等）；操作成本低，方便快捷，在商业性调研中使用较多。

（四）配额抽样

配额抽样也称定额抽样，是指调查人员将调查总体样本按一定标志分类或分层，确定各类（层）单位的样本数额，在配额内任意抽选样本的抽样方式。配额抽样和分层抽样既有相似之处，也有很大的区别。配额抽样和分层抽样有相似的地方，都是事先对总体中所有单位按其属性、特征分类，这些属性、特征我们称之为控制特性，例如市场调查中消费者的性别、年龄、收入、职业、文化程度等，然后按各个控制特性分配样本数额。但它与分层抽样又有区别。分层抽样是按随机原则在层内抽选样本，配额抽样则是由调查人员在配额内通过主观判断选定样本。

（五）滚雪球抽样

滚雪球抽样是以若干具有所需特征的人为最初的调查对象，然后依靠他们提供合格的调查对象，再由这些人提供第三批调查对象，依此类推，样本如同滚雪球般由小变大。滚雪球抽样多用于总体单位的信息不足或观察性研究等情况。这种抽样中有些对象无法找到，有些对象被提供者漏而不提，这两种情况都可能造成误差。

滚雪球抽样的方法是：先选择一组调查对象，通常是随机选取的。访问这些被调查者之后，再请他们提供另外一些属于所研究的目标总体的调查对象，根据所提供的线索，选择此后的调查对象。这一过程会继续下去，形成滚雪球的效果。尽管最初选择调查对象时采用的是随机抽样，但是最后的样本都是非概率样本，被推荐或安排的被调查者比随机抽取的被调查者将在人口和心理特征方面与推荐他们的那些人更相似。

滚雪球抽样主要用于估计已知信息少的人物群体，例如名字不能公开的人员；特别的群体，如私家车的车主等。滚雪球抽样的主要优点是可以大大增加接触总体中所需群体的可能性。

第 4 节　样本容量确定

市场调查的客户经常不理解样本容量。对于每一个新客户，市场调查人员可能都需要花费大量的时间纠正其对于样本容量和样本的错误概念。客户提出的一个典型问题是："拥有 17 万名顾客，我们需要选取多少百分比的顾客才能得到一个精确的样本?" 这是一个典型的错误观念。样本容量的决定与其说与总体容量相关，不如说与客户的预算、调研目标、数据用途和报告的时间期限更直接相关。

样本容量与样本对总体的代表性无关。样本的代表性由抽样方法决定，遗憾的是，许多管理人员错误地相信样本容量与样本代表性有关。

样本容量不决定代表性，然而会影响结果的精确度。样本精确度指样本统计数据接近它所代表的总体真实值的程度。样本容量与样本统计量相对于总体真实值的精确度有直接关系。

通常，选择样本容量的方法是首先规定所需要的精确度，然后确定满足精确度的最小的样本容量。这里，精确度涉及近似置信区间的大小，较小的置信区间可以提供较高的精确度。因此，近似置信区间的大小依赖于允许误差 B，即选择精确度水平相当于选择 B 的值。下面我们介绍估计总体均值时，选择所必需的样本容量的方法。

均值的标准误差（标准差）的估计公式为：

$$S_{\bar{x}}=\sqrt{\frac{N-n}{N-1}}\left(\frac{S}{\sqrt{n}}\right) \tag{5.4}$$

式中，N 为总体数量；n 为样本容量；S 为样本方差。

根据概率相关理论，抽样误差（允许误差）的范围是标准差的倍数。为便于理解和操作，我们取允许误差为标准差的 2 倍，因此有

$$B=2\sqrt{\frac{N-n}{N-1}}\left(\frac{S}{\sqrt{n}}\right) \tag{5.5}$$

式中，B 为允许误差。

解式（5.5）得：

$$n=\frac{NS^2}{(N-1)\left(\frac{B^2}{4}\right)+S^2} \tag{5.6}$$

可见，一旦给出了所需的精确度水平（通过选择 B 的值来实现），根据式（5.6），便可以得到满足所需要精确度水平的 n 值。但是，对一个实际研究的问题，根据式（5.6）

确定 n 值时，除了规定所需要的允许误差之外，还必须知道样本方差 S 的平方。但是只有实际得到样本时，S^2 才可以知道。

下面是三种估计 S^2 的方法：

（1）用两步抽样：由第一步抽取的部分单位，得到 S^2 的估计值，将此值代入式（5.6），确定全部样本容量 n；然后对第一步确定的全部样本容量，抽取第二步所需要的其余单位数。

（2）用试点调查或事先检验的结果估计 S^2。

（3）根据以往的资料估计 S^2。

【例 5-4】 某大学有 5 000 名毕业生，欲对他们的周薪情况进行调查，我们想构造宽度在 1 000 元之内的近似 95%的置信区间。对这样的置信区间，$B=500$。假设根据去年所做的同样研究，得知 $S=3\ 000$ 元。我们可以用这个值来估计 S^2。试计算该调查应采用的样本容量。

解：根据题中已知条件 $B=500$、$S=3\ 000$ 及 $N=5\ 000$，根据式（5.6），则样本容量为：

$$n=\frac{5\ 000\times 3\ 000^2}{(5\ 000-1)\times\dfrac{500^2}{4}+3\ 000^2}=139.96$$

综上所述，对规定宽度为 1 000 元的近似 95%的置信区间，所需要的样本容量为 140。但应当记住，这个计算结果依赖于 S 的最初估计值为 3 000。如果在今年的抽样调查中，S 变得较大，则近似置信区间的宽度将大于 100。因此，如果经费允许，调查设计者可选取样本容量为 150，以增加把握程度。

对给定的允许误差 B，估计总体总量时所必需的样本容量的计算公式为：

$$n=\frac{NS^2}{\left(\dfrac{B^2}{4N}\right)+S^2}\tag{5.7}$$

在前面的例子中，允许误差 $B=500$。假设我们以允许误差为 2 000 000，估计 5 000 名毕业生的全部周薪。则对 $B=2\ 000\ 000$，根据式（5.7）得到样本容量为：

$$n=\frac{5\ 000\times 3\ 000^2}{\dfrac{2\ 000\ 000^2}{4\times 5\ 000}+3\ 000^2}=215.31$$

综上所述，对给定允许误差为 2 000 000 的近似 95%的置信区间，需要的样本容量为 216。这里我们应该注意，要同时满足总体均值的允许误差为 500 和总体总量的允许误差为 2 000 000 的调查需求，则样本容量必须为 216。这个样本容量比总体均值提供的允许误差所需要的样本容量要大，对于总体总量则是满足所需精确度的最小值。

在估计总体比率时，选择样本容量的公式与估计总体均值的公式类似。我们只需要将式（5.6）中 S^2 替换为 $\bar{p}\ (1-\bar{p})$，即

$$n=\frac{N\bar{p}(1-\bar{p})}{(N-1)\left(\dfrac{B^2}{4}\right)+\bar{p}(1-\bar{p})}\tag{5.8}$$

式中，$\bar{p}$ 为总体比率均值。

使用式（5.8）时，我们必须规定允许误差 B 并给出 $\bar{p}$ 的一个估计值。如果没有 $\bar{p}$ 的合适的估计值，我们可用 $\bar{p}=0.5$ 代替，这样将保证近似置信区间的允许误差比希望的要小得多。

重点名词

抽样调查　　抽样方案　　等距抽样　　分层抽样　　整群抽样

思考题

1. 什么是抽样调查？
2. 抽样调查有何特点？
3. 抽样调查适用于哪些情况？
4. 什么是抽样方案设计？抽样方案有哪几种？
5. 随机抽样方法有哪些？
6. 什么是简单随机抽样？如何实施？
7. 什么是系统抽样？如何实施？
8. 什么是分层抽样？分层抽样有哪几种实施方法？如何实施？
9. 什么是整群抽样？如何实施？
10. 整群抽样与分层抽样有什么区别？
11. 非随机抽样有哪些方法？各种方法如何实施？
12. 如何确定样本容量？

课后实践训练

根据第2章末课后实践训练中的调查方案进行抽样设计，并在在校学生中进行抽样，利用定性和定量调查方法开展实地调查，并将调查结果整理成数据文件。

1. 具体要求

（1）根据调查方案中确定的调查目标、调查目的、调查对象、调查方案，设计抽样方案，并形成文案。

（2）根据抽样方案，完成抽样。

（3）发放问卷，开展实地调查工作。

（4）对调查搜集到的资料数据进行整理，进行数据编码和清理，并将最后确认有效的数据录入SPSS统计软件系统中，以数据文件作为任务成果。

2. 实施步骤

（1）小组负责人召集本组成员讨论并完成抽样方案的设计，对小组成员在讨论过程中的发言内容进行记录。

（2）负责人负责组织本小组成员按照设计的抽样方案完成样本的抽样工作。

（3）负责人组织本小组成员完成实地调查工作（在讨论课堂上开展模拟调查，各小组互相发放和回收部分问卷)，做好时间、地点、参与人等内容的记录。

（4）负责人组织本小组成员完成数据资料的整理和数据录入工作。

（5）教师对各个小组的表现进行评分：小组讨论情况占40分，小组成员参与情况占10分，小组现场组织工作占20分，数据整理和录入占30分。

（6）教师进行综合评定和总结。

第6章　市场调查资料的整理与分析

在市场调查的过程中，前期利用各种调查方法，收集到各种数据、资料后，工作的重点就应转向数据、资料的整理和分析。数据、资料的整理和分析涉及现场工作、数据收集整理和数据处理等几项内容。

市场调查资料整理与分析是指根据研究目的，运用科学的方法，对调查资料进行接收、审核、校订、编码、录入、净化、存储及一些简单的统计预处理，使之系统化、条理化，并以集中、简明的方式反映调查对象总体情况的工作过程。

第1节　市场调查资料的接收和检查

一、市场调查资料的接收

调查资料的整理计划应该在调查方案的设计阶段就制订好，但真正着手整理是从在调查现场回收第一份问卷或相关资料开始。一旦发现存在问题，可以及时纠正或改进后续的工作。

调查资料的接收工作是整个数据资料处理过程的第一步，做好资料的接收工作关系到数据资料是否真实、准确。调查资料的接收工作通常从项目的实施地开始执行，由调查公司或部门专门的督导人员负责。

做好调查资料的接收工作应注意以下几点：

(1) 认真仔细地做好数据的收集和问卷的回收工作，掌握每天完成和接收的问卷数。

(2) 在完成的问卷上记录完成的日期和接收的日期，以便在分析的过程中对先接收的数据和后接收的数据进行比较。

(3) 多个项目同时进行时，要清楚地记录交付实施的项目数、仍在实施的项目数和已经完成并返回的项目数。

(4) 每份返回的问卷都应有一个唯一的、有顺序的识别号码。

(5) 在有人进行资料的核对、事后编码、数据的录入等工作时，应按识别号码，准确地记录，明确是谁掌握着哪些原始文件。

（6）所有参与资料整理工作的人员都应清楚，他们不但负有保证工作质量的责任，还负有保证不丢失任何原始文件的责任。

研究人员应严谨地控制数据收集和处理过程。从实施一开始，就应通过项目主管，每天一次或每周至少两到三次，从每一个调查员或督导那里获取关于工作进度的报告。

完成的文件就是获取调查数据的原始文件，按照顺序的号码来记录所接收的文件是一种有用的方法，这些唯一的号码不仅记录在原始文件上，同时也记录在数据中，如有查错的必要，可以随时找到原始的资料。因此，应设计一套系统，在资料接收的整个过程中用以处理原始文件。

二、市场调查资料的审核

市场调查资料的审核是对所调研的资料进行总体检查，以发现资料中是否有重大问题，从而判定哪些资料是有效的，哪些资料是无效的。这些审核工作往往在实施过程中就已经开始了。

（一）审核的内容

在对市场调查资料进行审核时，审核的内容主要有：

1. 完备性

即检查收回的调查问卷或调查表是否齐全，其份数是否达到了调查方案设计的样本量的要求。如果调查问卷或调查表份数不够，应查明原因，采取补救措施，如重新拜访或更换调查对象。

2. 完整性

即检查审核调查问卷或调查表填答的项目是否完整。不完整的答卷有三种情形：

（1）大面积的无回答，或者相当多的问题无回答，对此应作废卷处理。

（2）个别问题无回答，应视为有效调查问卷，所留空白待后续采取补救措施，或将它直接归入“暂未决定”“其他答案”的类别中。

（3）有相当多的调查问卷对同一问题无回答，仍将其作为有效调查问卷，对此项提问可作删除处理。

3. 准确性

即检查问卷或调查表中的项目是否存在填答错误。不准确的答卷也有三种情形：

（1）逻辑性错误。表现为某些答案明显不符合事实，或者前后不一致。对这类错误能够用电话核实的可进行更正，无法核实的按“不详值”对待。

（2）答非所问。一旦发现，应通过电话询问进行纠正，或按“不详值”对待。

（3）乏兴回答的错误。所有问题都选择同一固定编号的答案，或者一笔带过若干个问题，如这种乏兴回答仅属个别问卷，应彻底舍弃；如这类问卷有一定的数目，且集中出现在同一类问题群上，应把这些问卷作为一个独立的子样本看待，在资料分析时给予适当的注意。

4. 时效性

主要是对调查问卷或调查表的访问时间、有关数据的时间属性进行检查，以评价调查数据是否符合时效性的要求。

一般地，访问员应在规定的时间内完成所有样本单位的访问，如延迟了访问，则应针对不同情况做出处理：若延迟访问对调查结果没有什么影响，则问卷仍是合格的；若延迟访问使数据的时间属性不一致，则应废弃这样的调查表或调查问卷。

5. 真伪性

主要对调查表或调查问卷的真实性进行检验，评价访问员是否存在伪造调查问卷或调查表的行为。

一般采用抽样检查的方法进行核实，即从回收的全部调查问卷或调查表中随机抽取一部分，然后打电话或派人上门与被调查者联系，核实访问员是否到访，以及访问的时间、地点等。如果发现调查问卷或调查表是伪造的，应作废，并派访问员重访。

（二）审核的方法

1. 逻辑审核

逻辑审核即利用逻辑和经验判断的方法，检查问卷的可信度。例如，在家庭调研中发现有个别家庭的收入是4 000元，而家庭的日常开支合计近3 800元，可以凭经验认为这份资料可能不真实。又如，没有成家的人发生大的、经常性的儿童用品和教育开支等明显不符合逻辑。

2. 计算审核

计算审核即通过对资料内部的一些数据进行计算来发现问题。如某被调研对象填写的月总开支和消费的具体项目发生额明显不符，说明该资料可能有问题。

经过审核将问卷分成有效问卷、有疑问问卷和无效问卷三类，有效问卷可以直接使用，对于有疑问问卷需要校订以后才可以使用，无效问卷则应当作废。

三、市场调查资料的分类

（一）文字资料的分类

对于调查问卷中的开放式问题，很多回答都是文字资料，对于这些文字资料我们需要根据其性质、内容或特征把相异的资料挑出来，把相同或相近的资料归为一类，这样才能进行后期的数据分析。此项工作应遵循以下原则：

（1）穷举原则。穷举即不遗漏，就是说分类时每一条资料都要有归属。分类的结果必须将所有的总类全部包括进去，没有遗漏。

（2）相斥原则。相斥即不重复，就是说在分类时每一条资料只能归属于一类，而不能既归于这类又归于那类，以至于在不同类别中重复出现，即不同类别之间要相互排斥。

对开放式问题的答案整理一般按照如下程序进行：

（1）集中同一个开放式问题的全部文字性答案，通过阅读、思考和分析，把握被调查者的思想认识。

（2）将被调查者的全部文字性答案，按照其思想认识不同归纳为若干类型，并计算各种类型出现的频数后，制成全部答案分布表。

（3）对全部答案分布表中的答案进行挑选归并，确定可以接受的分类数。一般来说，在符合调研项目要求的前提下，保留频数多的答案，然后把频数很少的答案尽可能归并成含义相近的几类。分类数量应根据调研的目的和答案类型的多少确定，一般来说应控制在 10 类之内。

（4）为确定的分类选择正式的描述词汇或短语。不同类别的描述词汇或短语应体现质的差别，力求中肯、精炼、概括。

（5）根据分类归纳的结果，制作正式的答案分布表。

例如，在一份关于居民空调购买行为的调查问卷中，设置了“你对超静音空调这个产品概念有何看法?”的开放式问题，对被调查者的回答分类归纳如下（见表 6－1）：

表 6－1　被调查者对超静音空调的看法分布

看法分类	答案人数	比重（%）
符合环保要求	325	18.25
符合发展趋势	286	14.3
符合消费需求	316	15.8
希望尽快推出	198	9.9
有可能实现	312	15.6
不可能实现	350	17.5
难以评价	213	10.65
合计	2 000	100

（二）数字资料的分组

问卷中的数字资料大多数在设计问卷时已经完成了分组，如问卷中的封闭式问题。但是，对于开放式问题，如“您购买的手机价格是____元”，我们在问卷调查完之后还要对数字资料进行分组。

数字资料有在问卷设计的时候就分组的，也有调查结束后再分组的，不管怎样，数字资料分组的原理是相同的，我们都需要按照一定的步骤进行。

数字资料分组一般按照如下步骤进行：

1. 确定分组标志

数据资料分组的关键是选择分组标志。分组标志是说明总体特征的名称，可以分为品质标志和数量标志。品质标志表示事物的质的特征，是不能用数值直接表示的属性，如人的性别、民族等。数量标志是表示事物的量的特征，是可以用数值直接表示的，如人的年龄、收入等。分组标志就是分组的依据或标准，分组标志一经选定，各组的性质界限和数量界限也就确定了。

2. 确定组数和组距

这里重点关注以下问题：

（1）组数和组距的确定。当全距确定时，组距大则组数少，组距小则组数多。如果分组过多，组距过小，则不易观察数列分布的规律性。如果分组过少，组距过大，会使组中值缺乏代表性。各组组中值应对本组有良好的代表性。组距一般可以请专家或以经验法确定。组数通常为10～15。

调查的数据资料最大值减去最小值，就是全距。则

组距＝全距÷组数

组距的确定应遵循以下三个原则：

1）必须把原始资料全部变量值都包括在所分组内，不能有任何遗漏；

2）组距尽可能取整数，不要用小数；

3）各组的组距尽可能相等。

为了便于分析研究，原则上各组的组距应尽可能相等，即尽量编制等距数列，少用不等距分组，以便于后续的分析。

（2）组限的确定。为便于分析研究，一般采用整齐而惯用的数字为组限，例如以5或10的倍数为组限。

每组的最大值为组的上限，每组的最小值为组的下限。

划分组限时，各组频数的计量不能重复，每一总体单位只能计数一次。恰好重叠在组限上的变量值一般归入下限的一组，即遵循“上限不在内”原则。

（3）组限的表示方法。组限的表示应由变量值本身的性质决定。如果是间断数列，且数值变动范围小，则可以把每个变量值视为一组，叫单项式分组，如表6-2所示。

表6-2 单项式分组

按日产品分组（件）	工人人数（人）	比重（%）
25	10	6
26	20	10
27	30	17
28	50	28
29	40	22
30	30	17
合计	180	100

如果是连续数列，且数值变动范围较大，可将变量值划分为几个区间，每个区间为一组，叫组距式分组，如表6-3所示。

表6-3 组距式分组

	男		女	
	频数（人）	百分比（%）	频数（人）	百分比（%）
<300元	11	44	3	14.29
300～500元	12	48	12	57.14
500～800元	0	0	6	28.57

续表

	男		女	
	频数（人）	百分比（%）	频数（人）	百分比（%）
800～1 000 元	2	8	0	0
＞1 000 元	0	0	0	0
合计	25	100	21	100

【练习】某地区 30 户居民户均月收入抽样调查资料如下（单位：元）

7 300，6 300，5 500，7 200，4 200，4 400，6 200，5 400，6 000，4 400

6 400，6 500，6 600，4 700，6 400，6 800，6 100，4 300，7 000，6 600

6 200，5 200，6 700，4 600，6 000，4 900，6 300，5 900，6 100，7 100

如果按照户均月收入将居民户分为 4 组，请编制分布数列，并计算每组频数。

第 2 节　市场调查资料的编码

编码是指将各种类别的市场信息资料用代码来表示的过程，也就是对每一份问卷和问卷中的每一个问题、每一个答案编定一个唯一的代码，并以此为依据对问卷进行数据处理。代码是用来代表事务的标记，用数字、字母或特殊的符号或者它们之间的组合来表示。因为计算机是通过代码来识别事物的，所以编码是必不可少的工作环节。

根据对调查问卷的编码相对于问卷完成的时间，可以分为事前编码和事后编码两种情况。事前编码主要是针对答案类别事先已知的问题，如结构式问卷中的封闭题和数字型开放题，在设计问卷的同时就设计编码表，完成了编码。事后编码主要是针对答案类别事先无法确定的问题，如非结构问卷和结构式问卷中的文字型开放题，在数据收集完成后，根据被调查者的回答设计编码表。

一、编码的原则

无论是事前编码还是事后编码，编码工作都必须遵循以下原则：

（1）相关性原则，即相关的类别应有相关的编码。编码必须与分类相适应，对于任意一个给定的变量，编码的分类必须是互相排斥的，否则不同的类别使用相同的编码，就会造成不同类别的编码前后一致的情况。

（2）标准化原则，即编码的编制要标准化。数据组的每一条记录都只能有一个用于识别的编码，其目的就是识别数据组中的这一特定记录，而且，同类项目的编码要等长，并尽量避免混淆和误解。

（3）系统化原则，即代码要以整体目标为标准，要系统化。用于编码的代码要适应整个调研系统的全部功能，同时编码还应具有兼容性和通用性，以便于与其他系统相衔接。

（4）周密性原则，即编码时尽可能考虑周全并预留一定的位置以备接收意外数据。

如某一项目对某一受访者无法询问，就须有“无法应用”的编码；某一项目的受访者拒绝回答，就应有“拒绝回答”的编码，否则就会导致数据缺失。

（5）一致性原则，即编码的内容要保持一致性。通常的操作技巧是用固定的数字顺序表示回答的答案次序。例如对所有测量等级的项目，都是按从小到大的原则为答案分配编码，“1”表示最差，“2”表示较差，依此类推。编码的意义越一致，就越可能减少在编码过程中产生的误差。

二、编码设计

编码的设计即确定各问卷、问卷各项目和答案对应代码的名称、形式、范围以及与原数据的对应关系。

编码设计的具体内容包括：确定问卷的代码、变量的定义（名称、类型、位数、对应问题等）、取值的定义（范围、对应含义等）。将这些内容列成表格形式，称为编码表，如表6-4所示。

表6-4　某项调查的编码表

变量序号	变量名	变量类型	变量所占字节	取值范围	取值对应的含义	备注	对应题号	对应问题
38	V28	数值型	1	0～4或9	0～3表示台数，4表示4台或4台以上；9表示缺失		28	家中拥有电视机数

（一）事前编码设计

1. 单选题的编码设计

由于单选题只能有一个唯一的答案，因此对单选题只需规定一个变量，取值即为选项号。

【例6-1】请问您最近一个月内购买过预制菜吗？

1. 买过　　　　2. 没买过　　　　[　　]

对例6-1的编码如表6-5所示。

表6-5　例6-1答案选项编码表

变量序号	变量名	变量类型	变量所占字节	取值范围	取值对应的含义	备注	对应题号	对应问题
	V18	数值型	1	1、2或9	1表示买过，2表示没买过；9表示缺失		18	最近一个月内有没有买过预制菜

2. 多选题的编码设计

对多选题需规定多个变量，取值即为选项号。对变量与取值的定义一般有两种做法。

一种做法是将各个可能的答案选项都设为一个0—1指示变量，如果被调查者选择了该答案，此变量的取值为1，否则为0。

【例 6－2】 请问您是从什么渠道观看广告的？　　[　][　][　]

1. 电视　2. 路牌　3. 互联网　4. 报纸　5. 杂志　6. 其他

对例 6－2 的编码如表 6－6 所示。

表 6－6　例 6－2 答案选项编码表

变量序号	变量名	变量类型	变量所占字节	取值范围		取值对应的含义	备注	对应题号	对应问题
				方法 1	改进法				
	V171	数值型	1	0 或 1	0 或 1	取值为 1（或 1～6）表明该选项为主要来源，为 0 则表明不是	全为 0 表示该题无回答	17	观看广告的渠道
	V172	数值型	1	0 或 1	0 或 2				
	V173	数值型	1	0 或 1	0 或 3				
	V174	数值型	1	0 或 1	0 或 4				
	V175	数值型	1	0 或 1	0 或 5				
	V176	数值型	1	0 或 1	0 或 6				

另一种做法是将变量定义为所选题号，变量值为选项号，变量排列顺序即为选择答案的顺序。采用这种方法对例 6－2 进行的编码如表 6－7 所示。

表 6－7　例 6－2 答案选项的另一种编码表

变量序号	变量名	变量类型	变量所占字节	取值范围	取值对应的含义（i=1，2，3，4，5，6）	备注	对应题号	对应问题
	V171	数值型	1	0～6	取值为 i 表明第 i 个选项为主要来源，为 0 则表明其余选项都不是主要来源	全为 0 表示该题无回答	17	观看广告的渠道
	V172	数值型	1	0～6				
	V173	数值型	1	0～6				

3. 排序题的编码设计

排序题同样需规定多个变量。对排序题的编码也有两种方法，其所对应的问题形式略有差异。

一种方法是，变量个数即选项个数，按照选项排列顺序，分别定义各变量为对应选项所排次序号，取值即为次序号。

【例 6－3】 请您根据信任程度由大到小对下列广告排序（在信任度最高的广告前填 1，其次填 2，依此类推，最不信任的填 5）：

[　] 1. 电视广告　　[　] 2. 报纸广告

[　] 3. 广播广告　　[　] 4. 杂志广告

[　] 5. 路牌广告

另一种方法是，变量个数即要求排序项数，依照次序号排列顺序，分别定义各变量为各次序号对应的选项数，取值即为选项号。

【例 6－4】 请问下列广告中，您最信任哪种广告？[　]

其次呢？[　]

再次呢？［ ］

第四呢？［ ］

第五呢？［ ］

1. 电视广告 2. 报纸广告 3. 广播广告 4. 杂志广告 5. 路牌广告

上述两种方法的编码相同，如表6-8所示。

表6-8 例6-3、例6-4答案选项编码表

变量序号	变量名	变量类型	变量所占字节	取值范围	取值对应的含义（i=1，2，3，4，5）	备注	对应题号	对应问题
	V121	数值型	1	0～5	取值为 i 表明该广告的信任程度排名为i，为0则表明对该广告的排名缺失	全为0表示该题无回答	12	对各类广告的排序
	V122	数值型	1	0～5				
	V123	数值型	1	0～5				
	V124	数值型	1	0～5				
	V125	数值型	1	0～5				

还有一种做法，就是将变量定义为所选题号，变量个数为要求选出的选项个数，变量值为选项号，变量排列顺序即为选择答案的顺序。

采用这种方法对例6-4进行的编码如表6-9所示。

表6-9 例6-3答案选项的另一种编码表

变量序号	变量名	变量类型	变量所占字节	取值范围	取值对应的含义（i=1，2，3，4，5）	备注	对应题号	对应问题
	V121	数值型	1	0～5	i 为对应信任度的广告对应的选项号，为0则表明对应信任度的广告缺失	全为0表示该题无回答	12	对各类广告的排序
	V122	数值型	1	0～5				
	V123	数值型	1	0～5				

4. 数字型开放题的编码设计

对此类题也只需设一个变量，变量取值即为该数字。例如，直接询问被调查者的年龄，可以做如表6-10所示的设计。

表6-10 被调查者年龄编码表

变量序号	变量名	变量类型	变量所占字节	取值范围	取值对应的含义	备注	对应题号	对应问题
	NL	数值型	2	20～65	变量取值即为年龄			被调查者的年龄

（二）事后编码设计

事后编码设计分为开放题和无结构问卷两种情况，对这两种情况要想进行定量分析，都必须将问题转化为一个或几个变量，并对所有可能的答案类别赋予相应代码。进行事后编码设计时，应遵循准确性、便利性、完整性、唯一性、有效率、标准化、维护性等原则。例如：

Q1. 请问您不喜欢吃巧克力的原因有哪些?（需要追问）

Q2. 请问对于××产品，您愿意接受什么样的促销活动?（多选）

1. 免费试用
2. 价格打折
3. 赠送相关产品
4. 礼品盒/礼品包
5. 抽奖
6. 会员式活动
7. 集旧包装换取新产品、奖品等
8. 其他（请注明）____________________

开放性问题编码一般按以下步骤进行：

第一步，录入答案。

第二步，尝试用不同方法对录入的答案进行排序、归类。

第三步，编码人员及问卷设计者根据调查的目的对超出选项的答案进一步归纳，形成类别数量适当的编码表。

第四步，调查人员根据编码表中的编码对所有开放式问题的答案进行逐一归类，并在每个问题旁边写上实际答案在编码表中对应的号码。

【例 6-5】请问您不喜欢吃巧克力的原因有哪些?

第一步，录入答案（所有原因），并统计选择各种原因的频数（见表 6-11）。

表 6-11　答案统计表

原因	频数
价格不合理	5
价格有点贵	4
糖多怕胖	10
导致体重增加	8
热量高，怕发胖	8
妈妈说上火	4
天气太热了，易上火	15
天气热，想吃清淡的	6
价格原因	1
……	……

第二步，对录入的答案进行归纳，形成数量适当的原因类别（见表 6-12）。

表 6－12　原因类别

合并原因
价格不合理
担心发胖
易上火
……

第三步，对表 6－12 归纳出的原因类别进行编码（见表 6－13）。

表 6－13　原因编码表

合并原因	编码
价格不合理	1
担心发胖	2
易上火	3
……	……

第四步，根据表 6－13 的编码表，对每一份问卷的每一个具体答案，以追问的形式，归并到相应的原因类别下，并确定其对应的编码（见表 6－14）。至此才完成了对开放式问题的编码工作。

表 6－14　具体答案编码表

具体答案	所属原因类别	对应编码
热量高，怕发胖	担心发胖	2
价格有点贵	价格不合理	1
天太热，想吃清淡的	易上火	3
……	……	……

（三）编码本的编制

一般来说，编码本不但是编码人员的工作指南，而且提供了数据集中变量的必要信息。编码本一般包含变量的以下几方面的信息：

（1）所在列的位置（列数）；

（2）变量的顺序编号；

（3）变量名称及变量说明（变量及变量标识）；

（4）问答题编码；

（5）编码说明（变量值及变量值标识）。

【例 6－6】下面是一份关于消费者购买行为的调查问卷，请为其编制编码本。

消费者购买行为调查问卷

（1）您购买日常生活用品经常到（　　）购买。（限选 2 项）

A. 百货商场　B. 小超市　C. 大超市　D. 购物中心　E. 街市

（2）您购买化妆品经常到（　　）购买。（限选 2 项）

A. 百货商场　B. 小超市　C. 大超市　D. 购物中心　E. 街市

（3）好企业生产好产品，请您根据认同程度圈选一个答案。（　　）

1. 非常不同意　2. 不同意　3. 无所谓　4. 同意　5. 非常同意

（4）产品销售不是靠广告而是靠口碑，请您根据认同程度圈选一个答案。（　　）

1. 非常不同意　2. 不同意　3. 无所谓　4. 同意　5. 非常同意

根据编码的原则和编码表的结构，可以为该调查问卷编制编码本（如表 6－15 所示）。

表 6－15　例 6－6 调查问卷编码本

问题序号	数据所在列	编码及说明
问卷编号	第 1 列	按份数从 001～500 号
1. 购买生活用品地点	第 2 列	A. 百货商场　B. 小超市　C. 大超市　D. 购物中心　E. 街市
2. 购买化妆品地点	第 3 列	A. 百货商场　B. 小超市　C. 大超市　D. 购物中心　E. 街市
3. 企业评价	第 4 列	5. 非常同意　4. 同意　3. 无所谓　2. 不同意　1. 非常不同意
4. 广告评价	第 5 列	5. 非常同意　4. 同意　3. 无所谓　2. 不同意　1. 非常不同意

对于回收的问卷，可以根据表 6－15 的编码，整理出消费者行为调查问卷综合表（如表 6－16 所示）。

表 6－16　消费者行为调查问卷综合表

问卷编号	购买生活用品地点	购买化妆品地点	企业评价	广告评价
第 1 列	第 2 列	第 3 列	第 4 列	第 5 列
001	D	A	3	1
002	A	B	2	1
003	C	D	2	3
⋮	⋮	⋮	⋮	⋮
500	B	C	2	4

这样，每一份回收的问卷以及问卷中的每一个问题被整理到了一个表格中，既便于后期问卷的核查，又方便后期数据的录入工作，还可以对所有回收问卷的问题回答情况一目了然。

第 3 节　调查数据的录入与净化

一、数据的录入

数据录入是指将问卷或编码表中每个项目对应的代码通过键盘录入、扫描、光标阅读等方式录入数据分析系统。随着技术的发展，许多新技术被应用于市场调查，如计算机辅助电话调查（CATI）、计算机辅助面访（CAPI）以及网络调查等。通过这些方式进行市场调查所获得的数据一般都无须再进行数据的录入工作。在常用的数据录入方式中，键盘录入仍然是使用最多、最主要的方式。采用键盘录入时容易出现错误，为了将录入错误控制在最低限度，在数据录入前应做好以下工作：

（1）给每个数据录入人员提供一份记录格式的详细说明文件；

（2）开始录入前几份问卷时，研究人员必须在场；

（3）决不能假设录入人员是懂得如何录入数据的；

（4）如果有可能，应对录入的数据进行全面核查；

（5）如果全面核查不可行，就应采取抽查的方式进行核查。

对录入人员应进行培训，明确录入工作的具体要求和注意事项。如果录入的格式没有事先印刷在问卷上，就应为录入人员提供一份记录格式的详细说明，用于明确每个记录应包含的变量及其相对位置。同时，为了保证高度的准确性，有必要对录入的结果进行核查以发现录入错误。

二、数据的净化

数据净化主要是尽可能地处理错误的或不合理的数据，以及进行一致性检查。虽然在数据审核阶段已经进行了初步检查，但是本阶段采用的是计算机处理的方法，因此检查更为彻底和全面。

数据净化通常可以采用统计分析软件进行，例如 SAS、SPSS 等统计分析软件都可以很方便、快捷地寻找超出范围、有极端值或逻辑上不一致的数据。通常的做法是：绘制一张所有非连续变量的频数表，计算连续变量的均值、标准差、最小值、最大值等统计量，如果有超出范围的数据或极端值就可以检查出来。例如，假设某个问题有 A、B、C、D、E 五个选项，分别用数值 1～5 对应表示 A～E 选项，用 0 表示缺失数据，则该问题答案的编码应该是 0～5 的六个数值，如果绘制出的频数表中出现了大于 5 的数据就是超出范围的。假设本例中所提到的 1～5 为对员工满意度调查中某个问题 A、B、C、D、E 五个选项的编码，显然这是一种非连续变量，利用 SPSS 对满意度数据进行净化处理，步骤如下：

1. 打开 SPSS 数据文件，选择“分析→描述统计→频率”，如图 6－1 所示。

2. 将变量“工作满意度”选入右侧变量框中，勾选“显示频率表格”，其他选项默认，点击“确定”，如图 6－2 所示。

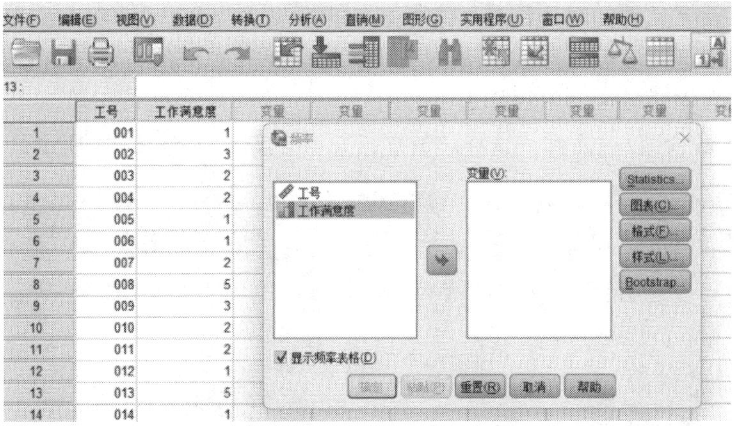

图 6－1　用 SPSS 软件进行频率统计步骤一

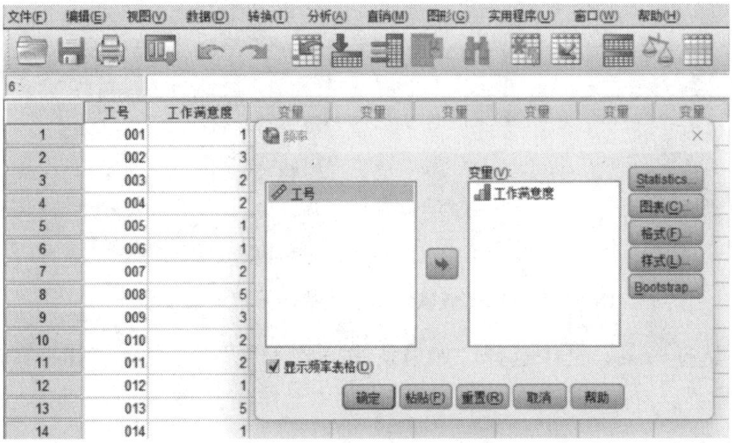

图 6－2　用 SPSS 软件进行频率统计步骤二

3. SPSS 查看器中的输出结果如表 6－17 所示：

表 6－17　用 SPSS 软件进行频率统计的输出结果

		频率	百分比	有效百分比	累积百分比
有效	1	100	20.0	20.0	20.0
	2	100	20.0	20.0	40.0
	3	100	20.0	20.0	60.0
	4	100	20.0	20.0	80.0
	5	97	19.4	19.4	99.4
	6	3	.6	.6	100.0
	总计	500	100.0	100.0	

从频率表中发现，满意度评价为五级，而最大值为 6，并且有 3 个员工打分为 6 分。根据对应的问卷编号、变量编码、记录号码、列号码及超范围的变量值等，就可以找到

原始的问卷和数据文件的对应位置，进行必要的修改。

4. 如何查找这 3 个员工？如果数据较少，可以通过排序的方法将打分为 6 分的员工找到；但如果数据量较大，可以用如下方法：

（1）打开 SPSS 数据文件，选择“数据→选择个案”，如图 6-3 所示。

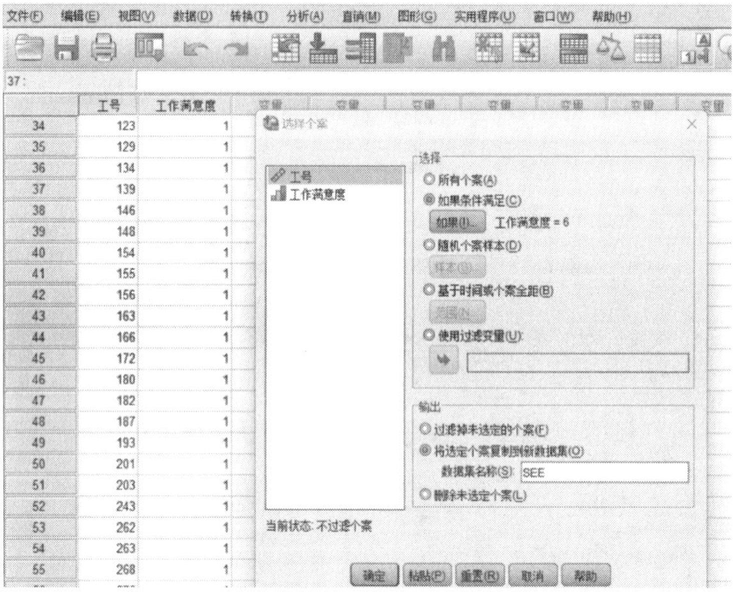

图 6-3 在 SPSS 软件中查找数据异常个案步骤一

（2）在“选择个案”框中选择“如果条件满足（C）”，并点击“如果”按钮。将变量“工作满意度”选入右侧框中，并将其编辑为“工作满意度=6”，点击“继续”，如图 6-4 所示。

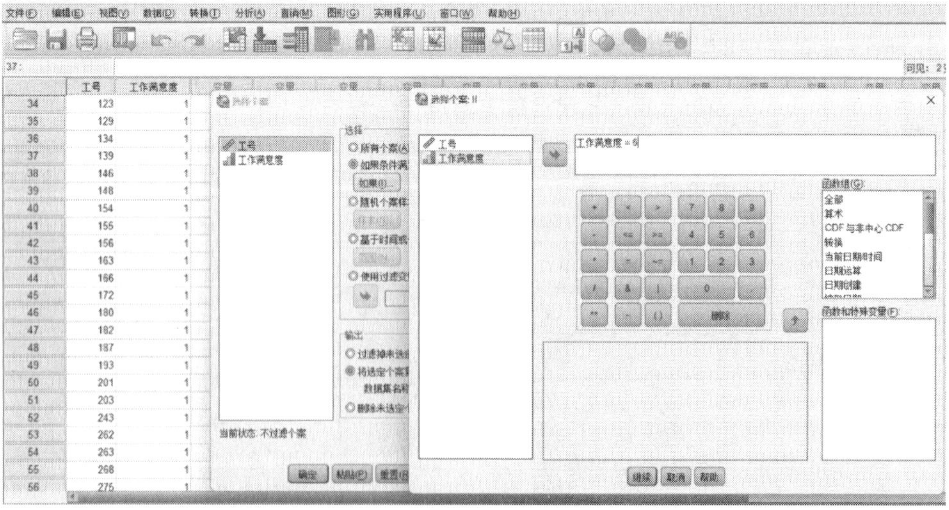

图 6-4 在 SPSS 软件中查找数据异常个案步骤二

（3）回到“选择个案”对话框，在右下角“输出”框中，选择“将选定个案复制到新数据集（O）”，并且起个名字，如“输入错误的记录”，点击“确定”，如图 6－5 所示。

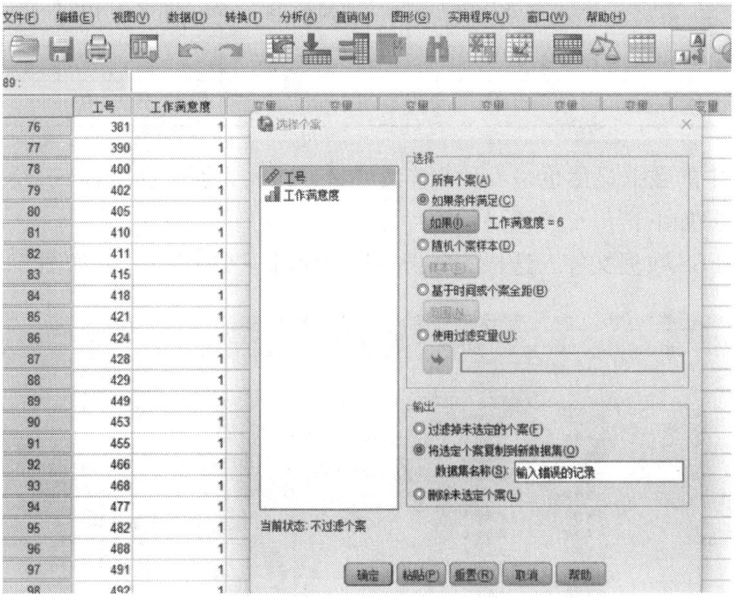

图 6－5　在 SPSS 软件中查找数据异常个案步骤三

（4）打开名为“输入错误的记录”的 SPSS 数据文件，就可以找到打分为 6 分的员工，并进行相应处理。具体结果如图 6－6 所示：

图 6－6　在 SPSS 软件中查找数据异常个案步骤四

逻辑上不一致的数据也可以通过 SAS、SPSS 等统计分析软件找出来。方法之一就是做出交叉表，从而可以方便地发现逻辑上不合理的数据。如表 6－18 所示，在一张产品使用频率和熟悉程度的交叉表中，有两个“从未听说过”该产品，却“经常使用”这种产品的被调查者。根据这两个被调查者的编号、变量编码、记录号码、列号码及变量值等，就可以进行必要的修改。

表 6－18　通过交叉表寻找逻辑上的不一致

	经常使用	有时使用	很少使用	根本不使用
非常熟悉	51	45	18	12
比较熟悉	43	32	46	63
有点熟悉			44	151

续表

	经常使用	有时使用	很少使用	根本不使用
听说过但完全不熟悉				208
从未听说过	2			120

表6-18中的数据显然也是一种非连续变量，以此为例，利用SPSS绘制逻辑错误的交叉表格的步骤如下：

1. 打开SPSS数据文件，选择“分析→描述统计→交叉表格”，如图6-7所示。

图6-7 用SPSS绘制交叉表格步骤一

2. 在交叉表格对话框中，将“熟悉程度”选入行框中，将“使用频率”选入列框中，其他选择默认，最后点击“确定”，如图6-8所示。

图6-8 用SPSS绘制交叉表格步骤二

3. 在SPSS查看器中可以看到结果如表6-19所示：

表 6－19　熟悉程度使用频率交叉表

		使用频率				总计
		经常使用	有时使用	很少使用	根本不使用	
熟悉程度	非常熟悉	51	45	18	12	126
	比较熟悉	43	32	46	63	184
	有点熟悉	0	0	44	151	195
	听说过但完全不熟悉	0	0	0	208	208
	从未听说过	2	0	0	120	122
总计		96	77	108	554	835

4. 从交叉表格中可以看到，有两个“从未听说过”该产品，却“经常使用”这种产品的被调查者。可以使用上文用到的“选择个案”的方法找到这两个个案，进行相应处理。

第 4 节　统计表和统计图

一、统计表

通过市场调查所得来的原始资料，经过整理，得到说明社会现象及其发展过程的数据，把这些数据按一定的顺序排列在表格上，就形成了统计表。统计表既是调查整理的工具，又是分析研究的工具。

统计表是调查资料、整理结果最常用的表示方法。它主要有以下几方面的作用：第一，能使大量的统计资料系统化、条理化，能更清晰地表述统计资料的内容；第二，利用统计表便于比较各项目（指标）之间的关系，便于计算；第三，利用统计表易于检查数字的完整性和正确性；第四，采用统计表表述统计资料显得紧凑、简明、醒目，使人一目了然。表 6－20 和表 6－21 就是统计表的两种典型形式。

表 6－20　婚姻状况、性别与时装购买选择分布表　　单位：人

时装购买选择	男性			女性		
	未婚	已婚	小计	未婚	已婚	小计
高档时装	46	125	171	94	75	169
中档时装	55	164	219	68	135	203
低档时装	29	101	130	18	90	108
被调查者人数	130	390	520	180	300	480

表头

表 6－21 被调查者对超静音空调的看法分布

列标题（宾词）

行标题（主词）

统计数据

看法分类	答案人数	比重（%）
符合环保要求	325	18.25
符合发展趋势	286	14.30
符合消费需求	316	15.80
希望尽快推出	198	9.90
有可能实现	312	15.60
不可能实现	350	17.50
难以评价	213	10.65
合计	2 000	100

资料来源：根据调查问卷整理所得。

表外附加

（一）统计表的构成

统计表一般由表头、行标题、列标题和数字资料四个主要部分组成，必要时可以在统计表的下方加上表外附加。

（1）表头。表头应放在表的上方，它说明的是统计表的主要内容，是表的名称，如表 6－21 中，“表 6－21 被调查者对超静音空调的看法分布”即该表的表头。

（2）行标题（也就是主词）和列标题（也就是宾词）。行标题和列标题通常安排在统计表的第一列和第一行，它所表示的主要是所研究问题的类别名称和指标名称，通常也被称为“类”，如表 6－21 中的第一列和第一行即该表的行标题和列标题。

（3）数字资料。表格中行和列交叉的除行标题所在列与列标题所在行外的部分即存放数字资料的区域。这部分存放的是通过调查获得的原始数据，或是对调查资料进行整理后的汇总数据或统计数据。

（4）表外附加。如果有必要，需要在表外进行附加说明或注释。表外附加通常放在统计表的下方，主要包括资料来源、指标的注释、必要的说明等内容。

（二）统计表的设计要求

由于使用者的目的以及统计数据的特点不同，统计表的设计在形式和结构上会有较大差异，但设计的基本要求是一致的。总体上说，统计表的设计应符合科学、实用、简练、美观的要求。具体来说，设计统计表时要注意以下几点：

（1）合理安排统计表的结构。比如行标题、列标题、数字资料的位置应安排合理。

（2）表头一般应包括表号、总标题和表中数据的单位等内容。

总标题应简明确切地概括出统计表的内容，一般需要表明统计数据的时间、地点以及何种数据，即标题内容应满足“3W”（统计数据的时间、地点、何种数据的简称）要求。

（3）如果表中的全部数据都是同一计量单位，可放在表的右上角标明，若各指标的计量单位不同，则应放在每个指标后或单列出一列标明。

（4）主词与宾词位置可互换。各栏排列次序应以时间先后、数量大小、空间位置等自然顺序编排。

（5）填写数字资料不留空格，即在空格处划上斜线。

（6）表中的上下两条线一般用粗线，中间的其他线要用细线，这样看起来清楚、醒目。

（7）使用统计表时，必要时可在表的下方加上注释，特别要注明资料来源，以表示对他人劳动成果的尊重，同时方便读者查阅。

统计表经审核后，制表人和填报单位应签名并盖章，以示负责。

（三）统计表的分类

（1）按统计表的作用不同，分为：

1）调查表：用于收集、登记原始数据的表格。

2）整理表：用于表现调查资料整理结果的表格。

3）分析表：用于定量分析的表格，通常是在整理表的基础上增加若干分析指标的栏目。

（2）按统计表的分组情况不同，分为：

1）简单表：未经任何分组，仅罗列各单位名称或按时间顺序排列数据的统计表。

2）单式统计表：只对某一个项目的数据进行统计的表格，也称简单统计表。

3）复式统计表：有两个或两个以上统计项目的统计表。

（3）按统计表所显示的数列性质，分为时间数列表、空间数列表、时空数列结合表。

二、统计图

统计图是根据统计数字，利用点、线、面、体等绘制成几何图形，以表示各种数量间的关系及其变动情况的各种图形的总称。在统计学中把利用统计图形表现统计资料的方法叫作统计图示法。其主要用途有：表示现象间的对比关系；表现总体结构；检查计划的执行情况；揭示现象间的依存关系，反映总体单位的分配情况；说明现象在空间上的分布情况。一般采用直角坐标系，横坐标用来表示事物的组别或自变量 x，纵坐标用来表示事物出现的次数或因变量 y；或采用角度坐标（如扇形图）、地理坐标（如地形图）等。按图尺的数字性质分类，有实数图、累积数图、百分数图、对数图、指数图等。统计图的结构包括图名、图目（图中的标题）、图尺（坐标单位）、各种图线（基线、轮廓线、指导线等）、图注（图例说明、资料来源等）等。

统计图具有直观、形象、生动、具体等特点，可以让复杂的统计数字简单化、通俗化、形象化，使人一目了然，便于理解和比较。因此，统计图在统计资料整理与分析中占有重要地位，并得到广泛应用。在使用统计图时，既要考察图的直观形象，又要注意核对数据，不要被表面形象迷惑。

统计图的类型主要有以下几种。

（一）条形图

用一个单位长度表示一定的数量，根据数量的多少，画成长短相应成比例的直条，并按一定顺序排列起来，这样的统计图称为条形图。条形图可以清楚地表明各种数量的多少。条形图是统计图资料分析中最常用的图形。按照排列方式的不同，可分为纵式条形图和横式条形图（见图6-9（a）和图6-9（b））。

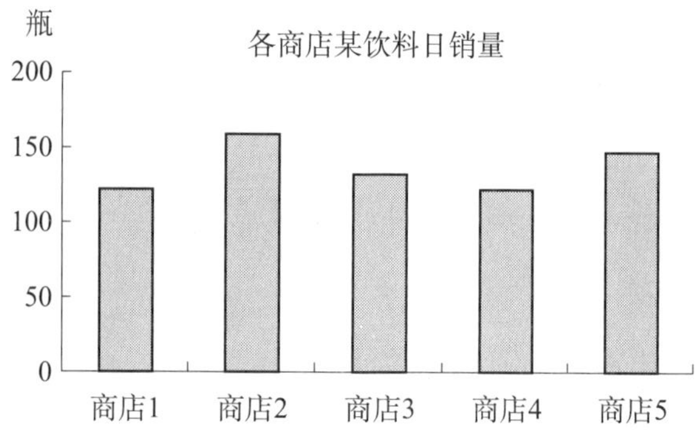

（a） 纵式条形图

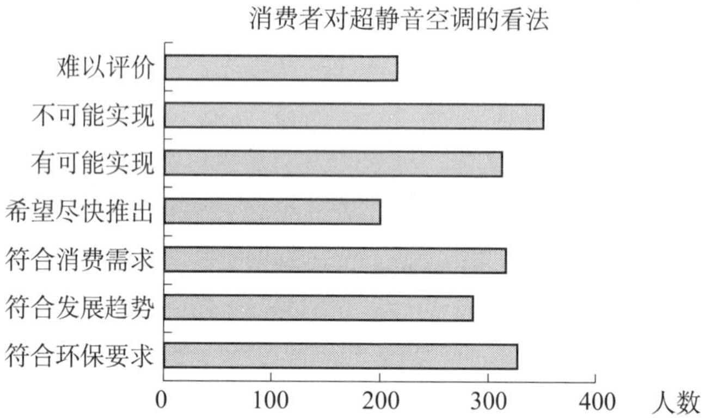

（b） 横式条形图

图6-9 条形图

（二）扇形图

扇形图也称饼图，是以一个圆的面积表示事物的总体，以扇形面积表示占总体的百分数的统计图，因此也称为百分数比较图。扇形图可以比较清楚地反映出部分与部分、部分与整体之间的数量关系（见图6-10）。

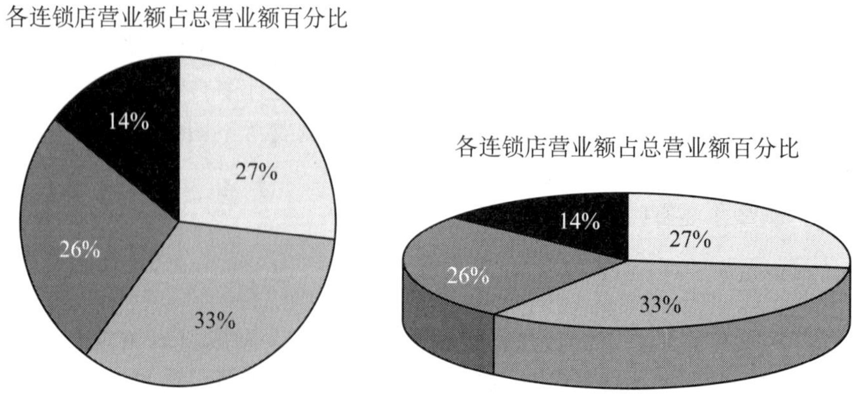

图6-10 扇形图

（三）直方图

直方图是一种统计报告图，由一系列高度不等的纵向条纹或线段表示数据分布的情况。一般用横轴表示数据类型，纵轴表示分布情况。通过直方图可以解析出资料的规则，比较直观地看出产品质量特性的分布状态，对于资料分布状况一目了然，便于判断其总体质量分布情况。在制作直方图时，涉及统计学的概念，首先要对资料进行分组，因此如何合理分组是其中的关键。按组距相等的原则制作直方图的两个关键数据是分组数和组距。直方图是一种几何形图表，它是根据从生产过程中收集来的质量数据分布情况，画成以组距为底边、以频数为高度的一系列连接起来的直方型矩形图（如图 6－11 所示）。

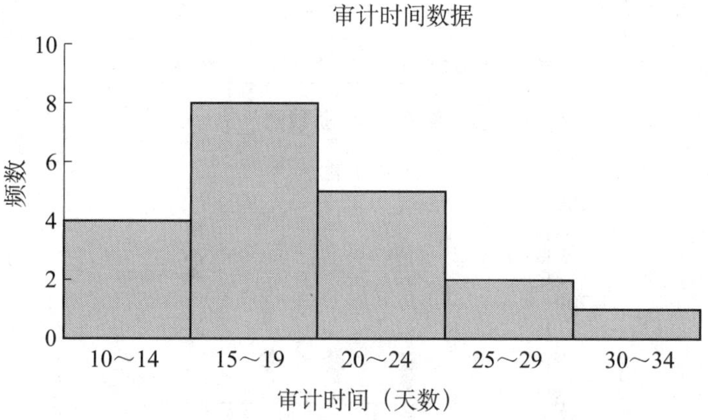

图 6－11　直方图

（四）折线图

折线图是以折线的上升或下降来表示统计数量的增减变化的统计图，又称折线统计图。与条形图相比，折线图不仅可以表示数量的多少，而且可以反映同一事物在不同时间的发展变化情况。折线图在生活中运用得非常普遍，虽然它不直接给出精确的数据，但只要掌握了一定的技巧，熟练运用坐标法也可以很快地确定某个具体的数据。折线图用于显示随时间或有序类别而变化的趋势，可能显示数据点以表示单个数据值，也可能不显示这些数据点。在有很多数据点并且它们的显示顺序很重要时，折线图尤其有用。如果有很多类别或者数值是近似的，则应该使用不带数据标记的折线图。图 6－12 即为折线图。

（五）散点图

散点图是用两组数据构成多个坐标点，考察坐标点的分布，判断两变量之间是否存在某种关联或总结坐标点的分布模式。散点图将序列显示为一组点，值由点在图中的位置表示，类别由图表中的不同标记表示，散点图通常用于比较跨类别的聚合数据。图 6－13 即为散点图。

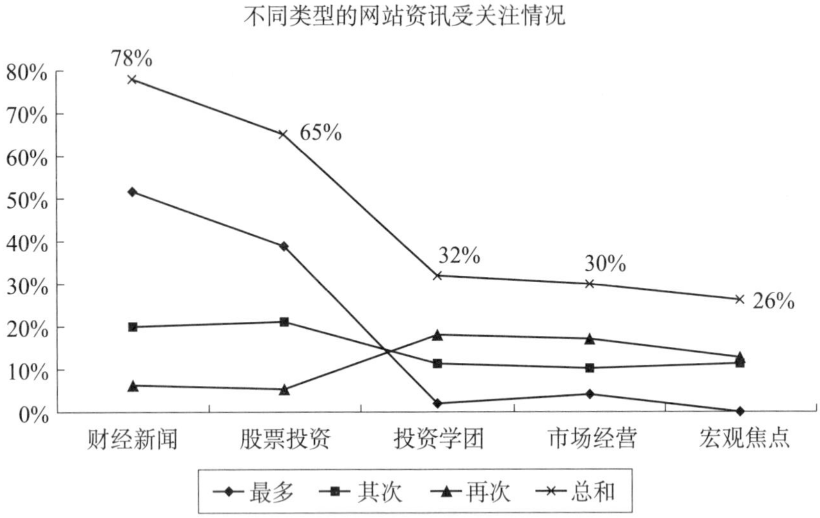

图 6－12　折线图

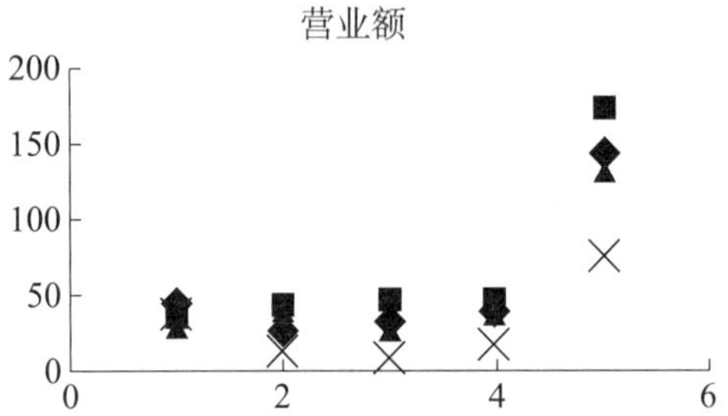

图 6－13　散点图

（六）茎叶图

茎叶图又称枝叶图，它的思路是将数组中的数按位数进行比较，将数的大小基本不变或变化不大的位作为一个主干（茎），将变化大的位的数作为分枝（叶），列在主干的后面，这样就可以清楚地看到每个主干后面的几个数，每个数具体是多少。

茎叶图有三列数：右边的一列是统计数，它是上（或下）向中心累积的值，中心的数（带括号）表示最多数组的个数；左边的一列表示茎，也就是变化不大的位数；中间的是数组中的变化位，它是按照一定的间隔将数组中的每个变化的数一一列出来，像树茎上抽出的树叶一样，所以人们形象地叫它茎叶图（如图 6－14 所示）。

树茎	树叶	人数
5	089	3
6	003667	6
7	3938333	7
8	346667888	(9)
9	5656	4

图 6－14　茎叶图

茎叶图是一种与直方图相类似的特殊工具，但又与直方图不同，茎叶图保留了原始资料的资讯，直方图则会丢失原始资料的信息。将茎叶图的茎和叶逆时针方向旋转 90°，实际上就是一个直方图，可以从中统计出次数，计算出各数据段的频率或百分比，从而可以看出分布是否与正态分布或单峰偏态分布接近。

茎叶图在质量管理上的用途与直方图差不多，但它通常在更细致的分析阶段使用。由于它是用数字组成的，所以通常使用专业的软件进行绘制。

茎叶图的特征如下：

（1）用茎叶图表示数据有两个优点：一是统计图上没有原始数据信息的损失，所有数据信息都可以从茎叶图中得到；二是茎叶图中的数据可以根据实际情况随时进行记录和添加，方便记录与表示。

（2）茎叶图只便于表示两位有效数字的数据，而且茎叶图只方便记录两组数据，两组以上的数据虽然能够记录，但是没有那么直观、清晰。

除了上述六种常用的统计图外，还有圆环图、网状图、百分条图、趋势图等，在选择绘制统计图时，应遵循实际需要、能够清晰表达统计意图、方便有效等原则，有时甚至可以将几种图形绘制在一张图中，以便全面反映统计信息或便于各种指标的直观比较。

第 5 节　调查数据的描述性统计分析

通过调查获得、经过整理后展现的数据已经可以反映出被研究对象的一些状态与特征，但认知程度还比较肤浅，反映的精确度不够，为此，我们要使用各类有代表性的数量特征值来准确地描述这些数据，这就是调查数据描述性统计分析。描述性统计分析是一种非常有效的概括大规模数据特征的方法，是指对调查总体所有单位的有关数据做收集、整理和计算综合指标等加工处理，用来描述总体特征的统计分析方法。描述性统计分析是统计分析的重要组成部分，在统计研究中有着广泛的应用。市场调查分析中最常用的描述性统计分析主要包括数据的集中趋势分析、离散程度分析、相对程度分析和交叉列表分析。

一、数据的集中趋势分析

集中趋势反映的是一组数据向某一中心值靠拢的倾向，在中心值附近的数据数目较多，而远离中心值的较少。对集中趋势进行描述就是寻找数据一般水平的中心值或代表值。根据取得这个中心值的方法不同，我们把测度集中趋势的指标分为两类：数值平均数和位置平均数。

（一）数值平均数

数值平均数是同质总体内各个个体某一数量标志在一定时间、地点、条件下所达到的一般水平，是反映现象总体综合数量特征的重要指标，又称平均指标。

研究总体中各个个体的数量标志是各不相同的。如某个生产小组 10 名工人是按计件取酬的，因此他们的工资各不相同，分别是 1 000 元、1 480 元、1 540 元、1 600 元、1 650 元、1 650 元、1 740 元、1 800 元、1 900 元、2 500 元。要说明这 10 名工人的工资的一般水平，显然不能用某一个工人的工资作代表，而应该计算他们的平均工资，用它作为代表值。

$$\text{平均工资}=\frac{1\,000+1\,480+1\,540+1\,600+1\,650+1\,650+1\,740+1\,800+1\,900+2\,500}{10}$$
$$=1\,686\text{（元）}$$

这个 1 686 元是在这组 10 名工人的工资基础上计算出来的，彼此之间工资上的差异在计算过程中被抽象化了，结果得到的就是这 10 名工人工资的一般水平，即找到了一个代表值。

数值平均数有三种形式：算术平均数、调和平均数和几何平均数。

1. 算术平均数

算术平均数是总体中各个体的某个数量标志的总和与个体总数的比值，一般用符号 $\overline{X}$ 表示。算术平均数是集中趋势中最主要的测度值。它的基本公式是：

$$\text{平均数}=\frac{\text{总体单位数量标志值之和}}{\text{总体单位数}}$$

由于所掌握的资料形式不同，算术平均数可以推导出以下两组公式：

（1）简单算术平均数。依据未分组的原始数据，将各样本单位的标志值简单加总求和，除以总体单位数所得的结果为简单算术平均数。其计算公式为：

$$\overline{X}=\frac{\sum x}{n}=\frac{x_1+x_2+x_3+\cdots+x_n}{n} \tag{6.1}$$

【例 6-7】有五名学生的身高分别为 1.65 米、1.69 米、1.70 米、1.71 米和 1.75 米，求平均身高。

解：根据式（6.1），可计算出这五名学生的平均身高为：

$$\overline{x}=\frac{1.65+1.69+1.70+1.71+1.75}{5}=1.7\text{（米）}$$

简单算术平均数之所以简单，就是因为各个变量值出现的次数相同。例 6-7 中每个变量值出现的次数都是 1，因此，只要把各项变量值简单相加再用项数去除就可以求出平均数了。

（2）加权算术平均数。原始资料按数量标志分组，编成变量数列，将各组的标志值乘以相应的次数（权数），然后加总求和，再除以总次数（总体单位数）所得到的结果为加权算术平均数。设原始数据被分成 n 组，各组的变量值分别为 x_i，各组变量值出现的次数分别为 f_i，则加权平均数的计算公式为：

$$\overline{x}=\frac{\sum x_i f_i}{\sum f_i}=\frac{x_1 f_1+x_2 f_2+x_3 f_3+\cdots+x_n f_n}{f_1+f_2+f_3+\cdots+f_n} \tag{6.2}$$

【例 6-8】某车间 200 名工人加工零件的资料如表 6-22 所示。请计算平均每个工人的零件生产量。

表 6-22　工人加工零件统计数据

按零件数分组（个）	人数（f_i）	比重	组中值（x_i）	$x_i \times f_i$
40～50	20	0.1	45	900
50～60	40	0.2	55	2 200
60～70	80	0.4	65	5 200
70～80	50	0.25	75	3 750
80～90	10	0.05	85	850

解：根据式（6.2），可计算出平均每个工人的零件生产量为：

$$\bar{x}=\frac{\sum x_i f_i}{\sum f_i}=\frac{900+2\,200+5\,200+3\,750+850}{20+40+80+50+10}=64.5(\text{个})$$

从以上计算过程可以看出次数 f 的作用：当变量值比较大的次数多时，平均数就接近于变量值大的一方；当变量值比较小的次数多时，平均数就接近于变量值小的一方。可见，次数对变量值在平均数中的影响起着某种权衡轻重的作用，因此被称为权数。

但是，当各组的次数（权数）均相同，即 $f_1=f_2=\cdots\cdots=f_n$时，权数权衡轻重的作用消失了，这时加权算术平均数就变成了简单算术平均数。可见，简单算术平均数实质上是加权算术平均数在权数相等条件下的一个特例。

简单算术平均数数值的大小只与变量值的大小有关。加权算术平均数数值的大小不仅受各组变量值大小的影响，而且受各组变量值出现的次数（即权数大小）的影响。

权数既可以用绝对数表示，也可以用相对数（比重）来表示。因此，加权算术平均数也可用以下形式表示：

$$\bar{x}=\frac{\sum x_i f_i}{\sum f_i} \tag{6.3}$$

【例 6-9】仍以例 6-8 的数据资料为例。当已知各组工人人数占全部工人人数的比重（见表 6-22）时，请计算平均每个工人的零件生产量。

解：根据式（6.3），可计算出平均每个工人的零件生产量为：

$$\bar{x}=45\times0.1+55\times0.2+65\times0.4+75\times0.25+85\times0.05=64.5\ (\text{个})$$

针对原始资料的不同形式，我们可以选择适合的公式。用比重（频率）公式计算出来的平均零件生产量与原来用绝对数次数做权数计算的结果是完全相同的。因为这是权数的两种形式，其计算公式在内容上是一致的。

2. 调和平均数

在统计分析中，有时会由于种种原因没有频数的资料，只有每组的变量值和相应的标志总量。这种情况下就不能直接运用算术平均方法来计算了，而需要以迂回的形式，即用每组的标志总量除以该组的变量值推算出各组的单位数，才能计算出平均数。我们可以用调和平均的方法完成这个计算。

调和平均数是各变量值倒数的算术平均数的倒数。由于它是根据变量值倒数计算的，因此又称作倒数平均数，通常用$\overline{X}_H$表示。根据掌握的资料不同，调和平均数可分为简单调和平均数和加权调和平均数两种。

（1）简单调和平均数。即根据未经分组资料计算的平均数。先来看一个最简单的例子。

【例 6－10】假如某种蔬菜在早、中、晚市的每千克单价分别为 5 元、4 元、2 元，若在早、中、晚市各买一千克，其平均价格用简单算术平均数计算，结果是 3.67 元。但若在早、中、晚市各买 10 元钱的菜，其平均价格是多少？

解：应先把总重量计算出来，然后再将总金额除以总重量，即

$$\text{平均价格}=\frac{\text{总金额}}{\text{总重量}}=\frac{10+10+10}{\dfrac{10}{5}+\dfrac{10}{4}+\dfrac{10}{2}}=\frac{30}{9.5}=3.2(\text{元})$$

所以，简单调和平均数的计算公式为：

$$\overline{X}_H=\frac{n}{\sum\dfrac{1}{x_1}}=\frac{n}{\dfrac{1}{x_1}+\dfrac{1}{x_2}+\dfrac{1}{x_3}+\cdots+\dfrac{1}{x_n}} \tag{6.4}$$

事实上，简单调和平均数是权数均相等条件下的加权调和平均数的特例。当权数不等时，就需要进行加权了。

（2）加权调和平均数。设 m_i 为变量 x_i 的加权调和平均数的权数，则加权调和平均数的计算公式为：

$$\overline{X}_H=\frac{\sum m_i}{\sum\dfrac{m_i}{x_i}}=\frac{m_1+m_2+m_3+\cdots+m_n}{\dfrac{m_1}{x_i}+\dfrac{m_2}{x_2}+\dfrac{m_3}{x_3}+\cdots+\dfrac{m_n}{x_n}} \tag{6.5}$$

【例 6－11】假设某种蔬菜在早、中、晚市的每千克单价和在早、中、晚市花的买菜金额如表 6－23 所示。

表 6－23　早、中、晚市蔬菜单价与购买金额

	单价（元/千克）(x_i)	买菜金额（元）(m_i)	购买量（千克）(m_i/x_i)
早市	5	40	8
中市	4	30	7.5
晚市	2	20	10
合计		90	25.5

求早、中、晚市蔬菜的平均价格。

解：根据式（6.5），可计算出早、中、晚市买菜的平均价格为：

$$\overline{X}_H=\frac{\sum m_i}{\sum\dfrac{m_i}{x_i}}=\frac{40+30+20}{\dfrac{40}{5}+\dfrac{30}{4}+\dfrac{20}{2}}=\frac{90}{25.5}=3.5(\text{元})$$

调和平均数与算术平均数在本质上是一致的，在计算平均数时，可根据不同的原始资料形式选择不同的公式。

3. 几何平均数

几何平均数是 n 个变量值连乘积的 n 次方根。几何平均数是计算平均比率和平均速度最适用的一种方法，通常用 $\overline{X}_G$ 表示。根据掌握的数据资料不同，几何平均数可分为

简单几何平均数和加权几何平均数两种。

（1）简单几何平均数。根据未经分组资料计算平均数，几何平均数的计算公式为：

$$\overline{X}_G = \sqrt[n]{\prod_{i=1}^{n} x_i} = \sqrt[n]{x_1 \cdot x_2 \cdot x_3 \cdot \cdots \cdot x_n} \tag{6.6}$$

【例 6－12】生产某产品需要经过六道工序，每道工序的合格率分别为 98%、91%、93%、98%、98%、91%，求这六道工序的平均合格率。

解：因为产品的合格率等于各道工序产品合格率的连乘积，所以需要用几何平均数来计算这六道工序的平均合格率。根据式（6－6）有：

$$\overline{X}_G = \sqrt[6]{\prod_{i=1}^{6} x_i} = \sqrt[6]{98\% \times 91\% \times 93\% \times 98\% \times 98\% \times 91\%} = 94.78\%$$

（2）加权几何平均数。当掌握的数据资料为分组资料，且各个变量值出现的次数不相同时，则需要用加权方法计算几何平均数。加权几何平均数的计算公式为：

$$\overline{X}_G = \sqrt[\sum f_i]{\sum_{i=1}^{n} x_i^{f_i}} = \sqrt[f_1+f_2+f_3+\cdots+f_n]{x_1^{f_1} \cdot x_2^{f_2} \cdot x_3^{f_3} \cdot \cdots \cdot x_n^{f_n}} \tag{6.7}$$

【例 6－13】某市在 1994—2007 年的 14 年中，各年的工业增加值的增长率资料如表 6－24 所示。请计算该市 1994—2007 年工业增加值的平均增长率。

表 6－24　某市 1994—2007 年工业增加值增长率

时间	年数	工业增加值的增长率
1994—1997 年	4	10.2
1998—2002 年	5	8.7
2003—2007 年	5	9.6
合计	14	

解：根据式（6.7），可计算出该市 1994—2007 年的平均增长率为：

$$\overline{X}_G = \sqrt[\sum f_i]{\prod_{i=1}^{n} x_i^{f_i}} = \sqrt[4+5+5]{110.2\%^4 \times 108.7\%^5 \times 109.6\%^5} = 109.45\%$$

则每年的平均增长率为 109.45%－100%＝9.45%。

（二）位置平均数

1. 中位数与分位数

中位数（median）是一组数据按大小顺序排列后，处于中间位置的那个变量值，通常用 M_e 表示。其定义表明，中位数就是将某变量的全部数据均等地分为两半的那个变量值。其中，一半的数值小于中位数，另一半的数值大于中位数。中位数是一个位置代表值，因此它不受极端变量值的影响。

（1）由未分组数据确定中位数。对未分组数据资料，需先将各变量值按大小顺序排列，并按公式 $\frac{n+1}{2}$ 确定中位数的位置。

当一个序列中的项数为奇数时，则处于序列中间位置的变量值就是中位数。例如：

根据7、6、8、2、3这五个数据求中位数，先按大小顺序排成2、3、6、7、8。在这个序列中，选取中间数值6，小于6的数值有两个，大于6的数值也有两个，所以6就是这五个数值的中位数。

当一个序列的项数是偶数时，则应取中间两个数的中点值作为中位数，即取中间两个变量值的平均数为中位数。例如一个按大小顺序排列的序列2、5、7、8、11、12，其中位数的位置在7与8之间，中位数就是7与8的平均数，即 $M_e=\frac{7+8}{2}=7.5$。

（2）由单项数列确定中位数。根据单项数列资料确定中位数与根据未分组资料确定中位数的方法基本一致。它是先计算各组的累计次数（或频数），再按公式 $\frac{\sum f_i+1}{2}$ 确定中位数的位置，并对照累计次数确定中位数。

【例6-14】某班学生年龄分布资料如表6-25所示。求中位数。

表6-25　某班学生年龄分布

年龄（岁）	学生人数（f_i）	向上累计次数	向下累计次数
17	5	5	50
18	8	13	45
19	26	39	37
20	9	48	11
21	2	50	2
合计	50		

解：根据单项数列确定中位数位置的计算公式有：

$$\text{中位数位置}=\frac{\sum f_i+1}{2}=\frac{5+8+26+9+1}{2}=25.5$$

即中位数的位置位于第25位和第26位同学之间，根据累计次数可以确定出中位数是位于第三组的变量值19。

（3）由组距数列确定中位数。由组距数列确定中位数，应先按公式 $\frac{\sum f_i}{2}$ 求出中位数所在组的位置，然后再按下列下限公式或上限公式确定中位数。

$$\text{下限公式：}M_e=L+\frac{(\sum f_i/2)-S_{m-1}}{f_m}\times d \tag{6.8}$$

$$\text{上限公式：}M_e=U-\frac{(\sum f_i/2)-S_{m+1}}{f_m}\times d \tag{6.9}$$

式中，M_e为中位数；L为中位数所在组下限；U为中位数所在组上限；f_m为中位数所在组的次数；f_i为每组次数；d为中位数所在组的组距；S_{m-1}为中位数所在组以下的累计次数；S_{m+1}为中位数所在组以上的累计次数。

由上面的分析可知，中位数实际上就是累计次数达到的这一组组距中的某个数值。

该数值就是这一组下限加上按一定几何比例分割组距所得的一段组距，或这一组上限减去按一定几何比例分割组距所得的一段组距。

【例 6-15】某企业的工人在一段时间内的零件加工数据统计情况如表 6-26 所示。求中位数。

表 6-26　工人加工零件统计数据

按零件数分组（个）	人数（f_i）	向上累计（人）	向下累计（人）
105～110	3	3	50
110～115	5	8	47
115～150	8	16	42
120～125	14	30	34
125～130	10	40	20
130～135	6	46	10
135～140	4	50	4

解：由表 6-26 可知，

$$\text{中位数位置} = \frac{\sum f_i}{2} = \frac{3+5+8+14+10+6+4}{2} = 25$$

根据累计人数可判断，中位数在 120～125 这一组，$L=120$，$S_{m-1}=16$，$U=125$，$S_{m+1}=20$，$f_m=14$，$d=5$，根据组距数列确定中位数的计算公式（6.8）或公式（6.9）得：

$$M_e = L + \frac{(\sum f_i/2) - S_{m-1}}{f_m} \times d = 120 + \frac{25-16}{14} \times 5 = 123.21(\text{件})$$

或

$$M_e = U - \frac{(\sum f_i/2) - S_{m+1}}{f_m} \times d = 125 - \frac{25-20}{14} \times 5 = 123.21(\text{件})$$

从计算结果可以看出，不管是用上限公式还是用下限公式，所获得的结果是一致的。

（4）分位数。中位数是将统计分布从中间分成相等的两部分，与中位数性质相似的还有四分位数、十分位数和百分位数。

用三个数值可以将变量数列划分为项数相等的四部分，这三个数值就定义为四分位数（quartiles），分别称为第一四分位数、第二四分位数和第三四分位数，记作 Q_1，Q_2 和 Q_3。对于不分组数据而言，三个四分位数的位置分别是：Q_1 在 $\frac{n+1}{4}$；Q_2 在 $\frac{2(n+1)}{4}$；Q_3 在 $\frac{3(n+1)}{4}$。由 Q_2 的计算公式可以看出，Q_2 其实就是中位数。

同理，十分位数（decile）和百分位数（percentile）分别是将变量数列十等分和一百等分的数值。

2. 众数

众数（model）是在一个统计总体或分布数列中出现次数最多的变量值，通常用 M_o 表示。它本身不是平均值，只是总体一般水平的代表值。众数可以根据品质数列计算，也可以根据变量数列计算。它不受极端值的影响，所以代表性更强。值得注意的是，有时频数最大的数据值可能会有两个或更多。在这种情况下，存在不止一个众数。如果在数据中恰有两个众数，称此数据为双众数；如果在数据中有两个以上的众数，则称此数据为多众数。在多众数的情况下，众数对于数据的描述并不起多大的作用，所以很少用其作分析。在统计实践中，常利用众数来近似反映社会经济现象的一般水平。例如，说明某次考试学生成绩最集中的水平，说明城镇居民最普遍的生活水平，等等。

众数的确定方法要根据掌握的资料而定。未分组资料或单项数列资料众数的确定比较容易，不需要计算，可直接观察确定，即在一组数列或单项数列中，出现次数最多的那个变量值就是众数。如表6-25中，19岁出现的人数最多，为26人，所以19岁就是众数。组距数列确定众数比较复杂。首先要确定众数所在的组，若为等距数列，次数最多的那个组就是众数所在组；若为异距数列，需将其换算为次数密度（或标准组距次数），换算后次数最多的一组即为众数所在组。

（三）各种平均数之间的关系

1. 数值平均数和位置平均数的比较

（1）数值平均数是根据总体内各个标志值计算的，位置平均数是根据总体中某一个特殊位置上的标志值确定的。数值平均数对数据的概括能力显然比位置平均数要强一些。

（2）数值平均数容易受极端值的影响，对于极端值的“耐抗性”较低；位置平均数却相反，数列中某些数据的变动不一定会影响到它们的水平，个别或少数极端值对于位置平均值几乎没有影响，“耐抗性”较高。

（3）适用的数据类型不同。数值平均数适用于定距尺度和定比尺度的数据，而位置平均数还适用于各种定序尺度的数据，众数甚至适用于定类尺度的数据。因此，在无法运用数值平均数的场合，位置平均数不失为一种有效的分析工具。

2. 各种数值平均数的比较

（1）适用的场合不同。一般来说，在计算单位标志平均数时，用算术平均数或调和平均数；在计算动态比率平均数时，用几何平均数。

（2）计算的繁简程度不同。算术平均数的计算过程最简单，其他数值平均数的计算都相对复杂。

（3）某些数值平均数对变量的取值有特殊的限制。几何平均数要求被平均变量不能为负或零，调和平均数则要求被平均变量不能为零。

二、数据的离散程度分析

集中趋势是一个说明同质总体各个体变量值的代表值，其代表性如何，取决于被平均变量值之间的变异程度。在统计中，把反映现象总体中各个体的变量值之间差异程度的指标称为离散程度。反映离散程度的指标有绝对数（如极差、平均差和标准差）和相对数（如离散系数）两类。

1. 极差与四分位差

（1）极差（range）也叫全距，是一组数据的最大值与最小值之离差，即

$$R = X_{\max} - X_{\min}$$

式中，R 为极差；$X_{\max}$和 $X_{\min}$分别为一组数据的最大值和最小值。

对于组距分组数据，极差也可近似表示为：$R\approx$最高组的上限值－最低组的下限值。

极差是描述数据离散程度的最简单测度值，它计算简单，易于理解。但它说明的只是两个极端变量值的差异范围，因而不能反映各单位变量值的变异程度，易受极端数值的影响。

(2) 四分位差（quartile deviation）是指第三、四分位数（沿用前面分位数内容中使用的符号 Q_3）与第一、四分位数（沿用前面分位数内容中使用的符号 Q_1）之差，也称内距或四分间距，用 Q_d表示。四分位差的计算公式为：

$$Q_d = Q_3 - Q_1$$

四分位差反映了中间 50％数据的离散程度。其数值越小，说明中间的数据越集中；数值越大，说明中间的数据越分散。四分位差不受极端数值影响，因此，在某种程度上弥补了极差的一个缺陷。

2. 平均差

平均差（average deviation/mean deviation）是总体所有单位与其算术平均数的离差绝对值的算术平均数。平均差是一种平均离差，通常用 AD 或 MD 表示。离差是总体各单位的标志值与算术平均数之差。因为离差之和为零，所以离差的平均数不能由离差之和除以离差的个数求得，而必须将离差取绝对数来消除正负号的影响。

平均差反映的是各标志值与算术平均数之间的平均差异。平均差越大，表明各标志值与算术平均数的差异程度越大，该算术平均数的代表性就越小；平均差越小，表明各标志值与算术平均数的差异程度越小，该算术平均数的代表性就越大。

根据掌握的数据资料的不同，平均差的计算采用两种不同形式。

(1) 简单式。在数据资料未经分组的情况下，采用简单式计算平均差。公式如下：

$$MD = \frac{\sum |x_i - \overline{x}|}{N}$$

(2) 加权式。如果数据资料已经进行了分组整理，则计算其平均差应采用加权式。公式如下：

$$MD = \frac{\sum |x_i - \overline{x}| f_i}{\sum f_i}$$

在可比的情况下，一般平均差的数值越大，则其平均数的代表性越小，说明该组变量值分布越分散；反之，平均差的数值越小，则其平均数的代表性越大，说明该组变量值分布越集中。

由于平均差采用绝对值的离差形式加以数学假定，故其在应用上有较大的局限性。

3. 标准差

标准差（standard deviation）又称均方差，是各单位变量值与其平均数离差平方的平均数的方根，通常用 S_d表示。它是测度数据离散程度的最主要方法。标准差是具有量纲的，它与变量值的计量单位相同。

标准差的本质是求各变量值与其平均数的距离和，即先求出各变量值与其平均数离差的平方，再求其平均数，最后对其开方。之所以称其为标准差，是因为在正态分布条件下，它和平均数有明确的数量关系，是真正度量离中趋势的标准。

根据掌握的数据资料的不同，标准差的计算有简单式和加权式两种。

（1）简单式。对未经分组的数据资料，应采用简单式计算标准差。公式如下：

$$S_d=\sqrt{\frac{\sum(x_i-\overline{x})^2}{n-1}}$$

（2）加权式。如果数据资料已经进行了分组整理，则计算标准差应采用加权式。公式如下：

$$S_d=\sqrt{\frac{\sum(m_i-\overline{x})^2\cdot f_1}{\sum f_i-1}}$$

式中，m_i为第i组样本数列的组中值或第i组单项式数列的特征值；f_i为第i组数列的频数。

标准差是根据全部数据计算的，它反映了每个数据与其平均数相比平均相差的数值，因此，能准确地反映出数据的离散程度。与平均差相比，标准差在数学处理上通过平方消去了离差的正负号，更便于数学上的处理。因此，标准差是实际中应用最广泛的离散程度测度值。

4. 离散系数

前面介绍的极差、平均差和标准差都是反映数据离散程度的绝对值，其数据的大小一方面受原变量值本身水平高低的影响，也就是与变量的平均数大小有关。变量值绝对水平高的，离散程度的测度值自然也就大；绝对水平低的，离散程度的测度值自然也就小。另一方面，它们与原变量值的计量单位相同，采用不同计量单位计量的变量值，其离散程度的测度值也不同。

因此，对于平均数不等或计量单位不同的不同组别的变量值，是不能直接用离散程度的绝对指标比较其离散程度的。为了消除变量平均数不等和计量单位不同对离散程度测度值的影响，需要计算离散程度的相对指标，即离散系数。其一般公式是：

离散系数＝离散程度的绝对指标/对应的平均指标

离散系数（coefficient of variation）一般是用标准差来计算的，因此，也称标准差系数或变异系数，通常用CV表示。它是一组数据的标准差与其对应的平均数之比，是测度数据离散程度的相对指标。其计算公式如下：

$$CV=\frac{S_d}{\overline{x}}$$

离散系数是反映标准差对均值的相对大小的变异指标。一般来讲，变异系数越大，平均数的代表性越差，变量的稳定性越差；反之，变异系数越小，平均数的代表性越好，变量的稳定性越好。

调查数据的描述性统计，也可通过SPSS软件来完成。对于连续变量的描述性统计，可以在SPSS的“分析→描述统计”的两个模块中完成，一个是“描述性”，另一个是“探索”。以下以某公司多位员工的销售额数据为例，介绍利用SPSS软件进行描述性统计的两种方法。

第一种方法：

（1）打开 SPSS 数据文件，选择“分析→描述统计→描述性”，如图 6-15 所示。

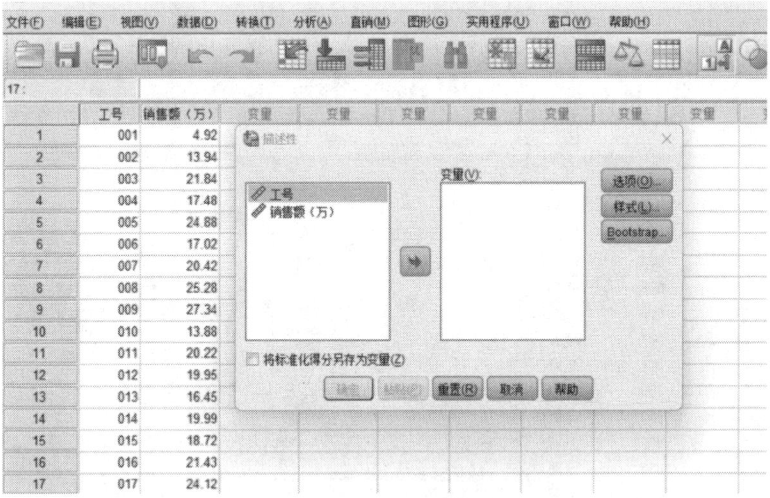

图 6-15　利用 SPSS 软件进行描述性统计方法一之步骤一

（2）在“描述性”对话框中，将“销售额（万）”选入变量框中，点击右侧“选项”按钮，根据需要，挑选相应选项，其他选择默认，最后点击“确定”，如图 6-16 所示。

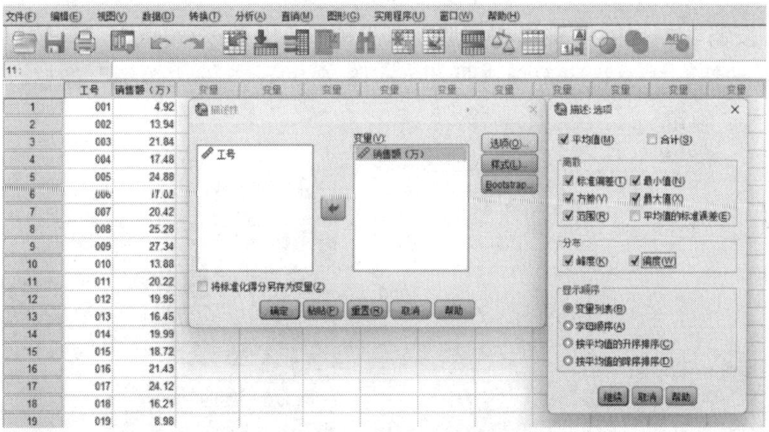

图 6-16　利用 SPSS 软件进行描述性统计方法一之步骤二

（3）在 SPSS 查看器中可以看到结果如表 6-27 所示：

表 6-27　利用 SPSS 软件进行描述性统计方法一的结果

	数字	范围	最小值（M）	最大值（X）	平均值（E）	标准偏差	方差	偏度		峰度	
	统计	统计	统计	统计	统计	统计	统计	统计	标准错误	统计	标准错误
销售额（万）	500	34.59	3.38	37.97	19.1650	6.07543	36.911	.200	.109	—.011	.218
有效 N（成列）	500										

第二种方法：

（1）打开 SPSS 数据文件，选择“分析→描述统计→探索”，如图 6－17 所示。

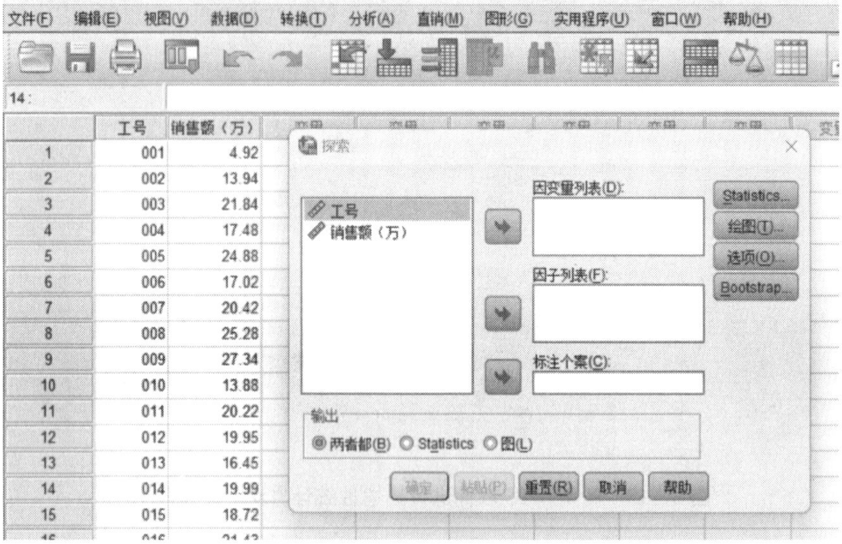

图 6－17　利用 SPSS 软件进行描述性统计方法二之步骤一

（2）在“探索”对话框中，将“销售额（万）”选入因变量列表框中，点击右侧“Statistics”按钮，根据需要挑选相应选项（见图 6－18（a）），点击“继续”按钮；点击“绘图（T）”按钮，挑选相应选项（见图 6－18（b）），点击“继续”按钮，其他选择默认，最后点击“确定”。

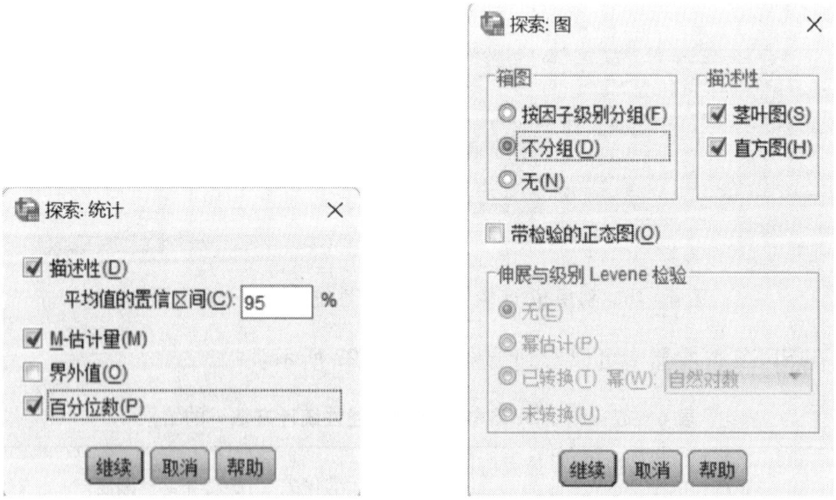

（a）统计选项　　（b）绘图选项

图 6－18　利用 SPSS 软件进行描述性统计方法二之步骤二

（3）在 SPSS 查看器中可以看到结果如下：描述性统计结果，如表 6－28 所示。茎叶图，如图 6－19 所示。直方图，如图 6－20 所示。箱图，如图 6－21 所示。

表 6－28　利用 SPSS 软件进行描述性统计方法二的结果

			统计	标准错误
销售额（万）	平均值		19.1650	.27170
	平均值的 95%置信区间	下限值	18.6312	
		上限值	19.6989	
	5%截尾平均值		19.0897	
	中位数		18.3600	
	方差		36.911	
	标准偏差		6.07543	
	最小值		3.38	
	最大值（X）		37.97	
	范围		34.59	
	四分位距		8.91	
	偏度		.200	.109
	峰度		—.011	.218

```
销售额（万） Stem-and-Leaf Plot

Frequency    Stem &  Leaf

    2.00        0 .  33
    6.00        0 .  444444
    4.00        0 .  7777
   18.00        0 .  888888899999999999
   27.00        1 .  000000000000000001111111111
   41.00        1 .  22222222222222222233333333333333333333333
   38.00        1 .  44444444444444444444444455555555555555
  100.00        1 .  6666666666666666666666666666666666666666666666666777777777777777777777777777777777777777777777777777
   65.00        1 .  88888888888888888888888888888888888999999999999999999999999999999
   40.00        2 .  0000000000000000000000001111111111111111
   34.00        2 .  2222222222222222222233333333333333
   58.00        2 .  4444444444444444444444444444444455555555555555555555555555
   31.00        2 .  6666666666666666666677777777777
   17.00        2 .  88888889999999999
    9.00        3 .  000001111
    5.00        3 .  22233
    2.00        3 .  44
    3.00 Extremes    (>=38)

Stem width:    10.00
Each leaf:      1 case(s)
```

图 6－19　利用 SPSS 软件进行描述性统计方法二的结果之茎叶图

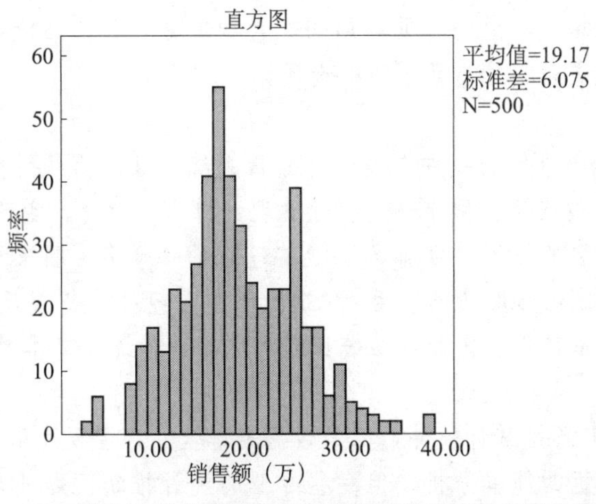

图 6－20　利用 SPSS 软件进行描述性统计方法二的结果之直方图

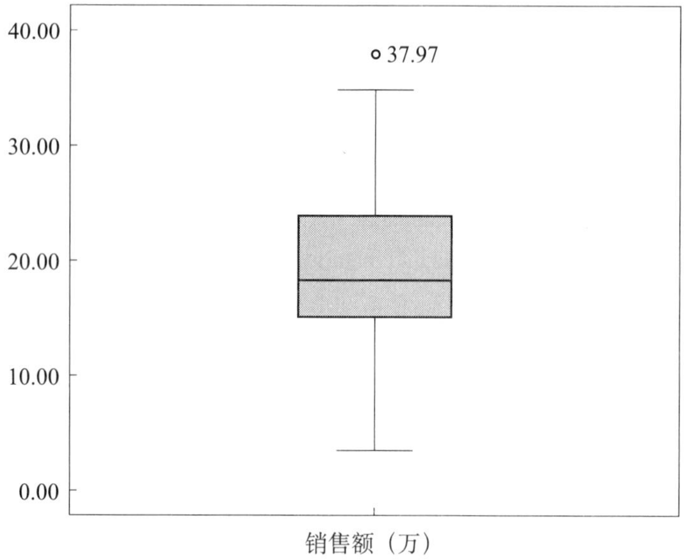

图6-21 利用SPSS软件进行描述性统计方法二的结果之箱图

延伸阅读

常用的统计分析软件

1. SPSS

作为一种统计软件工具包，SPSS在社会科学领域有着广泛的应用，其普及程度仅次于SAS。SPSS是世界上最早的统计分析软件，由美国斯坦福大学的三位研究生于20世纪60年代末研制，现在已经被IBM收购。由于SPSS容易操作，输出漂亮，功能齐全，价格合理，因此很快地应用于自然科学、技术科学、社会科学的各个领域，世界上许多有影响的报纸杂志对SPSS的自动统计绘图、数据的深入分析、使用方便、功能齐全等方面给予了高度的评价。它应用于通信、医疗、银行、证券、保险、制造、商业、市场调研、科研教育等多个领域和行业，是世界上应用最广泛的专业统计软件之一。在国际学术界有条不成文的规定，即在国际学术交流中，凡是用SPSS软件完成的计算和统计分析，可以不必说明算法，由此可见其影响之大和信誉之高。因此，对于非专业统计人员和统计研究学者来说，它是非常不错的选择。

2. SAS

SAS是目前国际上流行的一种大型统计分析系统，被誉为统计分析的标准软件。尽管价格不菲，SAS已被广泛应用于政府行政管理、科研、教育、生产和金融等不同领域，并且发挥着愈来愈重要的作用。目前SAS已在全球的100多个国家和地区拥有29 000多个客户群，直接用户超过300万人。尽管SAS现在已经尽量“傻瓜化”，但是仍然需要经过一定的训练才可以使用。因此，该统计软件主要适合统计工作者和科研工作者使用。

3. Excel

Excel严格说来并不是统计软件，而是数据表格软件，主要适用于对数据和表格进行处理。也可用于对数据的简单分析，但一些专业的统计推断问题还需要其他专门的统计软件来处理。

4. S-plus

这是专业统计人员和统计研究学者喜爱的软件。它功能齐全，编程功能强大，研究人员可以编制自己的程序来实现自己的理论和方法。

5. Minitab

Minitab 由美国宾夕法尼亚大学开发。其特点是简单易懂，很容易进行试验设计，且具备质量控制功能。

6. Statistica

Statistica 是一套完整的统计资料分析、图表和资料管理、应用程式发展系统，由美国 StatSoft 公司开发，能提供使用者所有需要的统计及制图程序，制图功能强大，能够在图表视窗中显示各种统计分析和作图技术。但它在我国的应用不如 SAS 与 SPSS 那么普遍。

此外还有 BMDP、Stata、EPINFO、EViews、SPLM、CHISS、SASD、PEMS、DAS、NoSA 等统计分析软件，不过在中国最普及的还是 SPSS 和 SAS 两种，尤其是对于非专业统计人员来说，SPSS 是非常适合的选择。

三、数据的相对程度分析

调查数据的相对程度分析就是从两个相联系的统计指标对比计算的相对数出发，对其反映的事物间的关系进行的研究分析。相对程度分析是统计分析的重要方法，是反映现象之间数量关系的重要手段。它通过对比的方法反映现象之间的联系程度，表明现象的发展过程，还可以使那些利用总量指标不能直接对比的现象找到可比的基础，因而在市场调查分析中经常使用。市场调查分析中常用的相对指标，主要有计划完成程度相对指标、结构相对指标、比较相对指标、比例相对指标、强度相对指标和动态相对指标等几种。相对指标有的为有名数，但多为无名数，一般用系数、倍数、成数、百分数或千分数表示。

（一）计划完成程度相对指标

计划完成程度相对指标是某一时期实际完成指标数值与计划完成指标数值对比的结果。其计算公式为：

$$\text{计划完成程度相对指标}=\frac{\text{实际完成指标数值}}{\text{计划完成指标数值}}\times 100\%$$

计划完成程度相对指标的具体用法有两种：一种是计划数为绝对数、相对数或平均数，此时直接按上述公式计算，以考核计划完成的情况；另一种是计划数为增长或降低的百分比，此时计划完成程度相对指标按如下公式计算。

$$\text{计划完成程度相对指标}=\frac{1+V_i}{1+V_j}\times 100\%$$

式中，V_i 为实际完成数增长或降低百分比；V_j 为计划完成数增长或降低百分比。

（二）结构相对指标

结构相对指标是总体各组成部分与总体数值对比得出的比重或比率，用来表明总体的构成情况，一般用百分数表示。它从静态的角度反映总体的内部构成，揭示事物的本质特征，其动态变化可以反映事物的结构发展变化趋势和规律性。总体各组的结构相对指标可以说明该组在总体中的地位和作用，对于计算平均指标有特殊意义。其计算公式为：

$$结构相对指标=\frac{总体中部分数值}{总体全部数值}\times100\%$$

（三）比较相对指标

客观事物的发展是不平衡的，对事物在不同地区、不同单位（即不同空间）之间发展的差异程度进行研究，需要运用比较相对指标。

比较相对指标即反映在同一时间不同空间中同类现象数量对比关系的指标，一般用百分数或倍数表示。其计算公式为：

$$比较相对指标=\frac{某一总体的指标值}{另一总体的同一指标值}\times100\%$$

（四）比例相对指标

总体内部各组成部分之间存在一定的联系，并在客观上保持一定的比例。为了反映这种比例关系，需要计算比例相对指标。

比例相对指标是指同一总体内不同部分的指标数值对比得到的相对数，它表明总体中各部分的比例关系，通常用倍数或百分数表示，也可以用一比几或几比几的形式来表示。其计算公式为：

$$比例相对指标=\frac{总体中某部分指标数值}{总体中另一部分指标数值}\times100\%$$

（五）强度相对指标

强度相对指标又称强度相对数，是指两个性质不同但有联系的总量指标对比得出的相对数，是用来表示现象的强度、密度和普遍程度的指标。例如，以人口数与土地面积对比得到的人口密度，以主要产品产量与人口数对比得到的人均产品产量，以医院病床数与人口数对比得到的每万人医院病床数，都是强度相对指标。其计算公式为：

$$强度相对指标=\frac{某一总量指标数值}{另一性质相同且有联系的总量指标数值}\times100\%$$

（六）动态相对指标

动态相对指标即两个时期间同一指标数值的对比，是反映现象发展变化程度的指标，通常用百分数表示。它把作为比较的时期称为基期，把同基期对比的时期称为报告期。动态相对指标对于分析研究社会经济现象的发展变化过程具有重要意义。其计算公式为：

$$动态相对指标=\frac{报告期某一指标数值}{基期同一指标数值}\times100\%$$

（七）计算和运用相对指标应注意的问题

统计相对数是一种抽象化的指标数值，是对现象进行对比分析的一种重要手段，要使对比分析准确、深刻地反映出现象之间的关系，发挥相对数的作用，在计算和运用相对指标时应注意以下几个问题：

（1）注意指标的可比性。

（2）要把各种相对数结合起来。

（3）要把相对数和绝对数结合起来使用。

四、数据的交叉列表分析

交叉列表又称列联表、交互分析表，是指同时将两个或两个以上有一定联系的变量及其变量取值按一定的顺序交叉排列在同一张统计表内，使各变量值成为不同变量的结点，进而分析变量之间的相互关系，最终得出结论的一种数据分析技术。变量之间的分项必须交叉对应，从而使得交叉列表中的每个结点的值反映不同变量的某些特征。

交叉列表可以看成分类的频数表，即一个变量的频数分布是根据另一个变量的取值来进一步细分的，所以交叉列表又称联合分布表。

交叉列表分析方法在市场调查中被广泛应用，其原因在于：一是交叉列表分析及其结果能很容易地被那些并不具备丰富统计知识的经营管理人员接受和理解；二是许多市场调研项目的资料整理分析可以依赖交叉列表分析方法完成；三是通过一系列的交叉列表分析，可以深入分析和认识那些复杂的事物或现象；四是清楚明确的解释能使调研结果很快成为经营管理措施的有力依据；五是这种技术简便易行，尤其容易被一般市场调研人员接受。

在使用交叉列表进行分析时，变量的选择和确定是一个关键性问题，它直接关系到分析结果的正确性。交叉列表分析中的变量，包括内容和数量，应根据调查项目的特点具体确定。

双变量和多变量交叉列表分析，是用于提供基本调查结果的最常见形式。

（一）双变量交叉列表分析

双变量交叉列表分析比较简单。例如，表 6－29 给出了某品牌产品“知悉程度”和“购买量”之间的某种关系。从表中可以看出，对该品牌产品知悉程度高的消费者购买量似乎也比较多。

表 6－29　某品牌产品“知悉程度”与“购买量”的交叉列表

购买量	知悉程度		行合计
	低	高	
少	100	130	230
多	150	320	470
列合计	250	450	700

为了进一步考察这两个变量之间的关系，一般要求计算百分数。理论上讲，百分数既可以列合计为基数计算，也可以行合计为基数计算。但是，实际上到底应该按照哪一种方式计算，取决于研究者将哪个变量当作自变量、将哪个变量当作因变量。一般准则是按照自变量各类的合计来计算因变量各类的百分数。在这个例子中，研究者可能将“知悉程度”作为自变量，将“购买量”作为因变量，因此，百分数应以列（自变量）合计为基数计算（如表6-30所示）。从表中可以看出，在对该品牌产品知悉程度高的消费者中，购买量多者占71.1%；而对该品牌产品知悉程度低的消费者中，购买量多者只占60%。

表6-30　按“知悉程度”分类的“购买量”列表

购买量	知悉程度	
	低	高
少	40%	28.9%
多	60%	71.1%
列合计	100%	100%

在处理和分析数据时，研究者可能难以确定哪个变量用作自变量更为合适，因此提供给客户的交叉表一般是包含四部分数字的完整的交叉表，四部分数字分别是频数、行百分数、列百分数和总百分数（见表6-31）。如有必要，在上述四部分数字之外还提供检验的统计量及对应的概率值。

表6-31　某品牌消费者“知悉程度”和“购买量”的交互分析表

<table>
<tr><td colspan="2" rowspan="2"></td><td colspan="2">知悉程度</td><td rowspan="2">行合计</td></tr>
<tr><td>低</td><td>高</td></tr>
<tr><td rowspan="8">购买量</td><td rowspan="4">少</td><td>100</td><td>130</td><td>230</td></tr>
<tr><td>43.5%</td><td>56.5%</td><td></td></tr>
<tr><td>40.0%</td><td>28.9%</td><td></td></tr>
<tr><td>14.3%</td><td>18.6%</td><td>32.9%</td></tr>
<tr><td rowspan="4">多</td><td>150</td><td>320</td><td>470</td></tr>
<tr><td>31.9%</td><td>68.1%</td><td></td></tr>
<tr><td>60.0%</td><td>71.1%</td><td></td></tr>
<tr><td>21.4%</td><td>45.7%</td><td>67.1%</td></tr>
<tr><td colspan="2" rowspan="2">列合计</td><td>250</td><td>450</td><td>700</td></tr>
<tr><td>35.7%</td><td>64.3%</td><td>100.0%</td></tr>
</table>

（二）多变量交叉列表分析

市场调查中变量之间的关系是复杂的，很多时候只研究两个变量之间的关系通常不够全面，还要考虑多个变量之间的关系。利用二维列表可能发现两个变量之间似乎密切相关，但是再引进一个变量（称为第三个变量或控制变量）形成三维列表之后，可能发现之前两个变量之间的相关关系变弱或消失了；相反，利用二维列表可能发现两个变量之间似乎没有什么联系，但是再引进一个变量形成三维列表之后，可能发现之前两个变量之间呈现显著的相关关系；等等。由此可见，单纯考虑两个变量之间的联系很可能导致错误判断。因此，在双变量交叉列表分析的基础上，经常需要引入第三个变量作多变量交叉列表分析。

多变量交叉列表分析大致分为以下几种情况。在之前两个变量具有相关关系的情况下，引入第三个变量作多变量交叉列表分析后，可能出现三种结果：更精确地显示之前两个变量间的联系；证明之前的两个变量没有相关关系；之前两个变量之间的关系没有变化。在之前两个变量没有相关关系的情况下，引入第三个变量作多变量交叉列表分析后，可能出现两种结果：之前两个变量之间的关系没有变化；揭示原来两个变量之间隐含的某种相关关系。

下面重点分析说明通过多变量交叉列表分析使之前两个变量之间关系发生变化的几种情形。

(1) 在之前两个变量具有相关关系的情况下引入第三个变量，多变量交叉列表分析更精确地显示之前两个变量之间的相关关系。

从表 6-32 的双变量交叉列表分析中，可以发现“婚姻状况”与“时装购买量”两个变量之间存在一定的相关关系，即“未婚”者购买时装多的比例明显高于“已婚”者。

表 6-32　“婚姻状况”与“时装购买量”的双变量交叉列表

		婚姻状况	
		已婚	未婚
时装购买量	多	31%	52%
	少	69%	48%
列总计		100%	100%
个案数量		350	300

为避免错误判断，在上述双变量交叉列表的基础上再引入第三个变量，如受教育程度、职业、居住区域或性别。这里引入“性别”变量，列出包括“婚姻状况”“性别”与“时装购买量”的三维列表（见表 6-33）。

表 6-33　按“婚姻状况”与“性别”分类的“时装购买量”的三维列表

	男性		女性	
	已婚	未婚	已婚	未婚
时装购买量多	35%	40%	25%	60%
时装购买量少	65%	60%	75%	40%
列总计	100%	100%	100%	100%
个案数量	200	120	150	180

从表中可以看出，在引入“性别”变量后，“婚姻状况”与“时装购买量”之间的关系变得更加具体和清晰了，即在男性中，未婚者时装购买量多的比例比已婚者高，但是关系较弱；但在女性中，未婚者时装购买量多的比例则高出已婚者很多，相关关系显著。

（2）在之前两个变量具有相关关系的情况下引入第三个变量，多变量交叉列表分析证明之前的两个变量没有相关关系。

例如，在表6－30关于某品牌产品“知悉程度”和“购买量”之间的关系中，可以得出“知悉程度”与“购买量”之间显著相关的结论。但是，我们并不确定这种关系是否可靠。所以，引入第三个变量，如性别、收入水平、职业等，建立三维列表。这里引入“收入水平”变量并建立三维列表（见表6－34）。

表6－34　按“收入水平”和“知悉程度”分类的“购买量”三维列表

	收入水平：高		收入水平：低	
	知悉程度高	知悉程度低	知悉程度高	知悉程度低
购买量少	36.7%	36.7%	30.0%	30.0%
购买量多	63.3%	63.3%	70.0%	70.0%
列合计	100.0%	100.0%	100.0%	100.0%
个案数量	150	150	300	100

结果发现，不论收入水平是高还是低，对熟悉和不熟悉该品牌产品的消费者来说，其购买量多或少的比例都是相同的。也就是说，当对高收入群体和低收入群体分别进行研究时，“知悉程度”和“购买量”之间的联系就消失了。这说明最初从二维列表中观察到的这两个变量之间的相关是一种假相关，真正的相关关系可能存在于“收入水平”和“购买量”之间。

（3）在之前两个变量没有相关关系的情况下引入第三个变量，多变量交叉列表分析揭示出之前两个变量之间隐含的某种相关关系。

例如，在一项旅游市场潜力调查中，“年龄”与“出国旅游意愿”两个变量的交叉列表（见表6－35）显示，两个变量之间没有相关关系。

表6－35　“年龄”与“出国旅游意愿”的双变量交叉列表

<table>
<tr><td colspan="2" rowspan="2"></td><td colspan="2">年龄</td></tr>
<tr><td><40岁</td><td>≥40岁</td></tr>
<tr><td rowspan="2">出国旅游意愿</td><td>有</td><td>50%</td><td>50%</td></tr>
<tr><td>没有</td><td>50%</td><td>50%</td></tr>
<tr><td colspan="2">列总计</td><td>100%</td><td>100%</td></tr>
<tr><td colspan="2">个案数量</td><td>500</td><td>500</td></tr>
</table>

上述两个变量之间是否果真没有任何关系？为避免判断错误，分析中引入第三个变量进行多变量交叉列表分析。这里引入“居住地”作为第三个变量，建立三维列表（见表6－36）。结果发现，在对居住地为农村和城市的两个群体分别进行研究时，“年龄”和“出国旅游意愿”两个变量之间实际上存在显著的相关关系。也就是说，在研究居住地为农村的群体时，低年龄组（年龄不满40岁）比高年龄组（年龄在40岁以上）有更强的出

国旅游意愿；相反，在居住地为城市的群体中，高年龄组则比低年龄组有更强的出国旅游意愿。这样，在双变量交叉列表分析中两个变量之间隐含的关系，通过引入“居住地”变量被揭示出来了。

表 6－36　按“居住地”和“年龄”分类的“出国旅游意愿”三维列表

	居住地：农村		居住地：城市	
	＜40 岁	≥40 岁	＜40 岁	≥40 岁
出国旅游意愿：有	60%	40%	35%	65%
出国旅游意愿：没有	40%	60%	65%	35%
列总计	100%	100%	100%	100%
个案数量	300	300	200	200

第 6 节　市场调查报告的撰写与陈述

一、市场调查报告概述

（一）市场调查报告的重要性

扩展阅读　问卷调查数据应该怎么分析？

市场调查报告，就是根据市场调查，收集、记录、整理和分析市场对商品的需求状况以及与此有关的资料的文书，是根据调查的事实材料和数据，对所研究的问题做出系统性的分析说明，得出结论性意见，是前面调查、分析工作的最终成果。换句话说，就是用市场经济规律去分析，进行深入细致的调查研究，透过市场现状，揭示市场运行的规律和本质。市场调查报告是市场调查人员以书面形式反映市场调查内容及工作过程，并提供调查结论和建议的报告。市场调查报告是市场调查研究成果的集中体现，其质量将直接影响到整个市场调查研究工作的成果的质量，决定着整个调查项目是否能提供有价值的信息和建议。一份好的市场调查报告，能对企业的市场经营活动起到有效的导向作用，为企业的决策提供客观依据。

（二）市场调查报告的特点

市场调查报告是经济调查报告的一个重要种类，它是以科学的方法对市场的供求关系、购销状况以及消费情况等进行深入细致的调查研究后写成的书面报告。其作用在于帮助企业了解掌握市场的现状和趋势，增强企业在市场经济大潮中的应变能力和竞争能力，从而有效地促进经营管理水平的提高。

市场调查报告可以从不同角度进行分类。按其所涉及内容的多少，可以分为综合性市场调查报告和专题性市场调查报告；按调查对象的不同，可分为关于市场供求情况的市场调查报告、关于产品情况的市场调查报告、关于消费者情况的市场调查报告、关于销售情况的市场调查报告以及关于市场竞争情况的市场调查报告；按表述手法的不同，可分为陈述型市场调查报告和分析型市场调查报告；按提供报告的形式不同，可以分为书面报告和口头报告。

与普通调查报告相比，市场调查报告无论从材料的形成还是结构布局方面看都存在明显的共性特征，但它比普通调查报告在内容上更为集中，也更具专门性。具体特点包括：

（1）针对性。市场调查报告是决策机关决策的重要依据之一，必须有的放矢。

（2）真实性。市场调查报告必须从实际出发，通过对真实材料的客观分析，得出正确的结论。

（3）典型性。主要表现为两点：一是对调查得来的材料进行科学分析，找出反映市场变化的内在规律；二是报告的结论要准确可靠。

（4）时效性。市场调查报告要及时、迅速、准确地反映、回答现实经济生活中出现的新情况、新问题，突出“快”“新”二字。

（三）市场调查报告的基本要求

1. 调查报告力求客观真实、实事求是

调查报告必须符合客观实际，引用的材料、数据必须是真实可靠的。不能弄虚作假，或迎合上级的意图，挑他们喜欢的材料撰写。总之，要用事实说话。

2. 调查报告要做到调查资料和观点相统一

市场调查报告是以调查资料为依据的，即调查报告中所有观点、结论都应以大量的调查资料为根据。在撰写过程中，要善于用资料说明观点，用观点概括资料，二者相互统一。切忌调查资料与观点相分离。

3. 调查报告要突出市场调查的目的

撰写市场调查报告，必须目的明确，有的放矢，因为任何市场调查都是为了解决某一问题，或者为了说明某一问题。市场调查报告必须围绕市场调查的目的来论述。

4. 调查报告的语言要简明、准确、易懂

调查报告是给人看的，无论是厂长、经理，还是其他一般的阅读者，他们大多不喜欢冗长、乏味、呆板的语言，也不精通调查的专业术语。因此，调查报告的语言要力求简单、准确、通俗易懂。

（四）市场调查报告的写作程序和写作要领

市场调查报告写作的一般程序是：确定标题 → 拟定写作提纲 → 取舍选择调查资料→撰写调查报告初稿 → 修改定稿。

市场调查报告的写作要领是：

（1）做好市场调查研究前期工作。写作前，要根据确定的调查目的，进行深入细致的市场调查，掌握充分的材料和数据，并运用科学的方法，进行分析研究判断，为撰写市场调查报告打下良好的基础。

(2) 实事求是，尊重客观事实。撰写市场调查报告一定要从实际出发，实事求是地反映出市场的真实情况，一是一，二是二，不夸大，不缩小，要用真实、可靠、典型的材料反映市场的本来面貌。

(3) 中心突出，条理清楚。运用多种方式进行市场调查，得到的材料往往是数量繁多且内容庞杂的，要善于根据主旨的需要对材料进行严格的鉴别和筛选，对材料加以归类，并分清材料的主次轻重，按照一定的条理，将有价值的材料组织到报告中去。

二、市场调查报告的内容和格式

(一) 市场调查报告的内容

市场调查报告的内容一般包括以下几个方面：

第一，对调查目的及所要解决的问题的说明。

第二，市场背景资料的介绍。

第三，采用的分析方法。如样本的抽取，资料的收集、整理、分析技术等。

第四，调研数据及其分析。

第五，提出论点，即自己的观点和看法。

第六，论证所提观点的基本理由。

第七，提出解决问题可供选择的建议、方案和步骤。

第八，预测可能遇到的风险及对策。

(二) 市场调查报告的格式

从严格的意义上说，市场调查报告没有固定不变的格式。不同的市场调查报告，其格式主要由调查的目的、内容、结果以及主要用途来决定。但一般来说，市场调查报告由封面、摘要、目录、正文、附录等几部分组成。

1. 封面

市场调查报告的封面首先要有标题，即市场调查的题目。标题必须准确揭示调查报告的主题思想。标题要简单明了、高度概括、题文相符。如《××市居民住宅消费需求调查报告》《关于化妆品市场的调查报告》《××产品滞销的调查报告》等，这些标题都很简明，能吸引人。

标题一般要把被调查单位、调查内容明确而具体地表示出来，如《关于哈尔滨市家电市场的调查报告》。有的调查报告采用主、副标题的形式，一般主标题表达调查的主题，副标题则具体表明被调查单位和问题。

另外，报告日期、委托方、调查方一般应出现在封面上。

2. 摘要

摘要是调查报告的一个概括性的介绍，目的是让相关人员迅速了解研究报告的主要内容、主要研究结论和建议。摘要的主要内容包括：

（1）背景介绍。主要说明本次调查活动的起源，往往与问题分析结合在一起，即为什么要进行市场调查、哪些影响市场的因素值得分析、在这些影响因素中哪些是值得调查的等。

（2）调查报告简介（研究问题、研究所使用的方法等）。简要介绍本次调查的有关问题，如本次调查的主题、起止时间、参加的单位及人员以及调查报告的名称、研究所采用的方法等。

（3）分析结果摘要（主要是研究结论和行动建议等）。以很小的篇幅简要介绍本次调查活动所得出的结论。摘要一定要简明扼要，一般在几百字以内，另外，在摘要的最后，还需用极其简练的语言提出对企业的具体建议，这些建议是对调查报告主体部分中建议的提炼。

3. 目录

如果调查报告的内容、页数较多，为了方便阅读者，应当以目录或索引形式列出报告的主要章节和附录，并注明标题、有关章节号码及页码，一般来说，目录的篇幅不宜超过一页。

4. 正文

正文是市场调查报告的主体部分，所占篇幅最大、内容最多。其主要内容包括：详细说明本次调查主题的一般情况、市场调查中使用的方法、调查的过程、分析数据的方法、调查分析的结论及对本次调查分析全过程的总结。

（1）关于目前市场基本背景的介绍。这部分主要说明当前市场的总体背景情况，如经济发展状况及趋势、市场景气状况等，主要采用文献法获得，对与本次调查有主要关系的内容加以简要介绍。

（2）关于调查和分析方法的说明。这部分列出在调查和分析过程中使用的方法及做出这种选择的理由，此外，有必要说明使用该方法存在哪些缺陷，并且通过统计调查进一步交代最后结果的置信度。具体包括：

1）选择何种调查方法；

2）如何确定样本，是概率抽样还是非概率抽样，理由是什么，共有多少样本；

3）抽样评估；

4）若采用问卷法，具体采用何种方式收集问卷资料；

5）问卷资料汇总、整理、分析的具体工作进度及采用的方法。

（3）对于研究主题的具体说明。这部分主要是对调查所得的资料的说明，其在整个报告书中所占篇幅最大，集中了调查中所获得的几乎所有资料和数据及其分析。这一部分既是分析，又是原始资料。

（4）结论和对企业有关部门的建议。这部分是对以上分析的进一步总结，根据调查分析的结论对有关部门的生产营销行为提出建议，并提出具体的有针对性的措施。其中结论部分是将前面较为分散的结论结合起来做综合说明，而建议的提出也是有条理、系统的，建议必须紧密结合本次市场调查的主题。

（5）对本次调查及分析工作的总结。这部分主要是总结整个调查与分析过程中的得与失，即本次调查中有哪些成功之处和不足之处。

5. 附录

它是调查报告正文包含不了或没有提及，但与正文有关必须附加说明的部分，是对调查报告主体部分的补充，用来附加说明本次调查分析的一些相关问题。如使用问卷法调查，要给出问卷副本及相关说明、调查对象的名单或名称表、文献参考资料的索引、某种特殊调查和分析方法的介绍、一些被认为有价值但没在正文中反映出来的资料等。

在本书末的附录中，我们给出了一个调查报告实例，供大家参考。

三、市场调查口头报告

当前，越来越多的客户要求口头提供研究成果。这样做有许多目的：首先，将对研究感兴趣的人召集到一起，让他们共同探讨和认识研究的目的和方法；其次，口头报告能让人发现一些不曾预料到的事情；最后，大多数情况下，它可以启发和强调研究结论。事实上，可以肯定地说，对公司中的部分决策者而言，口头报告将是他们接触研究成果的唯一方式——他们很可能从来不会阅读调查报告。一些经理也许只是为了唤起对口头汇报内容的记忆，才会快速地浏览一下书面报告。简言之，通过口头的方式进行研究成果的有效沟通是十分重要的。

（一）口头报告的材料准备

口头报告前应准备好以下四种材料：

（1）汇报提纲。应该向每位听众提供一份汇报提纲，该提纲应能简要介绍报告的主要部分及重大的研究成果。它不应包含统计图表，但应留下足够的空白处供听众做笔记或作简要评论。

（2）可视化。国内目前流行的方式是应用 PowerPoint 等各种软硬件，将其作为可视化媒介。口头汇报时应该在很大程度上通过可视化媒介来展示研究成果。图表等在关键部分应尽可能地被运用。在使用图表时，应该通过色彩选择提高人们对感兴趣部分的注意力。摘要、结论和建议也应尽可能地可视化。

（3）报告摘要。应向每位听众提供一份报告摘要的复印件。这个方法将让每位参加者预先了解主要内容，让他们避免在参与会议时埋头记大量的笔记。

（4）最终报告的复印件。这个报告是研究成果的书面证明，它让每个人清楚在口头报告中被省略掉的许多细节。在口头汇报的尾声阶段，应该让所有感兴趣的人得到一份最终报告。

（二）口头报告

与书面报告的原则一样，口头报告也要针对报告提供对象确定其内容和形式。许多商务调研人员不懂得这一点，总是喜欢向企业管理人员介绍调研中的技术问题，这种做法往往不受欢迎。高层管理人员希望在有限的会议时间内听取调研的主要发现、结论和建议。如果他们中有人对技术问题感兴趣，可以在会后去阅读书面报告。如果是向商务咨询人员作汇报，则需要对技术问题有条理地进行阐述。

在口头报告具体内容的准备上，研究人员应该围绕以下几个问题进行：

（1）这些数据的真正含义是什么？

（2）什么样的报告内容能对报告听取者产生冲击性印象？

（3）我们能从这些数据中获得什么信息？

（4）在现有的信息下，我们需要做什么？

（5）如何才能提高对事物本质的认识？

（6）什么使类似的信息更加有益？

在口头报告过程中，要注意切忌按照事先写好的发言稿宣读，而应该使用口语化的、简明的词句表达调研成果；要交代清楚所要讲的几个问题，不时注意提醒听众当前讨论的问题；对于重点内容，要放慢语速，甚至可以重复。

在汇报时，还应做好答辩的准备。当然，调研者不应消极地应答和解释，而是要充满自信，富有感染力和说服力。即使是最可靠、最有效的调研成果，如果不能让那些以其为基础而采取行动的管理者相信其重要性，也是毫无价值的。

四、撰写市场调查报告应注意的问题

一份好的市场调查报告不仅要精心设计报告内容，而且要合理地组织安排报告结构和格式，更重要的是应以客户导向为基础。以下是撰写市场调查报告的要求及注意事项。

（一）合乎逻辑

撰写市场调查报告应按照调研活动展开的顺序，前后衔接、环环相扣，使调查报告结构合理、符合逻辑，并对必要的重复性调研工作进行适当的说明。通常通过设立标题、副标题、小标题并标明项目的层级符号以增强报告的逻辑性。

（二）解析充分，结论正确

调查报告中的图表是为提高阅读性、可视性而设计的，然而并不是不需要进行任何解释性工作。尽管绝大多数人都能够理解图表的内容及含义，但调查报告撰写者应辅以相关文字进行说明。同时，报告中切忌将分析工作简单化（即罗列堆砌资料数据），只停留在表面，就事论事。简单介绍式的分析多，深入细致的分析及观点少，无结论和建议，会使整个调查报告的系统性很差，导致分析报告的价值不高。只有重点突出，才能使人看后留下深刻的印象。

（三）重视质量，篇幅适当

调查报告要切忌把收集来的各种资料面面俱到、事无巨细地进行分析，使阅读者感到杂乱无章，不知所云。一份调查报告应有它的重点和中心，使阅读者在全面了解情况之后，能抓住主题，深入分析。有些调研人员误认为报告越长质量越高，并试图将自己获知的所有信息均纳入报告，从而导致信息冗余，重点不突出。因此，一份优秀的调查报告应该简洁、有效、重点突出，避免篇幅冗长。

此外，调查报告的长短要根据调研目的和调查报告的内容而定。对调查报告的篇幅，应做到宜长则长，宜短则短，尽量做到长中求短，力求写得短小精悍。

（四）定量分析与定性分析相结合

一份优秀的调查报告既不能通篇都是文字说明（使报告的可读性下降），又不能将所有的定量分析结果罗列，过度使用定量技术会对人们的阅读及理解造成干扰。因此，撰写调查报告要将定量分析与定性分析相结合。

（五）避免虚假的准确性

通常人们对于统计数字保留到两位小数以上会形成认知错觉，主观上认为这些数字极其精确。例如，“有 60.26%的顾客对我公司提供的服务满意”，人们会误认为 60.26%这一数字是准确无误的，然而，这可能是调研人员的技巧。因此，调研人员应尊重客观事实，避免虚假的准确性。

案例 6-1

随着医疗技术的发展，疾病防控已经进入一个新阶段，通过疫苗技术防治病毒类、传染类疾病已经成为一种重要手段。高危型人乳头瘤病毒（HPV）是导致宫颈癌的主要因素，HPV 疫苗接种是预防宫颈癌的重要措施。我国 HPV 病毒预防进程相对缓慢，目前还存在对 HPV 认知率低、接种率低等现象。大学生是 HPV 的易感人群和 HPV 疫苗的目标接种对象，大学生对 HPV 及疫苗的认知水平直接影响 HPV 疫苗接种行为和宫颈癌防治效果。那么影响大学生对 HPV 疫苗的认知程度及接种意愿的因素都有哪些呢？深入分析 HPV 疫苗接种意愿的影响因素，将对我国公共卫生事业的发展大有裨益。某大学的一个调查团队对该市在校大学生对 HPV 疫苗认知程度及接种意愿进行了一次抽样调查，并根据对调查资料的分析，撰写了调查报告。

其调查报告见图 6-22（限于篇幅，只截取了目录部分，报告正文略去，隐去了城市名称）：

该团队通过对调查数据进行分析，得出了如下结论：

（1）总体认知程度良好，认知水平有待提高；

（2）个体认知程度存在差异性和相关性；

（3）网络渠道为主要渠道，个别认知渠道有差异；

（4）认知程度等因素对接种意愿有较大影响。

根据得出的结论，对提升学生对 HPV 疫苗的认知程度和接种意愿提出如下建议：

（1）开展全面健康宣传教育，提高大学生总体认知水平；

（2）重点关注非医学专业和农村户籍大学生；

（3）进一步利用网络渠道宣传 HPV 疫苗；

(4) 减少大学生对 HPV 疫苗接种风险的忧虑；

(5) 降低大学生接种 HPV 疫苗的难度，推广国产疫苗。

目录

第一部分 问题的提出......11
一、调查背景......11
（一）宫颈癌......11
（二）HPV 疫苗......11
二、文献综述......13
（一）中国 HPV 疫苗接种情况......13
（二）大学生对 HPV 疫苗认知情况......14
（三）影响大学生对 HPV 疫苗认知情况的因素......15
（四）影响大学生接种 HPV 疫苗意愿的因素......16
三、调查方案......17
（一）研究目的......17
（二）调查对象......17
（三）研究方法......17
（四）问卷设计......17
第二部分 数据分析......22
一、样本基本情况分析......22
（一）样本性别及专业构成......22
（二）样本学历构成......22
（三）所在地区构成......23
（四）样本性行为情况......23
二、大学生对 HPV 疫苗的认知情况分析......24
（一）数据处理......24
（二）信度检验......24
（三）效度检验......25
（四）差异性分析......26
（五）相关性分析......31
三、×××市大学生对 HPV 疫苗接种意愿的影响因素分析......32
（一）结构方程模型构建......32
（二）研究假设......34
（三）数据分析......34
第三部分 结论与建议......41
一、结论......41
（一）总体认知程度良好，认知水平有待提高......41
（二）个体认知程度存在差异性和相关性......41
（三）网络渠道为主要渠道，个别认知渠道有差异......41
（四）认知程度等因素对接种意愿有较大影响......42
二、建议......42
（一）开展全面健康宣传教育，提高大学生总体认知水平......42
（二）重点关注非医学专业和农村户籍大学生......42
（三）进一步利用网络渠道宣传 HPV 疫苗......43
（四）降低大学生对HPV疫苗的风险感知......41
（五）降低大学生对HPV疫苗的努力期望，推广国产疫苗......41
参考文献......42
附录：问卷......43

图 6-22 调查报告

思考：请对该调查报告进行评价。

素养园地

我国研制第一颗原子弹时的“九次计算”

对调查资料的审核必须严谨细致，务必做到符合实际情况。原子弹研制过程中的“九次计算”一事，就很好地体现了老一辈科学家在资料数据收集、处理等方面求真务实的作风。

原子弹无法拆卸研究，只能靠研制者丰富的想象力和创造力。原子弹理论设计中涉及复杂的方程式、枯燥的数学概念、陌生的结构方式、大量的数据，都离不开计算。而中国原子弹设计者们的计算工具是什么呢——算盘和手摇计算机！

在二机部（九院前身），十几个年轻科研人员在邓稼先的带领下进行原子弹方程式的计算。历时一个月，第一次计算以失败告终，在接下来的三个月里，又三班倒地进行了三次计算。然而，理论计算表明，炸药爆炸后在内爆过程中产生的压力总是小于苏联专家提供的数据。这时，研究所已陆续从中科院、各大学等调集了一批物理学家、力学家、数学家，专家们和年轻科研人员一起验证讨论，专家们从各自擅长的领域对结果进行审议，提出不同的分析思路和质疑，年轻科研人员则详尽阐述自己的计算结果的合理性和正确性。朱光亚、程开甲、彭恒武、郭永怀等专家都参与了进来，讨论很激烈，然而大家的观点却莫衷一是。在这期间，又进行了六次计算。

海量的计算，就像一个无底洞：每计算一次，要有几万个网点，而每个网点又要解出五六个方程式。

到第七次计算，结果还是跟之前一样。到底是计算走了歧途，还是苏联的数据有问题？邓稼先又带领年轻人进行了第八次、第九次计算，还是如此。

就在这时，周光召从苏联回来了，他一头钻进了一麻袋一麻袋的计算稿纸中。经过反复审核，他以深厚的理论物理功底论证了我们的计算结果是正确的。“苏联的和我们的计算，建立在相同的条件下，即炸药的数量是一样的，可是苏联的数据却扩大了一倍，这太离谱了。根据最大功原理，我做了一个粗估计算，即使这些炸药的能量全部释放出来，也不可能达到苏联专家说的那个数据。”周光召一锤定音，“苏联这份材料有错误。”

这就是我国研制第一颗原子弹时被广为称道的“九次计算”。

就这样，周光召扫清了原子弹研制过程中的一个障碍，这也是周光召为第一颗原子弹的突破做出的重要贡献。到了 1962 年底，周光召协助邓稼先完成并提交了我国第一颗原子弹的理论设计方案。

1964 年 10 月 15 日，就在原子弹试爆前夜，一份急电从基地发到北京：突然发现一种材料中的杂质超出了原来的设计要求。于是，周光召所在的理论小组连夜运算，第二天上午，他将一份计算报告呈送到周恩来面前：“经计算，我国第一颗原子弹爆炸试验的失败率小于万分之一。”当日下午 3 时，中国的第一颗原子弹爆炸成功！

重点名词

事前编码　　事后编码　　统计表　　统计图　　交叉列表

思考题

1. 资料的接收包括哪些工作？

2. 应从哪些方面对市场调查资料进行审核？

3. 如何对单选题、多选题、排序题和数字型开放题进行编码设计？如何进行事后编码？

4. 统计表由哪些部分构成？统计表应符合哪些要求？

5. 常用的统计图有哪些？如何进行绘制？

6. 调查数据的数值平均数有哪些类型？如何进行计算？

7. 调查数据的位置平均数有哪些类型？如何确定？

8. 调查数据的离散程度分析、相对程度分析有哪些指标？如何进行计算？

9. 如何对调查数据进行双变量和多变量交叉列表分析？

10. 市场调查报告有哪些基本要求？

11. 市场调查报告有哪些内容？采用什么格式？

课后实践训练

对第5章末课后实践训练中收集的资料数据进行整理和分析，并撰写一份调查报告。

1. 具体要求

（1）对调查收集到的资料数据进行整理：问卷审核、清理、数据编码。

（2）将最终确认有效的数据录入SPSS统计软件，形成数据集文件。

（3）利用SPSS统计软件，对上述数据进行统计分析。

（4）根据分析结果，撰写最终调查报告，以调查报告作为任务成果。

2. 实施步骤

（1）小组负责人组织小组成员完成回收文件的审核，数据资料的整理、编码工作。

（2）小组负责人组织成员完成数据的录入和核对工作，形成数据集文件。

（3）小组负责人或指定成员完成相关指标的统计分析工作。

（4）小组负责人组织成员完成调查报告的撰写工作，调查报告中必须用相应的统计图表等呈现相关数据指标的分析结果。

（5）全体小组成员在课堂上展示调查成果：阐述调查的结论、调查发现的问题，以及针对发现的问题提出的对策建议，并由小组负责人总结本次调查的得失。

（6）各组互评。评分标准：报告的完整性、分析的透彻性、论证的充分性、结论的合理性、对策建议的可行性。文字表达占70分，课堂展示表现占20分，团队协作和报告形式占10分。

（7）教师进行综合评定和总结。

第7章 市场预测原理

市场预测就是基于市场供求变化诸因素，根据已有资料、预测者的经验和分析判断能力，运用科学的方法，对事物的未来发展趋势做出预测，为市场营销者提供可靠的依据。

第1节 市场预测概述

预测是指对未来不确定事件的一种预计和推测。它是人们对客观世界各种各样事物未来发展变化的趋势以及人类实践活动的后果事先所做的分析和评估，以便更好地指导当前的行动。

一、市场预测的概念

市场预测是指企业在通过市场调查获得一定资料的基础上，针对企业的实际需要以及相关的现实环境因素，运用已有的知识、经验和科学的方法，对企业和市场未来发展变化的趋势做出适当的分析与判断，为企业营销活动等提供可靠依据的一种活动。

市场预测具有两方面的含义：一是对现有的未知的潜在市场进行预测，目的在于了解现有市场的潜力，更好地进行生产经营决策；二是对未来市场发展变化进行预测，目的在于把握市场发展变化的趋势，以便更好地决定今后应采取的行动。市场预测通常是指对未来的市场进行预测。

在市场预测中，人们对未知市场的估计和市场未来变化的推测，是在一定理论指导下，以市场发展的历史和现状为基础，以市场调查资料和统计数据为依据，运用定性分析和定量分析的方法，在分析把握市场运行趋势和规律的前提下，对未知的市场或市场未来的发展变化进行科学的估计和预测。

二、市场预测的作用

随着社会的进步以及经济的迅速发展，市场不断扩大，经济关系日趋复杂，企业为了在激烈的市场竞争中更好地生存与发展，必须及时了解市场信息，掌握市场供求变化的趋势，及时应对市场变化做出经营决策。在市场经济条件下，任何经济活动都离不开市场预测。从微观的角度看，企业的一切经营活动都需要建立在市场预测的基础上，市场预测活动日益受到人们的重视。市场预测对企业经营的作用主要表现在以下几个方面：

（1）市场预测是企业经营决策的前提。市场经济条件下，企业是市场的主体，生产经营什么，生产经营多少，怎样适时调整生产经营方向、规模和结构，如何制定企业经营战略和营销策略，都需要由企业根据市场状况来决定。但是，市场具有不确定性，面对不确定的市场，要提高决策的科学性，就必须做好市场预测。科学的市场预测有助于决策者把握未来发展的变化趋势和规律，分析影响市场发展变化的复杂影响因素，为决策者提供有关未来市场的规模、结构、数量等方面的预测结果和对策建议，从而为决策者的决策提供科学的依据。

（2）市场预测是企业提高经营管理水平的重要措施。企业经营管理的科学水平，不仅表现在决策水平上，还表现在经营计划水平上。市场经济是一种竞争经济，企业必须主动了解市场、适应市场、参与市场竞争，才能在市场竞争中求得生存与发展。通过市场预测，企业可以测定市场潜力，发现市场机会，把握未来市场的变化态势、市场的发展走向、消费者需求的变化趋势，以及市场竞争格局的变化等，从而适应市场变化，主动调整生产经营结构，合理配置资源，增强企业竞争力。

（3）市场预测是提高企业经济效益的重要措施。处于市场经济条件下的企业，其产品开发、生产、销售及售后服务，都必须从市场需要出发，实现效益最大化。然而，要实现与市场的有机结合并取得最佳效益，只有通过市场预测掌握市场供需动向才有可能做到。一个企业经济效益的好坏，一定程度上取决于该企业将市场预测纳入其经营活动的自觉性的高低。

案例7-1

宝洁公司和一次性尿布

宝洁公司以其寻求和明确表达顾客潜在需求的优良传统，被誉为在面向市场方面做得最好的公司之一，其婴儿尿布的开发就是一个例子。1956年，该公司开发部主任米尔斯在照看其出生不久的孙子时，深切感受到一篮篮脏尿布带给家庭主妇的烦恼。这给了他灵感，于是，米尔斯就让手下几个最有才华的员工研究开发一次性尿布。

一次性尿布的想法并不新鲜。事实上，当时美国市场上已经有好几种品牌的一次性尿布了。但市场调研显示：多年来这种尿布只占美国市场的1%。原因首先是价格太高；其次是父母们认为这种尿布不好用，只适合在旅行或不便于正常换尿布时使用。调研结果还表明，一次性尿布的市场潜力巨大。美国和世界许多国家正处于战后婴儿出生高峰期，将婴儿数量乘以每日平均需换尿布次数，可以得出大得惊人的潜在销量。

宝洁公司产品开发人员用了一年的时间，研制出了一种既好用又对父母有吸引力的产品。产品的最初样品是在塑料裤衩里装上一块打了褶的吸水垫子。但1958年夏天的现场试验并不理想，婴儿身上起了痱子，父母们持否定意见。

1959年3月，宝洁公司重新设计了一次性尿布，并在实验室生产了37 000个样品，其外观与现在的产品类似。现场试验结果显示，有三分之二的试用者认为该产品胜过布尿布。然而，接踵而来的问题是如何降低成本和提高质量。为此要进行的工序革新比产品开发的难度更大。一位工程师说这是“公司遇到的最复杂的工作”。不过，到1961年12月，这个项目进入了生产和试销阶段。

公司选择地处美国最中部的城市试销这个后来被定名为“娇娃”的产品。公司发现妈妈们喜欢用“娇娃”，但不接受10美分一片尿布的价格。因此，价格必须降下来。降多少呢？在6个地方进行的试销进一步表明，定价为6美分一片，就能使这类新产品畅销，使其销售量达到零售商的要求。宝洁公司的几位制造工程师找到了解决办法，进一步了降低成本，并把生产能力提高到公司能以该价格在全国销售娇娃尿布的水平。

娇娃尿布终于成功推出，直至今天仍然是宝洁公司的重要产品之一。企业对市场真正需求的把握需要通过直接的市场调研来论证，通过潜在用户的反应来指导和改进新产品开发工作。企业各职能部门必须通力合作，不断进行产品试用和调整定价。最后，公司做成了一桩全赢的生意，推出了一种减轻了每个父母负担的产品，开辟了一个为公司带来收入和利润的重要新财源。

思考： 1. 宝洁公司开发一次性尿布的决策是在什么基础上进行的？

2. 其开发过程是否体现了现代市场营销的基本精神？

第2节 市场预测的内容与分类

一、市场预测的内容

市场预测的内容十分丰富，由于市场主体的不同、市场性质的不同、市场预测目的的不同，市场预测的具体内容也就不同。概括起来，有如下一些主要内容。

（一）市场需求趋势预测

市场需求是经济发展的驱动力，是企业效益与生命的源泉。市场需求是指在特定的时间、特定的地域，特定的顾客群体对某一商品现实和潜在的需求量。市场需求受人口变动、收入水平、价格变动、消费心理、政策条件等诸多因素影响。市场需求预测的内容主要包括：

1. 市场需求总量预测

市场需求总量是指在一定时间和一定范围内，市场上有货币支付能力的消费者对商品需求的总量，包括人们的生活消费需求和生产消费需求。有支付能力的货币总量构成了社会商品购买力，包括现实购买力和潜在购买力两部分。影响购买力总量变化的因素主要有货币收入、银行储蓄、手持现金、流动购买力和非商品性支出等。

2. 社会购买力趋势预测

市场需求预测最关心的莫过于社会实际购买力。社会实际购买力即消费者可以直接用于消费的实际支付能力。一般来说，购买力水平越低，投向生活必需品的货币量相对越大，表现为购买力首先投向吃的方面；购买力水平越高，投向其他方面（如穿、用、住、行等）的货币量就越大。另外，消费者的习俗、消费心理及商品价格等，都会对这种趋势造成很大的影响。

3. 消费者购买行为预测

消费者购买行为预测是指在一定时期内，通过对消费者购买动机、购买行为、购买心理等的调查研究来预测商品的需求动向。其中的关键是调查消费者的购买决策，即由谁来买、买什么、为什么买、如何买、何时买、多长时间买一次、家庭和社会对其购买心理有什么影响等。消费者心理调查的内容包括：对商品名、包装、品牌偏好的调查与预测，消费者群体对消费者个体需求偏好的影响预测等。

（二）市场供给预测

市场供给预测，是指进入市场的商品资源总量及其构成和各种具体商品的市场可供量的变化趋势预测。它与市场需求预测结合起来，可以预见未来市场供求矛盾的变化趋势。

1. 生产能力预测

生产能力预测包括生产规模的扩张能力预测，生产要素供应（如资金筹措、固定资产与流动资金变化、能源与原材料供应、劳动力资源、技术水平的提升潜能等）预测，交通运输与货物调配能力预测，通信与信息收集及传输、处理能力预测等。

2. 商品竞争力预测

商品竞争力是一种综合实力，是企业将产品推向市场、扩大市场占有率的关键因素。商品竞争力预测应考虑以下几个主要方面：一是产品所处生命周期的判断；二是产品成本与价格的变动趋势预测；三是技术开发与产品开发趋势预测；四是政策环境对竞争力影响趋势预测。

3. 企业经济效益预测

企业在组织商品实体流动的同时，会引起资金筹集、分配、使用和管理等一系列财务组织活动，企业的经营目的就在于以较少的投入获得较大的收益，这是每个企业的期望。企业经济效益的预测为市场经营决策目标的确定提供了可靠的依据。对企业经济效益的预测通常要借助预期产值、利润、投资回收期、净现值和内部收益率等财务指标。

二、市场预测的分类

市场预测实质上是对市场商品需求量与销售量的预测。市场预测根据研究的任务不同，可以有不同的分类。

（一）按照预测的范围分类

1. 宏观市场预测

宏观市场预测是指以整个国民经济、部门、地区的市场活动为范围进行的各种预测。它可以为企业的发展提供宏观的指导，或者为企业或地区市场的经营预测提供基础性资料，因此，宏观市场预测是必不可少的。宏观市场预测一般是中长期市场预测，要求预测人员具有战略眼光，从战略的高度认识过去、预测未来，对市场的发展做出科学的勾画。

2. 微观市场预测

微观市场预测是指处于生产、流通、服务等不同产业领域的企业，对其经营的各种产品或劳务市场的发展趋势做出估计和判断，包括产品的市场需求量、销售量、市场占有率、价格变化趋势、成本与效益指标等，为企业的生产经营决策提供支持。

（二）按照预测的性质分类

1. 定性市场预测

定性市场预测是预测者通过对市场的调查研究，了解实际情况，凭自己的实践经验和理论水平及业务水平，对市场发展的前景性质、方向和程度做出判断预测的方法，也称判断预测或调研预测。定性市场预测是基于事实与经验的分析判断，预测的准确程度主要取决于预测者的经验、理论、业务水平，以及掌握的情况和分析判断能力。定性市场预测要求预测者综合能力强，能考虑无法定量的因素。在数据不多或者没有数据时，往往采用定性市场预测。

2. 定量市场预测

定量市场预测是指根据历史和现实的统计数据和市场信息，运用统计方法以及相应的数学模型，对市场的未来状态与趋势做出定量的描述，对各项预测指标提供量化的预测值，对市场未来发展的规模、水平、速度和比例关系进行分析测定。定量市场预测通常包括点预测与区间预测。

在实际预测工作中，要尽可能地将定性预测与定量预测相结合，以提高预测值的准确度和可信度。

（三）按照预测期长短分类

市场预测是对未来某一段时间内市场的状态与趋势做出的判断与估计，由于预测对象与预测目的的不同，预测期限的长短要求也不相同。按预测期的长短，可分为长期预测、中期预测和短期预测。

1. 长期预测

长期预测一般是指五年以上的市场发展前景预测。它是制订中长期计划和经济发展规划的依据。由于长期预测的时间跨度大，涉及的因素复杂，而且大部分属于不确定因素，因此，长期预测一般采用定性预测为主、定量预测为辅的方法，并不讲究数字的准确性，只要大致勾画出方向性的目标即可。

2. 中期预测

中期预测是指对一年以上五年以下的市场发展前景的预测。它是制订中期计划和明确经济发展任务的依据。与长期预测相比，中期预测对未来的市场变化要提出更加具体、更有说服力的各种数据资料。中期预测采用定性分析与定量分析相结合的方法，并以定量分析为主。中长期预测一般在宏观市场预测中运用较多。有些经营管理水平高、竞争意识强的企业，十分重视中长期预测。

3. 短期预测

短期预测是指对一年以下的市场发展变化的预测。它是规划近期市场活动具体任务的依据。这类预测活动在企业经营活动中是大量的、频繁的。通过短期预测，企业可以及时了解市场动态，掌握市场行情变化的有利时机，提高经营水平。相比较而言，短期预测要求更具体、更明确，因此要有比较准确的数据和结果。这种预测一般采用定性分析与定量分析相结合的方法，并以定量分析为主。短期预测中的月度预测、周预测等称为近期预测。实践中，市场预测表现为大量的近期预测。

扩展阅读　市场预测知多少

第 3 节　市场预测的一般原理与要素

一、市场预测的一般原理

市场预测的原理是预测活动的认识论基础。它阐明人们运用各种预测方法对未来客观事物发展趋势做出估计和推断的基本道理、基本原则，对各个领域的预测均具有普遍的指导意义。

（一）系统性原理

系统性原理是指把预测对象看作一个系统，以系统论指导预测活动。系统论认为，每个系统内部各个组成部分之间存在相互联系、相互作用，它与其他事物系统之间也是相互联系、相互制约的。要全面地、整体地看问题，而不是片面地、局部地看问题；要联系地、连贯地看问题，而不是孤立地、分割地看问题；要发展地、动态地看问题，而不是静止地、凝固地看问题。因此，市场预测应把预测对象看成一个由多种要素构成的系统，注意分析系统内部和外部各种要素的变化，从而做出预测判断。

（二）连续性原理

连续性原理是指客观事物的发展具有合乎规律的连续性，一切社会现象和经济现象都有它的过去、现在和未来。事物未来的发展会有变化，但在一定条件下，事物的发展过程、现实状态和发展的基本趋势会延续下去，不会一下子变得面目全非。事物发展的这种连续性，表明事物发展是按照它本身固有的规律进行的。只要规律赖以发生作用的条件不变，合乎规律的现象必然会重复出现，事物未来的发展趋向与过去和现在的发展趋向必然具有一定的联系。依照这个原理，预测事物的未来必须建立在了解它的过去和现状的基础上。在预测工作中，不仅要善于发现客观事物的演变规律，还要重视分析预测期内影响事物的各种条件的变化情况，借以判断原来的演变规律是否继续起作用。不加分析地运用连续性原理，有时会造成预测工作的重大失误。

（三）类推性原理

类推性原理是指客观事物之间在结构、模式、性质、发展趋势等方面存在相似之处，人们可以根据已知事物的某种类似的发展过程和结果，类推未来某个预测目标的结构和发展模式。这种类推既适用于同类事物之间的类推，也适用于不同事物之间的类推。例如，先进地区的市场发展往往就是相对落后地区的未来写照。一般来说，越是相似的事物，类推预测的效果越好。在市场预测中，只要掌握了其先兆模式，就可以类推与先兆模式相关联的现象的发展模式。

（四）可控性原理

可控性原理是指所预测的事物未来的发展趋势和过程在一定程度上是可以控制的，客观规律是可以认识的，只要认识了客观事物发展的规律，就可以努力创造条件，使预测对象在人们的自觉控制下朝着希望的方向发展。通过有意识的控制，可以预先使其不确定性极小化。

（五）因果性原理

因果关系是存在于客观事物之间的一种普遍联系，人们可以从已知的原理推测未知的后果。因果关系具有时间上的随机性：作为原因的某一现象发生，作为结果的另一现象必然出现，原因在前，结果在后；或者原因和结果几乎同时出现。人们如果能把握住事物发展变化的原因，就可以推断出必然出现的结果。现实中存在的诸多经济现象之间的因果关系的表现形式固然复杂多样，但在预测中，预测对象及其相关经济现象的历史资料数量变动的因果关系，可归纳为两种基本形式：第一，确定的函数关系；第二，不确定的统计相关关系。运用因果性原理进行市场预测，就是要通过因果分析，把握影响预测对象的诸因素的不同作用，由因推果，对预测对象的未来趋势做出预测。

（六）统计性原理

统计性原理是指任何事物的发展变化都有一定的必然性和偶然性，偶然性中隐藏着必然性，必然性是通过对偶然性的大量观察揭示出来的。市场预测的任务就是要通过对预测对象及其诸多影响因素的偶然性分析，揭示预测对象系统内部的必然性联系，即发展的规律性，并运用这种规律性的认识来推断未来的发展趋势。从偶然性中揭示必然性所遵循的是统计规律，预测者通过对预测对象历史数据的偶然性分析，揭示出它的统计规律。因此，建立在概率论基础上的数理统计原理和方法便成为市场预测理论和方法的基石。

二、市场预测的要素

市场预测从确定预测目标、收集整理资料、选定合适的预测方法，到对预测对象的发展变化进行分析，对未来的发展变化态势和前景做出判断，构成了一个完整的预测过程。市场预测实质上就是一种经济分析过程。

（一）信息要素

信息是数据、资料、情报、消息的总称。信息按发生的时间可分为过去的信息、现在的信息和未来的信息。科学的预测是根据历史和现在的信息，运用科学的分析方法揭示出事物的发展规律，对未来状态做出的科学判断。市场预测必须大量收集社会经济发展的历史统计数据和当前市场的发展动态，进行预测分析和推断。无论是定性预测，还是定量预测，都是以大量信息为基础的。

（二）方法要素

方法要素也称技术要素，是指市场预测所采用的手段。市场预测的质量不仅依赖于所使用的信息，也与所选用的方法密切相关。预测既是科学也是艺术。预测方法是科学的，但选用哪种方法却是艺术的。预测科学发展到今天，已经积累了许多有效的预测方法，据不完全统计，目前已有300多种不同的方法。在预测中，必须解决预测方法的选择问题。

（三）分析要素

市场预测的实质是利用信息和预测方法进行市场分析，在预测前后都必须进行分析或作出解释，预测过程就是对预测事物进行分析和解释的过程。在预测前，预测者要对收集的历史信息进行分析，识别现象发展变化的性质、特点和趋势，借以决定所要采用的预测方法，或检验信息是否符合预测要求。在预测中，预测者要进行综合、比较、计算、估计、推断和论证，以求得出预测结果，这本身就是一种分析研究的过程。在预测结果得出后，预测者还要进行经济理论分析和假设验证，以评价预测结果的合理性和可靠性，并对预测要发生的时间和机理、原因和结果做出解释。

（四）判断要素

判断要素对预测过程有着极其重要的影响。因为预测信息的选用、预测方法的选择、预测结果的推断、预测值的合理性和可靠性的评价等，都需要运用判断要素，没有确定的判断，就没有较为准确的市场预测结果。

第4节　市场预测的程序与预测误差

一、市场预测的程序

市场预测的程序是以历史和现实的数据和资料为依据，运用选择的预测方法，对特定的市场预测目标的未来发展变化进行推断的过程，具有复杂性、综合性和推断性。为了保证市场预测工作的顺利进行，提高预测工作的效率和预测结果的可靠性，必须遵循一定的程序，采用科学、严谨的工作步骤。

（一）确定市场预测目标

确定预测目标是市场预测的首要问题。确定预测目标可以使预测工作获得明确的方向与内容，并据此筹划该项预测的其他工作。预测目标是整个预测的主题，确定市场预测目标要做到具体明确。预测目标的确定关系到预测内容的界定、预测资料的收集、预测方法的选择和预测精度的确定。预测是为决策服务的，预测目标是根据决策的要求提出来的，每一次决策活动的目标不尽相同，对预测目标提出的要求也就不同。有了明确而具体的预测目标，预测人员才能设计合理的调查方法收集信息，选择合适的预测方法进行预测。

（二）制订预测方案

市场预测目标确定后，根据预测项目的难易程度，预测人员需要制订可行的预测方案。预测方案的内容包括日程安排、调查和预测方法的选择、人员配置、预测的费用和预算等。制订预测方案时，预测者的关注点是用历史数据推断未来，因此，更应注重收集历史序列数据，相对来说，收集历史序列数据更加困难。

（三）收集数据资料

市场预测必须以可靠的、充分的数据和相关的资料为基础。收集数据资料的过程就是市场调查的过程。预测资料的数量和质量直接关系到预测结果的可靠性和准确性，当然预测的可靠性和准确性还与预测方法的选择、计算与判断等因素有关。实践证明，即使预测方法很科学，预测者具有较强的判断能力，若所依据的数据和资料不准确、不系统、不全面，要取得满意的预测结果也是不可能的。找到可靠而适用的历史序列数据，常常是预测取得成功的关键。

（四）选择预测方法

市场预测的方法多种多样，每一种方法都有其特定的原理、特点和适用范围，也有一定的局限性。对同一个预测对象进行预测时，往往可以选择不同的预测方法，预测的方法不同，预测的结果也不尽相同。实践证明，市场预测的准确性和科学性在很大程度上取决于预测方法的选择是否恰当，选择合适的预测方法十分重要。

必须指出，在市场预测中，不论预测者选择的预测方法多么合适，也不论预测者计算预测值多么认真，市场预测的结果都很难与现实情况相吻合，这是因为预测值只是一种估计值，它不是实际观察结果，出现误差是必然的。但是预测者可以通过各种努力使预测误差尽可能小。在实际预测活动中，不能简单、机械地根据某种预测方法的预测值得出预测结果，而应将定性分析与定量分析结合使用，或将多种不同的预测方法结合起来，采用组合预测方法，以提高预测的可靠性和准确性。

（五）预测推断与修正

市场预测的结果，一般通过数学模型来提供量化的预测值。预测值在许多情况下应包括点预测值和区间预测值。此阶段是依据连续性、类推性、系统性、因果性等预测原理，运用选定的预测方法和收集的数据资料，对预测对象的发展变化进行综合分析、计算、判断和推理，以得出预测结果。在确定预测值时，需对预测的误差做出估计，也就是把预测值同历史观察值作对比。预测值误差实质上是对预测模型精确度的直接评价，决定着对模型是否认可，是否需要做出修正，以及在多大程度上做出修正。

由于市场现象随时都在发生变化，因此预测者必须根据市场现实情况对预测值进行修正，如果市场现象和各种影响因素发生的变化较大，还需改变预测方法，重新选择预测模型进行预测，这样才能提高市场预测的准确度。

（六）编写预测报告

市场预测的最终目的是为决策服务，为此，预测结束后，应用书面的方式表达预测的过程和预测结果，以供决策者阅读和使用。市场预测报告应对预测的目的、过程和方法做简要的交代，重点论述预测对象未来发展变化的前景和可能出现的结果以及制约未来发展变化的因素。定量预测应重点阐述预测模型的变量选择、参数估计、模型检验和预测推断问题等。在市场预测报告中，亦可展开必要的对策研究，提出解决问题的路径和对策。

二、市场预测误差分析

预测不是神机妙算。由于市场未来的变化具有不确定性，因此，任何预测结果不可能完全符合未来的客观实际，总会存在一定的误差。预测误差是指预测模型的理论估计值与历史观察期的实际发生值之间的差异。预测误差是一个衡量预测精确度的指标，预测误差的大小与预测的准确程度成反比。预测误差小，表明预测的精确度高；反之，表明预测的精确度低。

（一）产生预测误差的原因

预测误差是不可避免的，它产生的原因多而复杂，有客观原因，也有主观原因。主要原因如下：

（1）突发性因素的影响。迄今为止，预测学界对于偶然突发性因素影响导致的趋势偏离已提出了初步的解决办法，但仍然难以对其做出精确的估计。

（2）市场规律的过程影响。市场供需关系等诸多规律性的显示有一个过程，在这种规律性未充分显示出来，或未能被充分认识之前，人们往往难以遵循这种规律性准确地推测预测对象的未来。

（3）预测资料的影响。预测需要大量的资料，相关资料越充分、越真实，预测效果就越好，预测结果也就越准确。但在实际工作中，往往由于资料的限制，难以满足预测准确度的要求。其限制因素主要包括：观测失真、抽样失真、计算误差、时滞误差，以及有的预测对象是新生事物，还没有积累起有关资料等。

（4）预测模型的近似性影响。在预测中，用于预测的数学模型本身具有局限性，不可能把所有的影响因素都包括在模型之内。因此，利用数学模型进行预测也会产生不同程度的预测误差。

（5）预测方法选择不当的影响。从预测方法选择的影响因素分析，不难理解，预测方法的选择是件十分细致的工作，不同的预测方法可能导致对同一个预测目标所得结果的巨大偏离。

（6）心理因素的影响。在主观判断预测中，预测者的心理对预测结果的影响不容忽视。心理因素的影响较多，诸如心理定式的影响、从众心理的影响、个人偏好的影响、团体行为的影响、价值取向的影响、社会意识的影响等。即便是在采用定量方法的预测中，心理因素的影响也始终渗透于定性分析中，并进而影响样本的确定、变量的选择、模型的建立、方案的确定等。

（二）预测误差的测定

1. 绝对误差

绝对误差可定义为预测理论估计值同历史观察期内同一时点的实际值之间的偏差，可用下式表达：

$$e_i = y_i - \hat{y}_i \quad (i=1,2,3,\cdots,n) \tag{7.1}$$

式中，e_i 为预测值绝对误差；y_i 为预测目标历史观测值；$\hat{y}_i$ 为预测目标理论估计值。

2. 相对误差

相对误差是指用百分数表示的相对于每一历史观测值的误差量值，表达式为：

$$E = \frac{y_i - \hat{y}_i}{y_i} \times 100\% = \frac{e_i}{y_i} \times 100\% \quad (i=1,2,3,\cdots,n) \tag{7.2}$$

式中，E 为预测值相对误差。

3. 平均相对误差

平均相对误差是指相对于全部样本数的相对误差的平均值，表达式为：

$$ARE = \frac{1}{n}\sum_{i=1}^{n}\frac{y_i - \hat{y}_i}{y_i} \times 100\% = \frac{1}{n}\sum_{i=1}^{n}\frac{e_i}{y_i} \times 100\% \quad (i = 1,2,3,\cdots,n) \tag{7.3}$$

4. 平均误差

平均误差是指相对于全部样本的绝对误差的平均值，表达式为：

$$MD = \frac{1}{n}\sum_{i=1}^{n}(y_i - \hat{y}_i) = \frac{\sum_{i-1}^{n} e_i}{n} \quad (i = 1,2,3,\cdots,n) \tag{7.4}$$

式中，MD 为平均误差；n 为样本数，即历史观察的个数。

由于每一时点绝对误差的符号可能为正也可能为负，取其代数和将导致误差的部分抵消，故平均误差不能准确地反映预测误差的真实状况。因此，有必要引入以下预测误差的方法。

5. 平均误差绝对值

平均误差绝对值是指相对于全部样本的绝对误差绝对值的平均值，表达式为：

$$MAD = \frac{1}{n}\sum_{i=1}^{n}|y_i - \hat{y}_i| = \frac{1}{n}\sum_{i=1}^{n}e_i \quad (i = 1,2,3,\cdots,n) \tag{7.5}$$

6. 均方误差

均方误差可用下式加以定义：

$$MSD=\frac{1}{n}\sum_{i=1}^{n}(y_i-\hat{y}_i)^2=\frac{1}{n}\sum_{i=1}^{n}e_i^2\quad(i=1,2,3,\cdots,n)\tag{7.6}$$

7. 均方根误差

均方根误差可用下式加以定义：

$$RMSD=\sqrt{\frac{1}{n}\sum_{i=1}^{n}(y_i-\hat{y}_i)^2}=\sqrt{\frac{\sum_{i=1}^{n}e_i^2}{n}}\quad(i=1,2,3,\cdots,n)\tag{7.7}$$

8. 误差的标准差

误差的标准差的表达式为：

$$SDE=\sqrt{\frac{1}{n-1}\sum_{i=1}^{n}(y_i-\hat{y}_i)^2}=\sqrt{\frac{\sum_{i=1}^{n}e_i^2}{n-1}}\quad(i=1,2,3,\cdots,n)\tag{7.8}$$

重点名词

市场预测　　定性预测　　定量预测　　预测误差

思考题

1. 如何理解市场预测的含义、特点和作用？
2. 市场预测有哪些分类？有哪些要求？
3. 市场预测有哪些基本原理？有哪些基本要素？
4. 定性预测和定量预测为何要结合应用？
5. 什么是预测误差？怎样测定预测误差？
6. 估计预测误差有何意义？

第8章 定性预测方法

第1节 定性预测概述

一、定性预测的概念

定性预测是指预测者依靠熟悉业务知识、具有丰富经验和综合分析能力的人员与专家，根据已掌握的历史资料和直观材料，运用个人的经验和分析判断能力，对事物的未来发展做出性质和程度上的判断，然后，通过一定形式综合各方面的意见，作为预测未来的主要依据。定性预测方法主要有经验判断预测法、专家预测法等。

二、定性预测的适用性

由于定性预测具有简便易行、灵活高效等优点，因此在实践中广泛适用于以下几种情况：

（1）对于预测对象的各种信息数据资料，包括历史资料和现实资料掌握较少；

（2）所收集掌握的各种信息资料难以充分反映预测对象的规律；

（3）预测对象的影响因素较复杂，难以用数字进行描述；

（4）难以对预测对象的主要影响因素进行数量分析等。

由于定性预测主要依靠预测者的经验和学识，在预测过程中不可避免地受到预测者自身主观因素的影响，并受到预测者经验学识的限制，因此在进行定性预测的同时，也应当在广泛深入地进行市场调查的基础上，尽可能全面地收集数据，运用数学方法，从数量上做出测算。

三、定性预测的特点

定性预测的特点在于：

（1）着重对事物发展的性质进行预测，主要凭借人的经验以及分析能力，是一种非常实用的预测方法。

（2）着重对事物发展的趋势、方向和重大转折点进行预测。比如对国家经济形势的发展、经济政策的变化趋势、市场总体走势的演变、科学技术的发展趋势、新产品的研发方向、企业经营环境分析和战略决策方向等方面的预测。

四、定性预测的优缺点

定性预测的优点在于：注重对事物发展性质方面的预测，具有较大的灵活性，易于充分发挥人的主观能动作用，且简单迅速、省时省费用。

定性预测的缺点是：易受主观因素的影响，比较依赖于人的经验和主观判断能力，从而易受人的知识、经验和能力的限制，尤其对事物发展缺乏数量上的精确描述。

五、定性预测与定量预测的关系

定性预测与定量预测各有优点和不足。定性预测侧重对事物发展性质方面的预测，具有较大的灵活性，易于充分发挥预测者的主观能动性，具有实施简单、节省时间和费用的特点。但是它又容易受到预测者的主观因素影响和客观条件的限制，具有片面性，特别是难以对事物发展做出数量上的精确描述。

定量预测注重对事物发展在数量方面的分析，重视对事物发展变化程度做出数量上的描述。进行定量预测时，更多的是依据所收集的历史统计资料，因此受到预测者主观因素的影响较少。但是定量预测比较机械刻板，不灵活，对资料的质量和数量要求都较高，而且有时数据难以处理，难以对事物发展变化的长期趋势准确预测。

定性预测与定量预测相互之间并不是排斥关系，而是可以相互补充、互为印证的，在实际预测中往往将两者结合使用。而且定性预测与定量预测并不是绝对割裂开来的，定性预测过程中往往包含一些数量的描述，定量预测过程中也包含部分主观判断。因此对预测对象的发展变化必须从性质和数量两个方面去把握，同时使用定性和定量的方法对事物的未来变化进行分析，也只有将定性与定量相结合才能达到好的预测效果。

第2节　经验判断预测法

经验判断预测法是依赖于预测人员的经验和知识以及综合分析能力，对预测对象的未来发展前景做出性质和程度上的估计和推测的预测方法。经验判断预测法又可分为个人经验判断预测法和集体经验判断预测法。

一、个人经验判断预测法

个人经验判断预测法是指凭借预测人员个人的知识经验和分析综合能力，对预测目标做出未来发展趋势的推断。推断的成功和准确与否取决于个人的经验、知识，所掌握的资料，以及预测人员个人的分析、综合和逻辑推理能力。

（一）个人经验判断预测法的特点和作用

1. 个人经验判断预测法的特点

通常，个人经验判断预测法具有以下三个方面的特点：

（1）定性的主观推断。一般预测方法根据是否建立数学模型分为定性预测和定量预测两大类。定性预测是根据直观的材料，依靠预测人员的经验和分析判断能力，对未来事物的发展趋势做出预测判断。个人经验判断预测法是定性直观判断预测法的一种，对事物未来发展趋势的预测完全凭借预测人员个人的主观判断，而不是或较少借助数学模型，这使得预测结果带有强烈的主观色彩。

（2）预测结果的精确程度取决于预测者的知识和经验。因为个人经验判断预测法是一种主观判断的预测方法，所以预测结果的精确程度与预测者个人的判断推测能力有很大的关系，而预测者的判断推测能力又取决于其对事物的认知能力、分析能力、逻辑推理能力、过往的经验等，甚至与其性格等基本素质有很大的关系。不同的预测者由于知识、经验不同，其预测结果可能有很大的差异。因此要取得较好的预测结果，就应当重视和尊重具有丰富经验、知识水平较高的专家的推测。

（3）预测过程简便。个人经验判断预测法以预测者的个人判断推测为主，由于预测者对所需要预测的目标及相关情况比较了解，掌握的资料较多，经验比较丰富，同时其分析判断也主要依靠自己的思维，而不是数学模型等，因此其预测过程比其他方法简便，预测所需的时间也相对较短。

由于个人经验判断预测法具有上述三方面的特点，因此主要适用于近期或短期的市场预测，尤其适用于那些急需对市场某一方面做出大致估计的预测分析。

2. 个人经验判断预测法的作用

个人经验判断预测法的作用主要体现在以下两个方面：

（1）它是进行快速预测必不可少的方法。现代企业所面对的市场往往是快速变化的，企业要时刻注意市场的变化状况，随时根据市场的变化对经营决策做出调整。面对快速变化的市场，企业没有时间也没有必要投入大量的人、财、物去分析预测；而且很多时候需要经营管理人员或销售人员根据市场的变化随时做出预测并马上决断。此时难以采用复杂的预测方法，只能根据自己的知识、经验做出判断和预测。

（2）它是其他预测方法的必要补充。尽管企业可以选择的预测方法有很多，但是离不开个人经验判断预测法。一方面，在复杂的市场环境中，仅仅将先进的科学技术和设备引入预测工作还远远不够，设备只是预测的工具，真正对预测结果做出明智判断仍然需要运用个人经验判断预测法；另一方面，将个人经验判断预测法与其他预测方法相结合，能够做到取长补短，互为补充，使预测结果更有效、更符合客观实际。

（二）个人经验判断预测法的种类和应用

1. 相关推断法

相关推断法是指根据因果性原理，由已知的相关经济现象和经济指标，去推断预测目标的未来发展趋势。

运用相关推断法进行市场预测时，首先应根据理论分析或实践经验，把与预测目标相关的各项因素一一识别出来，并找出那些与预测目标有直接关系的主要影响因素；然后再根据这些因素对预测目标的内在因果关系进行推断。例如，儿童玩具需要量的增加，可从儿童人数和购买力提高的角度去推断。

2. 对比类推法

对比类推法是指依据类推性原理，从已知的相似经济事件去推断预测目标的将来发展趋势。利用对比类推法进行市场预测时，首先应找出一个与预测目标在产品、目标消费者、市场环境等各方面高度类似的已知市场作为参照物；然后根据二者之间的类似程度进行推断，从而预测目标市场的变化趋势。例如，预测今后一段时间全国手机市场需求状况，只需选取若干大、中、小城市及一些有代表性的农村地区进行调查分析，以类推全国总需求的情况。这是一种应用较广泛的局部总体类推法，除此之外，对比类推法还有产品类推法（根据产品的相似性类推）、地区类推法（根据地区的相似性类推）、行业类推法（根据行业的相似性类推）等。

二、集体经验判断预测法

（一）集体经验判断预测法概述

集体经验判断预测法是指利用集体的经验、智慧，通过思考分析、判断综合，对事物未来的发展变化趋势做出估计和判断的一种方法。与个人经验判断预测法相比，集体经验判断预测法有十分明显的优点，它利用了集体的经验和智慧，避免了个人掌握的信息量有限和看问题片面的缺点。

采用集体经验判断预测法进行市场预测时，组织形式可以多种多样。根据意见的来源和对意见的处理方式，集体经验判断预测法可以分为以下几种：

1. 意见交换法

意见交换法是指参加预测的人员通过座谈讨论、相互交换意见，当场提出个人主观的估计预测值；或者事后提出个人主观的估计预测值，然后由预测主持者集中各方面的意见，综合形成一种或几种预测结果。

2. 意见汇总法

意见汇总法是指在对某事物进行预测时，由企业内部所属各个部门分别进行预测，然后把各部门的预测意见加以汇总，形成集体的预测意见的一种判断预测法。

3. 消费者意向调查法

消费者意向调查法是指在对消费者或用户在未来某个时间内购买某种商品的意向进行调查的基础上，对商品需求量或销售量做出量的推断的方法。这种方法可以通过集中几种消费者或用户购买商品的决策经验，判断他们未来对商品的需求状况。

4. 意见测验法

意见测验法是指向企业外部的有关人员（如消费者或用户）征求意见，加以综合分析做出预测推断的一种方法。经常采用的有消费者或用户现场投票法、发调查表征求意见法、商品试销或试用征求意见法。

（二）集体经验判断法预测的步骤

第一步，由若干个熟悉预测对象的人员组成一个预测小组，向小组成员提出预测目标和预测的期限要求，并尽可能地向他们提供有关资料。

第二步，小组成员根据预测要求，凭其个人经验和分析判断能力提出各自的预测方案。同时每个人说明其分析理由，并允许大家在经过充分讨论后，重新调整自己的预测方案，力求在方案中有质的分析，也有量的分析，有充分的定性分析，又有较准确的定量描述。在方案中要确定三个重点：

（1）未来市场的可能状况。

（2）各种可能状况出现的概率（主观概率）。

（3）每种状况下市场销售可能达到的水平（状态值）。

第三步，预测组织者计算有关人员的预测方案的期望值，即各项主观概率与状态值乘积之和。

第四步，将参与预测的有关人员分类，并赋予不同的权重。由于预测参加者对市场了解的程度以及经验等因素不同，因而他们每个人的预测结果对最终预测结果的影响作用也不同。所以要对每个人员分别给予不同的权重表示这种差异，最后采用加权平均法获得最终结果。若给每个预测者赋予相同的权重，表示各预测者的预测结果重要性相同，则最后结果可直接通过算术平均法获得。

第五步，确定最终预测值。

（三）预测结果数值的处理方法

对集体经验判断预测法所获得的预测结果数值的处理归纳是使用该方法的关键，一般可采用以下三种方法进行处理：

1. 三点估计法

三点估计法将预测者的预测结果分为最低估计值（用 a 表示）、最高估计值（用 b 表示）和最可能估计值（用 m 表示）三种可能值，则最终估计值（用 E 表示）应为：

$$E=\frac{a+4m+b}{6} \tag{8.1}$$

例如，某企业主管市场的经理对下一季度销售额的估计是：最低销售额 1 200 万元，最高销售额 1 800 万元，而最可能的销售额 1 600 万元。利用式（8.1）可以计算出其三点估计值：

$$E=\frac{1\ 200+4\times 1\ 600+1\ 800}{6}=1\ 567\text{（万元）}$$

则该经理预测的最终销售额应为 1 567 万元。

2. 相对重要度法

相对重要度法是将预测者按照其经验、知识水平划分为不同的类型，确定各个预测者的重要度（相当于权重），从而对不同预测者的结果计算加权平均数的一种方法。计算公式为：

$$E_P = \frac{\sum_{i=1}^{n} a_i x_i}{\sum_{i=1}^{n} a_i} \tag{8.2}$$

式中，a_i为重要度；x_i为第i个预测者的预测结果（$i=1, 2, \cdots, n$）；E_P为估计值。

例如，某公司有A、B、C、D四个销售人员，对公司的某种产品在第二年的销售量预测值依次为：34 000件、28 000件、42 000件、39 000件。根据A、B、C、D四个销售人员以往预测结果准确性的核实以及四个人的经验学识，他们的重要度分别为：1、1.5、2.5、1。则根据式（8.2）可计算出：

$$E_p = \frac{1\times 34\ 000 + 1.5\times 28\ 000 + 2.5\times 42\ 000 + 1\times 39\ 000}{1+1.5+2.5+1} = 36\ 666\text{（件）}$$

即该公司第二年的销售量预测值应为36 666件。

3. 主观概率法

主观概率法是市场趋势分析者对市场趋势分析事件发生的概率（即可能性大小）做出主观估计，然后计算它的期望值，以此作为市场趋势分析事件的结论的一种定性市场趋势分析方法。

主观概率法中采用的概率是预测者凭其个人经验给出的主观概率，而不是客观概率或统计概率，所以主观概率的测定因人而异，受人的心理影响较大，谁的判断更接近实际，主要取决于市场趋势分析者的经验、知识水平和对市场趋势分析对象的把握程度。

如果是多个预测者对同一目标进行预测，则应先计算每个预测者应用主观概率法预测的期望值，然后再根据相对重要度法计算出多个预测人员的最终预测值。

【例8-1】某公司甲、乙、丙、丁四名业务人员对该公司第二年的销售状况进行预测。他们对销售额和可能出现的各种状态的概率估计如表8-1所示。另根据他们以往的预测经验和学识，他们的重要度之比为1∶1∶1.5∶2。请给出该公司第二年销售额的预测值。

表8-1 某公司业务人员销售额及概率估计一览表

业务员	状态	预测销售额（万元）	主观概率
甲	高	1 100	0.3
	中	950	0.4
	低	850	0.3
乙	高	1 200	0.1
	中	1 050	0.7
	低	980	0.2
丙	高	1 150	0.4
	中	900	0.4
	低	700	0.2

续表

业务员	状态	预测销售额（万元）	主观概率
丁	高	1 100	0.2
	中	1 000	0.5
	低	850	0.3

解：首先计算出各业务人员的主观概率预测期望值：

$$E_{甲}=1\,100\times0.3+950\times0.4+850\times0.3=965\text{（万元）}$$

$$E_{乙}=1\,200\times0.1+1\,050\times0.7+980\times0.2=1\,051\text{（万元）}$$

$$E_{丙}=1\,150\times0.4+900\times0.4+700\times0.2=960\text{（万元）}$$

$$E_{丁}=1\,100\times0.2+1\,000\times0.5+850\times0.3=975\text{（万元）}$$

其次，根据式（8.2）可得公司第二年销售额的预测值为：

$$E_p=\frac{965\times1+1\,105\times1+960\times1.5+975\times2}{1+1+1.5+2}=983\text{（万元）}$$

即这四个业务人员对该公司第二年销售额的预测值为 983 万元。

第 3 节　专家预测法

专家预测法是以专家为索取信息的对象，运用专家的知识和经验，考虑预测对象的社会环境，直接分析研究和寻求其特征规律，并推测未来的一种预测方法。

专家预测法的一个突出特点就在于参加预测的人员必须是与预测问题有关的专家，即那些具备专业知识、精通业务、在某些方面有丰富经验、富有创造性和分析判断能力的人。此外，在缺乏足够统计数据和原始资料的情况下，这种方法对于某些难以用数学模型定量化的因素，可以给出定量估计。

常见的专家预测法一般有专家会议预测法、头脑风暴法、德尔菲法三种。

一、专家会议预测法

专家会议预测法是指根据市场预测的目的和要求，向一组经过挑选的专家提供一定的背景资料，通过会议的形式对预测对象及其前景进行评价，在综合专家分析判断的基础上，对市场趋势做出量的推断。

它是在专家个人经验判断预测法的基础上，通过举行专家会议进行的集体分析判断，将专家个人意见综合起来，寻求趋于一致的结论的预测方法。这种方法参加的人数多，所拥有信息量远远多于个人拥有的信息量，因此能够凝聚众多专家的智慧和经验，避免个人判断的不足，对于一些重大问题的预测较为可行。

（一）专家会议预测法的实施步骤

（1）召开会议征询意见。出席会议的专家人数不宜太多，也不宜太少，一般以 6～

10人为宜；选择的专家应具有代表性，要具备丰富的专业知识和经验，能独立思考，不受权威所左右；会议气氛应民主、活跃，使每位专家能够畅所欲言。

（2）会议主持人提出预测对象，请专家充分发表意见，提出各种各样的方案。主持人在会议期间不发表自己的设想、看法，以免影响与会专家的思路或给予其倾向性的感觉；对专家提出的所有方案和意见不表示否定或肯定。

（3）向各位专家强调在会议上不要批评别人的方案，鼓励大家畅谈自己的方案，发散思维，方案多多益善。

（4）会议结束后，主持人再对各种方案进行比较、评价和归类，最后确定预测方案。

（二）采用专家会议预测法的注意事项

（1）挑选的专家应有一定的代表性、权威性。

（2）在进行预测之前，首先应取得参加者的支持，确保他们能认真地进行每一次预测，以提高预测的有效性。同时也要向组织高层说明预测的意义和作用，取得决策层和其他高级管理人员的支持。

（3）问题表应该措辞准确，不能有歧义，征询的问题一次不宜太多，不要问那些与预测目的无关的问题，列入征询的问题不应相互包含；所提的问题应是所有专家都能答复的问题，而且应尽可能保证所有专家都能从同一角度去理解。

（4）进行统计分析时，应该区别对待不同的问题，对于不同专家的权威性应赋予不同的权重，而不是一概而论。

（5）提供给专家的信息应该尽可能充分，以便其做出判断。

（6）只要求专家做出粗略的数字估计，而不要求十分精确。

（7）问题要集中，要有针对性，不要太过分散，以便使各个事件构成一个有机整体，问题要按顺序排列，先简单后复杂，先综合后局部。这样易引起专家回答问题的兴趣。

（8）调查单位或领导小组的意见不应强加于调查意见之中，要防止出现诱导现象，避免专家意见向领导小组靠拢，以至得出专家迎合领导小组观点的预测结果。

（9）避免组合事件。如果一个事件包括专家同意的和专家不同意的两个方面，专家将难以做出回答。

使用专家会议预测法，除了需要注意上述事项，会议的组织者应符合以下要求：

（1）专家会议组织者最好是市场预测方面的专家，有较强的会议组织能力。

（2）专家会议组织者要提前向与会专家提供有关的资料和调查提纲，讲清所要研究的问题和具体要求，以便让与会者有备而来。

（3）精心选择会议主持人，使与会专家能够充分发表意见。

（4）要有专人对各位专家的意见进行记录和整理，注意对专家的意见进行科学的归纳和总结，以便得出科学的结论。

为了使专家会议开得富有成效，会议召开前需要进行一定的调查研究，向与会专家提供一定的资料，如市场现状和动态资料，不同企业所生产的同类产品的质量、性能、成本、价格等方面的对比资料，以及同类产品的历史销售资料等。

（三）专家会议预测法的优缺点

1. 优点

专家会议有助于专家们交换意见，通过互相启发，可以弥补个人意见的不足；通过内外信息的交流与反馈，产生“思维共振”，进而将产生的创造性思维活动集中于预测对象，在较短时间内得到富有成效的创造性成果，为决策提供预测依据。

2. 缺点

由于参加会议的人数有限，因此代表性不高；受权威的影响较大，容易压制不同意见的发表；受专家本人表达能力的影响，一些有价值的意见可能得不到重视；由于自尊心等因素的影响，会议容易出现僵局；易受潮流思想的影响等。

二、头脑风暴法

（一）头脑风暴法概述

头脑风暴（brain-storming），最早是精神病理学上的用语，指精神病患者的精神错乱状态。现在，“头脑风暴”已成为无限制的自由联想和讨论的代名词，其目的在于产生新观念或激发创新设想。

头脑风暴法是由美国创造学家奥斯本于 1939 年首次提出、1953 年正式发表的一种激发思维的方法。此法经各国创造学研究者的实践和发展，至今已经形成了一个发明技法群，如奥斯本智力激励法、默写式智力激励法、卡片式智力激励法等。

在群体决策中，由于群体成员心理的相互作用和影响，个体易屈于权威或大多数人意见，形成群体思维。群体思维削弱了群体的批判精神和创造力，降低了决策的质量。为了保证群体决策的创造性，提高决策质量，管理学上发展了一系列改善群体决策的方法，头脑风暴法是较为典型的一种。

头脑风暴法可分为直接头脑风暴法（通常简称为头脑风暴法）和质疑头脑风暴法（也称反头脑风暴法）。前者是在专家群体决策时尽可能激发创造性，产生尽可能多的设想的方法；后者则是对前者提出的设想、方案逐一质疑，分析其现实可行性的方法。

采用头脑风暴法进行群体决策时，要集中有关专家召开专题会议，主持人以明确的方式向所有参与者阐明问题，说明会议的规则，尽力创造融洽轻松的会议气氛。主持人一般不发表意见，以免影响会议的自由气氛，由专家自由提出尽可能多的方案。

（二）头脑风暴法的要点

1. 组织形式

（1）参加人数一般为 5～10 人，最好由不同专业或不同岗位的人员组成。

（2）会议时间控制在 1 小时左右。

（3）设主持人一名，主持人只主持会议，对设想不作评论。设记录员 1～2 人，要求认真地将参与者的每一设想（不论好坏）都完整地记录下来。

2. 会议类型

（1）设想开发型：这是为获取大量的设想、为课题寻找多种解题思路而召开的会议，因此，要求参与者善于想象，语言表达能力强。

（2）设想论证型：这是为将众多的设想归纳转换成实用型方案而召开的会议，要求参与者善于归纳、善于分析判断。

3. 会前准备工作

（1）明确主题。会议主题应该提前通报给与会人员，让参与者有一定准备。

（2）选好主持人。主持人要熟悉并掌握该技法的要点和操作要素，摸清主题现状和发展趋势。

（3）参与者要了解该会议提倡的原则和方法。

（4）会前可进行柔化训练，即对缺乏创新者进行打破常规思考、转变思维角度的训练，以减少思维惯性，从单调的紧张工作环境中解放出来，以饱满的创造热情投入激励设想的活动。

4. 会议原则

为使参与者畅所欲言，互相启发和激励，达到较高效率，必须严格遵循下列原则：

（1）禁止批评和评论，也不要自谦。对别人提出的任何想法都不能批判、不得阻拦。即使自己认为是幼稚的、错误的，甚至是荒诞离奇的设想，亦不得予以驳斥；同时也不允许自我批判，以便调动每一个参与者的积极性。要防止出现一些“扼杀性语句”和“自我扼杀语句”。诸如“这根本行不通”、“你这想法太陈旧了”、“这是不可能的”、“这不符合某某定律”以及“我提一个不成熟的看法”、“我有一个不一定行得通的想法”等语句，禁止在会议上出现。只有这样，与会者才可能在充分放松的心境下，在别人设想的激励下，集中精力开拓自己的思路。

（2）目标集中，增加设想数量，越多越好。在会上只鼓励大家提设想，越多越好。会议以增加设想的数量为目标。

（3）鼓励巧妙地利用和改善他人的设想，这是激励的关键所在。每个参与者都要从他人的设想中得到激励，从中得到启示，或补充他人的设想，或将他人的若干设想综合起来提出新的设想等。

（4）与会人员一律平等，将各种设想全部记录下来。与会人员，不论是相关领域的专家、员工，还是其他领域的学者，以及该领域的外行，一律平等；各种设想，不论大小，甚至是最荒诞的设想，记录人员也要认真地将其完整地记录下来。

（5）主张独立思考，不允许私下交谈，以免干扰别人的思维。

（6）提倡自由发言，畅所欲言，任意思考。会议提倡自由奔放、随便思考、任意想象、尽量发挥，主意越新、越怪越好，因为它能启发人推导出好的观念。

（7）不强调个人的成绩，应以小组的整体利益为重，注意和理解别人的贡献，人人创造民主环境，不以多数人的意见阻碍个人新的观点的产生，激发个人追求更多更好的主意。

5. 会议实施步骤

（1）会前准备。参与者、主持人和课题任务三落实，必要时可进行柔性训练。

（2）设想开发。由主持人公布会议主题并介绍与主题相关的参考情况；突破思维惯性，大胆进行联想；主持人控制好时间，力争在有限的时间内获得尽可能多的创意性设想。

（3）设想的分类与整理。一般分为实用型和幻想型两类。前者是指目前技术工艺可以实现的设想，后者指目前的技术工艺还不能实现的设想。

（4）完善实用型设想。对实用型设想，用头脑风暴法去进行论证，进行二次开发，进一步扩大设想的实现范围。

（5）幻想型设想再开发。对幻想型设想，用头脑风暴法进行开发，通过进一步开发，就有可能将创意的萌芽转化为成熟的实用型设想。这是头脑风暴法的一个关键步骤，也是该方法质量高低的明显标志。

6. 主持人技巧

头脑风暴法的主持人，最好由对决策问题的背景比较了解并熟悉头脑风暴法的处理程序和处理方法的人担任。头脑风暴主持人的发言应能激发参与者的思维灵感，促使参与者感到急需回答会议提出的问题。通常在头脑风暴开始时，主持人需要采取询问的方式，因为主持人不大可能在会议开始 5～10 分钟内创造自由交换意见的气氛，并激励参与者踊跃发言。主持人的主动活动也只局限于会议开始之时，一旦参加者被鼓动起来，新的设想就会源源不断地涌现出来。这时，主持人只需根据头脑风暴的原则进行适当引导即可。应当指出，发言量越大，意见越多种多样，所讨论的问题越广越深，出现有价值设想的概率就越大。在主持过程中可以应用下列技巧：

（1）主持人应懂得各种创造思维和技法，会前要向参与者重申会议应严守的原则和纪律，善于激发参与者思考，使场面轻松活跃而又不违背头脑风暴的规则。

（2）轮流发言，每轮每人简明扼要地说清楚一个创意设想，避免发言不均。

（3）要以赏识激励的词句、语气和微笑点头的行为语言，鼓励与会者多提设想，如说：“对，就是这样！”“太棒了！”“好主意！这一点对开阔思路很有好处！”等等。

（4）禁止使用下面的话语：“这点别人已说过了！”“实际情况会怎样呢？”“请解释一下你的意思。”“就这一点有用。”“我不赞赏那种观点。”等等。

（5）经常强调设想的数量，比如平均 3 分钟内要说出 10 个设想。

（6）人人皆才穷计短出现暂时停滞时，可采取一些措施，如休息几分钟，自选休息方法，散步、唱歌、喝水等，再进行几轮头脑风暴。或发给每人一张与问题无关的图画，要求讲出从图画中所获得的灵感。

（7）根据课题和实际情况需要，引导大家掀起一次又一次头脑风暴的激波。如课题是某产品的进一步开发，可以将产品改进配方思考作为第一次激波、将降低成本思考作为第二次激波、将扩大销售思考作为第三次激波等。又如，对某一问题解决方案的讨论，引导大家掀起“设想开发”的激波，及时抓住“拐点”，适时引导掀起“设想论证”的激波。

（8）要掌握好时间，会议持续 1 小时左右，形成的设想应不少于 100 种。但最好的设想往往是在会议要结束时提出的，因此，预定结束的时间到了可以根据情况再延长 5 分钟，这是人们容易提出好的设想的时候。当 1 分钟时间内再没有新主意、新观点出现时，头脑风暴会议可宣布结束或告一段落。

（三）头脑风暴法中专家的选择

为了提供一个良好的创造性思维环境，应该确定专家会议的最佳人数和会议进行的时间。经验证明，专家小组规模以10～15人为宜，会议时间一般以20～60分钟效果最佳。专家的人选应严格限制，便于参与者把注意力集中于所涉及的问题。应按照以下三个原则选取专家：

（1）如果参与者相互认识，要从同一职位（职称或级别）的人员中选取。领导人员不应参加，否则可能对参与者造成某种压力。

（2）如果参与者互不认识，可从不同职位（职称或级别）的人员中选取。这时不应宣布参与者职称，不论成员的职称或级别的高低，都应同等对待。

（3）参与者的专业应力求与所论及的决策问题相一致，这并不是专家组成员的必要条件。但是，专家中最好包括一些学识渊博，对所论及问题有较深理解的其他领域的专家。

所选择的专家应包括：方法论学者——专家会议的主持人；设想产生者——专业领域的专家；分析者——专业领域的高级专家；演绎者——具有较强逻辑思维能力的专家。

头脑风暴法的所有参与者，都应具备较强的联想思维能力。在进行头脑风暴（即思维共振）时，应尽可能提供一个有助于把注意力高度集中于所讨论问题的环境。有时某个人提出的设想，可能正是其他准备发言的人已经思考过的设想。其中一些最有价值的设想，往往是在已提出设想的基础之上，经过头脑风暴，迅速发展起来的设想，以及对两个或多个设想的综合。因此，头脑风暴法产生的结果，应当认为是专家成员集体创造的成果，是专家组互相启发的总体效应。

（四）质疑头脑风暴法

在决策过程中，对上述头脑风暴法提出的系统化的方案和设想，应经常采用质疑头脑风暴法进行质疑和完善。这是头脑风暴法中对设想或方案的现实可行性进行评估的一个专门程序。在这一程序中包含以下阶段：

第一阶段，要求参与者对每一个设想都要提出质疑，并进行全面评论。评论的重点是研究有碍设想实现的所有限制性因素。在质疑过程中，可能产生一些可行的新设想。这些新设想包括对已提出的设想无法实现的原因的论证、存在的限制因素以及排除限制因素的建议。其结构通常是："××设想是不可行的，因为……""如要使其可行，必须……"

第二阶段，对每一组或每一个设想编制评论意见一览表以及可行设想一览表。质疑头脑风暴法应遵循的原则与直接头脑风暴法一样，只是禁止对已有的设想提出肯定意见，而鼓励提出批评和新的可行设想。在采用质疑头脑风暴法时，主持人应首先简明介绍所讨论问题的内容以及各种系统化的设想和方案，以便把参与者的注意力集中于对所论问题进行全面评价上。质疑过程应一直进行到没有问题可以质疑为止。质疑中提出的所有评价意见和可行设想，应专门记录下来。

第三阶段，对质疑过程中提出的评价意见进行评估，以便形成一个对解决所讨论问题实际可行的最终设想一览表。对于评价意见的评估，与对所讨论设想质疑一样重要。因为在质疑阶段，重点是研究有碍设想实施的所有限制因素，而这些限制因素即使在设想产生阶段也是应该放在重要位置予以考虑的。

第四阶段，由分析组负责处理和分析质疑结果。分析组要吸收一些有能力对设想的实施做出较准确判断的专家参加。如果须在很短时间就重大问题做出决策，则吸收这些专家参加尤为重要。

实践经验表明，质疑头脑风暴法可以排除折中方案，对所讨论问题通过客观、连续的分析，找到一组切实可行的方案，因而质疑头脑风暴法在军事决策和民用决策中得到了较广泛的应用。例如美国国防部在制定长远科技规划的过程中，曾邀请 50 名专家采取质疑头脑风暴法开了两周的会议。参与者的任务是对事先提出的长远规划提出异议。通过讨论，得到一个使原规划文件协调一致的报告，原规划文件中的意见只有 25%～30%得到保留。由此可以看到质疑头脑风暴法的价值。

当然，头脑风暴法实施的成本（时间、费用等）很高；另外，头脑风暴法要求参与者有较高的素质；这些因素都会影响头脑风暴法实施的效果。

三、德尔菲法

德尔菲法（Delphi method）是采用背对背的通信方式征询专家小组成员的预测意见，经过几轮征询，使专家小组的预测意见趋于集中，最后做出符合市场未来发展趋势的预测结论。德尔菲法又称专家意见法或专家函询调查法，是依据系统的程序，采用匿名发表意见的方式，即团队成员之间不互相讨论，不发生横向联系，只与调查人员发生关系，通过反复填写问卷，集中问卷填写人的共识并收集各方意见，以便构造团队沟通流程、应对复杂任务难题的管理技术。德尔菲法主要是由调查者拟定调查表，按照既定程序，以函件的方式分别向专家组成员进行征询；而专家组成员又以匿名的方式（函件）提交意见。经过几次反复征询和反馈，专家组成员的意见逐步趋于集中，最后获得具有很高准确率的集体判断结果。

（一）德尔菲法的特点

德尔菲法本质上是一种反馈匿名函询法。其大致流程是：在对所要预测的问题征得专家的意见之后，进行整理、归纳、统计，再匿名反馈给各专家，再次征求意见，再集中，再反馈，直至得到一致的意见。其过程可简单表示如下：

匿名征求专家意见——归纳、统计——匿名反馈——归纳、统计……若干轮后停止。

由此可见，德尔菲法是一种利用函询形式进行的集体匿名思想交流过程。它有三个明显区别于其他专家预测方法的特点，即匿名性、反馈性、统计性。

1. 匿名性

因为采用这种方法时所有专家组成员不直接见面，只是通过函件交流，所以可以消除权威的影响。这是该方法的主要特征。匿名性是德尔菲法的极其重要的特点，从事预测的专家彼此互不知道还有哪些人参加预测，他们是在完全匿名的情况下交流思想的。后来改进的德尔菲法允许专家开会进行专题讨论。

2. 反馈性

该方法需要经过3～4轮的信息反馈，在每次反馈中调查组和专家组都可以进行深入研究，使得最终结果基本能够反映专家的基本想法和对信息的认识，所以结果较为客观、可信。小组成员的交流是通过回答组织者的问题来实现的，一般要经过若干轮反馈才能完成预测。

3. 统计性

最典型的小组预测结果反映多数人的观点，少数派的观点至多概括地提及一下，但是这并没有表明小组的不同意见的状况。而德尔菲法的统计回答却不是这样，它报告1个中位数和2个四分位数，其中一半落在2个四分位数之内，一半落在2个四分位数之外。这样，每种观点都包括在统计结果中，避免了专家会议预测法只反映多数人观点的缺点。

（二）德尔菲法的实施步骤

德尔菲法的具体实施步骤如下：

（1）确定调查题目，拟定调查提纲，准备向专家提供的资料（包括预测目的、期限、调查表以及填写方法等）。

（2）组成专家小组。按照课题所需要的知识范围确定专家。专家人数的多少，可根据预测课题的大小和涉及面的宽窄而定，一般不超过20人。

（3）向所有专家提出所要预测的问题及有关要求，并附上有关这个问题的所有背景材料，同时请专家提出还需要什么材料。然后，由专家做书面答复。

（4）各个专家根据他们所收到的材料，提出自己的预测意见，并说明自己是怎样利用这些材料给出预测值的。

（5）将各位专家第一次回复的判断意见汇总，列成图表，进行对比，再分发给各位专家，让专家比较自己与他人的不同意见，修改自己的意见和判断。也可以把各位专家的意见加以整理，或请权威性更高的其他专家加以评论，然后把这些意见再分送给各位专家，以便他们参考后修改自己的意见。

（6）将所有专家的修改意见收集起来，汇总，再次分发给各位专家，以便做第二次修改。逐轮收集意见并向专家反馈信息是德尔菲法的主要环节。收集意见和信息反馈一般要经过三四轮。在向专家进行反馈的时候，只给出各种意见，并不说明发表各种意见的专家的具体姓名。这一过程重复进行，直到每一位专家都不再改变自己的意见为止。

（7）对专家的意见进行综合处理。

（三）德尔菲法的工作流程

在德尔菲法的实施过程中，始终有两方面的人在活动，一是预测的组织者，二是选出来的专家。首先应注意的是，德尔菲法中的调查表与通常的调查表有所不同，它除了有通常调查表向被调查者提出问题并要求回答的内容外，还兼有向被调查者提供信息的作用，它是专家们交流思想的工具。德尔菲法的工作流程大致可以分为四个步骤，在每一步中，组织者与专家都有各自不同的任务。

1. 开放式的首轮调研

（1）由组织者发给专家的第一轮调查表是开放式的，只提出预测问题，请专家围绕预测问题提出预测事件。因为如果限制太多，会漏掉一些重要事件。

（2）组织者汇总整理专家调查表，归并同类事件，排除次要事件，用准确的术语提出一个预测事件一览表，并作为第二轮的调查表发给专家。

2. 评价式的第二轮调研

（1）专家对第二轮调查表所列的每个事件做出评价。例如，说明事件发生的时间、争论问题和事件或迟或早发生的理由。

（2）组织者统计处理专家意见，整理出第三轮调查表。第三轮调查表包括事件、事件发生时间的中位数和上下四分位数，以及事件发生时间在四分位数外侧的理由。

3. 重审式的第三轮调研

（1）发放第三轮调查表，请专家重审争论。

（2）对上下四分位数外的对立意见做一个评价。

（3）给出自己新的评价（尤其是所给意见在上下四分位数外的专家，应重述自己的理由）。

（4）如果修正自己的观点，也应叙述改变的理由。

（5）组织者回收专家们的新评论和新争论，与第二步类似地统计中位数和上下四分位数。

（6）总结专家观点，形成第四轮调查表。其重点为争论双方的意见。

4. 复核式的第四轮调研

（1）发放第四轮调查表，专家再次评价和权衡，做出新的预测。是否要求做出新的论证与评价，取决于组织者的要求。

（2）回收第四轮调查表，计算每个事件发生时间的中位数和上下四分位数，归纳总结各种意见的理由以及争论点。

值得注意的是，并不是所有被预测的事件都要经过四步。有的事件可能在第二步就形成统一的专家意见，而不必在第三步中出现；有的事件可能在第四步结束也没有形成统一的专家意见。即使专家意见不统一也可以用中位数与上下四分位数作为结论。事实上，总会有许多事件的预测结果是不统一的。

德尔菲法与常见的召集专家开会，通过集体讨论得出一致预测意见的专家会议预测法既有联系又有区别。德尔菲法的优点是能充分发挥各位专家的作用，集思广益，准确性高；能把各位专家意见的分歧点表达出来，取各家之长，避各家之短。德尔菲法的主要缺点是：缺少思想沟通交流，可能存在一定的主观片面性；易忽视少数人的意见，可能导致预测的结果偏离实际；存在组织者的主观影响。

案例 8-1

××公司生产电声产品，在 20 世纪 80 年代早期，××公司凭借自己在行业内领先的工艺技术，迅速在国内市场上占据领先地位，但由于国内市场管理混乱，假冒产品大行其道，加上三角债问题，××公司在 20 世纪 80 年代后期开始逐步放弃了国内市场，转而做外贸出口业务。近些年，由于电声行业的整体需求增加，加之欧美企业关闭自己的生产厂转向国内采购，××公司在近10年来得到快速发展，公司销售额平均以每年26%的速度增长。截至2020年3月，公司销售收入达28 063万元，员工总数达2 315人。

2015年来公司基本经营状况和各部门人员变动情况如表8-2所示。

表8-2 近年来××公司基本经营状况和各部门人员变动情况

年份	销售总量（万元）	销售收入（万元）	利润总额（万元）	出口总额（万美元）	总经办（人）	财务部（人）	综合办（人）	市场部（人）	物料部（人）	人事部（人）	生产部（人）	技术部（人）	质管部（人）
2015	2 267	14 783	1 606	1 583	—	—	—	—	—	—	—	—	—
2016	3 188	19 134	2 265	1 983	25	29	*	32	28	14	23	24	36
2017	3 277	16 764	882	1 900	20	29	4	26	35	13	24	26	38
2018	3 629	19 568	1 625	2 238	26	23	4	26	45	9	28	35	40
2019	3 894	23 236	2 071	2 696	22	29	10	22	44	10	36	39	50
2020	4 198	28 063	2 474	3 393	20	29	10	0	68	11	33	44	49

××公司内部组织结构变动较频繁：

（1）成立综合办。2017年公司精简机构，将人事部后勤人员划出。2020年将总经办的网络管理人员合并重组为综合办。

（2）撤销市场部。2018年公司将负责内销的13人调出，6人去了总经办，7人去了物料部；2020年公司又将市场部剩余的22人并入物料部。

（3）扩大质管部。2019年公司将派往供应商的采料质量管理和质量控制人员划归质管部管理。

（4）企业资源计划的导入。2019年公司导入ERP，物料部10名打单员被划入财务部管理。

现在需要对2021—2022年的员工人数进行预测，以便提前进行招聘、培训，以满足企业经营的需要。

一、预测

1. 统计预测结果

本研究以销售总量（X_1）、销售收入（X_2）、利润总额（X_3）、出口总额（X_4）为自变量对各部门人员变量进行回归。获取的数据为2015—2020年的数据，采用的统计分析软件为SPSS和SAS。通过计算机处理和分析，得到以下回归方程：

（1）总经办人员预期数量：$Y_1=0.008\,5X_1-0.002\,6X_3-0.006\,5X_4+9.151$

（其中Y_1为总经办人员预期数量，X_1、X_2、X_3、X_4分别为销售总量、销售收入、利润总额和出口总额，下同）

（2）财务部人员预期数量：$Y_2=0.018\,9X_1+0.007\,743X_3-0.014X_4-18.548$

（3）市场部人员预期数量：$Y_3 = 0.008\,797X_1 - 0.002\,7X_3 - 0.006\,8X_4 + 12.958$

（4）物料部人员预期数量：$Y_4 = 0.026\,67X_1 - 0.000\,39X_3 - 0.013X_4 - 25.39$

（5）人事部人员预期数量：$Y_5 = 0.004\,5X_1 - 0.001\,9X_3 - 0.003\,2X_4 + 4.716$

（6）生产部人员预期数量：$Y_6 = 0.017\,94X_1 + 0.004\,3X_3 - 0.008\,7X_4 - 22.759$

（7）技术部人员预期数量：$Y_7 = -0.005\,4X_1 + 0.002\,6X_3 + 0.003\,4X_4 + 31.106$

（8）质管部人员预期数量：$Y_8 = 0.001\,60X_1 + 0.001\,818X_3 - 0.001\,2X_4 + 5.915$

最后得出公司 2021—2022 年各部门人员需求预测数据（见表 8－3）。

表 8－3　统计方法得出的 2021—2022 年各部门人员预测数据

年份	销售总量（万元）	销售收入（万元）	利润总额（万元）	出口总额（万美元）	总经办（人）	财务部（人）	市场部（人）	物料部（人）	人事部（人）	生产部（人）	技术部（人）	质管部（人）
2021	4 744	31908	2 697	3 936	21	45	25	55	10	45	50	62
2022	5 360	36 279	2 939	4 566	20	49	24	62	9	51	56	68

××公司各部门人员的历史数据变动较大，利用回归分析方法进行预测得出的结果显然与实际情况差距较大。因此公司决定采用德尔菲法进行预测。

2. 德尔菲法预测过程与结果

首先，做预测筹划工作，包括：确定预测的课题及各预测项目，设立负责预测组织工作的临时机构，选择若干名熟悉预测课题的专家。公司选择了 8 位企业内部专家参与预测，包括正、副总经理 4 名，人事、物料、质管、生产经理各一名，他们对企业运作和各部门人员结构都非常熟悉，然后召开了专家会议，明确了预测项目、进程和注意事项。

其次，由专家进行预测。公司把包含预测项目的有关背景材料，包括公司组织架构及岗位编制图、2015 年以来公司各部门变动与人员流动图、公司未来 2 年的发展规划、预测表等资料发给专家，由各位专家独立做出预测。

再次，进行统计与反馈。专家意见汇总后，对各专家意见进行统计分析，综合成新的预测表，寄送给各位专家，由专家们对新预测表做出第二轮判断或预测。如此反复，经过三轮，专家的意见趋于一致。

最后，表述预测结果。经过几轮专家预测形成的结果如表 8－4 所示：

表 8－4　××公司各部门人数预测

	总经办	财务部	综合办	物料部	人事部	生产部	技术部	质管部
第一轮								
2022 年（最高值）	21	29	9	68	11	34	46	49
2022 年（平均值）	21	28	8	67	11	33	44	47
2022 年（最低值）	20	25	8	64	10	30	41	45

续表

	总经办	财务部	综合办	物料部	人事部	生产部	技术部	质管部
第二轮								
2022年（最高值）	22	27	8	65	11	35	46	47
2022年（平均值）	21	26	8	64	11	33	43	46
2022年（最低值）	19	24	7	63	10	30	39	45
第三轮								
2022年（最高值）	21	26	8	64	11	34	44	46
2022年（平均值）	21	26	8	64	11	33	43	46
2022年（最低值）	20	25	7	63	10	32	41	45
2021年预测结果	21	26	8	64	11	33	43	46
2022年实际人数	21	26	8	64	11	33	44	46

预测结束时间为2021年4月，将当时的预测人数与2022年10月的实际人数比较，预测结果基本正确。

在预测中，还对产品开发人员、财务人员、市场专员、管工、管理人员、职能人员、技术人员等各类人员的人数进行了预测。从表8-5可看出，当时的预测人数与2021年的实际人数也基本一致。

表8-5　××公司各类人员人数预测

年份	员工数量	管理人员	管工	技术人员	产品开发人员	职能人员	财务人员	市场专员
第一轮								
2022年（最高值）	2 600	45	16	57	29	214	26	4
2022年（平均值）	2 541	42	13	52	28	209	26	12
2022年（最低值）	2 486	36	10	50	28	192	25	10
第二轮								
2022年（最高值）	2 518	48	15	53	30	223	27	13
2022年（平均值）	2 475	42	13	52	28	208	26	12
2022年（最低值）	2 400	35	8	46	24	180	23	10
……								
2021年预测结果	2 520	42	13	51	28	208	25	12
2022年实际人数	2 588	42	13	52	28	206	24	12

思考：请对本案例中采用的预测方法进行分析和评价。

重点名词

经验判断预测法　　专家会议预测法　　头脑风暴法　　德尔菲法

思考题

1. 什么是定性预测？定性预测适用于哪些情况？
2. 什么是个人经验判断预测法？
3. 个人经验判断预测法有哪些类型？
4. 什么是集体经验判断预测法？
5. 集体经验判断预测法的组织形式有哪几种？
6. 对集体经验判断预测法获得的预测结果的数值有哪些处理方法？
7. 什么是专家会议预测法？专家会议预测法如何实施？
8. 专家会议预测法有哪些优缺点？
9. 头脑风暴法在实施过程中应遵循什么原则？
10. 选择头脑风暴的专家时应遵循什么原则？
11. 质疑头脑风暴法有哪几个阶段？
12. 什么是德尔菲法？德尔菲法有什么特点？
13. 如何使用德尔菲法进行市场预测？
14. 简述德尔菲法的工作流程。
15. 德尔菲法有什么优缺点？

第9章 时间序列预测方法

第1节　时间序列预测方法概述

在预测某事物的未来状态时，有时很难找到主要的相关因素，或者虽然找到了主要的相关因素，但这些因素与研究对象关联的程度很难把握，在这种情况下，很难作相关分析。这时我们可以把研究对象从过去到现在的运动倾向看作内因和外因共同作用的结果，把时间作为自变量进行趋势外推预测。时间序列预测方法所依据的惯性原理是：研究对象从过去到现在有一个运动趋势，将这种趋势向未来延伸，就可以预测事物的未来状态。

时间序列是变量依相等时间间隔的顺序而形成的一系列变量值。大量社会经济统计指标都按年、季、月或日统计其指标值，随着时间的推移，形成了统计指标的时间序列。因此，时间序列是某一统计指标长期变动的数量表现。时间序列分析就是估算和研究某一时间序列在长期变动过程中存在的统计规律，如长期变动趋势、季节性变动规律、周期变动规律、随机变动规律等，以此预测今后的发展和变化。

一、时间序列（数据）及分析目的

时间序列又称动态数列或时间数列（time series），就是把反映某一现象的同一指标在不同时间上的取值，按时间的先后顺序排列所形成的数列。通常我们研究的是均匀间隔时间上的时间序列。

时间序列的构成要素主要有两个。一是现象所属的时间。可以是一段时间，可长可短，可以日为时间单位，也可以年为时间单位，甚至更长。也可以是时点，如年末、月末、年初、月初。二是现象在一定时间条件下的统计数据，即发展水平。

随着时间的推移，任何现象都会呈现出一种在时间上的发展和运动过程。时间序列分析是指从时间的发展变化角度，研究客观事物在不同时间的发展状况，探索其随时间推移的演变趋势和规律，揭示其数量变化和时间的关系，预测客观事物在未来某一时间可能达到的数量和规模。因此，进行时间序列分析的目的有三个：一是描述事物在过去时间的状态；二是分析事物发展变化的规律；三是对事物的发展变化趋势进行预测。

二、时间序列的分类

时间序列的分类在时间序列分析中具有重要的意义。在很多情况下，时间序列的种类不同，其分析方法就不同。因此，为了保证对时间序列进行准确分析，首先必须正确判断时间序列的类型。而要正确判断时间序列的类型，关键又在于对有关统计指标的分类加以准确理解。

由于时间序列是由统计指标和时间两个要素构成的，因此时间序列的分类实际上和统计指标的分类是一致的。时间序列按照时间序列中排列指标的性质的不同可分为：总量指标时间序列、相对指标时间序列和平均指标时间序列。

（一）总量指标时间序列

总量指标时间序列，又称绝对数时间序列，是指由一系列同类的总量指标数值所构成的时间序列。它反映事物在不同时间上的规模、水平等总量特征。总量指标时间序列是计算相对指标和平均指标、进行各种时间数列分析的基础。总量指标时间序列又分为时期序列和时点序列。

时期序列是指由反映某种社会经济现象在一段时期内发展累计量的总量指标所构成时点数列中排列的指标为时点指标，各时点上的数值分别反映社会经济现象在该时点上所达到的总规模、总水平，是社会经济现象在某一时点上的数量表现。观察值具有时间上的不可加性及各时点上观察值大小与相邻两时点间间隔长短无密切联系的特点。

（二）相对指标时间序列

相对指标时间序列，又称相对数时间序列，是指由一系列同类的相对指标数值所构成的时间序列。它可以反映社会经济现象数量对比关系的发展过程。它包括：（1）由两个时期序列对比所形成的相对数时间序列；（2）由两个时点序列对比所形成的相对数时间序列；（3）由一个时期序列和一个时点序列对比所形成的相对数时间序列。

相对数时间序列反映事物数量关系的发展变化动态，由于各期相对数的对比基数不同，故其各项水平数值一般不能直接相加。

（三）平均指标时间序列

平均指标时间序列，又称平均数时间序列，是指由一系列同类的平均数指标数值所构成的时间序列。它可以反映客观现象一般水平的发展变化过程。这类动态序列可以揭示研究对象一般水平的发展趋势和发展规律。平均数时间序列中的各项水平数值也不能直接相加汇总。

三、编制时间序列应遵循的原则

编制时间序列的目的，在于通过序列中各项指标值的对比，说明客观现象的发展过程和规律。因此，为了保证同一时间序列中指标值的可比性，即序列中前后各项指标值可以相互比较，应遵守以下几个基本编制原则。

（一）时间方面具有可比性

由于时期序列数值的大小与时期的长短成正比，时期愈长指标值愈大，反之则愈小，因此，时期序列中各项指标值所属的时期长短只有前后一致才能对比，如果时期长短不同，应进行必要的调整。关于时期间隔，为了便于对比分析，间隔最好相等，也可以编制间隔不等的数列。

对于时点序列来说，则不存在指标值所属时间长短问题，只要求注意时点间隔是否一致。时点序列指标值的大小与时点间隔的长短没有直接关系，其时点间隔虽然可以不一致，但是为了明显地反映客观现象发展变化的规律，时点间隔也应一致。

（二）空间方面具有可比性

总体范围大小应该一致。总体范围是指时间序列指标值所包括的地区范围、隶属关系范围等。在进行时间序列分析时，要查明所依据的指标值总体范围是否前后一致。只有范围一致才能对比，如有变动应进行必要的调整。

（三）各指标数值的内容、计算计量具有可比性

同一名称的统计指标在不同时间的经济内容、计算口径、计算方法、计量单位可能不同。一般来说，只有同质的现象才能进行动态对比，才能表明现象发展变化的过程及趋势。在经济分析中，经常存在这样一种情况，即有些指标从指标名称上看，在不同时间并没有什么变化，但随着时间的推移，其经济内容却发生了很大的变化（如工资的含义）。各个指标的计算方法如果不一致，则不便于动态对比。指标数值的计量单位也应该一致，否则也不可比。

四、时间序列的基本变动趋势

事物的发展变化过程可以分为两类：一类是确定性过程，其变化过程可用曲线或数学公式精确描述；另一类是随机性过程，变化过程复杂，具有偶然性和不确定性。如社会经济现象的发展变化，往往是许多错综复杂的因素共同作用的结果，其变化过程常常表现为随机过程。但有些基本因素对事物的发展起决定性作用，影响事物在一段较长时间内呈现出一定的趋势，沿着一个方向（上升或下降）发展；有些偶然的或非基本的因素对事物的发展只起局部的非决定性作用，影响时间序列各期发展水平出现短期不规则的波动；还有些季节性因素影响时间序列以一年为周期季节性波动。为了研究复杂的社会经济现象发展变化的趋势或规律，就需要将这些不同因素的不同作用结果从时间序列的实际数据中分离出来，这就是时间序列的结构分析问题。

客观现象的性质多种多样，发展的时空条件千差万别，影响事物发展的具体因素数不胜数。但就共同规律而言，一般可归纳为长期趋势、季节变动、循环变动和不规则变动四个基本变动因素。复杂的变化过程可看成基本变动因素的叠加结果。

（一）长期趋势

长期趋势（T）是指客观现象在相当长的时期内，由于受某种基本因素的影响而呈现出来的一种基本走势。在这个时期内，事物的发展尽管仍有波动，但基本趋势不变。如股票市场的“牛市”和“熊市”。

（二）季节变动

季节变动（S）是指由于自然条件、社会条件的影响，社会经济现象在一年内或更短的时间内，由季节的变化引起的周期性变动。如农产品收购、农业生产资料和其他季节性商品的销售、几大节日期间的客运量等，就有明显的季节性，而且年复一年地呈规律性变动。

季节变动一般以一年为周期。此外，有的社会季节现象以一日、一周、一月为周期而产生变动，亦称准季节变动。如市内公共汽车的乘客，早晨逐渐增多，上、下班时间达到高峰，入夜以后逐渐减少，是以一日为周期的变动；市内商店的顾客、影剧院的售票，星期六和星期日最多，是以一周为周期的变动；由于机关、团体、企业习惯在月初发工资，因此，银行活期储蓄存款月初增加，月末减少，这是以一月为周期的变动。

（三）循环变动

循环变动（C）是指客观现象以若干年为周期的涨落起伏相同或基本相同的一种波浪式的变动。如股票市场由牛市到熊市的周期再到下一个牛市与熊市的周期。虽然每一个周期可能长短不同，但盛衰起伏周而复始。事物的循环变动，也是由事物发展的内在原因决定的。

（四）不规则变动

不规则变动（I）是指客观现象由于天灾、人祸等突发事件或偶然因素引起的无周期性波动。

客观现象的发展变化，都是上述四种因素的全部或部分变动影响的结果。在现实生活中有些客观现象无循环变动，即以年为单位的时间序列无季节变动。因此，时间序列预测分析应从实际出发，实际包含几个因素就分解和测定几个因素。

在建立时间序列构成模型时，由于客观上存在内容上的复杂性和方式上的多样性，因此影响客观事物的各种因素在其发生作用的过程中所表现出来的关系也是多种多样的。在统计分析中，一般将这种关系概括为以下两种假设。

假设一：各个组成部分所具有的变动数值是各自独立、可彼此相加的，可建立加法模型，整个时间序列数值与各种构成之间的数量关系应该表现为下列公式：

$$\hat{Y}=T+S+C+I \tag{9.1}$$

式（9.1）称为加法模型。加法模型假设季节因素、周期因素和不规则因素的变动均围绕长期趋势值上下波动，它们可表现为正值或负值，以此测定其在长期趋势值的基础上增加或减少若干个单位，并且反映其各自对时间序列值的影响和作用。预测值 $\hat{Y}$ 是通过各种变动趋势叠加而计算的。

假设二：各个组成部分所具有的变动数值是相互依存、可彼此相乘的，可建立乘法模型，整个时间数列数值与各种构成之间的数量关系应该表现为下列公式：

$$\hat{Y}=T\times S\times C\times I \tag{9.2}$$

式（9.2）称为乘法模型。乘法模型的建立，首先要确定长期趋势 T，然后通过对 T 的修正来达到计算预测值 $\hat{Y}$ 的目的，因此 S、C、I 值往往是一个比率值，它们与 T 相乘后更加接近实际值。

显然，乘法模型也假设季节因素、周期因素和不规则因素的变动围绕长期趋势值上下波动，但这种波动表现为一个大于或小于 1 的系数或百分比，以此测定其在未来某一时间的长期趋势值的基础上增加或减少的相对程度，并且反映其各自对时间序列值的影响和作用。

扩展阅读　时间序列预测法

第 2 节　简单平均预测方法

在运用时间序列分析法进行市场预测时，最简单的是采用求一定观察期的时间数列的平均数，以平均数为基础确定预测值的方法，统称平均法。它是最简单的数学方法，不需要复杂的运算过程，简便易行。它适用于对不呈现明显倾向变化，而又具有随机波动影响的经济现象进行预测。简单平均预测方法中最常用的有算术平均法、几何平均法、加权平均法等。

一、算术平均法

算术平均法，就是以观察期数据之和除以求和时使用的数据个数（或资料期数），求得平均数。设 x_1，x_2，…，x_n 为 n 期拟求算术平均数的资料，则算术平均数可依下列公式求得：

$$\overline{x}=\frac{\sum x_i}{n} \tag{9.3}$$

式中，$\overline{x}$ 为算术平均数；x_i 为观察期的资料，i 为资料编号；n 为资料数或期限。

运用算术平均法求平均数，有两种形式。

1. 以最后一年的每月平均值，或数年的每月平均值，作为次年的每月预测值

如果数年的时间序列显示，观察期资料并无显著的长期趋势变动和季节变动，就可以采用此方法。

【例 9－1】假设 2012—2015 年食盐的每月销售额如表 9－1 所示。

表 9-1　食盐 2012—2015 年的销售额情况　　单位：万元

月份	2012 年	2013 年	2014 年	2015 年
1	328	330	298	335
2	331	324	317	321
3	360	348	328	346
4	318	360	330	363
5	324	327	323	329
6	294	342	348	327
7	342	360	342	368
8	348	357	351	350
9	357	321	318	341
10	321	297	336	312
11	330	318	354	327
12	348	354	358	351
合计	4 001	4 038	4 003	4 070
月平均	333.42	336.50	333.58	339.17

预测 2016 年的每月销售额。

解：(1) 如果以 2015 年的月平均值作为 2016 年的每月预测值，则有：

$\overline{x}=339.17$（万元）

(2) 如果以 2012—2015 年的月平均值作为 2016 年的每月预测值，则有：

$$\overline{x}=\frac{4\,001+4\,038+4\,003+4\,070}{48}=335.67\text{（万元）}$$

或
$$\overline{x}=\frac{333.42+336.50+333.58+339.17}{4}=335.67\text{（万元）}$$

这样，就可以将 339.17 万元或 335.67 万元作为 2016 年每月的预测值。

从上例可以看出，选择观察期的长短不同，预测值也随之不同。所得预测值和实际销售额之间存有差异，如果差异过大就会使预测值失去意义，所以必须确定合理的误差。

首先，用下列公式估计出预测标准差。

$$S_x=\sqrt{\frac{\sum_{i=1}^{n}(x_i-\overline{x})^2}{n-1}}$$

式中，S_x为标准差；$\overline{x}$ 为预测值（此处为平均数）；x_i为观察期的资料，i 为资料编号；n 为观察期数。

然后，按 $\overline{x}\pm t_c\cdot S_x$公式计算某种可靠程度 α 要求的预测区间，其中 t_e为 t 分布临界值。针对上例，可以计算出标准差。

(1) 如果以 2015 年的月平均值 339.17 万元作为 2016 年的每月预测值，则标准差为：

$$S_x=\sqrt{\frac{\sum_{i=1}^{12}(x_1-\overline{x})^2}{n-1}}=\sqrt{\frac{(335-339.17)^2+\cdots+(351-339.17)^2}{12-1}}=17.03$$

在 95%的可靠程度下，自由度为 $n-2=10$ 的 t 分布临界值 $T_c=2.228$（即 $t_{0.025}=2.228$），则 2014 年每月销售额的预测区间为：

339.17±2.228×17.03

即在 301.22 万元～377.11 万元之间。

（2）如果以 2012—2015 年 4 年的月平均值 335.67 万元作为 2016 年的每月预测值，则标准差为：

$$S_x=\sqrt{\frac{\sum_{i=1}^{4}(x_1-\overline{x})^2}{n-1}}=\sqrt{\frac{(333.42-335.67)^2+\cdots+(339.17-335.67)^2}{4-1}}$$
$$=2.72$$

在 95%的可靠程度下，自由度为 $n-2=4$ 的 t 分布临界值 $t_c=4.303$（即 $t_{0.025}=4.303$），则 2016 年每月销售额的预测区间为：

335.67±4.303×2.72

即在 323.96 万元～347.37 万元之间。

从上述运算可以看到，以 4 年的月平均值作为预测值，其标准差要小一些，也就是说其预测值要精确一些。一般说来，当时间序列资料波动比较小时，其观察期可以短一些，所用数据少一些；当时间序列资料波动比较大时，观察期可以长一些，所用数据可以多一些，所得的结果相对来说会精确一些。至于观察期应为多长，要根据实际情况和要求把握。

2. 以观察期的同月份平均值作为预测期对应月份的预测值

当时间序列资料在年度内变动显著，或呈季节性变化时，如果用前面方法求得预测值，其精确度难以保证，为提高精确度，可用下面的方法求预测值。

【例 9－2】某商店短袖 T 恤衫的销售额如表 9－2 所示，预测第三年每月的销售额。

表 9－2　某商店短袖 T 恤衫的销售额情况　　单位：万元

月份	第一年	第二年	第三年	同月平均
1	16.0	17.3	20.1	17.8
2	19.0	21.0	22.0	20.7
3	21.3	23.0	25.0	23.1
4	25.0	27.0	29.2	27.1
5	32.8	36.0	38.5	35.8
6	65.2	70.2	77.0	70.8

续表

月份	第一年	第二年	第三年	同月平均
7	99.0	107.0	118.0	108.0
8	131.0	140.2	152.8	141.3
9	80.5	87.2	94.0	87.2
10	38.0	41.4	45.0	41.5
11	22.2	24.0	26.0	24.1
12	18.4	19.8	22.5	20.2
全年月平均	47.4	51.2	55.8	

表 9-2 第 5 列的数据为前 3 年对应月的平均数，即第四年对应月的预测值。

由表 9-2 可以看出，观察期资料在年度内呈现出季节性的波动。如果用全期（36 个月）平均的方法，就不能显示出不同季节的市场需求变动情况。短袖 T 恤衫的销售旺季一般集中在 6—9 月份，这 4 个月的平均销售额比淡季要高出两三倍。另外，短袖 T 恤衫的销售额还呈现出长期变动趋势，也就是说，每一年的销售额总比上年有所增长。因此，如用全期月平均数作为预测值的话，可能会低于第四年的销售额，所以应对预测值进行适当调整，如可以用加权平均法来进行处理，后面会进一步深入研究这个问题。

二、几何平均法

几何平均法，就是运用几何平均数求出平均发展速度，然后进行预测的一种方法。其数值就是将观察期的 n 个资料数相乘，开 n 次方，所得的 n 次方根。

设 x_1，x_2，…，x_n 为观察期的资料，则其几何平均数为：

$$G=\sqrt[n]{x_1 \cdot x_2 \cdot \cdots \cdot x_n} \tag{9.4}$$

式中，G 为几何平均数；n 为资料期数（数据个数）。

可用计算机直接求 G，也可使用反对数法，方法如下。

对式（9.4）两边取常用对数，得：

$$\lg G=\lg\sqrt[n]{x_1 \cdot x_2 \cdot \cdots \cdot x_n}$$

即有：

$$\lg G = \frac{1}{n}\sum_{i=1}^{n} \lg x_i$$

取反对数得：

$$G = \operatorname{arclg}\frac{\sum_{i=1}^{n}\lg x_i}{n}$$

查反对数表，即得出几何平均数 G。

【例 9-3】某企业 2002—2015 年的销售额资料如表 9-3 所示。

表 9-3 某企业 2002—2015 年销售额统计　　单位：万元

观察年份	2002	2003	2004	2005	2006	2007	2008	2009	2010	2011	2012	2013	2014	2015
销售额	71	81	83	90	89	87	92	96	100	95	145	105	120	142

试预测该企业 2016 年的销售额。

解：预测步骤如下：

（1）以上年度为基期分别求各年的环比指数。

$$2003\text{年的环比指数}=\frac{81}{71}\times 100\%=114.08\%$$

$$2004\text{年的环比指数}=\frac{83}{81}\times 100\%=102.47\%$$

依此类推，求出各年环比指数，如表 9—4 第 3 列所示。

表 9-4 某企业 2002—2015 年销售额及几何发展速度

观察年份	销售额（万元）	环比指数（x）（%）	$\lg x$
2002	71.00		
2003	81.00	114.08	2.057 2
2004	83.00	102.47	2.010 6
2005	90.00	108.43	2.035 2
2006	89.00	98.89	1.995 1
2007	87.00	97.75	1.990 1
2008	92.00	105.75	2.024 3
2009	96.00	104.35	2.018 5
2010	100.00	104.17	2.017 7
2011	95.00	95.00	1.977 7
2012	145.00	152.63	2.183 6
2013	105.00	72.41	1.859 8
2014	120.00	114.29	2.058 0
2015	142.00	118.33	2.073 1
$\sum/n$			2.023 2

（2）求环比指数的几何平均数，即平均发展速度。可用三种方法：

1）直接用所求得的环比指数，求平均发展速度。

$$G=\sqrt[n]{x_1\cdot x_2\cdot\cdots\cdot x_n}=\sqrt{114.08\times 102.47\times\cdots\times 118.33}=105.52$$

即平均发展速度为 105.52%。

2）采用对数运算，求环比指数的几何平均数，如表 9-4 第 4 列所示。

$$G=\text{arclg}\,\frac{\sum_{i=1}^{n}\lg x_i}{n}=\text{arclg}2.023\,1=105.46$$

即平均发展速度为 105.46%。

两种方法所得结果稍有差异，这是计算中的四舍五入导致的。

3）求环比指数几何平均数的简便算法。若 2002 年销售额为 x_0（基期），2015 年销售额为 x_n（当前期），则其环比指数的几何平均数为：

$$G=\sqrt[n]{\frac{x_1}{x_0}\times\frac{x_2}{x_1}\times\cdots\times\frac{x_n}{x_{n-1}}}=\sqrt[n]{\frac{x_n}{x_0}} \tag{9.5}$$

即观察期的几何平均数为当前期销售额与基期销售额的比值开 n 次方。本例中 $n=13$，$x_0=71$，则有：

$$G=\sqrt[13]{\frac{142}{71}}=105.48\%$$

（3）利用平均发展速度进行预测。几何平均法的预测模型为：

$$\hat{y}_{t+T}=G^T\cdot x_t \tag{9.6}$$

式中，$\hat{y}_{t+T}$为第 $t+T$ 期的预测值；T 为预测期与最后观察期的间隔数。

由于给出的最后观察期为 2015 年，要预测的是 2016 年的销售额，因此预测期与最后观察期的间隔数 $T=1$，利用上述第三种方法计算出的平均发展速度值，根据式（9.6）有：

$$\hat{y}_{2015+1}=\hat{y}_{2016}=105.48\%\times142=149.78\text{（万元）}$$

如果上例要求预测 2017 年的销售额，则预测期与最后观察期的间隔数 $T=2$，利用上述第三种方法计算出的平均发展速度值，根据式（9.6）有：

$$\hat{y}_{2015+2}=\hat{y}_{2017}=(105.48\%)^2\times142=157.99\text{（万元）}$$

虽然利用式（9.6）进行预测时，间隔数 T 不受限制，理论上可以预测出以后多年的值，但是由于预测环境是不断变化的，而式（9.6）并没有考虑到预测环境的变化，所以一般情况下间隔数 T 最好等于 1，以免由于间隔周期太长，预测环境的变化导致预测值失去意义。

三、加权平均法

加权平均法，就是在求平均数时，根据观察期各资料重要程度的不同，分别赋予其不同的权数后加总平均的方法。其特点是：所求得的平均数包含了长期趋势变动。

设 x_1，x_2，…，x_n为观察期的资料；w_1，w_2，…，w_n为观察期各期资料相对应的权数，则加权平均数 $\overline{y}$ 的计算公式为：

$$\overline{y}=\frac{\sum x_i w_i}{\sum w_i}=\frac{x_1w_1+x_2w_2+x_3w_3+\cdots+x_nw_n}{w_1+w_2+w_3+\cdots+w_n} \tag{9.7}$$

加权平均法对各个历史数据进行具体分析，区别对待，给予不同程度的重视，在这点上优于算术平均法。这种方法能较真实地反映时间序列的规律，考虑了事件的长期发展趋势。

【例 9-4】某商店 2011—2015 年的销售额 x_i、权数 w_i等资料如表 9-5 所示。

表 9-5　某商店 2011—2015 年的销售额及权数

观察年份	销售额（x_i）（万元）	权数（w_i）	$x_i \times w_i$
2011	40	1	40
2012	60	2	120
2013	55	3	165
2014	75	4	300
2015	85	5	425
合计	315	15	1 050

试用算术平均法、加权平均法预测 2016 年的销售额。

解：根据表 9-5 的数据和式（9.3）、式（9.7）可计算出：

$$\text{算术平均数}=\frac{315}{5}=63\text{（万元）}$$

$$\text{加权平均数}=\frac{1\,050}{15}=70\text{（万元）}$$

很显然，用算术平均法求得的 2016 年销售额预测值过低，不能反映商店销售的发展趋势。

使用加权平均法的关键是合理确定权数。目前，对于权数的确定尚无统一的标准，完全凭预测者在对时间序列资料分析的基础上，做出主观的经验判断。

第 3 节　移动平均预测方法

移动平均法是将观察期的数据，按时间先后顺序排列，然后由远及近，以一定的跨越期进行移动平均，求得平均值。每次移动平均总是在上次移动平均的基础上，去掉一个最远期的数据，增加一个紧挨跨越期后面的新数据，保持跨越期不变，每次只向前移动一步，逐项移动，滚动前移。这种不断“吐故纳新”、逐期移动平均的过程，称为移动平均法。

移动平均法对于原观察期的时间序列数据进行移动平均，所求得的各移动平均值，不仅构成了新的时间序列，而且新的时间序列数据与原时间序列数据相比具有明显的修匀效果。它既保留了原时间序列的趋势变动，也削弱了原时间序列的季节变动、周期变动和不规则变动的影响，因此，在市场预测中得以广泛的应用。

移动平均法可分为简单移动平均法和加权移动平均法两类，其中简单移动平均法又可细分为一次移动平均法、二次移动平均法和三次移动平均法等。下面着重介绍一次移动平均法和二次移动平均法。

一、一次移动平均法

（一）一次移动平均法的原理

假设 X_t 为时间 t 的 m 期观察值，$t=1，2，\cdots，m$，$M_t^{(1)}$ 为原时间序列中时间为 t 的

一次移动平均值，n 为跨越期间隔数，则一次移动平均值的计算公式为：

$$M_t^{(1)}=\frac{x_t+x_{t+1}+\cdots+x_{t+n-1}}{n} \tag{9.8}$$

例如，当 $n=3$ 时，有：

$$M_1^{(1)}=\frac{x_1+x_2+x_3}{3}$$

$$M_2^{(1)}=\frac{x_2+x_3+x_4}{3}$$

$$\vdots$$

由上述$M_1^{(1)}$、$M_2^{(1)}$两个移动平均值的公式，可以推导出计算一次移动平均值的简便递推公式：

$$M_t^{(1)}=M_{t-1}^{(1)}+\frac{x_{t+n-1}-x_{t-1}}{n} \tag{9.9}$$

（二）一次移动平均值的位置

用式（9.8）或式（9.9）计算的移动平均值$M_1^{(1)}$，实际上是跨越期内各观察期数据的算术平均数（均值），按理应置于跨越期的中间位置上，但式（9.8）或式（9.9）却将其置于跨越期期末的位置上，这就出现了滞后偏差，导致预测值落后于实际值（$n-1$）/2 期。由于一次移动平均法是以预测期的最后一个移动平均值为依据，考虑趋势变动值（或平均趋势变动值）来建立模型进行预测的，所以，一次移动平均值应置于跨越期的中间位置上，即（$n+1$）/2 的位置上。若跨越期间隔数为奇数，如 $n=9$，则应置于 5［(9＋1)/2］的位置上，也就是说，第一个移动平均值$M_1^{(1)}$应置于 x_5 的位置上，其他顺推；若跨越期间隔数为偶数，如 $n=12$，则应置于 6.5［(12＋1)/2］的位置上，即第一个移动平均值$M_1^{(1)}$应置于 x_6 与 x_7 中间的位置上。

（三）跨越期间隔数 n 的确定

移动平均法中的跨越期间隔数 n 应根据预测时的时间序列数据的具体情况而定。如果现象的变动有一定的周期，则在确定跨越期间隔数 n 时应注意与现象的变动周期保持一致。如在分月或分季度的时间序列中，必须消除季节因素变动的影响，此时 n 应取值 12（分月时，周期为 12）或 4（分季度时，周期为 4）求移动平均值；在以年为单位的时间序列中，由于不存在季节变动因素，需要消除的是循环变动和不规则变动的影响，通过对时间序列指标数值的观察，循环周期是几年，n 的取值就是几。一般来说，n 的取值越大，对原时间序列的修匀作用就越大，长期趋势表现就越明显，但得出的移动平均项数就越少；反之，n 取值越小，修匀作用就越小，所得出的移动平均项数就越多。

也就是说，n 取值较大，可以避免随机干扰，但追踪新趋势的能力较弱；反之，n 取值较小时，追踪新趋势的能力强，但易受随机干扰。根据经验，n 一般取 3～20 之间的值，而且如果没有周期变动因素的影响，最好取奇数值。

当然，如果要选择一个较理想的跨越期 n，可以通过预选几个不同的 n 值，分别计算

不同 n 值下的平均绝对误差（或均方差），并进行比较，则平均绝对误差小的情况所对应的 n 是比较理想的。

（四）一次移动平均法的预测步骤

【例9-5】某企业1995—2015年销售额数据情况如表9-6所示，试用一次移动平均法预测该企业2016年和2017年的销售额。

解：(1) 绘制散点图（见图9-1）。由图9-1可以看出，销售额数据基本呈直线上升趋势，可以用一次移动平均法来预测。

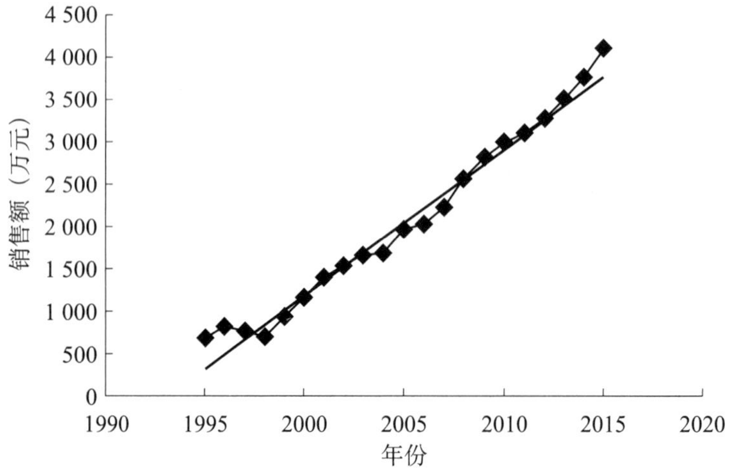

图9-1　某企业1995—2015年销售额散点图

(2) 确定跨越期间隔数 n 的值。为了比较不同的跨越期间隔数取值所导致的不同预测结果，我们分别取 $n=3$、5、7、9四个值，计算几个取值下的平均绝对误差，其中平均绝对误差小的情况所对应的 n 就是比较理想的跨越期间隔数取值。

(3) 计算移动平均值。

当 $n=3$ 时，

$$M_1^{(1)}=\frac{676+825+774}{3}=758.33$$

$$M_2^{(1)}=M_1^{(1)}+\frac{x_4-x_1}{3}=758.33+\frac{716-676}{3}=771.67$$

$$\vdots$$

依此类推。而第一个 $M_1^{(1)}$ 应在2［(3+1)/2］的位置上，即应在1996年。

当 $n=5$ 时，

$$M_1^{(1)}=\frac{676+825+774+716+940}{5}=786.2$$

$$M_2^{(1)}=M_1^{(1)}+\frac{x_6-x_1}{5}=786.2+\frac{1\,159-676}{5}=882.8$$

$$\vdots$$

表 9-6 某企业 1995—2015 年销售额数据统计及一次移动平均值表

单位：万元

观察年份	t	观察年份 x_t	$n=3$ 时的 $M_t^{(1)}$	趋势变动值	$n=3$ 时的绝对误差	$n=5$ 时的 $M_t^{(1)}$	趋势变动值	$n=5$ 时的绝对误差	$n=7$ 时的 $M_t^{(1)}$	趋势变动值	$n=7$ 时的绝对误差	$n=9$ 时的 $M_t^{(1)}$	趋势变动值	$n=9$ 时的绝对误差
1995	1	676												
1996	2	825	758.33		66.67									
1997	3	774	771.67	13.33	2.33	786.20		12.20						
1998	4	716	810.00	38.33	94.00	882.80	96.60	166.80	924.86		208.86			
1999	5	940	938.33	128.33	1.67	994.60	111.80	54.60	1 046.00	121.14	106.00	1 074.00		134.00
2000	6	1 159	1 161.00	222.67	2.00	1 144.60	150.00	14.40	1 166.43	120.43	7.43	1 186.44	112.44	27.44
2001	7	1 384	1 355.67	194.67	28.33	1 335.00	190.40	49.00	1 297.00	130.57	87.00	1 312.33	125.89	71.67
2002	8	1 524	1 525.33	169.67	1.33	1 484.60	149.60	39.40	1 474.43	177.43	49.57	1 452.00	139.67	72.00
2003	9	1 668	1 626.67	101.33	41.33	1 644.40	159.80	23.60	1 630.29	155.86	37.71	1 620.67	168.67	47.33
2004	10	1 688	1 771.33	144.67	83.33	1 773.80	129.40	85.80	1783.86	153.57	95.86	1 801.33	180.67	113.33
2005	11	1 958	1 892.33	121.00	65.67	1 915.80	142.00	42.20	1 952.71	168.86	5.29	1 985.89	184.56	27.89
2006	12	2031	2 074.33	182.00	43.33	2 095.40	179.60	64.40	2 137.86	185.14	106.86	2 166.11	180.22	135.11
2007	13	2 234	2 277.00	202.67	43.00	2 321.80	226.40	87.80	2 329.00	191.14	95.00	2 340.44	174.33	106.44
2008	14	2 566	2 540.00	263.00	26.00	2 531.40	209.60	34.60	2 529.71	200.71	36.29	2 519.22	178.78	46.78
2009	15	2 820	2 797.33	257.33	22.67	2 743.80	212.40	76.20	2 718.14	188.43	101.86	2 722.11	202.89	97.89
2010	16	3 006	2 973.00	175.67	33.00	2 952.40	208.60	53.60	2 930.00	211.86	76.00	2 923.44	201.33	82.56
2011	17	3 093	3 125.33	152.33	32.33	3 142.00	189.60	49.00	3 149.43	219.43	56.43.	3 154.11	230.67	61.11
2012	18	3 277	3 294.67	169.33	17.67	3 332.00	190.00	55.00	3 369.57	220.14	92.57			
2013	19	3 514	3 520.33	225.67	6.33	3 552.20	220.20	38.20						
2014	20	3 770	3 797.00	276.67	27.00									
2015	21	4 107												
平均值				168.81	33.58		172.88	55.69		174.62	77.51		173.34	78.74
2016 年预测值			4 134.63			4 070.83			4 068.06			4 020.82		

依此类推。而第一个$M_1^{(1)}$应在3［(5+1)/2］的位置上，即应在1997年。

当$n=7$时，

$$M_1^{(1)}=\frac{676+825+774+716+940+1\ 159+1\ 384}{7}=924.86$$

$$M_2^{(1)}=M_1^{(1)}+\frac{x_8-x_1}{7}=924.86+\frac{1\ 524-676}{7}=1\ 046$$

$$\vdots$$

依此类推。而第一个$M_1^{(1)}$应在4［(7+1)/2］的位置上，即应在1998年。

当$n=9$时，

$$M_1^{(1)}=\frac{676+825+774+716+940+1\ 159+1\ 384+1\ 524+1\ 668}{9}=1\ 074$$

$$M_2^{(1)}=M_1^{(1)}+\frac{x_{10}-x_1}{9}=1\ 074+\frac{1\ 688-676}{9}=1\ 186.44$$

$$\vdots$$

依此类推。而第一个$M_1^{(1)}$应在5［(9+1)/2］的位置上，即应在1999年。

(4) 计算趋势变动值。计算趋势变动值是用一次移动平均法计算预测值的依据之一。当年的趋势变动值等于当年的移动平均值与上年的移动平均值之差，即

$$\text{趋势变动值}=\text{当年的移动平均值}-\text{上年的移动平均值} \tag{9.10}$$

当$n=3$时，对应第一个一次移动平均值的1997年的趋势变动值为：

771.67−758.33=13.33

第二个一次移动平均值对应的1998年的趋势变动值为：

810−771.67=38.33

$n=5$、7、9时的趋势变动值依此类推。

在确定预测用的趋势变动值时，可根据该值的情况分别进行处理：当构成时间序列的各年趋势值变动比较平稳时，可直接用最后一年的趋势变动值进行预测；当各年趋势变动值变化较大时，可采用算术平均法求平均趋势变动值$\overline{m}$，用平均趋势变动值$\overline{m}$进行预测。

平均趋势变动值$\overline{m}$的计算方法为：

$$\overline{m}=\frac{\sum\text{趋势变动值}}{k}=\frac{M_{(t-\frac{n+1}{2}+1)}^{(1)}-M_{\frac{n+1}{2}}^{(1)}}{t-n} \tag{9.11}$$

式中，k为趋势变动值时间序列的期数（即趋势变动值的个数）。

根据上述求平均趋势变动值的计算公式，有：

$n=3$时，

$$\overline{m}+\frac{13.33+38.33+\cdots+276.67}{18}=168.81$$

$n=5$、7、9时，平均趋势变动值依次为：

$$\overline{m}=\frac{96.6+111.8+\cdots+220.2}{16}=172.88$$

$$\overline{m}=\frac{121.14+120.43+\cdots+220.144}{14}=174.62$$

$$\overline{m}=\frac{112.44+125.89+\cdots+230.67}{12}=173.34$$

（5）计算绝对误差、平均绝对误差。

$$绝对误差=|移动平均值-观察值| \tag{9.12}$$

当 $n=3$ 时，

1996 年绝对误差＝｜758.33－825｜＝66.67

1997 年绝对误差＝｜771.67－774｜＝2.33

其余依此类推。而平均绝对误差计算方法为：

$$平均绝对误差=\frac{\sum 绝对误差}{n} \tag{9.13}$$

式中，n 为绝对误差时间序列的期数（即绝对误差的个数）。所以当 $n=3$ 时，

平均绝对误差＝（66.67＋2.33＋…＋27）/19＝33.58

同理，当 $n=5$、7、9 时，平均绝对误差依次分别为：

平均绝对误差＝（12.2＋166.8＋…＋38.2）/17＝55.69

平均绝对误差＝（208.86＋106＋…＋92.57）/15＝77.51

平均绝对误差＝（134＋27.44＋…＋61.11）/13＝78.74

由上述平均绝对误差的计算结果可见，跨越期间隔数取值越小，对应的平均绝对误差值越小，此时所求得的预测值的误差也越小。所以当观察值的个数不是特别多时，跨越期间隔数的取值应尽可能小一些。因此，本例中取 $n=3$ 时的一次移动平均数及其趋势变动值进行预测。

（6）建立模型求预测值。

$$\hat{y}_{t+T}=M_t^{(1)}+T\times\overline{m} \tag{9.14}$$

式中，$\hat{y}_{t+T}$为第 $t+T$ 期预测值；$M_t^{(1)}$为最后一项一次移动平均值；T 为最后一项一次移动平均值距离预测期的间隔数。

当 $n=3$ 时，最后一项一次移动平均值在 2014 年对应的$M_t^{(1)}=3\,797$，平均趋势变动值 $\overline{m}=168.81$，则 2014 年距离预测期 2016 年和 2017 年的间隔数 T 分别为 2 和 3。

所以，2016 年、2017 年的预测值分别为：

$\hat{y}_{2016}=3\,797+2\times168.81=4\,134.63$（万元）

$\hat{y}_{2017}=3\,797+3\times168.81=4\,303.44$（万元）

再取 $n=5$ 时的最后一项一次移动平均数和对应的平均趋势变动值对 2016、2017 年的销售额进行预测，并将预测结果与 $n=3$ 的预测结果进行比较。

当 $n=5$ 时，最后一项一次移动平均值在 2013 年对应的$M_t^{(1)}=3\,552.2$，平均趋势变动值 $\overline{m}=172.88$，则 2013 年距离预测期 2016 年和 2017 年的间隔数 T 分别为 3 和 4。

此时，2016 年、2017 年的预测值分别为：

$\hat{y}_{2016}=3\,552.2+3\times172.88=4\,070.83$（万元）

$\hat{y}_{2017}=3\,552.2+4\times172.88=4\,243.72$（万元）

可以看出，不管是 2016 年还是 2017 年，$n=5$ 时的预测值都比 $n=3$ 时的预测值要小，而表 9-6 所给出的 2015 年的实际观察值为 4 107 万元，与 $n=3$ 时的预测值更为接

近，这再次证明了前述结论：平均绝对误差值小，则对应的跨越期间隔数求得的预测值误差小。

二、二次移动平均法

（一）二次移动平均法原理

二次移动平均法是对一组时间序列数据先后进行两次移动平均，即在一次移动平均值的基础上，再进行第二次移动平均，并根据最后两个移动平均值的结果建立预测模型，求得预测值。

二次移动平均法与一次移动平均法关系密切。首先，由于一次移动平均法存在滞后偏差，使移动平均值总是滞后于实际观察值 $(n-1)/2$ 期，而二次移动平均法把一次、二次移动平均值置于跨越期末水平上，并以此建立数学模型，求得预测值。所以，它适用于时间序列数据呈线性变化的预测。其次，由于二次移动平均法是利用一次移动平均值来计算二次移动平均值的，因此二次移动平均法当中的跨越期间隔数应当与一次移动平均法当中选择的跨越期间隔数保持一致。最后，二次移动平均法不是一种独立的预测方法，它必须在一次移动平均值的基础上再进行第二次移动平均，而且它还必须与一次移动平均值（最后一项的一次移动平均值）一起方能建立模型、进行预测。

（二）二次移动平均值计算方法

假设 n 为一次、二次移动平均的跨越期间隔数，$M_1^{(1)}$，$M_2^{(1)}$，…，$M_t^{(1)}$ 为原时间序列数据的一次移动平均值，$M_t^{(2)}$ 为时间 t 的二次移动平均值，则

$$M_1^{(2)}=\frac{M_1^{(1)}+M_2^{(1)}+\cdots+M_n^{(1)}}{n} \tag{9.15}$$

$$M_2^{(2)}=\frac{M_2^{(1)}+M_3^{(1)}+\cdots+M_{n+1}^{(1)}}{n} \tag{9.16}$$

$$\vdots$$

同理，根据式（9.9），可得出二次移动平均法的递推公式：

$$M_t^{(2)}=M_{t-1}^{(2)}+\frac{M_{t+n-1}^{(1)}-M_{t-1}^{(1)}}{n} \tag{9.17}$$

利用二次移动平均法进行预测时，需要将一次移动平均值和二次移动平均值置于跨越期期末位置处，所以二次移动平均法的预测模型为：

$$\hat{y}_{t+T}=a_t+b_t\times T \tag{9.18}$$

其中，

$$a_t=2M_t^{(1)}-M_t^{(2)} \tag{9.19}$$

$$b_t=\frac{2}{n-1}\left(M_t^{(1)}-M_t^{(2)}\right) \tag{9.20}$$

式中，$\hat{y}_{(t+T)}$ 为第 $t+T$ 期预测值；$M_t^{(1)}$ 为最后一项一次移动平均值；$M_t^{(2)}$ 为最后一项二次移动平均值；T 为预测模型当前所处的时间 t 距离预测期的间隔期数。

（三）二次移动平均法预测步骤

【例9-6】仍然以例9-5中的商品销售额数据为例（见表9-7），请用二次移动平均

法预测该企业 2016 年和 2017 年的销售额。

表 9-7　某企业 1995—2015 年销售额数据统计及移动平均值表　　单位：万元

观察年份	t	观察值（x_t）	$n=3$ 时的$M_t^{(1)}$	$n=3$ 时的$M_t^{(2)}$
1995	1	676		
1996	2	825		
1997	3	774	758.33	
1998	4	716	771.67	
1999	5	940	810.00	780.00
2000	6	1 159	938.33	840.00
2001	7	1 384	1 161.00	969.78
2002	8	1 524	1 355.67	1 151.67
2003	9	1 668	1 525.33	1 347.33
2004	10	1 688	1 626.67	1 502.56
2005	11	1 958	1 771.33	1 641.11
2006	12	2 031	1 892.33	1 763.44
2007	13	2 234	2 074.33	1 912.67
2008	14	2 566	2 277.00	2 081.22
2009	15	2 820	2 540.00	2 297.11
2010	16	3 006	2 797.33	2 538.11
2011	17	3 093	2 973.00	2 770.11
2012	18	3 277	3 125.33	2 965.22
2013	19	3 514	3 294.67	3 131.00
2014	20	3 770	3 520.33	3 313.44
2015	21	4 107	3 797.00	3 537.33

解：（1）选择跨越期间隔数 n。跨越期间隔数 n 的确定方法与一次移动平均法中相同，根据前述一次移动平均法与二次移动平均法的关系，一次移动平均法和二次移动平均法的跨越期间隔数应该保持一致，此例与上例取相同的间隔数，即 $n=3$。

（2）计算一次移动平均值。

$$M_1^{(1)}=\frac{676+825+774}{3}=758.33$$

$$M_2^{(1)}=M_1^{(1)}+\frac{x_4-x_1}{3}=758.33+\frac{716-676}{3}=771.67$$

$$\vdots$$

依此类推。只是每次计算所得的一次移动平均值都置于跨越期期末的位置上（见表 9-7 第 4 列），这是与前面的一次移动平均法的不同之处。

（3）计算二次移动平均值。

$$M_1^{(2)}=\frac{758.33+771.67+\cdots+810}{3}=780$$

$$M_2^{(2)}=M_1^{(2)}+\frac{M_4^{(1)}-M_1^{(1)}}{3}=780+\frac{938.33-758.33}{3}=840$$

$$\vdots$$

依此类推。每次计算所得的二次移动平均值也置于跨越期期末的位置上（见表 9－7 第 5 列）。

（4）建立二次移动平均法预测模型。根据式（9.19）和式（9.20）以及上述已经计算出的一次移动平均值和二次移动平均值，可计算出模型公式（9.18）中的待定系数 a_t、b_t。

$$a_t=2M_t^{(1)}-M_t^{(2)}=2\times 3\,797-3\,537.33=4\,056.67$$

$$b_t=\frac{2}{n-1}\left(M_t^{(1)}-M_t^{(2)}\right)=\frac{2}{3-1}\times\left(3\,797-3\,537.33\right)=259.67$$

则二次移动平均法预测模型为：

$$\hat{y}_{t+T}=4\,056.77+259.67\times T$$

（5）计算预测值。由于二次移动平均法中，一次、二次移动平均值均位于跨越期的最后一期位置上，即最后一期的一次和二次移动平均值在 2015 年，所以 2016 年、2017 年与 2015 年的间隔期数 T 分别为 1 和 2，则 2016 年和 2017 年的销售额预测值分别为：

$$\hat{y}_{2016}=4\,056.67+259.67\times 1=4\,316.34\text{（万元）}$$

$$\hat{y}_{2017}=4\,056.67+259.67\times 2=4\,576.01\text{（万元）}$$

移动平均法除了一次移动平均法和二次移动平均法外，还有加权移动平均法，加权移动平均法也分为加权一次移动平均法和加权二次移动平均法。加权移动平均法的原理是，由于历史数据距离预测期的远近不同，市场环境可能变化越大，对预测结果的影响也越大，因此按照历史数据距离预测期的远近不同，分别按照“远轻近重”的原则确定不同权重，以降低预测值的误差。

加权移动平均法就是利用前面介绍的加权平均数的计算方法来计算移动平均数，其预测过程与前面介绍的一次、二次移动平均法的预测过程相同，因此对加权移动平均法不再赘述。

第 4 节 指数平滑预测方法

指数平滑法是生产预测中常用的一种方法，也用于中短期经济发展趋势预测，在所有预测方法中，指数平滑法是用得最多的一种。简单平均法是对时间数列的过去数据一个不漏地全部加以同等利用；移动平均法不考虑较远期的数据，并在加权移动平均法中赋予近期资料更大的权重；指数平滑法则兼容了简单平均和移动平均所长，不舍弃过去的数据，但是仅给予逐渐减弱的影响程度，即随着数据的远离，赋予逐渐收敛为零的权数。也就是说，指数平滑法是在移动平均法基础上发展起来的一种时间序列分析预测法，它通过计算指数平滑值，配合一定的时间序列预测模型对未来的现象进行预测。其原理是：任一期的指数平滑值都是本期实际观察值与前一期指数平滑值的加权平均。

指数平滑预测方法常用于时间序列数据资料既有长期趋势变动又有季节波动的情况。

一、一次指数平滑法

（一）一次指数平滑法原理

一次指数平滑法是以一次指数平滑值为基础，确定市场预测值的一种特殊的加权平均法。

设 x_1，x_2，…，x_n为时间序列观察期数据，x_0为初始数据。当观察期 $t=1$，2，…，n 时，则$S_1^{(1)}$，$S_2^{(1)}$，…，$S_n^{(1)}$为时间 t 观察值的一次指数平滑值。a 为时间序列的平滑指数（也叫作平滑系数），且满足：$0\leqslant a\leqslant 1$，那么时间序列各观察值的一次指数平滑公式为：

$$S_t^{(1)}=ax_t+(1-a)S_{t-1}^{(1)} \tag{9.21}$$

即第 t 期一次指数平滑值$S_t^{(1)}$等于第 t 期实际值 x_t的 a 倍加上第 $t-1$ 期的一次指数平滑值 $S_{t-1}^{(1)}$的（$1-a$）倍。还可对式（9.21）进行变形推导，得出一次指数平滑值的递推公式：

$$S_t^{(1)}=S_{t-1}^{(1)}+a(x_t-S_{t-1}^{(1)}) \tag{9.22}$$

即第 t 期一次指数平滑值$S_t^{(1)}$等于第 $t-1$ 期的一次指数平滑值$S_{t-1}^{(1)}$加上第 t 期的实际值 x_t 与第 $t-1$ 期的一次指数平滑值$S_{t-1}^{(1)}$的差值（$x_t-S_{t-1}^{(1)}$）的 a 倍。则一次指数平滑法的预测公式为：

$$\hat{F}_{t+1}=S_t^{(1)} \tag{9.23}$$

即第 $t+1$ 期的预测值等于第 t 期的一次指数平滑值$S_t^{(1)}$。如果将式（9.22）代入式（9.23），可得出一次指数平滑预测法的递推公式：

$$\begin{aligned}\hat{F}_{t+1}&=S_{t-1}^{(1)}+a(x_t-S_{t-1}^{(1)})\\&=\hat{F}_t+a(x_t-\hat{F}_t)\end{aligned} \tag{9.24}$$

即第 $t+1$ 期的预测值 $\hat{F}_{t+1}$ 等于第 t 期的预测值$\hat{F}_t$加上第 t 期的实际值 x_t与第 t 期预测值 $\hat{F}_t$的差值（$x_t-S_{t-1}^{(1)}$）的 a 倍。

从式（9.24）可以看出：

当 $a=0$ 时，$\hat{F}_{t+1}=\hat{F}_t$。即下一期的预测值等于本期的预测值，也就是当平滑系数取 0 时，下一期的预测值不考虑本期实际值 x_t带来的影响因素的变化。

当 $a=1$ 时，$\hat{F}_{t+1}=x_t$。即下一期的预测值等于本期的实际值，也就是市场完全没有变化时，不用考虑各种因素对预测值的影响。

当 $0<a<1$ 时，即在大多数情况下，下一期的预测值既要考虑本期预测值的影响，又要考虑本期实际值带来的影响。

（二）平滑指数 a 的选择

指数平滑法的计算中，关键是 a 的取值大小，但 a 的取值又容易受主观影响，因此合理确定 a 的取值方法十分重要，一般来说，如果数据波动较大，a 值应取大一些，可以增加近期数据对预测结果的影响。如果数据波动平稳，a 值应取小一些。理论界一般认为有以下方法可供选择：

1. 经验判断法

这种方法主要根据时间序列的发展趋势和预测者的经验做出判断。

（1）当时间序列呈现较稳定的水平变化趋势时，应选较小的 a 值，一般可在 0.05～0.2 之间取值。

（2）当时间序列有波动，但长期趋势变化不大时，可以选择稍大的 a 值，常在 0.1～0.4 之间取值。

（3）当时间序列波动很大，长期趋势变化幅度较大，呈现明显且迅速的上升或下降趋势时，宜选择较大的 a 值，可在 0.6～0.8 间取值，以使预测模型灵敏度高些，能迅速跟上数据的变化。

（4）当时间序列数据是上升（或下降）的发展趋势类型时，a 应取较大的值，可在 0.6～1 之间取值。

2. 试算法

根据具体时间序列情况，参照经验判断法，来大致确定额定的取值范围，然后取几个 a 值进行试算，比较不同 a 值下的预测标准误差，选取预测标准误差最小的 a。

在实际应用中，预测者应结合预测对象的变化规律做出定性判断并计算预测误差，还要考虑到预测灵敏度和预测精度是相互矛盾的，必须给予二者一定的考虑，采用折中的 a 值。

（三）初始值的确定

一次指数平滑预测法，除了要选择合适的平滑指数值之外，还要确定初始值 $S_0^{(1)}$。初始值 $S_0^{(1)}$ 的确定一般由预测者根据自己的个人经验主观指定或简单估算确定即可。当时间序列的数据资料比较多时（一般不少于 10 期时即认为数据资料比较多），初始值对预测值的影响很小，可以直接选用第一期的实际观察值作为初始值；而如果时间序列资料数据较少（一般小于 10 期），由于初始值对后续预测值的影响较大，因此可以选取最初几期（一般为前 3 期）的实际观察值的算术平均数作为初始值。

（四）一次指数平滑法的预测步骤

【例 9－7】某公司 2006—2015 年的销售额资料如表 9－8 所示，请用一次平滑指数法预测该公司 2016 年的销售额。

表 9－8　某公司 2006—2015 年销售额及一次指数平滑法计算表

年份	t	销售额（x_t）	一次指数平滑值（$S_t^{(1)}$）			$(x_t-S_t^{(1)})^2$		
			$a_1=0.2$	$a_2=0.5$	$a_3=0.8$	$a_1=0.2$	$a_2=0.5$	$a_3=0.8$
2006	1	400	400	400	400	0	0	0
2007	2	450	410	425	440	1 600	625	100
2008	3	503	428.6	464.0	490.4	5 535.4	1 521.0	158.8

续表

年份	t	销售额 (x_t)	一次指数平滑值 ($S_t^{(1)}$)			$(x_t - S_t^{(1)})^2$		
			$a_1=0.2$	$a_2=0.5$	$a_3=0.8$	$a_1=0.2$	$a_2=0.5$	$a_3=0.8$
2009	4	551	453.1	507.5	538.9	9 588.3	1 892.3	146.9
2010	5	602	482.9	554.8	589.4	14 193.4	2 232.6	159.4
2011	6	657	517.7	605.9	643.5	19 406.9	2 613.8	182.9
2012	7	709	556.0	657.4	695.9	23 423.4	2 658.7	171.7
2013	8	758	596.4	707.7	745.6	26 126.7	2 528.2	154.3
2014	9	809	638.9	758.4	796.3	28 937.4	2 564.5	160.9
2015	10	862	683.5	810.2	848.9	31 858.0	2 685.3	172.6
平均值					16 067.0	1 932.1	140.7	

解：(1) 确定初始值$S_0^{(1)}$。由于销售额数据是从 2006 年到 2015 年的，正好为 10 期，因此将第一期的实际观察值作为初始值，即$S_0^{(1)}=400$。

(2) 确定平滑指数 a 的取值。为了比较 a 在不同的取值情况下所得预测结果的差异，分别取 a=0.2、0.5、0.8 三种情况进行计算。

(3) 计算一次指数平滑值。

当 $a_1=0.2$ 时：

$$S_1^{(1)}=0.2\times400+(1-0.2)\times400=400$$

$$S_2^{(1)}=0.2\times450+(1-0.2)\times400=410$$

$$S_3^{(1)}=0.2\times503+(1-0.2)\times410=428.6$$

$$\vdots$$

$$S_{10}^{(1)}=0.2\times862+(1-0.2)\times638.9=683.5$$

当 $a_1=0.5$ 时：

$$S_1^{(1)}=0.5\times400+(1-0.5)\times400=400$$

$$S_2^{(1)}=0.5\times450+(1-0.5)\times400=425$$

$$S_3^{(1)}=0.5\times503+(1-0.5)\times425=464$$

$$\vdots$$

$$S_{10}^{(1)}=0.5\times862+(1-0.5)\times758.4=810.2$$

当 $a_1=0.8$ 时：

$$S_1^{(1)}=0.8\times400+(1-0.8)\times400=400$$

$$S_2^{(1)}=0.8\times450+(1-0.8)\times400=440$$

$$S_3^{(1)}=0.8\times503+(1-0.8)\times440=490.4$$

$$\vdots$$

$$S_{10}^{(1)}=0.8\times862+(1-0.8)\times796.3=848.9$$

将上述计算结果填入表 9-8 中，并根据 2006—2015 年的销售额及三组一次指数平滑值绘制出如图 9-2 所示的一次指数平滑曲线图。

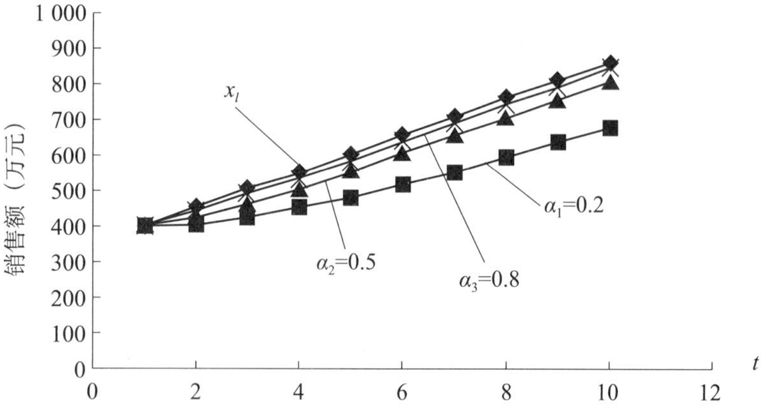

图 9-2　一次指数平滑曲线

从图 9-2 可以看出，$a_1=0.2$ 时，指数平滑值对原时间序列观察值的修匀效果最好，曲线比较平坦；$a_2=0.5$ 的修匀效果次之；$a_3=0.8$ 的修匀程度最小。

（4）确定预测值。

$a_1=0.2$ 时，$\hat{F}_{2016}=S_{10}{}^{(1)}=683.5$（万元）

$a_2=0.5$ 时，$\hat{F}_{2016}=S_{10}{}^{(1)}=810.2$（万元）

$a_3=0.8$ 时，$\hat{F}_{2016}=S_{10}{}^{(1)}=848.9$（万元）

由上述计算结果可见，当平滑指数 a 取不同数值时，预测值相差较大，为了确定一个合适的 a 值，要分别计算不同的 a 取值时的均方差 S。

$$S=\frac{1}{n}\sum e_i{}^2=\frac{1}{n}\sum(x_i-S_i{}^{(1)})^2 \tag{9.25}$$

利用式（9.25）可分别计算出 a 不同取值下的均方差：

$a_1=0.2$ 时，$S_1=16\,067.0$

$a_2=0.5$ 时，$S_2=1\,932.1$

$a_3=0.8$ 时，$S_3=140.7$

上述均方差的计算结果表明，当 $a_3=0.8$ 时，$S_3=140.7$ 最小，所以预测该公司 2016 年的销售额时，a 应取 0.8，此时预测值为$\hat{F}_{2016}=848.9$ 万元。

二、二次指数平滑法

（一）二次指数平滑法的原理

与一次移动平均数一样，用一次指数平滑法进行预测时，也存在滞后偏差问题，因此需要进行修正。二次指数平滑法的滞后偏差的修正方法与一次移动平均法类似，也就是在一次指数平滑法的基础上，再进行二次指数平滑，并根据一次、二次的最后一项指数平滑值建立直线趋势预测模型。

二次指数平滑法主要适用于具有线性趋势的时间序列数据。

（二）二次指数平滑值的计算方法

与一次指数平滑公式（9.21）类似，二次指数平滑法的基本公式为：

$$S_t^{(2)}=aS_t^{(1)}+(1-a)S_{t-1}^{(2)} \tag{9.26}$$

式中，$S_t^{(2)}$为第 t 期的二次指数平滑值；$S_t^{(1)}$为第 t 期的一次指数平滑值；$S_{t-1}^{(2)}$为第 $t-1$ 期的二次指数平滑值；a 为平滑指数，且满足 $0\leqslant a\leqslant 1$。

二次指数平滑预测模型为：

$$\hat{y}_{t+T}=a_t+b_t\times T \tag{9.27}$$

其中，

$$a_t=2S_t^{(1)}-S_t^{(2)} \tag{9.28}$$

$$b_t=\frac{a}{1-a}\left(S_t^{(1)}-S_t^{(2)}\right) \tag{9.29}$$

式中，$\hat{y}_{t+T}$为第 $t+T$ 期预测值；t 为预测模型所处的当前时期；T 为预测模型当前所处的时间 t 距离预测期的间隔期数；a_t，b_t为预测模型的待定系数。

（三）二次指数平滑法的预测步骤

【例 9-8】某公司 2001—2015 年的销售收入数据 y_t如表 9-9 所示。取 $a=0.3$，请用二次指数平滑法预测该公司 2016 年和 2018 年的销售收入。

表 9-9　某公司 2001—2015 年销售收入及二次平滑法计算表　　单位：万元

年份	t	y_t	$S_t^{(1)}$	$S_t^{(2)}$	a_t	b_t	$\hat{y}_t$
2001	1	676	676	676	676	0	—
2002	2	825	720.7	689.4	752.0	13.4	676.0
2003	3	774	736.7	703.6	769.8	14.2	765.4
2004	4	716	730.5	711.7	749.3	8.1	784.0
2005	5	940	793.3	736.2	850.5	24.5	757.4
2006	6	1 159	903.0	786.2	1 019.8	50.1	875.0
2007	7	1 384	1 047.3	864.6	1 230.1	78.3	1 069.9
2008	8	1 524	1 190.3	962.3	1 418.4	97.7	1 308.4
2009	9	1 468	1 273.6	1 055.7	1 491.6	93.4	1 516.1
2010	10	1 668	1 391.9	1 156.6	1 627.3	100.9	1 585.0
2011	11	1 958	1 561.8	1 278.1	1 845.4	121.6	1 728.2
2012	12	2 031	1 702.5	1 405.4	1 999.6	127.3	1 967.0
2013	13	2 234	1 862.0	1 542.4	2 181.5	137.0	2 126.9
2014	14	2 566	2 073.2	1 701.6	2 444.7	159.2	2 318.5
2015	15	2 820	2 297.2	1 880.3	2 714.1	178.7	2 604.0

解：(1) 根据实际观察值做出散点图，如图 9-3 所示。

从散点图可以看出，该公司销售收入呈较为明显的线性变化趋势，尤其是在 2004 年以后的线性趋势更为明显，因此可用二次指数平滑法对该公司 2016 年和 2018 年的销售收入进行预测。

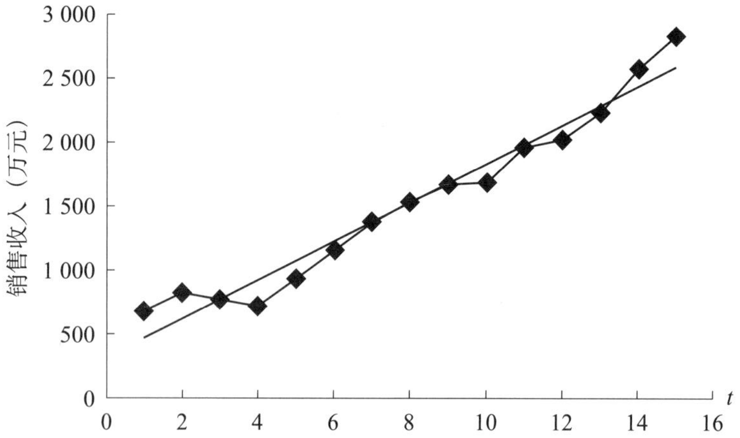

图 9-3　某公司 2001—2015 年销售收入散点图

（2）确定初始值。由于销售额数据是从 2001 年到 2015 年的，一共有 15 期数据，因此将第一期的实际观察值作为初始值，即$S_0^{(1)}=S_0^{(2)}=676$。

（3）确定平滑指数 a 的取值。这里已经给定 $a=0.3$。

（4）计算一次、二次指数平滑值$S_t^{(1)}$、$S_t^{(2)}$，如表 9-9 所示。

（5）计算待定系数，建立预测模型。

$$a_t=2S_{15}^{(1)}-S_{15}^{(2)}$$
$$=2\times 2\ 297.2-1\ 880.3=2\ 714.1$$

$$b_t=\frac{a}{1-a}\left(S_{15}^{(1)}-S_{15}^{(2)}\right)$$

$$=\frac{0.3}{1-0.3}\times(2\ 287.2-1\ 880.3)=178.7$$

因此预测模型为：

$$\hat{y}_{2015+T}=2\ 714.1+178.7\times T$$

因为 2016 年和 2018 年距离 2015 年的间隔数分别为 1 和 3，所以利用上述模型可以计算出 2016 年和 2018 年的销售收入分别为：

$$\hat{y}_{2016}=2\ 714.1+178.7\times 1=2\ 892.8\text{（万元）}$$

$$\hat{y}_{2018}=2\ 714.1+178.7\times 3=3\ 250.2\text{（万元）}$$

利用式（9.27）、式（9.28）和解题中建立的预测模型可分别求出该公司 2002—2015 各年的预测值（见表 9-9 最后一列）。

三、三次指数平滑法

（一）三次指数平滑法原理与模型

当时间序列数据呈现二次曲线趋势时，可以采用三次指数平滑法。与二次指数平滑法类似，三次指数平滑法是在二次指数平滑的基础上，再进行第三次指数平滑。三次指数平滑值的计算公式为：

$$\begin{cases} S_t^{(1)}=a\,x_t+(1-a)\ S_{t-1}^{(1)} \\ S_t^{(2)}=a\,S_t^{(1)}+(1-a)\ S_{t-1}^{(2)} \\ S_t^{(3)}=a\,S_t^{(2)}+(1-a)\ S_{t-1}^{(3)} \end{cases} \tag{9.30}$$

式中，$S_t^{(3)}$ 为第 t 期的三次指数平滑值。

三次指数平滑法的预测模型为：

$$\hat{y}_{t+T}=a_t+b_t\times T+c_t\times T^2 \tag{9.31}$$

式中，a_t、b_t、c_t为预测模型的待定系数。

其中，$a_t=3\,S_t^{(1)}-3\,S_t^{(2)}+S_t^{(3)}$ (9.32)

$$b_t=\frac{a}{2(1-a)^2}\left[(6-5a)S_t^{(1)}-2(5-4a)S_t^{(2)}+(4-3a)S_t^{(3)}\right] \tag{9.33}$$

$$c_t=\frac{a^2}{2(1-a)^2}\left(S_t^{(1)}-2\,S_t^{(2)}+S_t^{(3)}\right) \tag{9.34}$$

（二）三次指数平滑法的预测步骤

【例 9－9】某公司 2004—2015 年的产品销售数量如表 9－10 所示。当 a＝0.3 时，试预测该公司 2016 年和 2018 年的销售量。

表 9－10　某公司 2004—2015 年的产品销售数量及一次、二次、三次指数平滑值计算表

单位：件

年份	t	销售数量（y_t）	$S_t^{(1)}$	$S_t^{(2)}$	$S_t^{(3)}$	a_t	b_t	c_t	$\hat{y}_t$
2004	1	2 194	2 194	2 194	2 194	2 194	0.0	0	—
2005	2	2 004	2 137.0	2 176.9	2 188.9	2 069.2	－43.6	－2.6	2 194.0
2006	3	2 006	2 097.7	2 153.1	2 178.2	2 011.8	－52.6	－2.8	2 023.0
2007	4	2 572	2 240.0	2 179.2	2 178.5	2 360.8	83.1	5.5	1 956.4
2008	5	3 461	2 606.3	2 307.3	2 217.1	3 114.0	326.2	19.2	2 449.4
2009	6	5 177	3 377.5	2 628.4	2 340.5	4 587.9	758.8	42.4	3 459.4
2010	7	5 592	4 041.9	3 052.4	2 554.1	5 522.4	890.1	45.1	5 389.0
2011	8	8 065	5 248.8	3 711.3	2 901.3	7 513.6	1 349.2	66.8	6 457.5
2012	9	13 111	7 607.5	4 880.2	3 494.9	11 676.8	2 442.4	123.2	8 929.6
2013	10	14 858	9 782.6	6 350.9	4 351.7	14 646.9	2 830.2	131.6	14 242.4
2014	11	16 267	11 727.9	7 964.0	5 435.4	16 727.2	2 785.4	113.4	17 608.6
2015	12	23 226	15 177.4	10 128.0	6 843.2	21 991.2	3 838.5	162.0	19 626.0

解：(1) 根据实际观察值绘制该公司 2004—2015 年产品销售量散点图，如图 9－4 所示。

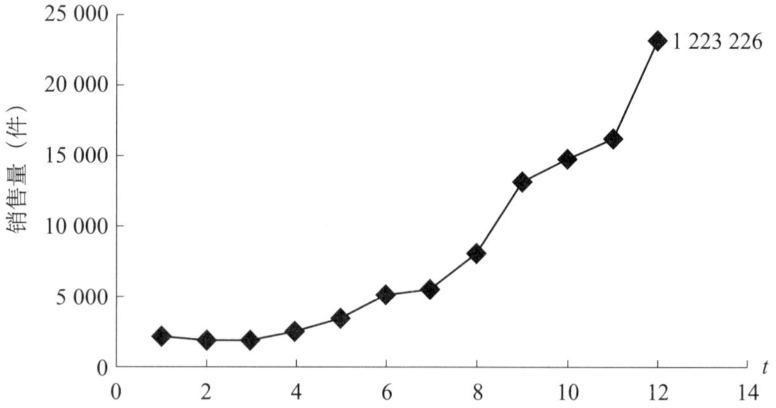

图 9-4　某公司 2004—2015 年产品销售量散点图

由图 9-4 可以看出，该公司 2004—2015 年的产品销售数量呈二次曲线上升的趋势，因此可以采用三次指数平滑法进行预测。

（2）确定初始值。由于销售额数据是从 2004 年到 2015 年的，一共有 12 期数据，因此将第一期的实际观察值作为初始值，即$S_0^{(1)}=S_0^{(2)}=S_0^{(13)}=2\ 194$。

（3）确定平滑指数 a 的取值。这里已经给定 $a=0.3$。

（4）计算一次、二次、三次指数平滑值。

根据式（9.30）分别计算出本例的一次、二次、三次指数平滑值，计算结果见表 9-10 第 4、5、6 列。

（5）计算待定系数 a_t、b_t、c_t，建立预测模型。

根据式（9.32）、式（9.33）和式（9.34）分别计算出待定系数 a_t、b_t、c_t，计算结果见表 9-10 第 7、8、9 列。根据计算结果 2015 年的一次、二次、三次指数平滑值和对应的待定系数 a_t、b_t、c_t分别为：15 177.4、10 128、6 843.2、21 991.2、3 838.5、162。因此，根据式（9.31）可建立预测模型为：

$$\hat{y}_{t+T}=21\ 992.2+3\ 838.5T+162T^2$$

因为 2016 年和 2018 年距离 2015 年的间隔分别为 1 和 3，所以可以计算出该公司 2016 年和 2018 年的产品销售数量为：

$$\hat{y}_{2016}=21\ 992.2+3\ 838.5\times1+162\times1^2=25\ 991.7\text{（件）}$$

$$\hat{y}_{2018}=21\ 992.2+3\ 838.5\times3+162\times3^2=34\ 965.1\text{（件）}$$

利用式（9.32）、式（9.33）和式（9.34）以及解题中建立的预测模型可分别求出该公司 2005—2015 年各期的预测值（见表 9-10 最后一列）。

四、利用 SPSS 和 SPSSAU 进行指数平滑预测

（一）利用 SPSS 进行指数平滑预测

在较低版本的 SPSS 中，在菜单栏中选择“Analyze-Time”　“Series-Exponential Smoothing”，进入指数平滑法的对话框。在较新版本的 SPSS 中，在菜单栏中选择“分析”—“预测”—“创建模型”命令，打开“时间序列建模器”对话框。选择“因变

量”，并在“方法”下拉列表中选择“指数平滑法”，然后点击“条件”按钮，打开“指数平滑条件”对话框，进行不同条件的选择。

SPSS 的指数平滑法可用于多种不同类型的时间序列，“时间列建模器：指数平滑条件”对话框用于设定指数平滑模型的类型和因变量转换。“模型类型”选项包括“非季节性”和“季节性”两大类模型，分别适用于不含季节因素和含有季节因素的序列。其中，“简单”模型适用于没有趋势或季节性的序列，“Holt 线性趋势”模型适用于具有线性趋势且没有季节性的序列；“Brown 线性趋势”模型适用于具有线性趋势（布朗线性趋势）且没有季节性的序列；“阻尼趋势”模型适用于具有线性趋势但该线性趋势正逐渐消失且没有季节性的序列。“简单季节性”模型适用于没有线性趋势并且季节性影响随时间变动保持恒定的序列；“Winters 可加性”模型适用于具有线性趋势和季节性影响且季节性效应不依赖于序列水平的序列；“Winters 相乘性”模型适用于具有线性趋势和季节性影响且季节性效应依赖于序列水平的序列。

（二）利用 SPSSAU 进行指数平滑预测

SPSSAU 也称“在线 SPSS”，是一款网页版数据科学算法平台系统，可提供极致体验和智能化分析结果。首先，在“综合评价”模块点击“指数平滑”按钮，见图 9－5 和图 9－6；其次，上传要分析的数据，并拖拽到右侧分析框中，并选择初始值 S0、alpha 值、平滑类型等，见表 9－11；最后点击分析按钮，得出预测结果。

以例 9－7 中的数据为例，进行指数平滑的计算，选择初始值 S0 为第一期的数据，alpha＝0.2，平滑类型为一次指数平滑，计算结果见表 9－11：

图 9－5　点击指数平滑按钮

图 9-6　指数平滑参数选择

表 9-11　alpha＝0.2 时一次指数平滑分析结果

序号	原始值	预测值
1	400.000	400.000
2	450.000	400.000
3	503.000	410.000
4	551.000	428.600
5	602.000	453.080
6	657.000	482.864
7	709.000	517.691
8	758.000	555.953
9	809.000	596.362
10	862.000	638.890
向后 1 期	—	683.512

当 alpha＝0.5 时，其一次指数平滑值的预测结果见表 9-12。

表 9-12　alpha＝0.5 时一次指数平滑分析结果

序号	原始值	预测值
1	400.000	400.000
2	450.000	400.000
3	503.000	425.000
4	551.000	464.000
5	602.000	507.500
6	657.000	554.750
7	709.000	605.875
8	758.000	657.438
9	809.000	707.719
10	862.000	758.359
向后 1 期	—	810.180

当 alpha＝0.8 时，其一次指数平滑值的预测结果见表 9-13。

表 9-13　alpha=0.8 时一次指数平滑分析结果

序号	原始值	预测值
1	400.000	400.000
2	450.000	400.000
3	503.000	440.000
4	551.000	490.400
5	602.000	538.880
6	657.000	589.376
7	709.000	643.475
8	758.000	695.895
9	809.000	745.579
10	862.000	796.316
向后 1 期	—	848.863

第 5 节　季节指数预测方法

在市场销售中，一些商品（如电风扇、冷饮、服装等）往往受季节影响而出现销售的淡季和旺季之分的季节性变动规律。掌握了季节性变动规律，就可以利用它来对季节性的商品进行市场需求量的预测。利用季节指数预测法进行预测时，时间序列的时间单位或是季，或是月，变动循环周期为 4 个季度或者 12 个月。运用季节指数进行预测，首先，要利用统计方法计算出预测目标的季节指数，以测定季节变动的规律性；然后，在已知季度平均值的条件下，预测未来某个月（季度）的预测值。

测定季节变动主要有两种方法：一是不考虑长期趋势的影响，直接根据原数列进行计算，常用的方法是按季度（或按月）平均法；二是将原序列中的长期趋势及循环变动剔除后，再进行测定，常用的方法是移动平均趋势剔除法。不管采用哪一种方法，都需要具备至少连续五年分季度（或月）的资料，才能比较客观地描述和认识现象的季节变动。

一、不考虑长期变动趋势的季节指数法

（一）按月（季度）平均法

按月（季度）平均法是以历年各月平均数同全时期的月（季度）平均数相比求得季节指数，并进行预测的方法。按月（季度）平均法的步骤如下例所示。

【例 9-10】某商店 2012—2015 年的空调销售量资料如表 9-14 所示，已知 2016 年 4 月份的销售量为 23 台，试预测该商店 2016 年 5、6 月份的空调销售量。

表 9-14 某商店 2012—2015 年的空调销售量及季节指数法计算表 单位：台

月份	2012 年	2013 年	2014 年	2015 年	月平均（r_i）	季节指数（α_i）(%)	调整后季节指数（F_i）(%)
1	5	2	3	2	3	7.68	7.68
2	4	4	5	3	4	10.23	10.23
3	10	8	12	10	10	25.59	25.59
4	25	22	20	21	22	56.29	56.29
5	45	64	80	60	62.25	159.28	159.28
6	106	110	102	105	105.75	270.58	270.58
7	94	90	95	93	93	237.95	237.95
8	90	81	87	94	88	225.16	225.16
9	60	52	62	58	58	148.40	148.40
10	20	12	18	14	16	40.94	40.94
11	5	5	4	6	5	12.79	12.79
12	5	1	2	0	2	5.12	5.12
合计	469	451	490	466	469	1 200.00	1 200.00
平均值 $\bar{y}_t$	39.08	37.58	40.83	38.83	39.08		

解：(1) 计算历年同月的平均数。设历年同月平均数为 r_i（$i=1, 2, 3, \cdots, 12$）。本例中共有 4 年（$n=4$），因此一共有 48 个月，则时间序列可以表示为：y_1，y_2，…，y_{48}，则历年同月平均数即计算各年同月的算术平均数：

$$r_1=\frac{1}{n}(y_1+y_{13}+y_{25}+y_{37})$$

$$r_2=\frac{1}{n}(y_2+y_{14}+y_{26}+y_{38})$$

$$\vdots$$

$$r_{12}=\frac{1}{n}(y_{12}+y_{24}+y_{36}+y_{46})$$

于是有：

$$r_1=\frac{1}{4}\times(5+2+3+2)=3$$

$$r_2=\frac{1}{4}\times(4+4+5+3)=4$$

$$\vdots$$

$$r_{12}=\frac{1}{4}\times(5+1+2+0)=2$$

计算结果见表 9-11 的月平均（r_i）一列。

(2) 计算各年月平均值。各年的月平均值即计算各年 12 个月的算术平均数，设$\bar{y}_t$为第 t 年的月平均值，$t=1, 2, 3, 4$，则月平均值计算公式为：

$$\overline{y}_1=\frac{1}{12}(y_1+y_2+\cdots+y_{12})$$

$$\overline{y}_2=\frac{1}{12}(y_{13}+y_{14}+\cdots+y_{24})$$

$$\overline{y}_3=\frac{1}{12}(y_{25}+y_{26}+\cdots+y_{36})$$

$$\overline{y}_4=\frac{1}{12}(y_{37}+y_{38}+\cdots+y_{48})$$

根据已有的数据，可计算出该商店 2012—2015 年各年空调销售量的月平均值为：

$$\overline{y}_1=\frac{1}{12}\times(5+4+\cdots+5)=39.08$$

$$\overline{y}_2=\frac{1}{12}\times(2+4+\cdots+1)=37.58$$

$$\overline{y}_3=\frac{1}{12}\times(3+5+\cdots+2)=40.83$$

$$\overline{y}_4=\frac{1}{12}\times(2+3+\cdots+0)=38.83$$

计算结果见表 9-11 中平均值$\overline{y}_t$一行。

(3) 计算各月的季节指数。用 α_i 表示第 i 月的季节指数，$\overline{y}$ 表示全时期的月平均数，则季节指数的计算公式为：

$$\alpha_t=\frac{r_i}{\overline{y}}\times100\% \tag{9.35}$$

其中 $\overline{y}=\frac{1}{n}\sum\limits_{i=1}^{n}\overline{y}_i$ ，这里

$$\overline{y}=\frac{1}{4}\times(39.08+37.58+40.83+38.83)=39.08$$

根据式 (9.35) 可计算出各月的季节指数值：

$$\alpha_1=\frac{r_1}{\overline{y}}\times100\%=\frac{3}{39.08}\times100\%=7.68\%$$

$$\alpha_2=\frac{r_2}{\overline{y}}\times100\%=\frac{4}{39.08}\times100\%=10.23\%$$

$$\vdots$$

$$\alpha_{12}=\frac{r_{12}}{\overline{y}}\times100\%=\frac{2}{39.08}\times100\%=5.12\%$$

计算结果见表 9-11 的季节指数 (a_i) 一列。

(4) 调整各月的季节指数。在理论上，第一季度（1 月）到第四季度（12 月）各季度（月）季节指数之和应等于 400（1 200）点，但在计算过程中往往由于对计算结果采取近似处理，使得各季节（月）的季节指数之和大于或小于 400（1 200）点，因此需要对其进行调整。调整系数 k 的计算公式为：

$$k=\frac{400}{\sum\alpha_i}(\text{按季平均法})\text{ 或 }k=\frac{1\,200}{\sum\alpha_i}(\text{按月平均法}) \tag{9.36}$$

则调整后的季节指数 F_i 为：

$$F_i = \alpha_i \times k \tag{9.37}$$

这里，

$$k = \frac{1\,200}{\sum \alpha_i} = \frac{1\,200}{1\,200} = 1$$

即这里没有因为计算过程中的近似处理导致各月季节指数之和与理论值发生变化。调整后的季节指数计算结果见表 9-11 最后一列。

（5）利用季节指数求预测值。设 $\hat{y}_t$ 为第 t 月份（季度）需要预测的预测值；α_t 为第 t 月份（季度）的季节指数；y_i 为第 i 月份（季度）的实际值；α_i 为第 i 月份（季度）的季节指数，则有：

$$\hat{y}_t = y_i \times \frac{\alpha_t}{\alpha_i} \tag{9.38}$$

根据式（9.38）可计算出该商店 2016 年第 5、6 月份空调的销售量分别为：

$$\hat{y}_{2016.5} = 23 \times \frac{159.28\%}{56.29\%} = 65.08 \approx 66\text{（台）}$$

$$\hat{y}_{2016.6} = 23 \times \frac{270.58\%}{56.29\%} = 110.56 \approx 111\text{（台）}$$

即该商店 2016 年第 5、6 月份空调的销售量分别为 66 台、111 台。

（二）全年比率平均法

全年比率平均法是将历年各月（季）数值同全年月（季）平均数之间的比例再加以平均求得季节指数，并用于预测的一种方法。

【例 9-11】某超市 2013—2015 年某品牌饮料销售量如表 9-15 所示，当 2016 年 5 月份该超市这种饮料的销量为 300 箱时，试预测该超市这种饮料在 2016 年 6、7、8 月份的销量。

表 9-15　某超市 2013—2015 年某品牌饮料销售量　　单位：箱

月份	2013年	2014年	2015年	2013年月比率（%）	2014年月比率（%）	2015年月比率（%）	季节指数（%）	调整后季节指数（%）
1	25	30	28	9.3	10.9	10.0	10.1	10.1
2	124	130	132	45.9	47.3	47.1	46.8	46.8
3	176	180	170	65.2	65.5	60.7	63.8	63.8
4	185	190	200	68.5	69.1	71.4	69.7	69.7
5	300	310	315	111.1	112.7	112.5	112.1	112.1
6	335	340	330	124.1	123.6	117.9	121.9	121.9
7	590	600	590	218.5	218.2	210.7	215.8	215.8
8	610	620	635	225.9	225.5	226.8	226.1	226.1
9	555	560	610	205.6	203.6	217.9	209.0	209.0
10	250	240	245	92.6	87.3	87.5	89.1	89.1

续表

月份	2013 年	2014 年	2015 年	2013 年月比率（%）	2014 年月比率（%）	2015 年月比率（%）	季节指数（%）	调整后季节指数（%）
11	74	80	80	27.4	29.1	28.6	28.4	28.4
12	16	20	25	5.9	7.3	8.9	7.4	7.4
合计	3 240	3 300	3 360				1 200.0	1 200.0
月平均	270	275	280					

解：(1) 计算历年平均月销量（计算结果见表 9－12 最后一行）。

$$\bar{y}_{2013}=\frac{1}{12}\times(25+124+\cdots+16)=270$$

$$\bar{y}_{2014}=\frac{1}{12}\times(30+130+\cdots+20)=275$$

$$\bar{y}_{2015}=\frac{1}{12}\times(28+132+\cdots+25)=280$$

(2) 计算历年各月的比率 r_i，即历年各月销售量同该年月平均销售量比值百分数。

$$r_{2013\text{-}1}=\frac{25}{270}\times100\%=9.3\%$$

$$r_{2013\text{-}2}=\frac{124}{270}\times100\%=45.9\%$$

$$\vdots$$

$$r_{2013\text{-}12}=\frac{16}{270}\times100\%=5.9\%$$

其余各月的比率计算依此类推，计算结果见表 9－12 第 5、6、7 列。

(3) 计算各月的季节指数 α_i，即求历年相同月份比率的算术平均数。

计算结果见表 9－12 第 8 列。

(4) 调整季节指数 F_i，即历年各月的季节指数 α_i 与调整系数 k 相乘。

计算结果见表 9－12 第 9 列。

(5) 利用季节指数求预测值。

根据式（9.38）可以预测该超市在 2016 年 6、7、8 月份的销售量分别为：

$$\hat{y}_{2016\text{-}6}=y_{2016\text{-}5}\times\frac{\alpha_6}{\alpha_5}=300\times\frac{121.9\%}{112.2\%}=326.23\approx327\text{（箱）}$$

$$\hat{y}_{2016\text{-}7}=y_{2016\text{-}5}\times\frac{\alpha_7}{\alpha_5}=300\times\frac{215.9\%}{112.2\%}=577.52\approx578\text{（箱）}$$

$$\hat{y}_{2016\text{-}8}=y_{2016\text{-}5}\times\frac{\alpha_8}{\alpha_5}=300\times\frac{225.9\%}{112.2\%}=605.08\approx606\text{（箱）}$$

即该超市在 2016 年 6、7、8 月份该饮料预计销量分别为 327 箱、578 箱、606 箱。

二、考虑长期趋势的季节指数法

考虑长期趋势的季节指数法是指在时间序列观察值既有季节周期变化，又有长期趋势变化的情况下，先求得移动平均值，再在移动平均值的基础上求得季节指数，最后建立数学模型进行预测的一种方法。

（一）长期趋势下的季节指数法模型

假设 m 为时间序列资料的年数，时间序列数据 x_1，x_2，…，x_{12m} 为按月收集的观察值；如果跨越期间隔数为 $n=12$，则 $n=12$ 的移动平均值为：

$$M_1^{(1)}=\frac{x_1+x_2+\cdots+x_{12}}{12}$$

$$M_2^{(1)}=M_1^{(1)}+\frac{x_{13}-x_1}{12}$$

$$\vdots$$

将第一个移动平均值置于跨越期中间位置上，即在 $(n+1)/2=(12+1)/2=6.5$ 水平上，然后利用中心化移动平均值计算各月的季节指数 α，最后根据期数 t 和中心化移动平均值的数据资料，建立长期趋势外推方程：

$$\beta=a_t+b_t\times t$$

计算 $t=1$，2，3，…，n 各期的趋势值。则考虑长期趋势的季节指数法的预测模型为：

$$\hat{y}_t=\alpha\beta \tag{9.39}$$

式中，$\hat{y}$ 为第 t 期预测值；α 为季节指数；β 为长期趋势值。

（二）长期趋势下的季节指数法预测步骤

【例 9－12】某企业 2011—2015 年共 20 个季度的销售量 y 如表 9－16 所示，试预测 2016 年第一、二、三、四四个季度的销售量。

表 9－16　某企业 2011—2015 年各个季度销售量及季节指数计算表　　单位：千件

观察期（年/季度）	期数（t）	销售量（x_i）	四个季度移动平均	中心化移动平均	季节系数	季节指数（α）	长期趋势值（β）	预测值（$\alpha\beta$）
2011/1	1	7				1.237	5.073	6.275
2011/2	2	6				1.009	5.446	5.495
2011/3	3	4	5.75 6	5.875	0.681	0.759	5.819	4.417
2011/4	4	6	6.25	6.125	0.980	0.995	6.192	6.161
2012/1	5	8	6.75	6.500	1.231	1.237	6.565	8.121
2012/2	6	7	7	6.875	1.018	1.009	6.938	7.000
2012/3	7	6	7.5	7.250	0.828	0.759	7.311	5.549
2012/4	8	7	8	7.750	0.903	0.995	7.684	7.646
2013/1	9	10	8	8.000	1.250	1.237	8.057	9.967
2013/2	10	9	8.5	8.250	1.091	1.009	8.430	8.506

续表

观察期（年/季度）	期数（t）	销售量（x_i）	四个季度移动平均	中心化移动平均	季节系数	季节指数（α）	长期趋势值（β）	预测值（$\alpha\beta$）
2013/3	11	6	9	8.750	0.686	0.759	8.803	6.681
2013/4	12	9	9.25	9.125	0.986	0.995	9.176	9.130
2014/1	13	12	10	9.625	1.247	1.237	9.549	11.812
2014/2	14	10	10.75	10.375	0.964	1.009	9.922	10.011
2014/3	15	9	11	10.875	0.828	0.759	10.295	7.814
2014/4	16	12	11	11.000	1.091	0.995	10.668	10.615
2015/1	17	13	10.75	10.875	1.195	1.237	11.041	13.658
2015/2	18	10	10.5	10.625	0.941	1.009	11.414	11.517
2015/3	19	8				0.759	11.787	8.946
2015/4	20	11				0.995	12.160	12.099
2016/1	21					1.237	12.533	15.503
2016/2	22					1.009	12.906	13.022
2016/3	23					0.759	13.279	10.079
2016/4	24					0.995	13.652	13.584

解：(1) 选择跨越期间隔数 n，求移动平均值。由于观察值是按季度收集的，一年为一个周期，即 4 个季度为一个周期，所以本例中取 $n=4$，则：

$$M_1^{(1)}=\frac{x_1+x_2+x_3+x_4}{4}=\frac{7+6+4+6}{4}=5.75$$

该值置于 (4+1)/2=2.5 行处，其余移动平均值依此类推，计算结果见表 9-16 第 4 列。

(2) 计算中心化移动平均值。中心化移动平均值即为两相邻移动平均值的平均数，并置于两个移动平均值的中间位置。

第一个中心化移动平均值应位于 2011 年第三季度处，且为 (5.75+6)/2=5.875。其余中心化移动平均值的计算依此类推，并分别依次置于 2011 年第四季度及以后的各季度位置处，计算结果见表 9-16 第 5 列。

(3) 计算各季度的季节系数。各季度的季节系数等于各期销售量与其中心化移动平均值的比值。本例中第一个季节系数为 2011 年第三季度，系数值为 4/5.875=0.681。其他依此类推，计算结果见表9-17及表 9-16 第 6 列。

表 9-17　季节系数计算表

年份	季度				合计
	1	2	3	4	
2011			0.681	0.980	
2012	1.231	1.018	0.828	0.903	

续表

年份	季度				合计
	1	2	3	4	
2013	1.250	1.091	0.686	0.986	
2014	1.247	0.964	0.826	1.091	
2015	1.195	0.941			
合计	4.923	4.014	3.021	3.960	
均值	1.231	1.004	0.755	0.990	3.980
调后均值	1.237	1.009	0.759	0.995	4.000

（4）计算各季度季节指数平均值，并做调整。

2011—2015年第一季度季节系数总计为：

$$1.231+1.250+1.247+1.195=4.923$$

则第一季度的季节系数平均值$\bar{\alpha}_1$为：

$$\bar{\alpha}_1=4.923\div 4=1.231$$

由于理论上各季指数之和应为400，而本例中各季指数之和为398，因此调整系数为：

$$k=\frac{400}{\sum \alpha_i}=\frac{400}{398}=1.005$$

所以调整后的第一季度季节指数α_1为：

$$\alpha_1=\bar{\alpha}\times k=1.231\times 1.005=1.237$$

其他三个季节的系数调整依此类推，计算结果见表9-17最后一行。

（5）计算长期趋势值。观察值的销售量经过移动平均及中心化后，在很大程度上消除了季节性波动和不规则变动的影响，使修匀后的中心化移动平均值呈现线性化特征。长期趋势值β的计算是以期数（t）以及中心化移动平均值（x_t）的数据，运用直线趋势外推法建立趋势外推预测模型。其建立过程如表9-18所示。

表9-18　某企业2011—2015年各个季度销售量长期趋势模型计算表

观察期（年/季）	期数（t）	中心化移动平均值（x_t）	t^2	tx_t
2011/3	3	5.875	9	17.625
2011/4	4	6.125	16	24.500
2012/1	5	6.500	25	32.500
2012/2	6	6.875	36	41.250
2012/3	7	7.250	49	50.750
2012/4	8	7.750	64	62.000
2013/1	9	8.000	81	72.000
2013/2	10	8.250	100	82.500
2013/3	11	8.750	121	96.250

续表

观察期（年/季）	期数（t）	中心化移动平均值（x_t）	t^2	tx_t
2013/4	12	9.125	144	109.500
2014/1	13	9.625	169	125.125
2014/2	14	10.375	196	145.250
2014/3	15	10.875	225	163.125
2014/4	16	11.000	256	176.000
2015/1	17	10.875	289	184.875
2015/2	18	10.625	324	191.250
合计	168	137.875	2 104	1 574.500

其中，期数 t 为 16 期（即 $n=16$），则

$$b_t=\frac{n\sum tx_t-\sum t\sum x_t}{n\sum t^2-(\sum t)^2}=\frac{16\times 1\ 574.5-168\times 137.875}{16\times 2\ 104-16\ 8^2}=0.373$$

$$a_t=\frac{1}{n}(\sum x_t-b\sum t)=\frac{1}{16}(137.875-b\times 168)=4.7$$

所以，长期趋势外推模型为：

$$\begin{aligned}\beta&=a_t+b_t t\\&=4.7+0.373t\end{aligned}\tag{9.40}$$

将 $t=1$，2，3，…，24 分别代入式（9.40），即可计算出各期对应的长期趋势值 β，计算结果见表 9-16 第 8 列。

（6）建立长期趋势下的季节指数法预测模型。根据前述内容，可建立如式（9.39）所示的长期趋势下的季节指数法预测模型。分别将 $t=1$，2，3，…，20 时对应的季节指数 α 和长期趋势值 β 代入式（9.39）即可计算出各期的预测值，计算结果见表 9-16 第 9 列。

由于 2016 年第一、二、三、四季度对应的期数分别为 $t=21$，22，23，24，将其对应的季节指数 α 和长期趋势值 β 代入式（9.39）即可计算出对应的预测值：

$\hat{y}_{21}=\hat{y}_{2016.1}=1.237\times 12.533=15.503$（千件）

$\hat{y}_{22}=\hat{y}_{2016.2}=1.009\times 12.906=13.022$（千件）

$\hat{y}_{23}=\hat{y}_{2016.3}=0.759\times 13.279=10.079$（千件）

$\hat{y}_{24}=\hat{y}_{2016.4}=0.995\times 13.625=13.557$（千件）

即 2016 年第一、二、三、四季度的销售量预计分别为 15.503 千件、13.022 千件、10.079 千件、13.557 千件。

案例 9-1

可提费用的时间序列预测

一、可提费用概述

可提费用是人寿保险保费收入中重要的组成部分，是目前国内人寿保险公司运营的

基本保证。它的变化规律，对于保险公司的资金计划、预算管理，以及发展规划等行为至关重要。因此合理、相对准确地预测可提费用对于保险公司的管理决策和发展规划方面有重要的作用。

可提费用与诸多因素有关，且这些因素多属于不确定性因素，如：市场的成长性、客户的持续缴费（选择期缴方式的客户）、季节性因素、新产品的开发与投放、央行的利率政策等，而且由于不同产品类型的收入规律和不同国家的经济、社会水平不同，规律也不同，又因为人寿保险的产品保障类型组合非常复杂，统一的预测模式几乎不可能实现。但研究结果表明，可提费用的逐月累计余额构成的时间序列呈现有规则的周期波动，具有明显的趋势性和季节性，月度数据周期为12，这是由中国会计财年决定的（也有一些业务收入具有明显的季节性），利用季节模型可有效刻画年内的波动规律。

二、预测案例

表9-19为某人寿保险公司2021年2月至2023年11月，一共34个月的可提费用，现利用时间序列预测法，对该公司2023年12至2024年3月期间每月的可提费用进行预测。

表9-19　可提费用　　单位：元

时间	可提费用	时间	可提费用
2001-02	70 206 718.00	2001-08	378 507 947.00
2001-03	121 749 942.00	2001-09	43 2963 413.00
2001-04	169 019 567.00	2001-10	501 246 241.00
2001-05	219 390 130.00	2001-11	570 384 793.00
2001-06	300 211 727.00	2001-12	681 629 911.00
2001-07	335 291 882.00	2002-01	111 256 282.00
2002-02	278 063 085.00	2003-01	125 559 320.00
2002-03	467 054 714.00	2003-02	254 347 251.00
2002-04	560 789 011.00	2003-03	423 082 098.00
2002-05	641 523 777.00	2003-04	522 826 250.00
2002-06	739 883 866.00	2003-05	622 851 723.00
2002-07	818 654 019.00	2003-06	780 113 851.00
2002-08	892 420 722.00	2003-07	857 885 567.00
2002-09	972 676 699.00	2003-08	961 393 046.00
2002-10	1 052 640 000.00	2003-09	1 090 480 000.00
2002-11	1 141 090 000.00	2003-10	1 229 680 000.00
2002-12	1 307 030 000.00	2003-11	1 365 290 000.00

本案例利用SAS系统的相关模型来进行预测。SAS系统中的时间序列预测模型主要有：

1. 逐步自回归（StepAR）模型：它是有长期趋势、季节因素数据的模型。

2. Winters Method-Additive 模型：它将长期趋势和季节因素相结合，考虑序列中有规律的季节波动。

3. ARlMA 模型：它是处理带有长期趋势、季节因素的平稳随机数据的模型。

4. Winters Method-Multiplicative 模型：该模型将时间同长期趋势和季节因素相结合，考虑时间序列规律的季节波动。可根据该序列的季节波动对该模型进行修正。为了捕捉到季节性，模型应包含每个季节的一个季节参数，季节因子采用乘法季节因子。随机时间序列 $x_t(t=1,2,\cdots,N)$ 整理汇总了历史上各类保险的数据得到逐月的数据，Winters Method-Multiplicative 模型表示为：

$$x_t=(a+b_t)s(t)+\varepsilon_t$$

其中 a 和 b 为趋势参数，$s(t)$ 为对应于时刻 t 的这个季节选择的季节参数，修正方程为：

$$a_t=\omega_1\frac{x_t}{s\{t-1\}(t)}+(1-\omega_1)(a_{t-1}+b_{t-1})$$

$$b_t=\omega_2(a_t-a_{t-1})+(1-\omega_2)b_{t-1}$$

其中，x_t、a_t、b_t分别为序列在时刻 t 的实测值、平滑值和平滑趋势，$s\{t-1\}(t)$ 选择在季节因子被修正之前对应于时刻 t 的季节因子的过去值。

在该修正方程中，趋势多项式在当前周期中总是被中心化，以便在 t 以后的时间里预测值的趋势多项式的截距参数总是修正后的截距参数 a_t。向前 τ 个周期的预测值是

$$x_{t+\tau}=(a_t+b_t\tau)s_t(t+\tau)$$

当季节在数据中改变时，季节参数被修正，它使用季节实测值与预测值比率的平均值。

5. GARCH（ARCH）模型：带自相关扰动的回归模型为：

$$x_t=\xi_t\beta+v_t$$

$$v_t=\epsilon_t-\varphi_1 v_{t-1}-\cdots-\varphi_n v_{t-n}$$

$$\varepsilon_t=N(0,\sigma^2)$$

其中，x_t为因变量；ξ_t为回归因子构成的列向量；β 为结构参数构成的列向量；ε_t为均值是 0、方差是 1 的独立同分布正态随机变量。

服从 GARCH 过程的序列 x_t，对于 t 时刻 X 的条件分布记为：

$$x_t\mid\varphi_{t-1}\sim N(0,h_t)$$

φ_{t-1}表示时间 $t-1$ 前的所有可用信息，为条件方差。

$$h_t=\tilde{\omega}+\sum_{i=1}^{p}a_i x_{t-i}{}^2+\sum_{j=1}\gamma_j h_{t-j}$$

其中，$p>0$，$q>0$，$\tilde{\omega}>0$，$\gamma_j>0$。

当 $p=0$ 时，GARCH(p，q) 模型退化为 ARCH（p）模型，ARCH 参数至少要有一个不为 0。

GARCH 回归模型可写成：

$$x_t=\xi_t{}'\beta+\epsilon_t,\epsilon_t=\sqrt{h_t}e_t$$

$$h_t=\tilde{\omega}+\sum_{a_i}\epsilon_{t-i}{}^2+\sum\gamma_j h_{t-j}$$

$$e_t\sim N(0,1)$$

也可以考虑服从自回归过程的扰动或带有 GARCH 误差的模型，即 AR（n）—GARCH（p，q）。

$$x_t == \xi_t{}'\beta + v_t$$

$$v_t = \epsilon_t - \varphi_1 v_{t-1} - \cdots - \varphi_n v_{t-n}$$

$$\epsilon_t = \sqrt{h_t e_t}$$

$$h_t = \xi_t{}' + \sum_{i=1}^{q} a_i x_{t-i}{}^2 + \sum_{j=1} \gamma_j h_{t-j}$$

三、预测分析与结论

将本案例中的数据绘制出散点图，如图9-7所示：

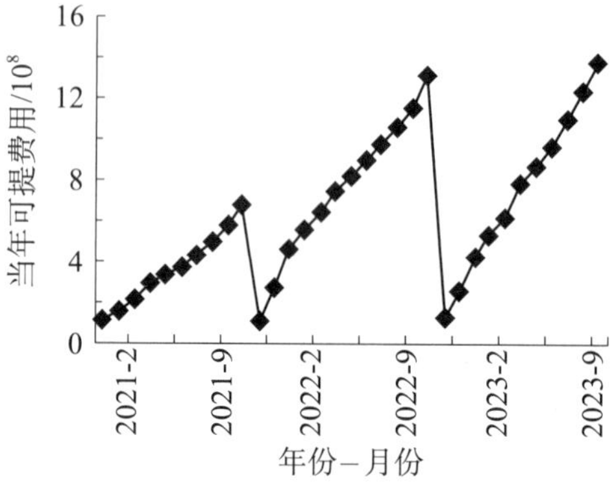

图9-7　数据散点图

从图中可以看出，该序列具有明显的趋势性和季节性（周期），可在使用模型之前依据数据特征对数据进行一些变换，如Log、Logistic、Cox-Box等变换，得到各个模型拟合的残差平方和统计量、R-Square统计量和AIC统计量。如表9-20所示：

表9-20　预测模型的残差平方和AIC及R-Square值比较

拟合残差	平方和	AIC	统计量	R-Square
StepAR	1.317	1E18	1 306.7	0.712
ARIMA（1，1，0）×（0，1，0）	4.506	58E17	792.08	0.818
Winters Method-Additive	2.287	53E17	1 245.1	0.950
Winters Method-Multiplicative	1.344	64E17	1 227.1	0.971
Log Winters Method-Additive	7.100	67E16	1 205.4	0.984
Log ARIMA（1，1，0）×（0，1，0）	4.305	76E16	742.4	0.981
GARCH（ARCH）				

其中GARCH模型SAS系统采用极大似然方法。由于随机误差的方差太大，极大似然不能被执行，GARCH模型不能被建立。综合考虑模型敛合的残差平方和统计量、R-Square统计量和AIC统计量，可以看出在各个预测模型中稳健的方法为Log ARIMA(1，1，0)×(0，1，0)，因此选择Log ARIMA(1，l，0)×(0，1，0）预测模型，具体应用过程中，在模拟ARIMA(1，1，0)×(0，l，0）模型之前对数据进行Log变换，即$y_t = \ln(x_t)$。那么总体可提费用的数据序列$\{x_t\}$($t=1$，2，…，N，$N=34$）由Log ARIMA

(1，1，0)×(0，1，0) 预测模型进行预测所产生的参数估计如表9-21所示：

表9-21 参数估计的数据集

Model Parameter	Estimate	Std. Error	T	Prob>|T|
Autoregressive，Lag1	0.457 89	0.195 5	2.342 7	0.029 6
Model Variance (sigma squared)	0.016 16			

从而，对数据Log变换后拟合参数的模型为：

$$(1-B)(1-B_{yt}^{12})=\frac{1}{1-0.457\ 89B}\varepsilon_t$$

其中得到对未来12个月的预测值（见表9-22）和预测图（见图9-8），历史数据(2001-2至2003-11)包含在预测图里，在预报周期的开始位置有一条参考线。

表9-22 预测值与实际值的比较

	2023-12	2024-1	2024-2	2024-3	误差率(%)
实际值	1.443E+09	1.579E+08	3.200E+08	5.584E+08	
StepAR	1.376E+09	1.075E+09	9.641E+08	9.595E+08	214.59
Log ARIMA (1，1，0)×(0，1，0)	1.535E+09	1.432E+08	2.806E+08	4.511E+08	11.80
ARIMA (1，1，0)×(0，1，0)	1.534E+09	3.532E+08	4.830E+08	6.527E+08	49.44
Winters Method-Additive	1.461E+09	5.854E+08	7.949E+08	9.315E+08	121.80
Winters Method-Multiplicative	1.456E+09	1.600E+08	3.682E+08	6.586E+08	8.81
Log Winters Method-Additive	1.718E+09	2.143E+08	3.979E+08	6.728E+08	24.90

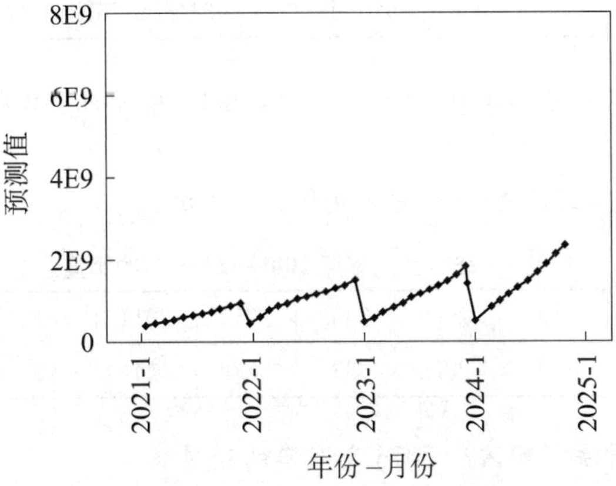

图9-8 总体可提费用的预测

然后，将得到的外推预测值 $\{\hat{x}_t(l)\}$ 与实际值相比较，得到实际精度。将各个模型得到的2023-12，2024-1，2024-2，2024-3的预测值与实际数据比较，误差分析结果如表9-22所示。

资料来源：时间序列预测法. https：//wiki. mbalib. com/wiki/%E6%97%B6%E9%97%B4%E5%BA%8F%E5%88%97%E9%A2%84%E6%B5%8B%E6%B3%95.

重点名词

时间序列　一次移动平均法　二次移动平均法　一次指数平滑法　二次指数平滑法　季节指数法

思考题

1. 试比较算术平均法、几何平均法、加权平均法的应用范围。
2. 什么是移动平均法？移动平均法的步骤有哪些？
3. 请比较一次、二次移动平均法的模型有哪些不同？在实际应用中应注意什么？
4. 二次指数平滑法与二次移动平均法有哪些异同点？
5. 季节指数法的季节指数如何计算？进行调整的原因是什么？如何调整？
6. 某商店在2007—2015年的销售额如表9-23所示。

表9-23　某商店2007—2015年的销售额　单位：万元

年度	2007	2008	2009	2010	2011	2012	2013	2014	2015
销售额	520	540	580	610	640	670	710	740	770

请用几何平均法预测2016年和2017年的销售额。

7. 某城市2015年1—11月份洗衣液的销售额如表9-24所示。

表9-24　某城市2015年1—11月份洗衣液的销售额　单位：万元

月份	1	2	3	4	5	6	7	8	9	10	11	12
销售额	400	270	380	396	620	350	310	260	440	540	470	

请用一次移动平均法分别以$n=3$和$n=5$预测12月份的销售额，并比较n的大小对预测结果的影响。

8. 某汽车厂2005—2015年的销量如表9-25所示。

表9-25　某汽车厂2005—2015年的销量　单位：万辆

年份	2005	2006	2007	2008	2009	2010	2011	2012	2013	2014	2015
销售额	26	28	30	23.6	33	36.2	24	46	60	75	90

请用一次指数平滑法预测该厂2016年汽车的销量。

9. 某公司产品近25个月的库存量如表9-26所示。

表9-26　某公司产品近25个月的库存量　单位：千克

期数	1	2	3	4	5	6	7	8	9	10	11	12	13
库存量	280	318	272	314	346	262	354	376	308	358	360	320	364
期数	14	15	16	17	18	19	20	21	22	23	24	25	26
库存量	384	448	376	396	412	406	476	456	462	442	518	546	

请分别用二次移动平均法（取 $n=5$）和二次指数平滑法（取 $\alpha=0.8$）预测该公司第 26、28 期的库存量。

10. 某商品 2013—2015 年各季度销售量如表 9-27 所示。

表 9-27　某商品 2013—2015 年各季度销售量　单位：箱

年份	季度			
	1	2	3	4
2013	190	617	1 570	580
2014	363	1 070	1 750	96
2015	38	1 300	1 580	74

如果 2016 年的计划销售量为 3 000 箱，请用季平均预测法预测 2016 年各季度的销售量。

11. 某省 2013—2015 年各季度游客数量如表 9-28 所示。

表 9-28　某省 2013—2015 年各季度游客数量　单位：万人

年份	季度			
	1	2	3	4
2013	169	80	113	89
2014	133	72	118	85
2015	140	82	128	94

当 2016 年预计游客数量为 500 万人时，请用全年比率平均法预测该景区 2016 年各季度的游客人数。

12. 某企业 2010—2015 年各季度销售额如表 9-29 所示。

表 9-29　某企业 2010—2015 年各季度销售额　单位：万元

年份	季度			
	1	2	3	4
2010	835	1 102	794	502
2011	860	1 135	826	517
2012	911	1 192	867	543
2013	948	1 240	902	575
2014	1 024	1 336	965	622
2015	1 080	1 418	1 022	652

试用长期趋势下季节指数法预测该企业 2016 年各季度的销售额。

第10章 马尔柯夫预测方法

马尔柯夫预测法是应用概率论中马尔柯夫链的理论和方法来研究分析有关经济现象变化规律并借此预测未来状况的一种预测方法。如果有一种随机时间序列，它在将来取什么值只与现在的取值有关，而与过去取什么值无关，即无后效性（系统在每一时刻的状态仅仅取决于前一时刻的状态），则具备这个性质的离散性随机过程称为马尔柯夫链。

第1节　马尔柯夫预测方法概述

马尔柯夫链的理论和方法是从研究对象在不同时刻的状态入手，考察并描述状态之间发生转移的可能性并研究对象所有的变化过程，在此基础上对所研究对象未来的发展状态进行预测。下面就马尔柯夫预测法的相关基本概念做简单介绍。

一、状态

我们先来看一个例子。例如在公园的百鸟林里只有甲、乙、丙三棵树，百鸟林中的任何一只鸟只能在这三棵树上随机地停留，假设林中某只小鸟在初始时刻 t 在丙树上。在时刻 t' 它可能飞到甲或乙树上，也可能在原地不动。我们把鸟在某个时刻所在的树称为鸟所处的状态。这样，鸟在未来处于什么状态只与它现在所处的状态有关，与它以前所处的状态无关。

在经济系统的研究中，一种经济现象在某一时刻 t 所出现的某种结果，就是该系统在时间 t 所处的状态。因所研究的现象及预测的目标不同，状态的划分可有不同的表现形式。比如，在市场预测中，可把销售状况划分为“畅销”“一般”“滞销”三种状态；在企业经营预测中，可把经营状况划分为“盈利”“亏损”两种状态等等。

通常，我们把随机运动系统的随机变量 X 在时刻 t 所处的状态 i 表示为：

$$X_t=i \quad (i=1,2,\cdots,n;\ t=1,2,\cdots,N) \tag{10.1}$$

二、状态转移概率

由于状态转移是随机的，因而，必须用概率来描述状态转移可能性的大小。

概率论中的条件概率 $P(B|A)$ 表示由状态 A 转向状态 B 的概率，简称状态转移概率。

为了说明条件概率的概念，我们举一个例子。假设抽屉里有 10 个乒乓球，其中有 3 个红色球，现做不放回随机抽样，问第一次取到红色球的条件下第二次仍取到红色球的概率是多少？假定第一次取到红色球为事件 A，第二次取到红色球为事件 B，则可知，第一次取到红色球的概率 $P(A)=3/10$；第一次取到红色球后作不放回抽样，抽屉内剩下 9 个乒乓球，其中有 2 个红色球，所以，第二次取到红色球的概率 $P(B)=2/9$。我们把在 A 事件已发生的条件下 B 事件发生的概率称为在事件 A 出现的情况下事件 B 出现的条件概率，记作 $P(B|A)$。

条件概率 $P(B|A)$ 在实际应用中的含义，随问题性质不同而不同。当 A 与 B 均为两个事件时，它反映了在事件 A 出现的情况下事件 B 出现的概率；当 B 为事件，A 为某种状态时，它反映了在 A 状态下事件 B 出现的概率；当 A、B 均为两个不同的状态，而且 $AB=\phi$ 时，那么 $P(B|A)$ 反映了状态 A 转向状态 B 的概率。它是马尔柯夫理论中研究状态转移的一个重要参量。

对于由状态 E_i 转移到状态 Ej 的概率，我们称之为从 i 到 j 的转移概率，记为：

$$P_{ij}=P(E_j\,|\,E_i)=P(E_i\rightarrow E_j)=P(x_{n+1}=j\,|\,x_n=i) \tag{10.2}$$

【例 10－1】某地区有甲、乙、丙三家家电厂家生产同一种家电，有 1 000 个顾客（或购货点），假定在研究期间无新顾客加入也无老顾客退出，只有顾客的转移，已知 2013 年 5 月份有 500 个是甲厂的顾客，400 个是乙厂的顾客，100 个是丙厂的顾客。6 月份，甲厂有 400 个原来的顾客，上月的顾客有 50 个转到乙厂，50 个转到丙厂；乙厂有 300 个原来的顾客，上月的顾客有 20 个转到甲厂，80 个转到丙厂；丙厂有 80 个原来的顾客，上月的顾客有 10 个转到甲厂，10 个转到乙厂。试计算其状态转移概率。

解：由已知条件可绘制出该地区甲、乙、丙三个厂家的顾客转移表（如表 10－1 所示）。

表 10－1　某地区 6 月份家电顾客转移表　　单位：个

从	到			
	甲	乙	丙	合计
甲	400	50	50	500
乙	20	300	80	400
丙	10	10	80	100
合计	430	360	210	1 000

根据表中数据可计算出：

$P_{11}=400/500=0.8$　　$P_{12}=50/500=0.1$　　$P_{13}=50/500=0.1$

$P_{21}=20/400=0.05$　　$P_{22}=300/400=0.75$　　$P_{23}=80/400=0.2$

$P_{31}=10/100=0.1$ $P_{32}=10/100=0.1$ $P_{33}=80/100=0.8$

三、状态转移概率矩阵

由上例可以看到，状态转移概率具有如下特征：

$$0\leqslant P_{ij}\leqslant 1\quad (i,j=1,2,\cdots,N)$$
$$\sum_{j=1}^{N}P_{ij}=1\quad (i=1,2,\cdots,N)\tag{10.3}$$

如果在一定的条件下，系统只能处在状态 E_1，E_2，…，E_N 这 N 个状态中，而且每次只能处在一个状态中，那么每一个状态都有 N 个转向（包括转向自身）。则第 i 种状态的转移概率 $P(E_j|E_i)=P(E_i\rightarrow E_j)=P_{ij}$，总共有 N 个转移概率：P_{i1}，P_{i2}，…，P_{iN}（$i=1$，2，…，N）。如果把 P_{ij} 作为矩阵的第 i 行，那么 N 个状态（$j=1$，2，…，N）共有 N 行，所构成的矩阵为：

$$\begin{bmatrix} P_{11} & P_{12} & \cdots & P_{1N} \\ P_{21} & P_{22} & \cdots & P_{2N} \\ \vdots & \vdots & & \vdots \\ P_{N1} & P_{N2} & \cdots & P_{NN} \end{bmatrix}\tag{10.4}$$

我们称之为状态转移概率矩阵。

状态转移概率矩阵完全描述了所研究对象的变化过程。正如前面所指出的，上述矩阵为一步转移概率矩阵。对于多步转移概率矩阵，可按如下定义给出。

若系统在时刻 t_0 处于状态 i，经过 n 步转移，在时刻 t_n 处于状态 j。那么，对这种转移的可能性的数量描述称为 n 步转移概率，记为：

$$P(x_n=j\mid x_0=i)=P_{ij}(n)\tag{10.5}$$

并且
$$P(n)=\begin{bmatrix} P_{11}(n) & P_{12}(n) & \cdots & P_{1N}(n) \\ P_{21}(n) & P_{22}(n) & \cdots & P_{2N}(n) \\ \vdots & \vdots & & \vdots \\ P_{N1}(n) & P_{N2}(n) & \cdots & P_{NN}(n) \end{bmatrix}\tag{10.6}$$

则称 $P(n)$ 为 n 步转移概率矩阵。

特别是当 $n=2$ 时，$P_{ij}(2)$ 为二步转移概率，$P(2)$ 为二步转移概率矩阵。

【例 10－2】某经济系统有三种状态 E_1、E_2、E_3（比如畅销、一般、滞销）。系统状态转移情况见表 10－2。

表 10－2 某经济系统状态转移情况

系统本步所处状态	系统下步所处状态		
	E_1	E_2	E_3
E_1	21	7	14
E_2	16	8	12
E_3	10	8	2

试求系统的二步状态转移概率矩阵。

解：(1) 按例 10-1 的步骤，可以计算求得第一步的状态转移概率矩阵为：

$$P(1)=\begin{bmatrix}0.500 & 0.167 & 0.333\\ 0.444 & 0.222 & 0.334\\ 0.500 & 0.400 & 0.100\end{bmatrix}$$

(2) 求第二步转移概率矩阵。第二步转移概率矩阵可由第一步的转移概率矩阵求出：

$$P_{ij}(2)=\sum_{k=1}^{N}P_{ik}P_{kj}\quad(k=1,2,\cdots,N)\tag{10.7}$$

即系统从状态 i 出发，经二步转移到状态 j 的概率等于系统从 i 出发经一步转移到状态 k ($k=1, 2, \cdots, N$)，然后再从状态 k 转移到 j 的概率的总和。

故有

$$P(2)=\begin{bmatrix}P_{11}(2) & P_{12}(2) & \cdots & P_{1N}(2)\\ P_{21}(2) & P_{22}(2) & \cdots & P_{2N}(2)\\ \vdots & \vdots & & \vdots\\ P_{N1}(2) & P_{N2}(2) & \cdots & P_{NN}(2)\end{bmatrix}^2$$

$$=\begin{bmatrix}\sum_{k=1}^{N}P_{1k}P_{k1} & \sum_{k=1}^{N}P_{1k}P_{k2} & \cdots & \sum_{k=1}^{N}P_{1k}P_{kN}\\ \sum_{k=1}^{N}P_{2k}P_{k1} & \sum_{k=1}^{N}P_{2k}P_{k2} & \cdots & \sum_{k=1}^{N}P_{2k}P_{kN}\\ \vdots & \vdots & & \vdots\\ \sum_{k=1}^{N}P_{Nk}P_{k1} & \sum_{k=1}^{N}P_{Nk}P_{k2} & \cdots & \sum_{k=1}^{N}P_{Nk}P_{kN}\end{bmatrix}$$

$$=\begin{bmatrix}P_{11} & P_{12} & \cdots & P_{1N}\\ P_{21} & P_{22} & \cdots & P_{2N}\\ \vdots & \vdots & & \vdots\\ P_{N1} & P_{N2} & \cdots & P_{NN}\end{bmatrix}\begin{bmatrix}P_{11} & P_{12} & \cdots & P_{1N}\\ P_{21} & P_{22} & \cdots & P_{2N}\\ \vdots & \vdots & & \vdots\\ P_{N1} & P_{N2} & \cdots & P_{NN}\end{bmatrix}$$

$$=\begin{bmatrix}P_{11} & P_{12} & \cdots & P_{1N}\\ P_{21} & P_{22} & \cdots & P_{2N}\\ \vdots & \vdots & & \vdots\\ P_{N1} & P_{N2} & \cdots & P_{NN}\end{bmatrix}^2=P^2$$

因此根据第一步求得的状态转移概率矩阵 $P(1)$ 有：

$$P(2)=\begin{bmatrix}0.500 & 0.167 & 0.333\\ 0.444 & 0.222 & 0.334\\ 0.500 & 0.400 & 0.100\end{bmatrix}\begin{bmatrix}0.500 & 0.167 & 0.333\\ 0.444 & 0.222 & 0.334\\ 0.500 & 0.400 & 0.100\end{bmatrix}=\begin{bmatrix}0.49 & 0.25 & 0.26\\ 0.49 & 0.26 & 0.25\\ 0.48 & 0.21 & 0.31\end{bmatrix}$$

对 n 步转移概率有：

$$P_{ij}(n)=\sum_{k=1}^{N}P_{ik}(n-1)P_{kj}\tag{10.8}$$

n 步转移概率与一步转移概率一样具有以下性质：

（1）$P_{ij}(n) \geqslant 0 \quad (i,j=1,2,\cdots,N)$

（2）$\sum_{j=1}^{N} P_{ij}(n) = 1 \quad (i,j = 1,2,\cdots,N)$

第 2 节　马尔柯夫预测方法的步骤及预测内容

马尔柯夫预测方法在现实经济生活中有着广泛的用途。通过运用马尔柯夫链建立预测模型，就可以预测下一期最可能出现的状态，还可以进行市场占有率预测和期望利润预测，从而形成相应的预测方法。

一、马尔柯夫链预测方法的步骤

马尔柯夫链预测法（最简单类型）是预测下一期最可能出现的状态，可按以下步骤进行：

第一步，划分预测对象所出现的状态。

从预测目的出发，并考虑决策者的需要来划分现象所处的状态。

第二步，计算初始概率。

在实际问题中，分析历史资料所得的状态概率称为初始概率。设有 N 个状态 E_1，E_2，…，E_N。观察 M 个时期，其中状态 $E_i(i=1，2，\cdots，N)$ 共出现 M_i 次。于是

$$f_i = M_i / M \tag{10.9}$$

就是其出现的频率，我们用它近似表示 E_i 的概率。即

$$f_i \approx P_i \quad (i=1，2，\cdots，N)$$

第三步，计算状态转移概率。

仍然以频率近似地表示概率来进行计算。首先计算状态 $E_i \rightarrow E_j$（由 E_i 转移到 E_j）的频率为 $f(E_i \mid E_j)$。从第二步知道 E_i 出现了 M_i 次，接着从 M_i 个 E_i 出发，计算下一步转移状态 E_j 的个数 M_{ij}，于是得到：

$$f(E_i \mid E_j) = M_{ij} / M_i \tag{10.10}$$

并使

$$f(E_j \mid E_i) \approx P_{ij} \tag{10.11}$$

第四步，根据转移概率进行预测。

由第三步可得状态转移概率矩阵 P。如果目前预测对象处于状态 E_i，这时，P_{ij} 就描述目前状态 E_i 在未来将转向状态 $E_j(j=1，2，\cdots，N)$ 的可能性。按最大可能性作为选择的原则，我们选择（P_{i1}，P_{i2}，…，P_{iN}）中最大者为我们的预测结果。

二、市场占有率预测

企业的产品在市场销售总额中各占一定的比例，如何通过现有的市场占有率和转移概率去预测企业在其后时期的占有率，对企业正确定位，制定相应政策和发展战略有重

大意义。

从上面的讨论可以看到，马尔柯夫预测的基本原理是：本期市场占有率仅取决于上期市场占有率及转移概率。如果假设市场的发展变化只与当前市场条件有关，没有新的竞争者加入，也没有老的竞争者退出，顾客容量保持不变，顾客在不同品牌之间流动的概率保持不变，就可用这种预测法对市场占有率进行预测。

比如有工厂 1、2、3 生产同种产品，它们在市场上的现时占有份额为：

$$S^0=(P_1{}^{(0)}P_2{}^{(0)}P_3{}^{(0)}) \tag{10.12}$$

式中，S^0 表示初始市场占有率；$P_1{}^{(0)}$ 表示工厂 1 的初始占有率；$P_2{}^{(0)}$ 表示工厂 2 的初始占有率；$P_3{}^{(0)}$ 表示工厂 3 的初始占有率。我们将（$P_1{}^{(0)}P_2{}^{(0)}P_3{}^{(0)}$）称为市场占有率初始向量。

又知：

$$P=\begin{bmatrix} P_{11} & P_{12} & P_{13} \\ P_{21} & P_{22} & P_{23} \\ P_{31} & P_{32} & P_{33} \end{bmatrix}$$

为市场占有转移概率矩阵，即 P_{11}、P_{22}、P_{33} 表示各工厂保留上期顾客（或用户）的概率，其他数值代表两种含义：如对 P_{12} 而言，其一重含义是工厂 1 流失的顾客转移到工厂 2 的概率；另一重含义则为工厂 2 由工厂 1 转来的顾客（或用户）的概率。

由一步转移概率原理直接建立预测的数学模型如下：

$$\begin{cases} P_1{}^{(1)}=P_{11}P_1{}^{(0)}+P_{21}P_2{}^{(0)}+P_{31}P_3{}^{(0)} \\ P_2{}^{(1)}=P_{12}P_1{}^{(0)}+P_{22}P_2{}^{(0)}+P_{32}P_3{}^{(0)} \\ P_{13}{}^{(1)}=P_{13}P_{11}{}^{(0)}+P_{23}P_2{}^{(0)}+P_{33}P_3{}^{(0)} \end{cases} \tag{10.13}$$

写成矩阵形式为：

$$S^1=(P_1{}^{(0)}P_2{}^{(0)}P_3{}^{(0)})\begin{bmatrix} P_{11} & P_{12} & P_{13} \\ P_{21} & P_{22} & P_{23} \\ P_{31} & P_{32} & P_{33} \end{bmatrix} \tag{10.14}$$

同理，已知本期市场占有率，即可求出下期的市场占有率。比如第 k 期的市场占有率为：

$$S^k=(P_1{}^{(k)}P_2{}^{(k)}P_3{}^{(k)})=(P_1{}^{(0)}P_2{}^{(0)}P_3{}^{(0)})\begin{bmatrix} P_{11} & P_{12} & P_{13} \\ P_{21} & P_{22} & P_{23} \\ P_{31} & P_{32} & P_{33} \end{bmatrix}^k \tag{10.15}$$

或

$$S^k=S^0\cdot P^k \tag{10.16}$$

即第 k 期的市场占有率等于初始占有率与 k 步转移概率矩阵的乘积。

如果市场的顾客（或用户）流动趋向长期稳定下去，则经过一段时期市场占有率将会出现稳定的平衡状态。

所谓稳定的市场平衡状态，就是顾客（或用户）的流动对市场占有率将不产生影响，即各厂流失的顾客（或用户）与争取到的顾客（或用户）相抵消。这时的市场占有率称为终极市场占有率。

为求出这种稳定的市场占有率以预测长期趋势，我们先定义标准概率矩阵。如果 P 为概率矩阵，且存在 $m>0$，使 P 中诸要素皆非负非零，则称 P 为标准概率矩阵。标准概率矩阵有以下性质：

若 P 是标准概率矩阵，则必存在非零行向量 $a=(x_1, x_2, \cdots, x_n)$，使得 $aP=a$，a 称为 P 的平衡向量。

标准概率矩阵的这一性质很有实用价值。因为在市场占有率预测中，用户转移概率矩阵恰好是标准概率矩阵，当 P 稳定不变时，通过多步转移后，市场占有率将达到平衡状态。此时，各厂的用户占有率不再发生变化。a 表示终极的用户占有率。

三、期望利润预测

在企业的经营管理中，除了需要摸清销路的变化情况外，还要对利润的变化进行预测。比如某商品的销售状态有畅销（E_1）和滞销（E_2）两种。通过调查、统计，除得知销售状态转移概率矩阵 P 外，还获知利润的分布情况 R：

$$P=\begin{bmatrix} P_{11} & P_{12} \\ P_{21} & P_{22} \end{bmatrix};\quad R=\begin{bmatrix} \gamma_{11} & \gamma_{12} \\ \gamma_{21} & \gamma_{22} \end{bmatrix} \tag{10.17}$$

R 为状态转移利润矩阵。$\gamma_{ij}(i, j=1, 2)$ 表示由 E_i 转到 E_j 的利润。$\gamma_{ij}>0$ 表示盈利，$\gamma_{ij}<0$ 表示亏本，$\gamma_{ij}=0$ 表示不盈不亏。根据已知的状态转移矩阵和利润矩阵可以对未来的利润进行预测，这就是期望利润预测的基本思路。

这种预测方法的步骤如下：

首先，定义 $V_i(n)$ 为产品（商品）现在所处的状态 $i(i=1, 2, \cdots, N)$ 经过 n 步转移之后的期望利润。当 $N=2$ 时，经过一步转移之后的期望利润为：

$$V_i(1)=\gamma_{i1}P_{i1}+\gamma_{i2}P_{i2}=\sum_{j=1}^{2}\gamma_{ij}P_{ij}\quad (i=1, 2, \cdots, N) \tag{10.18}$$

经过二步转移之后的期望利润为：

$$\begin{aligned} V_i(2) &= [V_1(1)+\gamma_{i1}]P_{i1}+[V_2(1)+\gamma_{i2}]P_{i2} \\ &= \sum_{j=1}^{2}[\gamma_{ij}+V_i(2-1)]P_{ij}=V_i(1)+\sum_{j=1}^{2}V_j(1)P_{ij}\quad (i=1, 2, \cdots, N) \end{aligned} \tag{10.19}$$

一般地，经过 n 步转移之后的期望利润递推公式为：

$$V_1(n)=\sum_{j=1}^{2}[\gamma_{ij}+V_i(n-1)]P_{ij}=V_i(1)+\sum_{j=1}^{2}V_j(n-1)P_{ij}\quad (i=1, 2\cdots, N) \tag{10.20}$$

当 $n=1$ 时，规定 $V_i(0)=0$，并称一步转移的期望利润为即时期望利润，且记为：

$$V_i(1)=q_i\quad (i=1, 2, \cdots, N) \tag{10.21}$$

扩展阅读　马尔柯夫

第 3 节　马尔柯夫预测方法的应用

下面通过举例来说明马尔柯夫预测方法在经济生活中的实际运用。主要包括马尔柯夫链（最简单类型）在商品销售量、市场占有率和期望利润预测中的应用。

一、在商品销售量预测中的应用

【例 10－3】某商店最近 20 个月的商品销售量统计记录如表 10－3 所示。

表 10－3　某商店最近 20 各月的商品销售量统计表　　单位：千件

时间(t)	1	2	3	4	5	6	7	8	9	10	11	12	13	14	15	16	17	18	19	20
销售量	40	45	80	120	110	38	40	50	62	90	110	130	140	120	55	70	45	80	110	120

试预测第 21 个月的商品销售量。

解：根据马尔柯夫链预测法（最简单类型），可有以下预测步骤：

（1）划分状态。以月销量为划分状态的标准，根据已知的数据情况做如下划分：

1）销售量＜60 千件属滞销状态，记为状态 E_1；

2）60 千件≤销售量≤100 千件属平销状态，记为状态 E_2；

3）销售量＞100 千件属畅销状态，记为状态 E_3。

（2）计算各种状态出现的次数 M_i 和转移频率 M_{ij}。根据第一步中状态划分的标准和表 10－3 中的数据，可绘制出销量状态转移统计表（如表 10－4 所示）。

表 10－4　销量状态转移情况表

系统本步所处状态	系统下步所处状态			
	E_1	E_2	E_3	合计（M_i）
E_1	3	4	0	7
E_2	1	1	3	5
E_3	2	0	5	7
合计	6	5	8	19

根据表 10－4 中的统计结果有：

$$M_1=7 \quad M_2=5 \quad M_3=7$$

$$M_{11}=3 \quad M_{12}=4 \quad M_{13}=0$$

$$M_{21}=1 \quad M_{22}=1 \quad M_{23}=3$$

$$M_{31}=2 \quad M_{32}=0 \quad M_{33}=5$$

另外，为了使问题更为直观，也可通过绘制销售量散点图，并画出状态分界线，确定各种状态出现的次数，如图 10－1 所示。

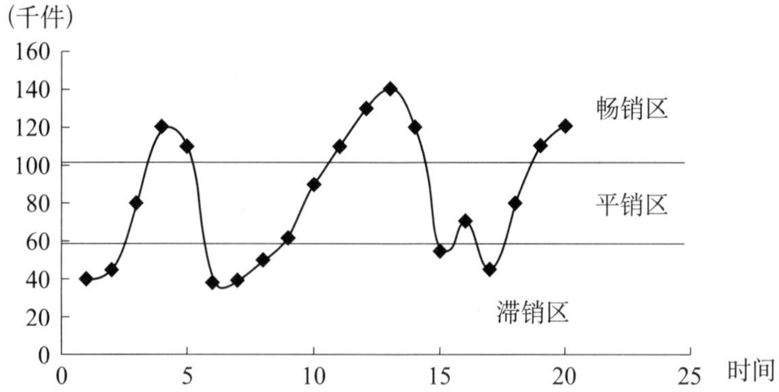

图 10-1　销售量散点图

因为最后一个数据究竟转到哪个状态尚不清楚，所以不参加计算。由图 10-1 可知，处于滞销状态的有 $M_1=7$ 次；平销状态的有 $M_2=5$ 次；畅销状态的有 $M_3=7$ 次（最后一期数据不参与计算），则有

$$M_{11}=3\quad M_{12}=4\quad M_{13}=0$$

$$M_{21}=1\quad M_{22}=1\quad M_{23}=3$$

$$M_{31}=2\quad M_{32}=0\quad M_{33}=5$$

（3）计算状态转移概率矩阵。根据上述计算出的各种状态出现的次数 M_i 和转移频率 M_{ij}，利用式（10.9）可以计算出状态转移概率。

$$P_{11}=3/7\quad P_{12}=4/7\quad P_{13}=0/7$$

$$P_{21}=1/5\quad P_{22}=1/5\quad P_{23}=3/5$$

$$P_{31}=2/7\quad P_{32}=0/7\quad P_{33}=5/7$$

则状态转移矩阵 P 为：

$$P=\begin{bmatrix}3/7 & 4/7 & 0\\ 1/5 & 1/5 & 3/5\\ 2/7 & 0 & 5/7\end{bmatrix}$$

（4）预测第 21 个月的销售情况。由于第 20 个月的销售量属于畅销状态，而经由一步转移到达三种状态的概率是：

$$P_{31}=2/7\quad P_{32}=0/7\quad P_{33}=5/7$$

且　　$P_{33}>P_{31}>P_{32}$

以最大可能性作为选择的原则，选择（P_{i1}，P_{i2}，…，P_{iN}）中最大者为预测的结果，即第 21 个月超过 100 千件的可能性最大，即预测第 21 个月的销售状态是畅销。

案例 10-1

利用马尔柯夫预测方法预测商品销售情况

某厂蓝牙耳机自投放市场以来各月的销售情况如表 10-5 所示。

表 10-5　销量数据

时序（t）	销量（千副）	时序（t）	销量（千副）	时序（t）	销量（千副）
1	83.4	8	70.9	15	63.5
2	85.9	9	138.3	16	103.9
3	106.1	10	124.7	17	77.8
4	154.4	11	95.8	18	114.4
5	132.0	12	139.0	19	157.6
6	47.5	13	63.7	20	190.2
7	45.8	14	85.1	21	105.9

该厂的业务人员根据上述数据对下月的销售情况进行预测。

(1) 选择预测方法。该厂的业务人员通过市场调查发现，影响该蓝牙耳机销量的因素很多，除产品质量、价格、经营管理水平等外，还与某个时期是否有同类新产品投放市场有关。鉴于各种随机因素影响，产品销量波动较大，难以用因果回归分析法预测，因此首先考虑采用时间序列分析法。

(2) 绘制时序曲线图。从图 10-2 看，时间序列无明显的趋势变动，也没有季节性，既无法采用移动平均预测法，也无法采用趋势外推法或季节指数法，但可以将其看作随机平稳序列。蓝牙耳机在时刻 t 的销售状况一般来说只与其前一刻即 $t-1$ 的销售状况有关，而与 $t-1$ 时以前的状况无关，所以考虑采用马尔柯夫预测法。由于只需预测下一月销量的可能性，故用一重链状相关预测，即利用一步转移矩阵进行预测。

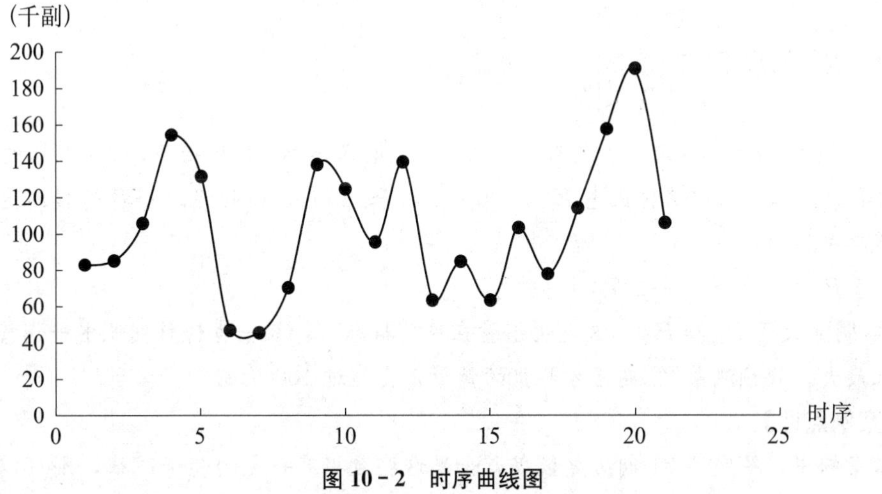

图 10-2　时序曲线图

(3) 状态划分。销量直接与利润多少相联系，可根据利润情况划分产品销售状态。如每月能销售 100 千幅，可以做到不亏损，维持低水平生产，属于低水平销售状态。每月销售多于 100 千副少于 150 千副，除缴纳各种税金，完成企业必要留利外，职工可以得奖金 15 元/人·月，属于正常销售状态。每月销售多于 150 千幅，就属于畅销状态。将销量记作 Y，销量的三个状态可作如下划分：

$Y<100$（千副）　　　　　　　　　（低水平销售状态）
100（千副）$\leqslant Y \leqslant$150（千台）　　　（正常销售状态）
$Y>150$（千副）　　　　　　　　　（畅销状态）

（4）计算初始概率 P_i。根据各种状态出现的总点数（N）和分别处于不同状态的点数（M_i），计算各状态的初始概率，如表 10－6 所示。

表 10－6　各状态初始概率

状态	低水平销售状态（E_1）	正常销售状态（E_2）	畅销状态（E_3）
状态界限（千副）	$Y<100$	$100\leqslant Y\leqslant 150$	$Y>150$
处于该状态的总点数 M	10	8	3
初始概率 P_t	10/21	8/21	3/21

（5）计算一步转移概率 P_{ij}。根据从某一状态向另一状态转移的点数 M_{ij}，计算出一步转移概率。

因为 $M_1=10$，$M_{11}=5$，$M_{12}=5$，$M_{13}=0$　　　（转移点数 10＝5＋5）
所以　$P_{11}=5/10$，$P_{12}=5/10$，$P_{13}=0$　　　（一步转移概率）
因为 $M_2=7$，$M_{21}=4$，$M_{22}=1$，$M_{23}=2$　　　（转移点数 7＝4＋1＋2）
所以　$P_{21}=4/7$，$P_{22}=1/7$，$P_{23}=2/7$　　　（一步转移概率）
因为 $M_3=3$，$M_{31}=0$，$M_{32}=2$，$M_{33}=1$　　　（转移点数 3＝2＋1）
所以　$P_{31}=0$，$P_{32}=2/3$，$P_{33}=1/3$　　　（一步转移概率）

写出一步转移概率矩阵 P：

$$P=\begin{bmatrix}1/2 & 1/2 & 0\\ 4/7 & 1/7 & 2/7\\ 0 & 2/3 & 1/3\end{bmatrix}$$

（6）预测。$t+1$ 期只与 t 期有关，即第 22 期只与第 21 期相关，第 21 期的销量为 105.9 千副，属于正常销售状态 E_2（$100\leqslant 105.9\leqslant 150$），由此经过一步转移到达各个状态的概率关系为：

$$P_{21}=4/7>P_{23}=2/7>P_{22}=1/7$$

P_{21} 明显大于 P_{23} 和 P_{22}，这说明销量在目前状态下，经一步转移到低水平销售状态的可能性最大。故预测第 22 期蓝牙耳机的销量不会超过 100 千副。

【案例点评】

本案例中，给定了 21 期历史数据，如果这些数据有一定的趋势规律，则可以考虑采用移动平均法或指数平滑法进行预测；如果这些数据具有趋势性规律且具有周期性规律，则可考虑采用季节指数法进行预测；如果上述特征都不具备，则应考虑采用马尔柯夫预测法。所以具体采用什么方法，需要先判断这些数据的特征，为此需要做出数据的时序散点图，根据图形反映出的特征，决定采用何种方法进行预测。本案例中，业务人员就通过数据的时序曲线图判断出数据既无明显的趋势变动，也没有季节变动和周期性规律，因此最后决定采用马尔柯夫预测法进行预测。方法确定后，就需要划分状态、计算初始

将上述计算出的 $V_i(1)$ 代入可得：

$$V_1(2)=V_1(1)+\sum_{j=1}^{2}V_j(1)P_{1j}=2.6+[0.4\times 2.6+0.6\times(-0.4)]=3.4(\text{百万元})$$

$$V_2(2)=V_2(1)+\sum_{j=1}^{2}V_j(1)P_{2j}=-0.4+[0.3\times 2.6+0.7\times(-0.4)]=0.1(\text{百万元})$$

$$V_1(3)=V_1(1)+\sum_{j=1}^{2}V_j(2)P_{1j}=2.6+(0.4\times 3.4+0.6\times 0.1)=4.02(\text{百万元})$$

$$V_2(3)=V_2(1)+\sum_{j=1}^{2}V_j(2)P_{2j}=-0.4+(0.3\times 3.4+0.7\times 0.1)=0.69(\text{百万元})$$

即如果本月处于滞销状态的话，三个月后可能盈利 69 万元；而如果本月处于畅销状态的话，三个月后可望盈利 402 万元。

重点名词

马尔柯夫链　　状态转移概率　　状态转移概率矩阵　　标准概率矩阵

思考题

1. 对于竞争激烈，经常有企业进入或退出的行业或产品，是否适合用马尔柯夫预测法？为什么？

2. 如果不同产品之间，消费者的流动缺乏规律性，是否适合用马尔柯夫预测法？为什么？

3. 有 A、B、C 三家企业由于产品质量、服务质量、价格、促销、分销等原因，用户发生如下变化：4 月份：A 企业 200 户；B 企业 500 户；C 企业 300 户。5 月份：A 企业保留 160 户，从 B 转入 35 户，从 C 转入 30 户；B 企业保留 450 户，从 A 转入 20 户，从 C 转入 30 户；C 企业保留 240 户，从 A 转入 20 户，从 B 转入 15 户。试求其转移概率矩阵。

4. 某产品的市场销售状态可分为畅销和滞销两种，6 年来 24 个季度的状态如表 10-9 所示。

表 10-9　某产品 6 年来 24 个季度的市场销售状态

季度	1	2	3	4	5	6	7	8	9	10	11	12
状态	畅	畅	滞	畅	滞	滞	畅	畅	畅	滞	畅	滞
季度	13	14	15	16	17	18	19	20	21	22	23	24
状态	畅	畅	滞	滞	畅	畅	滞	畅	滞	畅	畅	畅

试求其状态转移的一步和二步转移矩阵。

5. 三家企业生产同一种产品，已知当月的市场占有率分别为 (0.4　0.3　0.3)，且状态转移矩阵为：

$$\begin{bmatrix}0.5 & 0.25 & 0.25\\ 0.4 & 0.3 & 0.3\\ 0.6 & 0.2 & 0.2\end{bmatrix}$$

试求两个月后它们各自的市场占有率和长期市场占有率。

6. 某种商品的销售状态转移矩阵为：

$$P=\begin{bmatrix}0.5 & 0.5\\0.2 & 0.8\end{bmatrix}$$

状态转移利润矩阵为：

$$R=\begin{bmatrix}8 & 3\\5 & -2\end{bmatrix}$$

求即时期望利润和二步转移期望利润。

7. 神州租车公司在某省份的三个城市 A、B、C 设立了租借点，租车人可以在该省任意一个租借点租车，也可在任意租借点还车。其租车还车情况如表 10-10 所示。

表 10-10　神州租车公司在某省的租车还车规律

租车	还车		
	A	B	C
A	0.8	0.2	0
B	0.2	0	0.8
C	0.2	0.2	0.6

请问神州公司应该按什么比例配置汽车数量才最合适？

8. A、B、C、D 四家企业生产冰箱，2 月和 3 月的订货情况如表 10-11 所示。

表 10-11　A、B、C、D 厂 3 月份冰箱订货量转移表　　单位：台

厂家	A	B	C	D	2 月份订货量
A	450	15	20	15	500
B	10	360	40	40	450
C	20	60	480	40	600
D	10	20	40	630	700
3 月份订货量	490	455	580	725	2 250

求 3 月份的订货量转移矩阵。

第11章 回归分析预测方法

在现实经济生活中，经济现象之间往往客观地存在各种各样的相互联系，一种经济现象的存在和发展变化必然受到与其相联系的其他现象和因素的存在和发展变化的制约与影响。回归分析预测方法就是从各种经济现象之间的相互联系出发，通过对与预测对象有联系的现象变动趋势的分析，推测预测对象未来状态在数量上的表现的一种预测方法。

第1节 回归分析预测方法概述

要了解回归分析预测方法的基本思想，必须先了解市场现象之间的两类因果关系。

一、市场现象之间的两类因果关系

客观世界中许多事物、现象、因素彼此关联，它们的发展变化由多种因素决定。市场活动中的许多现象也不例外，都有其产生的原因，都要受一定因素的制约，都是一定原因的必然结果。例如，市场是国民经济的综合反映，国民经济的任何变化，诸如国民经济发展速度、消费比例关系的调整、人口增长和劳动就业状况、居民收入变化、消费者购买心理的变化，都会引起市场商品供需关系的变化。又如，商品价格的变化、广告的宣传等也会引起消费者消费态度和消费行为的变化。这些市场现象之间就形成了因果关系。

在研究市场现象之间的因果关系时，一般将引起某一市场现象变化的各种因素（或原因）称为自变量，将被引起变化的市场现象（即结果）称为因变量。如人口增长是自变量，商品需求量就是因变量。居民收入水平变化是自变量，市场消费需求就是因变量。自变量变了，因变量也随之发生变化。自变量和因变量的依存关系是市场现象之间相互关联的必然反映，是市场现象之间因果关系的表现。

市场现象之间的因果关系可以分为两类：函数关系和相关关系。

（1）函数关系。函数关系是指现象之间确定的数量依存关系，即自变量取一个数值，因变量必然有一个对应的确定数值；自变量发生某种变化，因变量必然会发生相应程度的变化。函数关系是确定性的数量关系。如某企业每销售一件产品可获利 a 元，那么，产品销售量 x 与总利润 y 之间就有确定性的函数关系，即 $y=ax$。

（2）相关关系。相关关系是指现象之间存在的不确定的数量依存关系，即自变量取一个数值时，因变量必在存在与它对应的数值，但这个对应值是不确定的；自变量发生某种变化时，因变量也必然发生变化，但变化的程度是不确定的。如婴儿出生数和奶粉需求量就属于相关关系。婴儿出生数增加了，奶粉需求量肯定也会增加，但究竟增加多少是无法确定的。

对于函数关系的数量依存关系，可用一个函数表达式来描述。对于相关关系的数量依存关系，用相关关系分析和回归方程的方法加以研究，即用统计分析的方法来研究现象之间的数量相关关系，找出其发展变化规律的关系式。

二、回归分析预测方法的含义

回归分析预测方法，是在分析市场现象自变量和因变量之间相关关系的基础上，建立变量之间的回归方程，并将回归方程作为预测模型，根据自变量在预测期的数量变化来预测因变量在预测期的数量变化，因此是一种重要的市场预测方法，我们在对市场现象未来发展状况和水平进行预测时，如果能找到影响市场预测对象的主要因素，并且能够取得其数量资料，就可以采用回归分析预测方法。它是一种具体的、行之有效的、实用价值很高的市场预测方法，常用于中短期预测。

回归分析预测方法有多种类型。依据相关关系中自变量的个数，可分为一元回归分析预测和多元回归分析预测。在一元回归分析预测中，自变量只有一个，而在多元回归分析预测中，自变量有两个以上。依据自变量和因变量之间的相关关系，可分为线性回归预测和非线性回归预测。

三、回归分析预测方法的步骤

（一）根据预测目标，确定自变量和因变量

明确了预测的具体目标，也就确定了因变量。如预测的具体目标是下一年度的销售量，那么销售量 y 就是因变量。通过市场调查和查阅资料，寻找与预测目标的相关影响因素，即自变量，并从中选出主要的影响因素。

（二）建立回归预测模型

依据自变量和因变量的历史统计资料进行计算，在此基础上建立回归分析方程，即回归分析预测模型。

（三）进行相关分析

回归分析是对具有因果关系的影响因素（自变量）和预测对象（因变量）所进行的数理统计分析处理。只有当自变量与因变量确实存在某种关系时，建立的回归方程才有

意义。因此，作为自变量的因素与作为因变量的预测对象是否相关、相关程度如何，以及判断这种相关程度的把握性多大，就成为进行回归分析必须解决的问题。进行相关分析，一般需要求出相关系数，并根据相关系数的大小来判断自变量和因变量的相关程度。

（四）检验回归预测模型，计算预测误差

回归预测模型是否可用于实际预测，取决于对回归预测模型的检验和对预测误差的计算。回归方程只有通过了各种检验，且预测误差较小，才能将回归方程作为预测模型进行预测。

（五）计算并确定预测值

利用回归预测模型计算预测值，并对预测值进行综合分析，确定最后的预测值。

采用回归分析预测方法时应首先确定变量之间是否存在相关关系。如果变量之间不存在相关关系，对这些变量运用回归预测方法就会得出错误的结果。

扩展阅读　SPSS 经典线性回归分析之——线性回归分析

应用回归分析预测方法时需要注意：

（1）用定性分析判断现象之间的依存关系；

（2）避免回归预测的任意外推；

（3）应用合适的数据资料。

第 2 节　一元线性回归预测法

一元线性回归预测法，是根据自变量 x 和因变量 y 的相关关系，建立 x 与 y 的线性回归方程进行预测的方法。由于市场现象一般是受多种因素的影响，而并不是仅仅受一个因素的影响，所以应用一元线性回归分析预测法，必须对影响市场现象的多种因素做全面分析。只有当诸多的影响因素中，确实存在一个对因变量的影响作用明显大于其他因素的变量，才能将它作为自变量，应用一元相关回归预测法进行预测。

一、一元线性回归模型

设 x 为自变量，y 为因变量，y 与 x 之间存在某种线性关系，即一元线性回归模型为：

$$y_i=a+bx_i+\varepsilon_i \tag{11.1}$$

式中，x_i 表示影响因素，我们往往认为它是可以控制或预先给定的，故称之为自变量；ε_i 表示各种随机因素对 y 的影响的总和，根据中心极限定理，可以认为它服从正态分布，即 $\varepsilon\sim N(0,\sigma^2)$；因变量 y 就是我们的预测目标，由于受各种随机因素的影响，它是一个以回归直线上的对应值为中心的正态随机变量，即 $y\sim N(a+bx,\sigma^2)$。设

$$\hat{y}_i=a+bx_i \tag{11.2}$$

为一组观察值 (x_i, y_i) $(i=1, 2, \cdots, n)$ 的散点状态的估计式。式中 $\hat{y}_i$ 为 y_i 的估计值，对应于每一个自变量 x_i，都可得到一组估计值 $\hat{y}_i=a+bx_i$，a 和 b 为回归系数，其中

a 是直线 $\hat{y}_i$ 在 y 轴上的截距，它是 $x_i=0$ 时 $\hat{y}_i$ 的估计值，b 是直线 $\hat{y}_i$ 的斜率，表明自变量增加（或减少）一单位，因变量 $\hat{y}_i$ 相应增加（或减少）多少。可以证明，当 $b>0$ 时，x 与 y 正相关；当 $b<0$ 时，x 与 y 负相关。

二、回归系数估计

本书利用使用最广泛的最小二乘法（ordinary least square）对回归模型的系数进行估计。

最小二乘法的中心思想是，通过数学模型，拟合一条较为理想的趋势线。这条趋势线必须满足以下两点要求：（1）原数列的观察值与模型的估计值的离差平方和最小；（2）原数列的观察值与模型的估计值的离差总和为零。现以公式表示如下：

$$\sum (y_i - \hat{y}_i)^2 = \min \tag{11.3}$$

$$\sum (y_i - \hat{y}_i) = 0 \tag{11.4}$$

式中，y_i 为原数列的观察值；$\hat{y}_i$ 为模型的估计值。

根据最小二乘法的要求，记为：

$$Q = \sum (y_i - \hat{y}_i)^2 = \sum (y_i - a - bx_i)^2$$

根据极值原理，为使 Q 具有最小值，须对 a 和 b 分别求偏导数，并令其等于零，即

$$\frac{\partial Q}{\partial a} = -2\sum (y_i - a - bx_i) = 0$$

$$\frac{\partial Q}{\partial b} = -2\sum (y_i - a - bx_i)x_i = 0$$

整理得：

$$na + b\sum x_i = \sum y_i$$

$$a\sum x_i + b\sum x_i^2 = \sum x_i y_i$$

对上述两等式联立求解，得到回归系数的估计值为：

$$\hat{b} = \frac{n\sum x_i y_i - \sum x_i \sum y_i}{n\sum x_i^2 - (\sum x_i)^2} \tag{11.5}$$

$$\hat{a} = \frac{1}{n}\sum y_i - \hat{b}\frac{1}{n}\sum x_i = \overline{y} - \hat{b}\overline{x} \tag{11.6}$$

三、相关系数检验

在运用一元线性回归模型时，正确地判断两个变量之间的相互关系，选择主要影响因素作为模型的自变量对预测起到至关重要的作用。

相关系数 R 就是一元线性回归模型中用来衡量两个变量之间相关程度的重要指标。

根据概率论中对两个随机变量之间的相关系数的定义和计算公式有：

$$R = \frac{\sum (x_i - \overline{x})(y_i - \overline{y})}{\sqrt{\sum (x_i - \overline{x})^2}\sqrt{\sum (y_i - \overline{y})^2}} \tag{11.7}$$

因为根据该定义，相关系数可以直接由样本数据计算得到，所以在实际工作中用得较为广泛。但是由于相关系数计算量比较大，因此，根据平均数的数学性质可将其简化为：

$$R=\frac{n\sum x_i y_i-\sum x_i\sum y_i}{\sqrt{n\sum x_i^2-(\sum x_i)^2}\sqrt{n\sum y_i^2-(\sum y_i)^2}}=\frac{\hat{b}}{\sqrt{n\sum y_i^2-(\sum y_i)^2}} \tag{11.8}$$

从上述定义可以看出，相关系数的取值范围为$-1\leqslant R\leqslant l$。相关系数为正值表示两变量之间为正相关；相关系数为负值表示两变量之间为负相关。相关系数的绝对值的大小表示相关程度的高低。

（1）当 $R=0$ 时，说明自变量 x 的变动对因变量 y 毫无影响，这种情况称为零相关或不相关，也就是自变量和因变量之间是相互独立的。

（2）当 $|R|=1$ 时，说明因变量 y 的变化完全是由自变量 x 的变化所引起，这种情况称为完全相关。这时自变量 x 与因变量 y 的关系已转化为函数关系。

（3）当 $0<|R|<1$ 时，说明自变量 x 的变动对总变差有部分影响，这种情况称为普通相关。其中，R 的绝对值越大，表示相关程度越高。一般情况下，如果$|R|\geqslant 0.7$，可认为自变量 x 与因变量 y 之间高度相关；如果$|R|<0.3$，可认为自变量 x 与因变量 y 之间低度相关；如果 $0.3\leqslant|R|<0.7$，可认为自变量 x 与因变量 y 之间中度相关。

建立的一元线性回归模型是否符合变量之间的客观规律性，两变量之间是否具有显著的线性相关关系？这就需要对回归模型进行显著性检验。在一元线性回归模型中，最常用的显著性检验是相关系数检验法。

相关系数是一元线性回归模型中用来衡量两个变量之间相关程度的指标。一般地，相关系数越大，说明两个变量之间的相关关系越密切。但相关系数的绝对值大到什么程度时，才能认为两变量之间的相关关系是显著的，回归模型用来预测才是有意义的？对于不同组数的观察值、不同数值的显著性水平，衡量的标准是不同的。这一数量界线的确定只能根据具体的条件和要求，通过相关系数检验法的检验加以判别。相关系数检验法的步骤如下：

第一步，按式（11.7）或式（11.8）计算相关系数 R。

第二步，根据回归模型的自由度（$n-2$）和给定的显著性水平 α 值，从相关系数临界值表中查出临界值 $R_\alpha(n-2)$。

第三步，判别。若$|R|\geqslant R_\alpha(n-2)$，表明两变量之间线性相关关系显著，检验通过，这时回归模型可以用来预测；若$|R|<R_\alpha(n-2)$，表明两变量之间线性相关关系不显著，检验通不过，这时的回归模型就不能用于预测，应分析其原因，对回归模型重新加以处理。

四、预测区间估计

回归模型通过显著性检验后，就可以用来预测了。在一元线性回归模型中，对于自变量 x 的一个给定值 x_0，代入回归模型，就可以求得一个对应的回归预测值 $\hat{y}_0$，$\hat{y}_0$值又称为点估计值。但是，在实际工作中，预测目标的真实值不一定刚好就等于预测值，随着现实情况的变化和各种环境因素的影响，两者总是会产生或大或小的偏差，如果仅根据某一点的预测计算就得出结论，则几乎总是错误的。所以，我们不仅要预测出 y 的点估计值，还要给出 y 的预测区间。预测区间是指在一定的显著性水平上，依据数理统计方法计算出的包含预测目标未来真实值的某一区间范围。

设预测点为（x_0，y_0），则预测值为：

$$\hat{y}_0=\hat{a}+\hat{b}x_0 \tag{11.9}$$

设其预测误差为：

$$e_0=y_0-\hat{y}_0$$

因为 y_0 与 $\hat{y}_0$ 都服从正态分布，所以 e_0 也服从正态分布，利用概率相关知识可以证明：

$$e_0\sim N\left\{0,\left[1+\frac{1}{n}+\frac{(x_0-\overline{x})^2}{\sum(x_i-\overline{x})^2}\right]\alpha^2\right\} \tag{11.10}$$

即 e_0 服从均值为 0，方差为 $\left[1+\frac{1}{n}+\frac{(x_0-\overline{x})^2}{\sum(x_i-\overline{x})^2}\right]\alpha^2$ 的正态分布。

由于总体方差 α^2 往往是未知的，因此常用总体方差的无偏估计量 S_y 来替代，其中

$$S_y=\sqrt{\frac{\sum(y_i-\hat{y}_i)^2}{n-2}} \tag{11.11}$$

S_y 称为 y 的标准误差估计值。实际计算中，常用其简便计算公式：

$$S_y=\sqrt{\frac{\sum y_i^2-\hat{a}\sum y_i-\hat{b}\sum x_i y_i}{n-2}} \tag{11.12}$$

令

$$S_0^2=\left[1+\frac{1}{n}+\frac{(x_0-\overline{x})^2}{\sum(x_i-\overline{x})^2}\right]S_y^2$$

因为 S_0^2 是 σ^2 的无偏估计量，所以 S_0^2 也是 D（e_0）的无偏估计量。可以证明，S_0^2 服从 χ^2 分布，故有：

$$\frac{y_0-\hat{y}_0}{S_0}\sim t(n-2)$$

通过上述分析，可以得到，当预测值 $\hat{y}_0$ 在显著水平为 α 时，预测区间为：

$$\hat{y}_0\pm t_{\alpha/2}(n-2)S_0 \tag{11.13}$$

当实际观察值较多时，一般 $n>30$，式（11.13）中的根近似地等于 1，而 t 分布的 $t_{\alpha/2}(n-2)$ 也近似趋近于正态分布 $Z_{\sigma/2}$，因此式（11.13）可简化为：

$$\hat{y}_0\pm Z_{\alpha/2}S_0 \tag{11.14}$$

五、一元线性回归预测法的应用

【例 11－1】某省 2004—2015 年的地区生产总值和固定资产投资额如表 11－1 所示。

表 11-1　某省 2004—2015 年地区生产总值和固定资产投资额及回归计算表　单位：亿元

年份	GDP(y)	固定资产投资额（x）	xy	x^2	y^2
2004	195	20	3 900	400	38 025
2005	210	20	4 200	400	44 100
2006	244	26	6 344	676	59 536
2007	264	35	9 240	1 225	69 696
2008	294	52	15 288	2 704	86 436
2009	314	56	17 584	3 136	98 596
2010	360	81	29 160	6 561	129 600
2011	432	131	56 592	17 161	186 624
2012	481	149	71 669	22 201	231 361
2013	567	163	92 421	26 569	321 489
2014	655	232	151 960	53 824	429 025
2015	704	202	142 208	40 804	495 616
合计	4 720	1 167	600 566	175 661	2 190 104

试建立回归模型并进行显著性检验。若 2016 年该省固定资产投资计划完成额为 249 亿元，当显著性水平 $\alpha=0.05$ 时，请估计 2016 年地区生产总值的预测区间。

解：(1) 绘制散点图。设地区生产总值为 y，固定资产投资额为 x，绘制散点图，如图 11-1 所示。

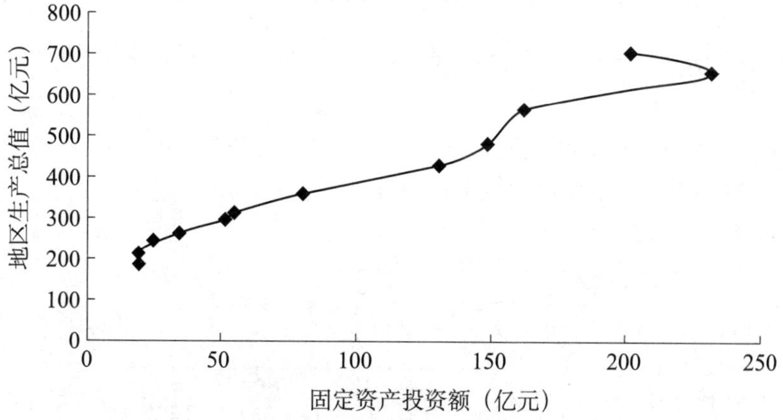

图 11-1　固定资产投资额与地区生产总值散点图

由散点图看出两者基本呈现出线性关系，可以拟合一元线性回归模型。

(2) 建立一元线性回归模型。

$$\hat{y}=a+bx$$

(3) 计算回归系数。

列表计算有关数据，见表 11-1，由计算结果得：

$$\hat{b}=\frac{n\sum x_i y_i-\sum x_i\sum y_i}{n\sum x_i^2-(\sum x_i)^2}=\frac{12\times 600\ 566-1\ 167\times 4\ 720}{12\times 175\ 661-116\ 7^2}=2.276\ 7$$

$$\hat{a}=\frac{1}{n}\sum y_i-\hat{b}\frac{1}{n}\sum x_i=\frac{4\ 720}{12}-2.2\ 767\times\frac{1\ 167}{12}=171.924\ 3$$

则所求回归预测模型为：

$$\hat{y}=171.924\ 3+2.276\ 7x$$

（4）检验线性关系的显著性。

$$R=\frac{n\sum x_i y_i-\sum x_i\sum y_i}{\sqrt{n\sum x_i^2-(\sum x_i)^2}\sqrt{n\sum y_i^2-(\sum y_i)^2}}$$

$$=\frac{12\times 600\ 566-1\ 167\times 4\ 720}{\sqrt{12\times 175\ 661-116\ 7^2}\times\sqrt{12\times 2\ 190\ 104-472\ 0^2}}$$

$$=0.982\ 9$$

当显著性水平 $\alpha=0.05$，自由度$=12-2=10$ 时，查相关系数临界值表，得出 $R_{0.05}$（10）=0.576，因 $R=0.982\ 9>0.576=R_{0.05}(10)$，故在显著性 $\alpha=0.05$ 的水平上，检验通过，说明两变量之间相关关系显著。

（5）预测。

1）计算估计标准误差。

$$S_y=\sqrt{\frac{\sum y_i^2-\hat{a}\sum y_i-\hat{b}\sum x_i y_i}{n-2}}$$

$$=\sqrt{\frac{2\ 190\ 104-171.9\ 243\times 4\ 720-2.2\ 767\times 600\ 566}{12-2}}=33.634\ 3$$

2）当显著性水平 $\alpha=0.05$，自由度$=12-2=10$ 时，查 t 分布表得：$t_{0.025}(10)=2.228$。

3）当 $x_0=249$ 亿元时，代入回归模型得 y 的点估计值为：

$$\hat{y}=171.924\ 3+2.276\ 7\times 249=738.822\ 6\text{（亿元）}$$

预测区间为：

$$\hat{y}_0\pm t_{0.025}(10)\sqrt{1+\frac{1}{n}+\frac{n(x_0-\overline{x})^2}{n\sum x_i^2-(\sum x_i)^2}}\ S_y$$

$$=738.822\ 6\pm 2.228\times\sqrt{1+\frac{1}{12}+\frac{12\times(249-97.25)^2}{12\times 175\ 661-116\ 7^2}}\times 33.634\ 3$$

$$=738.822\ 6\pm 90.351\ 8$$

即当2016年全省固定资产投资计划完成额为249亿元时，在 $\alpha=0.05$ 的显著性水平上，地区生产总值的预测区间为648.470 8亿元～829.174 4亿元。

随着统计软件的广泛应用，利用相关软件可以很方便地得到回归方程参数的估计值及其他相关信息，下面以SPSS统计软件为例，介绍计算回归方程参数的过程。

SPSS中“回归”的操作方法是：选择“分析”→“回归”，选择“线性”进行线性回归分析，如图11-2所示。

图 11－2　SPSS 统计软件选择计算线性回归参数菜单界面

在“线性回归”选项框中，将源变量列表中的“销售额”选入“因变量”框中，将“固定资产投资额”选入“自变量”框中即可，其他很多选项可以忽略，如图 11－3 所示。

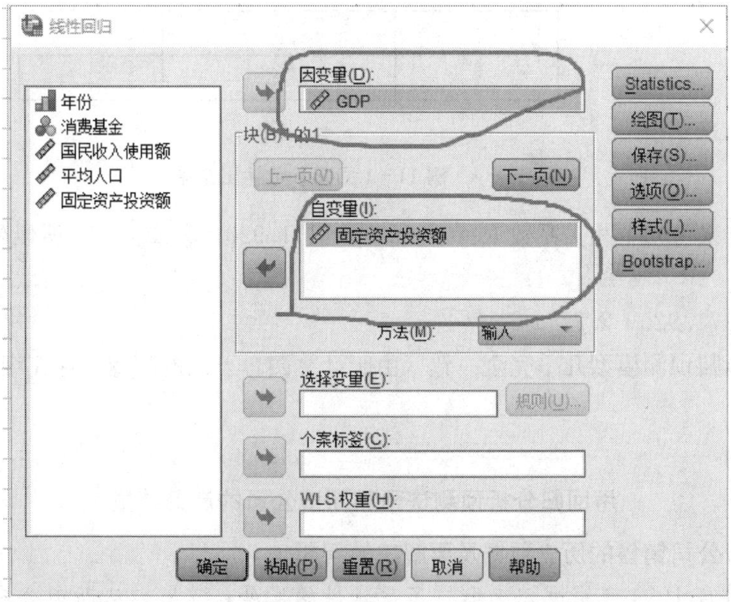

图 11－3　SPSS 统计软件计算线性回归参数变量设置界面

点击“确定”按钮后得到的输出结果显示在输出文件中，输出结果如图11－4所示。

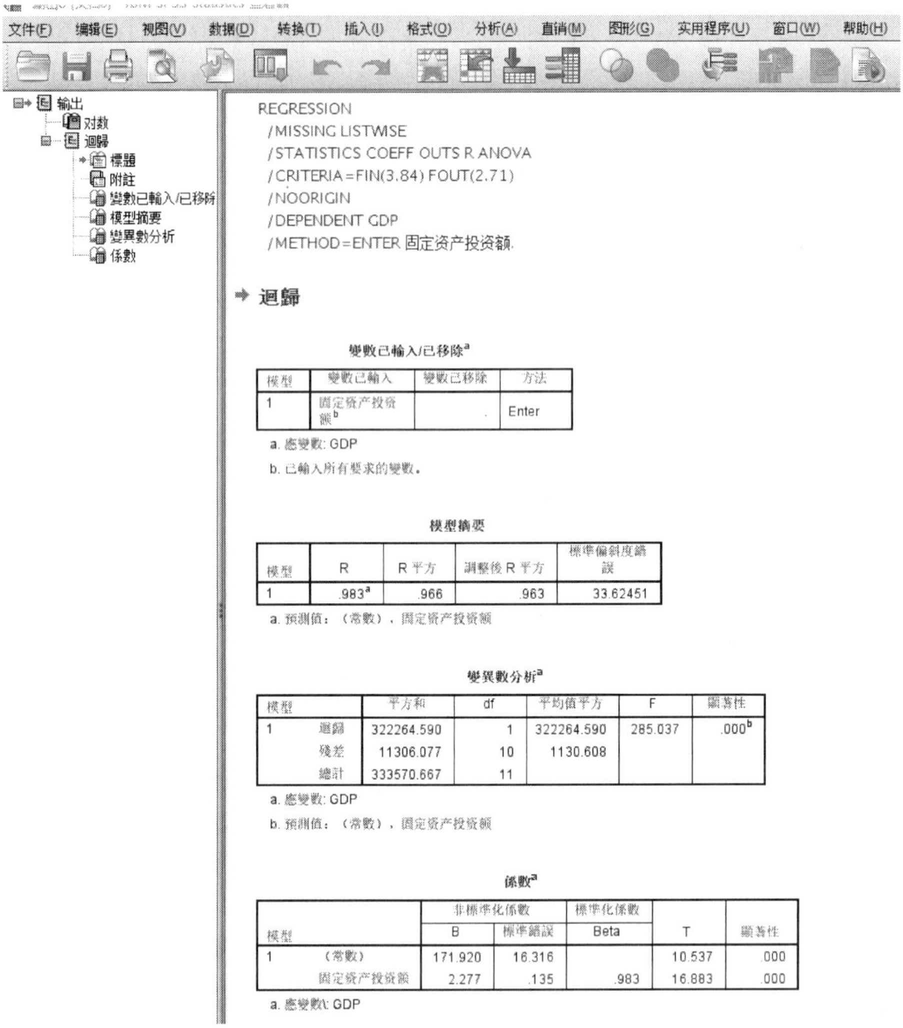

图11－4　例11－1回归参数输出结果

从输出结果可知，相关系数 $R=0.983$，$a=171.920$，$b=2.277$，所以建立的回归方程为：

$$\hat{y}=171.920+2.277x$$

与前述回归预测模型几乎完全一致（由于计算四舍五入的问题，存在细微差异）。

案例11－1

用回归分析预测法预测新田公司的产品销量

一、新田公司销售的历史数据及要解决的问题

新田公司自1994年成立以来取得了飞跃性的发展，这可以从新田公司历年的销售数据中看出来。新田公司主导产品的销售数据分别参见表11－2、表11－3、表11－4和表11－5。

表 11－2　1995 年 1 月—2000 年 12 月新田公司各主导产品销售数据　　单位：千件

时间（年/月）	XT150－T	XT150－H	XT125－C	XT125－W	XT125－G	XT100－W	XT100－G	XT100－K	销售总量
1995/1—1995/3						245	310	110	665
1995/4—1995/6						268	416	285	969
1995/7—1995/9			50	820		600	568	583	2 621
1995/10—1995/12			125	852		802	683	744	3 206
1996/1—1996/3			214	905	262	929	729	1 006	4 045
1996/4—1996/6			260	892	278	1 180	788	1 108	4 506
1996/7—1996/9			356	924	383	1 400	845	1 302	5 210
1996/10—1996/12			440	988	365	1 426	838	1 500	5 557
1997/1—1997/3	68	450	512	1 018	462	1 682	870	1 405	6 467
1997/4—1997/6	85	200	555	1 020	451	1 530	885	1 603	6 329
1997/7—1997/9	133	251	638	1 057	542	1 754	904	1 550	6 829
1997/10—1997/12	166	404	740	1 122	626	1 902	929	1 722	7 611
1998/1—1998/3	223	555	808	1 158	715	1 848	938	1 786	8 031
1998/4—1998/6	228	250	851	1 146	663	1 972	1 052	1 725	7 887
1998/7—1998/9	277	298	936	1 228	750	1 906	1 107	1 864	8 366
1998/10—1998/12	313	478	1 038	1 322	885	2 002	1 290	1 764	9 092
1999/1—1999/3	368	650	1 107	1 272	1 123	2 006	1 306	1 702	9 534
1999/4—1999/6	380	297	1 148	1 273	1 192	1 906	1 464	1 741	9 401
1999/7—1999/9	419	349	1 251	1 310	1 336	1 908	1 528	1 649	9 750

续表

时间（年/月）	XT150－T	XT150－H	XT125－C	XT125－W	XT125－G	XT100－W	XT100－G	XT100－K	销售总量
1999/10—1999/12	454	582	1 312	1 386	1 435	1 945	1 585	1 552	10 251
2000/1—2000/3	510	725	1 405	1 400	1 498	1 900	1 569	1 565	10 572
2000/4—2000/6	524	343	1 445	1 428	1 487	1 758	1 637	1 381	10 003
2000/7—2000/9	564	426	1 518	1 431	1 514	1 688	1 630	1 308	10 079
2000/10—2000/12	601	698	1 610	1 478	1 523	1 664	1 613	1 134	10 321

表 11－3　新田公司 2001 年第一季度销售数据　　单位：千件

XT150—T	XT150—H	XT125—C	XT125—W	XT100—W	XT100—G	XT100—K	总数
665	897	1 660	1 500	1 529	1 608	933	10 372

表 11－4　新田公司 2001 年第二季度销售数据　　单位：千件

XT150—T	XT150—H	XT125—C	XT125—W	XT100—W	XT100—G	XT100—K	总数
668	350	1 808	1 581	1 542	1 503	1 603	9 862

表 11－5　新田公司 XT100—W 产品在无锡的销售数据　　单位：千件

年份	第一季度	第二季度	第三季度	第四季度
1996	150	170	172	180
1997	201	230	233	245
1998	258	292	284	298
1999	283	255	209	199
2000	175	160	122	90

从表中的数据可以看出，新田公司的生产销售形势还是比较好的，从总体上来说处于上升趋势，但某些车型的销售有下降趋势。同时，还有一些问题从销售数据上是看不出来的。自从公司实行派员销售制以来，由于销售的预测值估计不准，常常出现工人加班加点仍赶不上交货时间的情况和工人上了班却无事可做的情况。总经理和其他公司领导都发现了这个问题，也找到了原因所在，但一时无法解决。因此，新田公司目前急需解决的问题就是如何进行准确可行的销售预测，以保证公司的正常运行。

二、利用回归分析预测方法对案例进行分析

首先做出新田公司产品销量散点图，如图 11－5 所示。

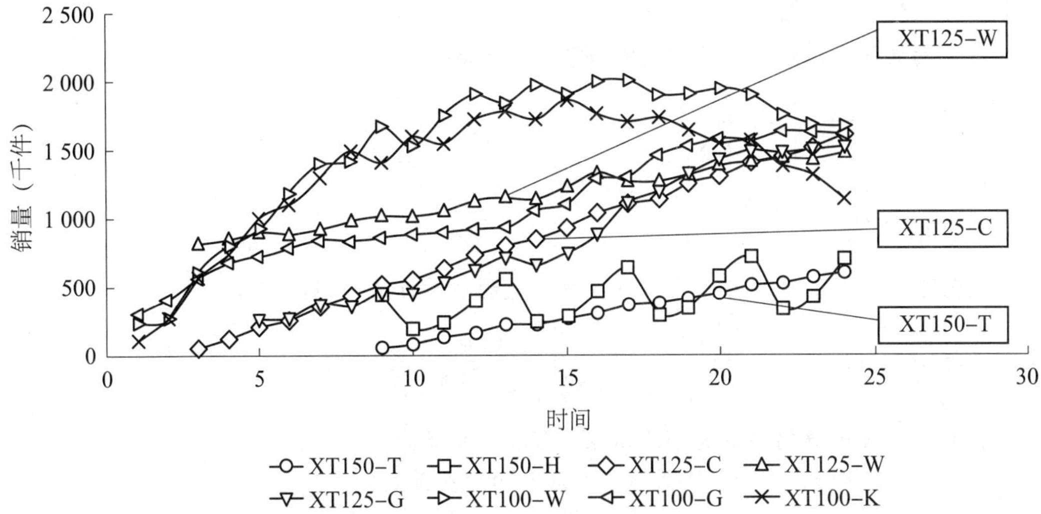

图 11-5　新田公司各主导产品销量散点图

1. 预测模型的选择

根据散点图发现新田公司的 XT150－T、XT125－C、XT125－W 三种产品的销量基本呈一条直线，因此可以用一元线性回归预测法进行预测。由于销售数据是时间性序列，多元线性回归在此不适用。

由于新田公司销售预测中只用到一元线性回归预测法，而一元线性回归又是一种广泛应用并且比较简单的预测方法，因此，只需对一元线性回归模型作简单介绍。

设 x 为自变量，y 为因变量，y 与 x 之间存在某种线性关系，一元线性回归模型为：

$$y_i = a + bx_i + \varepsilon_i \quad (i = 1, 2, \cdots, n)$$

式中，ε 为各种随机因素 y 的影响总和，$\varepsilon \sim (0, \sigma^2)$；$y - N(a+bx, \sigma^2)$。则可设

$$\hat{y}_i = a + bx_i$$

由此，可以通过最小二乘法来估计模型的回归系数。根据最小平方原理，必须符合以下条件：

$$\sum (y_i - \hat{y}_i)^2 = \min$$

$$\sum (y_i - \hat{y}_i) = 0$$

根据最小二乘法要求，记为：

$$Q = \sum (y_i - \hat{y}_i)^2 = \sum (y_i - a - bx_i)^2$$

根据极值原理，为使 Q 具有最小值，可分别对 a、b 求偏导数，并令其等于零，即

$$\frac{\partial Q}{\partial a} = -2\sum (y_i - a - bx_i) = 0$$

$$\frac{\partial Q}{\partial b} = -2\sum (y_i - a - bx_i)\, x_i = 0$$

整理得：

$$na + b\sum x_i = \sum y_i$$

$$a\sum x_i+b\sum x_i^2=\sum x_iy_i$$

对上两式联立求解，即可得到回归系数的估计值：

$$\hat{b}=\frac{n\sum x_iy_i-\sum x_i\sum y_i}{n\sum x_i^2-(\sum x_i)^2}$$

$$\hat{a}=\frac{\sum y_i}{n}-\frac{\hat{b}\sum x_i}{n}$$

相关系数R可根据最小二乘原理及平均数的数学性质得到：

$$R=\frac{n\sum x_iy_i-\sum x_i\sum y_i}{\sqrt{n\sum x_i^2-(\sum x_i)^2}\sqrt{n\sum y_i^2-(\sum y_i)^2}}$$

相关系数R的绝对值的大小表示相关程度的高低：

（1）当$R=0$时，说明二者零相关，所求回归系数无效。

（2）当$|R|=1$时，说明二者完全相关，自变量x与应变量y之间的关系为函数关系。

（3）当$0<|R|<1$时，说明二者部分相关，R值越大相关程度越高。

估计标准差为：

$$S_y=\sqrt{\frac{\sum y^2-\hat{a}\sum y-\hat{b}\sum xy}{n-2}}$$

预测区间为：

$$\hat{y}_0\pm t_{\alpha/2}(n-2)S_y\sqrt{1+\frac{1}{n}+\frac{n(x_0-\overline{x})^2}{n\sum x^2-(\sum x)^2}}$$

在上式中，a为显著性水平，$n-2$为自由度，$\hat{y}_0$为y在x_o的估计值。

2. 预测计算

根据以上预测模型，下面先计算XT150－T产品在2001年第一季度的预测销量。

根据XT150－T产品的销售数据有(x为时间，y为销量)：

$n=16$；$\sum x_i=136$；$\sum y_i=5\ 313$；$\sum x_iy_i=57\ 438$；$\sum x_i^2=1\ 496$；$\sum y_i^2=2\ 208\ 979$

根据前述计算公式有：

$$\hat{b}=\frac{n\sum x_iy_i-\sum x_i\sum y_i}{n\sum x_i^2-(\sum x_i)^2}=36.11$$

$$\hat{a}=\frac{\sum y_i}{n}-\hat{b}\frac{\sum x_i}{n}=25.13$$

$$\hat{y}_i=a+bx_i=639\qquad(x_i=17)$$

$$R=\frac{n\sum x_iy_i-\sum x_i\sum y_i}{\sqrt{n\sum x_i^2-(\sum x_i)^2}\sqrt{n\sum y_i^2-(\sum y_i)^2}}=0.998$$

$$S_y=\frac{\sqrt{\sum y^2-\hat{a}\sum y-\hat{b}\sum xy}}{n-2}=9.92$$

$$\hat{y}_0 \pm t_{\alpha/2}(n-2)\,S_y\sqrt{1+\frac{1}{n}+\frac{n\,(x_0-\overline{x})^2}{n\sum x^2-(\sum x)^2}}$$

$t_{0.025}(14) = 2.145$

以上是 XT150－T 产品的销量预测计算过程，同理可计算 XT125－C 产品销量、XT150－W 产品销量的预测结果，这里不再给出计算过程而直接写出结果：

XT125－C 产品销量的预测结果：

$\hat{b} = 73.9$；$\hat{a} = -17.2$；$\hat{y}_i = 1\,682$；$R = 0.99$；$S_y = 16.56$

预测区间为：（1 641，1 723）（$t_{0.025}(20) = 2.086$）

XT125－W 产品销量的预测结果：

$\hat{b}=31.9$；$\hat{a}=789$；$\hat{y}_i=1\,523$；$R=0.99$；$S_y= 29.35$

预测区间为：（1 450，1 596）（$t_{0.025}(20) = 2.086$）

3. 预测结果分析

从上面的预测结果来看，有一点非常奇怪，那就是三种产品销量的预测中，相关系数 R 都非常接近于 1，也就是说，这三种产品的销量和时间基本上是线性关系，相关程度非常之高。对于这个结果，研究人员特意找到了新田公司的负责人，询问这三种产品的销售状况，这才找到了原因。原来，这三种产品是新田公司的形象产品，基本上没有利润，和其他品牌的同类产品相比具有较大的竞争力，因而这三种产品的销售情况一直很好。公司为了其形象，对这三种产品采取计划供应的方式，按逐年递增的方式供应市场，以使这三种产品一直供不应求。由于以上原因，相关系数接近于 1 也就不奇怪了。

另外，研究人员对通过公式 $\hat{y}_i = a + bx_i$ 计算得到的各期销量和实际销量比较发现，这三种产品有一个共同特点，那就是：第一季度的预测值一般比实际值大，而第二季度的相反。第三、四季度的预测值和实际值相近。仔细分析原因，可能是因为这三种产品价格都比较高，受年终分配影响，第一季度销量自然较大，第二季度销量自然偏小。

对比 2001 年第一季度的预测值和实际值，以及上面说到的两个特点可以发现，XT150－T 产品的预测结果比较正常，而 XT125－C、XT125－W 产品的预测值却出现了比实际值大的反常情况。通过对各期预测值和实际值比较发现，XT125－W 产品从 1999 年第二季度开始就出现了预测值大于实际值的情况，研究人员根据对市场的了解，认为可能是因为这种产品的销路已经出现问题，不能保持供不应求了。

XT125－C 产品可能也是这种情况，只不过该产品的滞销出现得稍晚而已。和新田公司销售部门联系后发现，研究人员的判断是正确的。

【案例点评】

在进行市场预测时，往往首先根据历史数据绘出散点图，根据散点图能够非常直观地看出是否具有线性趋势，从而对预测模型的选择做出初步判断。本案例中，对新田公司主导产品销量数据做出散点图后，很明显看出 XT150－T、XT125－C、XT125－W 三种产品的销量基本呈一条直线，具有线性趋势。因此初步判断这三种产品的销量可以用一元线性回归分析模型进行预测。接下来就是建立模型并根据所提供的数据计算回归系数，进行相关性检验。根据相关系数的计算结果，三种产品都通过了相关性检验，因而可以利用建立的线性模型进行预测。最后将预测的结果与实际销量数据比较，略有差异但很接近，差异产生原因的分析为新田公司的后期决策提供了有力的支撑。所以回归分析预测方法对企业经营、市场走势判断有着非常重要的实际意义。

资料来源：钱晓星．新田公司摩托车销售预测研究．南京：南京理工大学，2002.

第3节　多元线性回归预测法

一元线性回归预测法研究的是某一因变量与一个自变量之间的关系。但是，客观现象之间的联系是复杂的，许多现象的变动都涉及多个变量之间的数量关系。这种研究某一因变量与多个自变量之间的相互关系的理论和方法就是多元线性回归预测法。因多元线性回归预测法的计算繁杂，故本节拟用矩阵形式讨论其基本原理。

一、多元线性回归模型的建立

设所研究的对象受多个因素 x_1，x_2，…，x_m 的影响，假定各个影响因素与 y 的关系是线性的，这时就需要建立多元线性回归模型：

$$y_i = \beta_1 x_{i1} + \beta_2 x_{i2} + \cdots + \beta_m x_{im} + \varepsilon_i \quad (i = 1,2,\cdots,n) \tag{11.15}$$

式中，y_i 以及 x_{i1}，x_{i2}，…，x_{im} 为预测目标和影响因素的第 i 组观察值。若取 x_i 观察值恒等于1，即对任意 i 有 $x_{i1}=1$，则式（11.15）变为：

$$y_i = \beta_1 + \beta_2 x_{i2} + \cdots + \beta_m x_{im} + \varepsilon_i \quad (i = 1,2,\cdots,n) \tag{11.16}$$

其矩阵形式为：

$$Y = XB + \varepsilon$$

其中，
$$Y = \begin{bmatrix} y_1 \\ y_2 \\ \vdots \\ y_n \end{bmatrix};\ X = \begin{bmatrix} 1 & x_{12} & \cdots & x_{1m} \\ 1 & x_{22} & \cdots & x_{2m} \\ \vdots & \vdots & & \vdots \\ 1 & x_{n2} & \cdots & x_{nm} \end{bmatrix};\ B = \begin{bmatrix} \beta_1 \\ \beta_2 \\ \vdots \\ \beta_n \end{bmatrix};\ \varepsilon = \begin{bmatrix} \varepsilon_1 \\ \varepsilon_2 \\ \vdots \\ \varepsilon_n \end{bmatrix}$$

为了估计参数 B，仍采用最小二乘法，设观察值与模型估计值的残差为 E，则

$$E = Y - \hat{Y}$$

其中，$\hat{Y} = XB$。

根据最小二乘法的要求，应有

$$E'E = (Y - \hat{Y})'(Y - \hat{Y}) = (Y - XB)'(Y - XB) = \min \tag{11.17}$$

由极值原理，根据矩阵求导法则，对 B 求导并令其等于零，则得

$$\frac{\partial E'E}{\partial B} = \frac{\partial (Y - XB)'(Y - XB)}{\partial B} = \frac{\partial (Y'Y - 2Y'XB - B'X'XB)}{\partial B}$$
$$= -2(Y'Y)' + 2(X'X)'B = 0$$

整理得回归系数向量 B 的估计值为：

$$\hat{B} = (X'X)^{-1}X'Y \tag{11.18}$$

二、多元线性回归模型的统计检验

在多元线性回归模型中，为了解回归模型是否符合变量之间的客观规律性，所引入影响因素是否有效，同样需要对回归模型进行检验。常用的检验方法有 R 检验、F 检验、t 检验和 DW 检验。

（一）R 检验

R 检验是通过复相关系数检验一组自变量 x_1，x_2，…，x_m 与因变量 y 之间的线性相关程度的方法，又称复相关系数检验法。与一元线性回归模型类似，可以通过对总变差的分解

$$\sum(y_i-\overline{y})^2=\sum(y_i-\hat{y}_i)^2+\sum(\hat{y}-\overline{y})^2$$

得到多元线性回归模型的 R^2 的计算公式：

$$R^2=\frac{\sum(\hat{y}-\overline{y})^2}{(y_i-\overline{y})^2}=1-\frac{\sum(y_i-\hat{y}_i)^2}{\sum(y_i-\overline{y})^2} \tag{11.19}$$

R^2 这时称为复可决系数。它的平方根

$$R=\sqrt{1-\frac{\sum(y_i-\hat{y}_i)^2}{\sum(y_i-\overline{y})^2}} \tag{11.20}$$

称为复相关系数。这里，R^2 即在 y 的总变差中，由一组自变量 x_1，x_2，…，x_m 变动所引起的百分比；R 则描述一组自变量 x_1，x_2，…，x_m 与因变量 y 之间的线性相关程度。它们所体现的是一组自变量对因变量的影响程度及其线性相关程度，所以，分别称为复可决系数和复相关系数。

与相关系数检验法一样，复相关系数检验法的步骤为：（1）计算复相关系数；（2）根据回归模型的自由度 $n-m$ 和给定的显著性水平 α 值，查相关系数临界值表；（3）判别。

在实际工作中，复相关系数的计算常用其简便公式，二元和三元复相关系数的公式分别为：

$$R=\sqrt{1-\frac{\sum y_i^2-\hat{\beta}_1\sum y_i-\hat{\beta}_2\sum x_{i2}y_i-\hat{\beta}_3\sum x_{i3}y_i}{\sum y_i^2-n\overline{y}^2}} \tag{11.21}$$

$$R=\sqrt{1-\frac{\sum y_i^2-\hat{\beta}_1\sum y_i-\hat{\beta}_2\sum x_{i2}y_i-\hat{\beta}_3\sum x_{i3}y_i-\hat{\beta}_4\sum x_{i4}y_i}{\sum y_i^2-n\overline{y}^2}} \tag{11.22}$$

因为 R^2 是一个随自变量个数增加而递增的增函数，所以，当我们对两个具有不同自变量个数但性质相同的回归模型进行比较时，就不能只将 R^2 作为评价回归模型优劣的标准，还必须考虑回归模型所包含的自变量个数的影响。因此，就需要定义一个系数校正 R^2，记为 $\overline{R}^2$：

$$\overline{R}^2=1-\frac{\sum(y_i-\hat{y}_i)^2/(n-m)}{\sum(y_i-\overline{y})^2/(n-1)} \tag{11.23}$$

式中，$n-m$ 是剩余变差 $\sum(y_i-\hat{y}_i)^2$ 的自由度，$n-1$ 是总变差 $\sum(y_i-\overline{y})^2$ 的自由度。由此可见，$\overline{R}^2$中体现了自变量个数的影响。

根据上式可得$\overline{R}^2$与 R^2之间的关系式如下：

$$\overline{R}^2=1-(1-R^2)\frac{n-1}{n-m} \tag{11.24}$$

由上式可以看出：

（1）当 $m>1$ 时，$\overline{R}^2<R^2$。说明$\overline{R}^2$中包含了自变量个数的影响，随着自变量 m 个数的增加，$\overline{R}^2$总是小于 R^2。

（2）尽管 R^2总是非负的，但$\overline{R}^2$却可能为负。若遇到$\overline{R}^2$为负数的情况，$\overline{R}^2$取值为零。

（二）*F* 检验

F 检验通过 *F* 统计量检验假设 H_0：$\beta_1=\beta_2=\cdots=\beta_m=0$ 是否成立。

1. *F* 统计量

$$F=\frac{\sum(\hat{y}_i-\overline{y})^2/(m-1)}{\sum(y_i-\hat{y}_i)^2/(n-m)} \tag{11.25}$$

式中，$m-1$ 是回归变差 $\sum(\hat{y}_i-\overline{y})^2$ 的自由度，$n-m$ 是剩余变差 $\sum(y_i-\hat{y}_i)^2$ 的自由度。

可以证明 *F* 统计量服从以（$m-1$，$n-m$）为自由度的 *F* 分布。故对给定的显著性水平 α，查 *F* 分布表可得临界值 $F_\alpha(m-1, n-m)$。若

$$F>F_\alpha(m-1, n-m)$$

则否定假设 H_0，认为一组自变量 x_1，x_2，…，x_m与因变量 y 之间的回归效果显著；反之，则不显著。一般来讲，回归效果不显著的原因有以下几种：

（1）影响 y 的因素除了一组自变量 x_1，x_2，…，x_m之外，还有其他不可忽略的因素。

（2）y 与一组自变量 x_1，x_2，…，x_m之间的关系不是线性的。

（3）y 与一组自变量 x_1，x_2，…，x_m之间无关。

这时，回归模型就不能用来预测，应分析其原因另选自变量或改变预测模型的形式。

2. *F* 统计量与可决系数、相关系数的关系

从式（11.20）、式（11.25）中我们可以推导出三者的关系：

$$F=\frac{R^2}{1-R^2}\times\frac{n-m}{m-1} \tag{11.26}$$

从而有：

$$R=\sqrt{\frac{(m-1)F}{(n-m)+(m-1)F}} \tag{11.27}$$

同样，*F* 分布的临界值与相关系数临界值也具有上述等式关系。

（三）*t* 检验

前面讲的 *R* 检验和 *F* 检验都是将所有的自变量作为一个整体来检验它们与因变量 y

的相关程度以及回归效果，而 t 检验则是通过 t 统计量对所求回归模型的每一个系数逐一进行检验假设 H_0：$\beta_j=0(j=1，2，\cdots，m)$ 是否成立的方法。

1. t 统计量

$$t_j=\frac{\hat{\beta}_j}{S_{\hat{\beta}_j}} \quad (j=1,2,\cdots,m) \tag{11.28}$$

式中，$\hat{\beta}_j$ 为第 j 个自变量 x_j 的回归系数；$S_{\hat{\beta}_j}$ 为 $\hat{\beta}_j$ 的样本标准差。

2. t 检验的步骤

（1）计算估计标准误差。

$$S=\sqrt{\frac{\sum(y_i-\hat{y}_i)^2}{n-m}}$$

其二元和三元估计标准误差的简便公式分别为：

$$S=\sqrt{\frac{\sum y_i{}^2-\hat{\beta}_1\sum y_i-\hat{\beta}_2\sum x_{i2}\,y_i-\hat{\beta}_3\sum x_{i3}\,y_i}{n-3}} \tag{11.29}$$

$$S=\sqrt{\frac{\sum y_i{}^2-\hat{\beta}_1\sum y_i-\hat{\beta}_2\sum x_{i2}\,y_i-\hat{\beta}_3\sum x_{i3}\,y_i-\hat{\beta}_4\sum x_{i4}\,y_i}{n-4}} \tag{11.30}$$

（2）计算样本标准差，根据矩阵协方差的计算公式有：

$$S_{\hat{\beta}_j}=\sqrt{C_{jj}}\times S \tag{11.31}$$

式中，$\sqrt{C_{jj}}$ 为矩阵 $(X'X)^{-1}$ 主对角线上第 j 个元素。

（3）计算 t 统计量。

（4）建立假设。

$$H_0:\beta_j=0 \quad (j=1,2,\cdots,m)$$

若 $|t_j|>t_{\alpha/2}(n-m)$ 成立，则拒绝假设 H_0，说明 x_j 对 y 有显著影响；反之，则假设成立，$\beta_j=0$ 被接受，说明 x_j 为对 y 无显著影响，应予以剔除。

（四）*DW* 检验

1. 序列相关的概念及对回归模型的影响

序列相关是指数列的前后期相关。这里讲的前后期相关，可以是只与前一期相关，也可以与前若干期都相关。最常见的是时差为一期的序列相关又称一阶自相关。回归模型假设随机误差项之间不存在序列相关或自相关，即 ε_i、ε_j 互不相关，$\mathrm{cov}(\varepsilon_i，\varepsilon_j)=0$，$i\neq j$。若回归模型不满足这一假设，则称回归模型存在自相关，这时，若我们继续使用最小二乘法估计参数，可能产生下列严重后果：

（1）估计标准误差 S 可能严重低估 σ 的真实值；

（2）样本方差 $S_{\hat{\beta}_j}^2$ 可能严重低估 $D(\beta_j)$ 的真实值；

（3）估计回归系数 $\hat{\beta}_j$ 可能歪曲 β_j 的真实值；

（4）通常的 F 检验和 t 检验将不再有效；

（5）根据最小二乘法估计量所作的预测将无效。

2. *DW* 检验法

在序列相关中，最常见的是一阶自相关，最常用的检验方法是 *DW* 检验法（Durbin-

Watson 准则）。定义 DW 统计量为：

$$DW=\frac{\sum_{i=2}^{n}(e_i-e_{i-1})^2}{\sum_{i=2}^{n}e_i^{\ 2}} \tag{11.32}$$

式中，e_i-e_{i-1} 是 ε_i 的估计量。

因 e_{i-1} 的最初序号必须是 1，所以分子求和公式必须从 2 开始。将式（11.32）展开得

$$DW=\frac{\sum_{i=2}^{n}e_i^{\ 2}-2\sum_{i=2}^{n}e_i e_{i-1}+\sum_{i=2}^{n}e_{i-1}^2}{\sum_{i=2}^{n}e_i^{\ 2}} \tag{11.33}$$

在大样本情况下，即 $n>30$，可以认为 $\sum_{i=2}^{n}e_i^{\ 2}\approx\sum_{i=2}^{n}e_i e_{i-1}\approx\sum_{i=2}^{n}e_{i-1}^2$，所以上式可以写成：

$$DW=2\left(1-\frac{\sum_{i=2}^{n}e_i e_{i-1}}{\sum_{i=2}^{n}e_i^{\ 2}}\right)\approx 2(1-R_1) \tag{11.34}$$

R_1 是 ε_i 与 ε_{i-1} 的相关系数 ρ_1 的估计量。当 ε_i 与 ε_{i-1} 正自相关时，$R_1\to1$，$DW\to0$；当 ε_i 与 ε_{i-1} 负自相关时，$R_1\to-1$，$DW\to4$；当不存在自相关或相关程度很小时，$R_1\to0$，$DW\to2$；从式（11.34）中可以看出，DW 的值在 0～4 之间。根据 DW 统计量检验模型是否存在自相关，步骤如下：

（1）利用最小二乘法求回归模型及残差 ε_i；

（2）利用式（11.32）、式（11.33）或式（11.34）计算 DW 统计量；

（3）确立假设 H_0：$\rho_1=0$，即假定回归模型不存在自相关；

（4）根据给定的检验水平及自变量个数 m 从 DW 检验表中查得相应临界值 d_L、d_U，并且利用表 11-6 判别检验结论。

表 11-6　检验判别表

DW 值	检验结果
$4-d_L<DW<4$	拒绝假设，出现负自相关
$0<DW<d_L$	拒绝假设，出现正自相关
$d_U<DW<4-d_U$	接受假设，不存在自相关
$d_L<DW<d_U$	检验无结论
$4-d_L<DW<4-d_U$	检验无结论

将上面的 DW 检验判别表绘成图形，如图 11-6 所示。

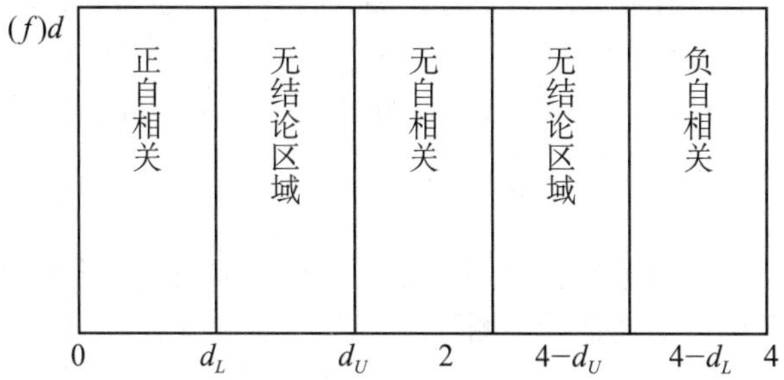

图 11－6　DW 检验判别图

从图 11－6 可看出，DW 检验的最大弊端是存在无结论区域。无结论区域的大小与样本容量 n 和自变量个数 m 有关，当 n 一定时，m 越大，无结论区域也越大；当 m 一定时，n 越大，无结论区域就越小。如果计算的 DW 统计量落到了无结论区域，那么，决策者就不能得出回归模型是否存在自相关现象的结论。在这种情况下，解决的办法是：(1) 增加样本容量，重新计算 DW 统计量，再进行检验；(2) 调换样本，利用新的样本计算 DW 统计量，然后再进行检验；(3) 利用其他方法进行自相关检验。

3. 产生自相关的原因及补救办法

当检验结果出现 $0<DW<d_L$ 和 $4-d_L<DW<4$ 的情况时，说明随机误差项相互独立的假设不能成立，回归模型存在相关，在实际预测中，产生自相关的原因可能是：

(1) 忽略了某些重要的影响因素。由于许多经济变量往往存在自相关，把它们忽略之后，其影响将在误差项 ε_i 中反映出来。

(2) 错误地选用了回归模型的数学形式。如果回归模型的数学形式与所研究的变量之间的真实关系形式不一致，则 ε 值在时间上将是相关的。

(3) 随机误差项 ε 本身的确是相关的。例如战争、自然灾害或某些政策对一些经济变量的影响是有后效性的，所以随机因素本身存在自相关。

针对上述三种情况，合适的补救办法是：(1) 把忽略的重要影响因素引入回归模型；(2) 重新选择合适的回归模型形式；(3) 增加样本容量，提高数据的准确性。

三、多元线性回归模型的矩阵法

与一元回归模型相似，多元回归模型的预测值和预测区间计算步骤如下：

(1) 计算估计标准误差：

$$S=\sqrt{\frac{\sum(y_i-\hat{y}_i)^2}{n-m}}$$

(2) 设预测点为 X_0 (X_{01}，X_{02}，…，X_{0m})，则预测值为：

$$\hat{y}_0=X_0\hat{B}$$

预测误差 $e_0=y_0-\hat{y}_0$ 的样本方差为：

$$S_0^2=S^2[1+X_0(X'X)^{-1}X'_0] \tag{11.35}$$

（3）当预测值 $\hat{y}_0$ 的显著性水平为 α 时，多元线性回归模型的预测区间为：

$$\hat{y}_0 \pm t_{\alpha/2}(n-m)S_0 \tag{11.36}$$

当实际观察值较多时，一般 $n>30$，t 分布的 $t_{\alpha/2}(n-m)$ 也近似趋近于正态分布 $Z_{\alpha/2}$，因此式（11.36）可简化为：

$$\hat{y}_0 \pm Z_{\alpha/2}S_0 \tag{11.37}$$

由于这里的 X_0 是一个影响因素数据向量，按式（11.36）计算 S_0 较为复杂，故在实际预测中一般运用 S 代替 S_0 近似地估计预测区间。

四、多元线性回归预测法的应用

【例 11 - 2】某地区 2004—2015 年的消费基金（y）、国民收入使用额（x_2）和平均人口数（x_3）如表 11 - 7 所示。

表 11 - 7　多元线性回归预测模型计算表

年份	y（十亿元）	x_2（十亿元）	x_3（百万）	x_2x_3	x_2^2	x_3^2	x_2y	x_3y	y^2
2004	9	12.1	48.2	583.22	146.41	2 323.24	108.90	433.80	81.00
2005	9.5	12.9	48.9	630.81	166.41	2 391.21	122.55	464.55	90.25
2006	10	13.8	49.54	683.65	190.44	2 454.21	138.00	495.40	100.00
2007	10.6	14.8	50.25	743.70	219.04	2 525.06	156.88	532.65	112.36
2008	12.4	16.4	51.02	836.73	268.96	2 603.04	203.36	632.65	153.76
2009	16.2	20.9	51.84	1 083.46	436.81	2 687.39	338.58	839.81	262.44
2010	17.7	24.2	52.76	1 276.79	585.64	2 783.62	428.34	933.85	313.29
2011	20.1	28.1	53.69	1 508.69	789.61	2 882.62	564.81	1 079.17	404.01
2012	21.8	30.1	54.55	1 641.96	906.01	2 975.70	656.18	1 189.19	475.24
2013	25.3	35.8	55.35	1 981.53	1 281.64	3 063.62	905.74	1 400.36	640.09
2014	31.3	48.5	56.16	2 723.76	2 352.25	3 153.95	1 518.05	1 757.81	979.69
2015	36	54.8	56.98	3 122.50	3 003.04	3 246.72	1 972.80	2 051.28	1 296.00
合计	219.9	312.4	629.24	16 816.80	10 346.26	33 090.37	7 114.19	11 810.51	4 908.13

试拟合适当的回归模型并进行各种检验。若 2016 年该省的国民收入使用额为 67（十亿元），平均人口数为 58（百万人），当显著性水平 $\alpha=0.05$ 时，试估计 2016 年消费基金的预测区间。

解：（1）设消费基金为 y，国民收入使用额为 x_2，平均人口数为 x_3，并假定 y 与 x_2、x_3 之间存在线性关系。

（2）建立二元回归模型：

$$y=\beta_1+\beta_2x_2+\beta_3x_3$$

（3）计算回归系数。根据列表计算有关数据，见表 11 - 7，由计算结果得：

$$X'X=\begin{bmatrix}1 & 1 & \cdots & 1\\ x_{12} & x_{22} & \cdots & x_{122}\\ x_{13} & x_{23} & \cdots & x_{123}\end{bmatrix}\begin{bmatrix}1 & x_{12} & x_{13}\\ 1 & x_{22} & x_{23}\\ \vdots & \vdots & \vdots\\ 1 & x_{122} & x_{123}\end{bmatrix}$$

$$=\begin{bmatrix} n & \sum x_{i2} & \sum x_{i3} \\ \sum x_{i2} & \sum x_{i2}^2 & \sum x_{i2}x_{i3} \\ \sum x_{i3} & \sum x_{i2}x_{i3} & \sum x_{i3}^2 \end{bmatrix}$$

$$=\begin{bmatrix} 12 & 312.4 & 629.24 \\ 312.4 & 1\,036.26 & 16\,816.8 \\ 629.24 & 16\,816.8 & 33\,090.37 \end{bmatrix}$$

$$(X'X)^{-1}=\begin{bmatrix} 238.304\,612\,6 & 0.977\,784\,963 & -5.028\,471\,444 \\ 0.977\,784\,963 & 0.004\,567\,548 & -0.020\,914\,63 \\ -5.028\,471\,444 & -0.020\,914\,63 & 0.106\,279\,619 \end{bmatrix}$$

$$X'Y=\begin{bmatrix} 1 & 1 & \cdots & 1 \\ x_{12} & x_{22} & \cdots & x_{122} \\ x_{13} & x_{23} & \cdots & x_{123} \end{bmatrix}\begin{bmatrix} y_1 \\ y_2 \\ \vdots \\ y_{12} \end{bmatrix}=\begin{bmatrix} \sum y_i \\ \sum x_{i2}\ y_i \\ \sum x_{i3}\ y_i \end{bmatrix}=\begin{bmatrix} 219.9 \\ 7\,114.19 \\ 11\,810.51 \end{bmatrix}$$

$$\hat{B}=(X'X)^{-1}X'Y=\begin{bmatrix} 238.304\,612\,6 & 0.977\,784\,963 & -5.028\,471\,444 \\ 0.977\,784\,963 & 0.004\,567\,548 & -0.020\,914\,63 \\ -5.028\,471\,444 & -0.020\,914\,63 & 0.106\,279\,619 \end{bmatrix}$$

$$\times\begin{bmatrix} 219.9 \\ 7\,114.19 \\ 11\,810.51 \end{bmatrix}=\begin{bmatrix} -29.479\,958 \\ 0.496\,870\,9 \\ 0.664\,980\,9 \end{bmatrix}$$

(4) R 检验。

$$R=\sqrt{1-\frac{\sum y_i^{\,2}-\hat{\beta}_1\sum y_i-\hat{\beta}_2\sum x_{i2}y_i-\hat{\beta}_3\sum x_{i3}y_i}{\sum y_i^{\,2}-n\,\overline{y}^2}}$$

$$=\sqrt{1-\frac{4\,908.13+29.479\,958\times 219.9-0.4\,968\,709\times 7\,114.19-0.6\,649\,809\times 11\,810.51}{4\,908.13-12\times 18.325^2}}$$

$$=0.998\,8$$

当 $\alpha=0.05$，$n-m=9$ 时，$R_{0.05}(9)=0.602\,1<R=0.998\,8$，说明相关关系显著。

$$\overline{R}^2=1-(1-R^2)\frac{n-1}{n-m}=1-(1-0.998\,8^2)\times\frac{12-1}{12-3}=0.997\,1$$

(5) F 检验。

$$F=\frac{R^2}{1-R^2}\times\frac{n-m}{m-1}=\frac{0.9\,988^2}{1-0.9\,988^2}\times\frac{12-3}{3-1}=1\,812.836$$

当 $\alpha=0.05$ 时，$F_{0.05}(3-1，12-3)=4.26<F=1\,812.836$，说明相关关系显著。

(6) t 检验。

$$S=\sqrt{\frac{\sum y_i^{\,2}-\hat{\beta}_1\sum y_i-\hat{\beta}_2\sum x_{i2}\,y_i-\hat{\beta}_3\sum x_{i3}\,y_i}{n-3}}$$

$$=\sqrt{\frac{2.175\,207}{12-3}}=0.491\,619\,418$$

根据 $(X'X)^{-1}$ 的计算有：

$$S\hat{\beta}_1=\sqrt{C_{11}}\times S=\sqrt{238.304\,612\,6}\times 0.491\,619\,387=7.589\,186\,496$$

$$S\hat{\beta}_2=\sqrt{C_{22}}\times S=\sqrt{0.004\,567\,548}\times 0.491\,619\,387=0.033\,225\,426$$

$$S\hat{\beta}_3=\sqrt{C_{33}}\times S=\sqrt{0.106\,279\,619}\times 0.491\,619\,387=0.160\,270\,648$$

$$t_1=\frac{\hat{\beta}_1}{S\hat{\beta}_1}=\frac{-29.479\,958}{7.589\,186\,496}=-3.884\,5$$

$$t_2=\frac{\hat{\beta}_2}{S\hat{\beta}_2}=\frac{0.496\,870\,9}{0.033\,225\,426}=14.954\,5$$

$$t_3=\frac{\hat{\beta}_3}{S\hat{\beta}_3}=\frac{0.664\,980\,9}{0.160\,270\,648}=4.149\,1$$

当 $\alpha=0.05$ 时，$t_{0.05/2}(12-3)=2.262\,2$。

因 $|t_1|$、t_2、t_3 均大于 $t_{0.05/2}(9)=2.262\,2$，故拒绝假设 $\beta_1=0$，$\beta_2=0$ 和 $\beta_3=0$。据此可以判断：国民收入使用额和年平均人口对该地区消费基金有显著影响。

（7）DW 检验。当 $\alpha=0.05$，$n=12$，$m=3$ 时，查 DW 检验表，$d_L=0.658$，$d_U=1.864$，即 DW 统计量在 $d_U=1.864<DW=1.954\,8<4-d_U=2.136$ 之间。

$$DW=\frac{\sum_{i=2}^{n}(e_i-e_{i-1})^2}{\sum_{i=2}^{n}e_i^{\,2}}=\frac{4.075\,6}{2.084\,9}=1.954\,8$$

DW 检验计算如表 11-8 所示。

表 11-8　*DW* 检验计算表

年份	y_1	$\hat{y}_1$	e_i	$(e_i-e_{i-1})^2$	$e_i^{\,2}$
2004	9	8.58	0.42	—	0.176 4
2005	9.5	9.45	0.05	0.136 9	0.002 5
2006	10	10.32	−0.32	0.136 9	0.102 4
2007	10.6	11.29	−0.69	0.136 9	0.476 1
2008	12.4	12.6	−0.2	0.240 1	0.040 0
2009	16.2	15.38	0.82	1.040 4	0.672 4
2010	17.7	17.63	0.07	0.562 5	0.004 9
2011	20.1	20.18	−0.08	0.022 5	0.006 4

续表

年份	y_1	$\hat{y}_1$	e_i	$(e_i-e_{i-1})^2$	$e_i{}^2$
2012	21.8	21.75	0.05	0.016 9	0.002 5
2013	25.3	25.11	0.19	0.019 6	0.036 1
2014	31.3	31.96	−0.66	0.722 5	0.435 6
2015	36	35.64	0.36	1.040 4	0.129 6
合计	219.9	219.89	0.01	4.075 6	2.084 9

检验结果表示回归模型不存在自相关。综合前面的计算和各项检验结果，可以认为：

$$y=-29.479\,958+0.496\,870\,9x_2+0.664\,980\,9x_3$$

$$t_1=-3.884\,5 \quad t_2=14.954\,5 \quad t_3=4.149\,1$$

$$R^2=0.977\,5 \quad \overline{R}^2=0.997\,1 \quad n=12$$

$$F=1\,812.836 \quad S=0.491\,6 \quad DW=1.954\,8$$

这是一个较为优秀的回归模型，可以用来预测。

(8) 预测区间。根据例中所给的数据可以设预测点为 $X_0=(1 \quad 67 \quad 58)$，则预测值为：

$$\hat{y}_0=X_0\hat{B}=(1 \quad 67 \quad 58)\begin{bmatrix}-29.479\,958\\0.496\,870\,9\\0.664\,980\,9\end{bmatrix}=42.379\,3$$

预测区间为：

$$\begin{aligned}\hat{y}_0 \pm t_{\alpha/2}\ (n-m)\times S &=42.379\,3\pm 2.262\,2\times 0.491\,619\,481\\ &=42.379\,3\pm 1.112\,1\end{aligned}$$

即当 2016 年该地区国民收入使用额为 67（十亿元），年平均人口为 58（百万人）时，在 $\alpha=0.05$ 的显著性水平上，该地区消费基金的预测区间为 41.268 2～43.490 4（十亿元）。

多元线性回归也可以利用 SPSS 软件计算回归参数，操作过程与一元线性回归参数的计算过程一样，在此不再赘述，直接给出输出结果，如图 11－7 所示。

从输出结果可知，相关系数 $R=0.999$，$\beta_1=-29.480$，$\beta_2=0.497$，$\beta_3=0.665$，所以建立的回归方程为：

扩展阅读 SPSS 经典线性回归分析之二——逐步回归分析

$$y=-29.480+0.497x_2+0.665x_3$$

与前述回归预测模型几乎完全一致（由于计算四舍五入的问题，存在细微差异）。

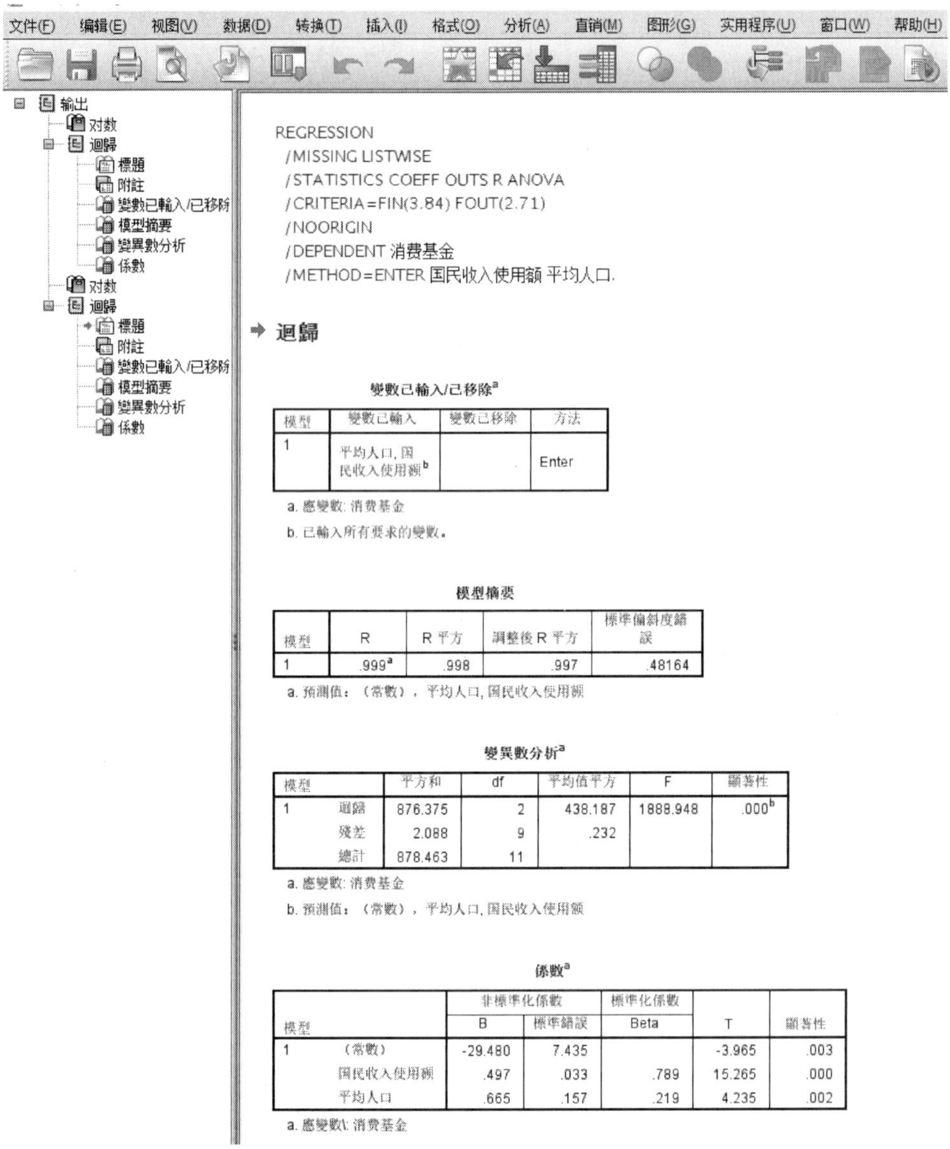

图 11-7　例 11-2 回归参数输出结果

重点名词

回归分析　　相关系数　　一元线性回归　　多元线性回归

思考题

1. 什么是回归分析法？
2. 一元回归分析法的主要步骤有哪些？
3. 如何计算估计标准误差？如何利用估计标准误差进行区间估计？
4. 相关系数 R 与回归系数 b 之间有什么关系？
5. 如何进行 R 检验、F 检验、t 检验和 DW 检验？

6. 已知观察期数据如表 11－9 所示。

表 11－9　观察期数据

x	2	3	5	6	7	9	10	12
y	60	80	110	140	160	190	220	250

求：(1) 建立一元线性回归模型。

(2) 计算相关系数 R，当显著性水平 $\alpha=0.05$ 时，对回归模型进行显著性检验。

(3) 计算估计标准误差。

7. 某家电的社会购买力（十万元）与该地区家庭人均货币收入（元）的资料如表 11－10 所示。

表 11－10　某家电社会购买力与人均货币收入资料

年份	2007	2008	2009	2010	2011	2012	2013	2014	2015
购买力	85	111	136	158	176	205	278	335	392
人均货币收入	116	141	171	196	221	256	336	405	478

求：(1) 建立一元线性回归模型。

(2) 当显著性水平 $\alpha=0.05$ 时，对回归模型进行显著性检验。

(3) 如果市民人均月收入按 10%增长，试预测该地区 2016 年、2017 年、2018 年的消费购买力。

(4) 对 2016 年该地区居民的消费购买力做区间估计。

8. 某地区 2004—2015 年商品住宅销售额（百万元）、结婚人数（对）、住房竣工面积（万平方米）的数据如表 11－11 所示。

表 11－11　某地区商品住宅销售额与结婚人数、住宅竣工面积资料

年份	2004	2005	2006	2007	2008	2009	2010	2011	2012	2013	2014	2015
住宅销售额	82	83	86	90	94	94	122	137	155	183	233	273
结婚人数	764	779	802	830	852	882	1 162	1 290	1 475	1 832	2 103	2 485
竣工面积	9	7.8	5.5	5	10.8	3.5	6.2	10.8	18.4	15.7	32.5	45.5

求：(1) 建立多元线性回归模型。

(2) 当显著性水平 $\alpha=0.05$ 时，对回归模型进行检验。

(3) 如果该地区 2016 年结婚人数、住宅竣工面积在 2015 年的基础上各增长 10%，请预测该地区 2016 年商品住宅的销售额为多少万元，并做区间估计（$\alpha=0.05$）。

附 录

附录一 调查报告实例[①]

<table><tr><td>

网约租车服务对传统出租车行业的影响调查分析

（封面）

</td></tr></table>

① 本报告是作者指导学生参加2016年辽宁省普通高等学校本科大学生市场调查与分析大赛获得省级二等奖的作品，此处有删改。

摘 要

网约租车服务在中国的出现是近几年的事情，网约租车服务包括多种出行形式，越来越多的打车软件APP也不断产生，滴滴出行、Uber专车、百度顺风车、神州专车等打车软件的出现大大改变了人们的出行方式，为人们的出行带来了新的选择，因此打车一族的手机里都装载着各不相同的打车软件，但是，网约租车服务的炙手可热，使传统出租车行业面临巨大的挑战。新兴的网约租车服务带来了更多创新与方便，服务形式更加丰富，且服务质量也相对较高，使传统出租车行业的一些弊端渐渐显露。然而凡事都具有两面性，网约租车服务也具有一定的局限性：一些私家车打法律擦边球，而且监管方面也存在一定的漏洞。因此我们就网约租车服务对传统出租车行业的影响展开研究。

从2015年11月开始，我们在沈阳中街、太原街、铁西区、沈阳站、沈阳北站，以发放调查问卷的形式对乘客和出租车司机两个主体进行调查。通过出租车司机和乘客的反馈，我们得到以下几点结论：

(1) 对于乘客而言，18～30岁的青年群体对网约租车服务比较了解，对于高科技或者说新鲜事物接受能力较强，其他年龄段群体了解较少，但是总体来讲大众对网约租车服务的接受率在50%以上。使用的乘客大多给予肯定，但仍然反映了很多存在的问题。

(2) 对于传统出租车司机而言，对于网约租车服务的态度褒贬不一。50%以上的司机了解并使用网约租车软件接单，对其收入也有很大影响，有的收入明显增加，有的则不明显，剩余小部分司机根本不接受网约租车软件，仍然固守传统。

(3) 对于传统出租车行业而言，许多弊端逐渐暴露，如模式单一、服务质量差等，网约租车服务改变了传统出租车的运行模式，以更加创新丰富的模式、高质量的服务给传统出租车行业带来了巨大冲击。

(4) 对于网约租车服务而言，监管不力、黑车盛行等情况需要进一步整顿。

因此我们针对得出的结论提出了相应的建议，其中政府的宏观调控非常重要。

关键词

网约租车　　出租车司机　　乘客　　出租车行业　　打车软件

目 录

一、调查背景与目的 …… 1
（一）调查背景 …… 1
（二）问题提出 …… 1
（三）目的与意义 …… 1
二、调查方法与实施 …… 2
（一）数据来源与调查方法 …… 2
（二）方案实施结果 …… 3
（三）样本的基本特征 …… 3
三、调查数据处理与分析 …… 3
（一）样本基本信息 …… 3
（二）针对乘客的单项分析 …… 5
（三）针对乘客的交互分析 …… 7
（四）针对出租车司机的单项分析 …… 10
四、结论 …… 13
五、建议 …… 14
（一）杜绝网约租车软件打法律擦边球，加大监管力度 …… 14
（二）规范专车、快车和顺风车等网约租车服务的发展 …… 14
（三）对传统出租车行业进行改革 …… 15
六、参考文献 …… 16
七、附录 …… 16

图表目录

表 1 年龄比率表 …… 3
表 2 大众所支持的功能模块表 …… 4
表 3 网约租车软件使用情况表 …… 5
表 4 大众使用网约租车软件原因表 …… 7
表 5 使用网约租车软件原因表 …… 9
表 6 使用网约租车软件接单原因表 …… 10
表 7 网约租车软件可能出现问题表 …… 12
表 8 政府应给出的态度表 …… 13
图 1 问卷所涉及人员情况图 …… 3
图 2 大众对网约租车的了解程度图 …… 4
图 3 网约租车服务冲击程度图 …… 4
图 4 常用的网约租车软件选择情况图 …… 5
图 5 职业结构图 …… 6
图 6 收入情况图 …… 6
图 7 在某时间段用网约租车软件叫车情况图 …… 7
图 8 使用网约租车软件叫车情况图 …… 8
图 9 使用网约租车软件叫车频率图 …… 8
图 10 使用网约租车软件接单情况图 …… 10
图 11 网约租车软件对司机收入影响图 …… 11
图 12 网约租车利弊图 …… 11
图 13 专车、快车、顺风车与传统出租车关系图 …… 12
图 14 用打车软件接单收入占总收入比例图 …… 13

一、调查背景与目的

（一）调查背景

长期以来，我国对出租车行业实行行政许可制度及总量控制制度。正是由于一定的垄断属性，出租车行业的现状一直备受指责，“打车难”成为多个城市面临的共同问题。2014 年以来，打车软件以“搅局者”的姿态出现，更是引起了多方热议。

众所周知，传统出租车行业一直以来都是一个巨大的垄断行业，出租车公司只付出些许管理成本就可获取巨额的利润，早已让人们怨声载道。行政垄断一直饱受人们诟病，被认为极大地限制了传统出租车行业的发展。一方面，由于公共交通尚不完善，政府严格控制出租车牌照的发放，使得在人们愈发需要出租车出行的情况下出租车更加紧俏；另一方面，随着经济的发展，居民生活水平日渐提高，道路上车流量增多，交通拥挤情况日益严重，打车难、出行难成为热点问题。以北京为例，据统计，在 20 世纪 90 年代中期，在册出租车即达 6 万多辆，20 年过去了，北京人口，尤其是客流量增加了几十倍，但城市出租车数量却没有多大变化。现在，传统出租车行业的积弊早就到了该“救亡图存”的关键时刻，然而，改革之路却举步维艰，没有取得理想的效果。还有，传统的出租车司机并没有从这种垄断中获得多少利益。在公司分派的动辄上万的“份子钱”的压力下，他们往往超负荷工作，颈椎病、腰肌劳损在司机这个群体中十分常见。网约租车服务的出现给人们的生活带来了巨大的变化，不论对乘客还是出租车司机来说都是如此，但凡事都有两面性，网约租车服务在给人们带来福音的同时也给传统出租车行业带来了巨大的影响。

（二）问题提出

针对网约租车服务的现状和传统出租车行业的一系列变化，我们提出了“网约租车服务对传统出租车行业的影响”这一调研主题，并通过沈阳市中街、太原街、铁西区、沈阳站等人流集中地段所提供的样本便利，发起广泛的问卷研究，深入考察以下问题：

（1）不同职业结构与不同年龄段对于打车软件的了解及使用情况如何?

（2）消费者使用打车软件情况及使用后的看法如何?

（3）出租车司机对于网约租车服务出现后的反应如何?

（4）网约租车服务与传统出租车行业之间的关系如何?

（三）目的与意义

大众选择不同出行方式及挑选不同网约租车服务的行为是一个复杂的过程，受到生理、心理、经济、环境、市场和社会等诸多因素的影响。形式多样的打车软件的选择状况与大众的经济条件、生活习惯和面临的交通状况有着密切的关系。随着经济的发展和生活节奏的加快，出行方式已成为人们普遍关心的问题。在我国，由于人口基数过大，私家车增多，交通拥堵问题日益严重，如何方便出行成了热点问题，网约租车服务的兴起引来热议，网约租车服务也对传统出租车行业产生了巨大影响，故深入了解大众出行及享用网约租车服务状况并分析由此给传统出租车行业带来的巨大影响很有必要。

为进一步探讨网约租车服务给传统出租车行业带来的影响，进而发现传统出租车行业的弊端以及新兴网约租车服务的不足，我们进行此次调查，以期对传统出租车行业进行改革，并对现有的网约租车服务的改进与完善起到一定的作用。

二、调查方法与实施

（一）数据来源与调查方法

本报告数据来源于2015年11月20日至2016年3月本组成员通过实地走访、随机发放问卷的调查方式收集的455份问卷。

首先，依据此次调查的目的，我们有针对性地为本次主题设计问卷，经小组成员共同商议、老师指导，于11月初步确定问卷内容。12月发放问卷，进行走访调查，小组成员在沈阳人流量较大的地段进行不定期的随机走访，在沈阳市中街、太原街、铁西区、沈阳站、沈阳北站等地了解网约租车服务对传统出租车行业产生的影响。经分析总结，我们对大众使用打车软件的一般情况及传统出租车行业的变化状况有了初步的认识，与此同时，小组成员通过对相关网页专业文献的针对性阅览收集到更多与网约租车服务有关的信息。

依据此次调查的实际情况，我们对调查问卷进行了多次修订，使问题更具针对性。11月，我们确定了正式问卷，并对此问卷做了印刷准备，确定了发放问卷的范围，合理安排了问卷调查人员。小组成员兵分五路，在沈阳市人流量大的地段进行访问调查，随机发放调查问卷共500份，其中中街、太原街、铁西区、沈阳站、沈阳北站各发放100份。至2016年1月中旬，共计回收有效问卷455份。

我们依据正式问卷进行了大规模的数据收集，也在此次随机访问中加深了对网约租车服务的认识，回收了大量有效的理性数据。调查中，我们的问卷受到了大家的欢迎，虽然不是每一个人都用心填写，但总体上大家对于问卷充满了好奇，并给予了我们莫大的支持。此次问卷走访成果突出，为我们之后的分析调查提供了最可靠、最直接的数据支持。

（二）方案实施结果

本次针对沈阳市居民（乘客与出租车司机）使用网约租车软件状况的实地调查，从问卷回收的情况来看令人欣喜：问卷回收数量较大，回收率极高；问卷填答得都较为完整，且经初步查看，所回收问卷基本上能反映出网约租车服务对传统出租车行业的影响状况，回收问卷质量良好。

此次调查共发放500份问卷，回收455份有效问卷，回收率为91%。除了单项选择题外，我们在多选题中也得到了许多宝贵的信息，这对我们客观反映此次主题具有十分重大的意义，对于收集的信息，我们将在本报告具体的样本分析中加以体现。

（三）样本的基本特征

本次调查是以沈阳市市民为主体，以其在出行方式及对打车软件的使用情况为切入点进行的地区性调查。这次调查，市民样本来源于中街、太原街、铁西区、沈阳站和沈阳北站，在这几个地段，我们面向各个职业、各个年龄段的市民随机进行问卷调查。问卷发放涵盖了市民结构的各个层面，样本可靠性高。回收样本中各类比例与实际情况较为符合，数据可信度高，可作为本次调查分析的可用数据。

三、调查数据处理与分析

（一）样本基本信息

1. 问卷年龄比率（见表 1）

统计结果显示，被调查人员 18 岁以下的占 6.4％，18～30 岁的占 53.6％，31～40 岁的占 23.1％，41～50 岁的占 11.2％。由此可以看出，18～30 岁人群是本次研究的主要对象。此次对网约租车服务对传统出租车行业的影响的研究，选取的主要群体为打车软件的高频使用者，而这类群体正是对新科技产品接受度比较高的年轻群体，而且又有着一定的消费水平和日常消费需求，因此 18～30 岁的人群正是我们前期预设的主要研究群体。

表 1　年龄比率表

	次数	百分比（％）	有效的百分比（％）	累积百分比（％）
18 岁以下	29	6.4	6.4	6.4
18～30 岁	244	53.6	53.6	60.0
31～40 岁	105	23.1	23.1	83.1
41～50 岁	51	11.2	11.2	94.3
50 岁以上	26	5.7	5.7	100.0
总计	455	100.0	100.0	

2. 问卷所涉及人员情况（见图 1）

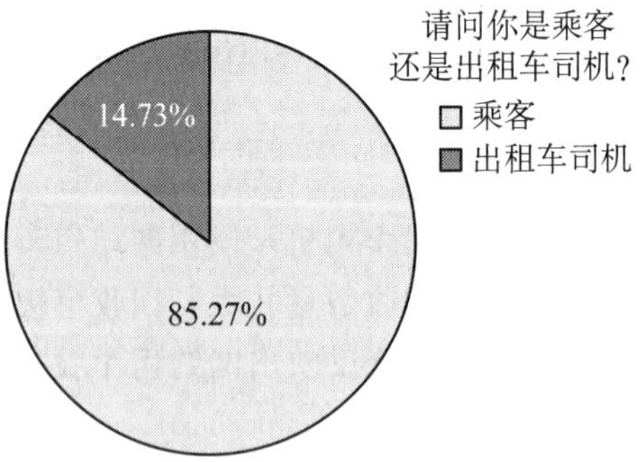

图 1　问卷所涉及人员情况图

统计结果显示，被调查人群中 85.27％是乘客，14.73％是出租车司机。

3. 大众对网约租车服务的了解程度（见图 2）

统计结果显示，被调查人群中，对于网约租车服务不了解的占 33.63％，比较了解的占 26.59％，一般了解的占 35.16％，非常了解的占 4.62％。

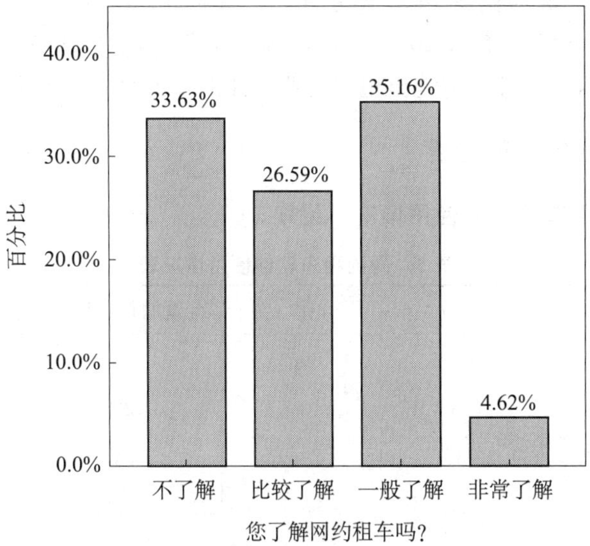

图 2 大众对网约租车服务的了解程度图

4. 大众所支持的网约租车的功能模块（见表 2）

表 2 大众所支持的功能模块表

		回应		观察值百分比（%）
		N	百分比（%）	
大众所支持的功能模块[a]	出租车	291	39.2	64.0
	快车	158	21.3	34.7
	专车	166	22.4	36.5
	顺风车	127	17.1	27.9
总计		742	100.0	163.1

a. 群组。

统计结果显示，大众所支持的功能模块中，出租车占比最高，为 39.2%；顺风车占比最低，为 17.1%；快车与专车占比分别为 21.3%、22.4%。

5. 大众对于网约租车服务对传统出租车行业冲击程度的认识（见图 3）

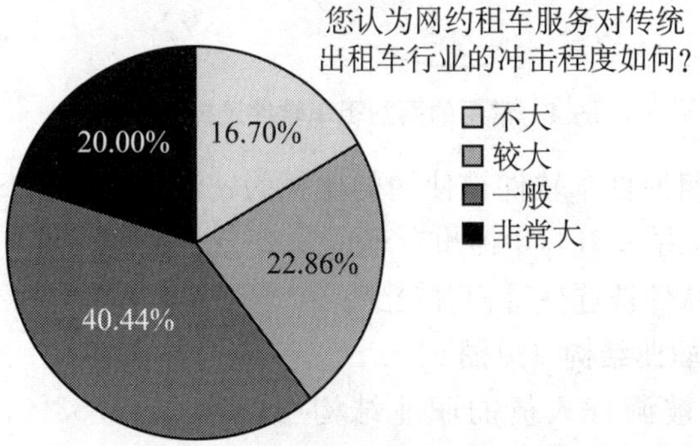

图 3 网约租车服务冲击程度图

统计结果显示，认为网约租车服务冲击一般的占40.44%，认为冲击较大的占22.86%，认为冲击非常大的占20.00%，认为冲击不大的占16.70%。由此可以看出，在大众眼中，网约租车服务对传统出租车行业的冲击是很大的。

（二）针对乘客的单项分析

1. 大众对网约租车软件的使用情况（见表3）

表3　网约租车软件使用情况表

		次数	百分比（%）	有效的百分比（%）	累积百分比（%）
有效	曾经用过	165	36.3	42.3	42.3
	正在使用	89	19.6	22.8	65.1
	从没用过	136	29.9	34.9	100.0
	总计	390	85.7	100.0	
遗漏	系统	65	14.3		
总计		455	100.0		

统计结果显示，曾经用过网约租车软件的人占42.3%，正在使用的人占22.8%，从没用过的人占34.9%。曾经用过和正在使用者之和占到打车软件市场的65.1%，从中我们可以发现，打车软件普遍被大众使用，因此本报告从乘客对于打车软件的使用情况分析网约租车对传统出租车行业的影响。

2. 大众对网约租车软件的选择情况（见图4）

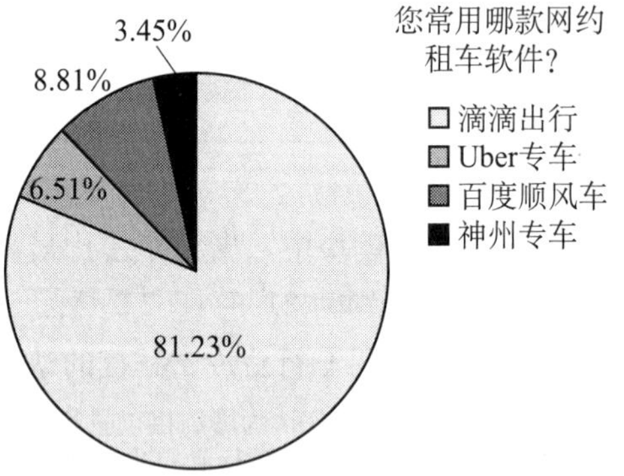

图4　常用的网约租车软件选择情况图

统计结果显示，四种打车软件被使用的比例为：滴滴出行占81.23%，百度顺风车占8.81%，Uber专车占6.51%，神州专车占3.45%。由此可见，滴滴出行更加受大众欢迎，其他几款打车软件被选择得相对较少。

3. 被调查人员的职业结构（见图5）

统计结果显示，被调查人员的职业结构中学生占42.53%，企事业单位员工占22.99%，个体商户及其雇员占16.86%，自由职业者占12.64%，无职业者占4.98%。

此次对打车软件服务质量的研究，选取的主要群体中学生群体人数较多，为打车软件的高频使用者，对新科技产品相对接受度比较高。

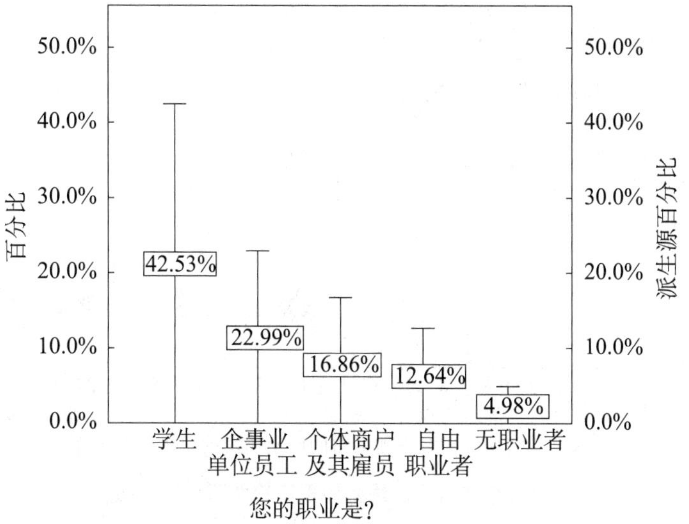

图 5 职业结构图

4. 被调查人员的收入情况（见图 6）

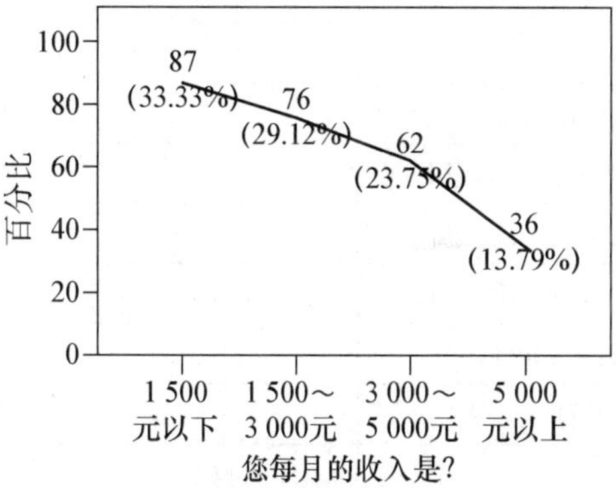

图 6 收入情况图

统计结果显示，月收入 1 500 元以下的人占 33.33%，月收入 1 500～3 000 元的人占 29.12%，月收入 3 000～5 000 元的人占 23.75%，月收入 5 000 元以上的人占 13.79%。网约租车软件的发展受市场影响，市场的形势与居民经济状况息息相关，因此我们需要了解居民经济状况。

5. 大众使用打车软件的时间段（见图 7）

统计结果显示，6 点至 8 点、19 点至 21 点为使用打车软件的两个高峰期，其中 6 点至 8 点使用打车软件的人格外多，而 6 点至 8 点又是交通的早高峰期，可见乘客们为了不耽误上班时间或办事大多选择使用打车软件，可见使用打车软件的确方便快捷。

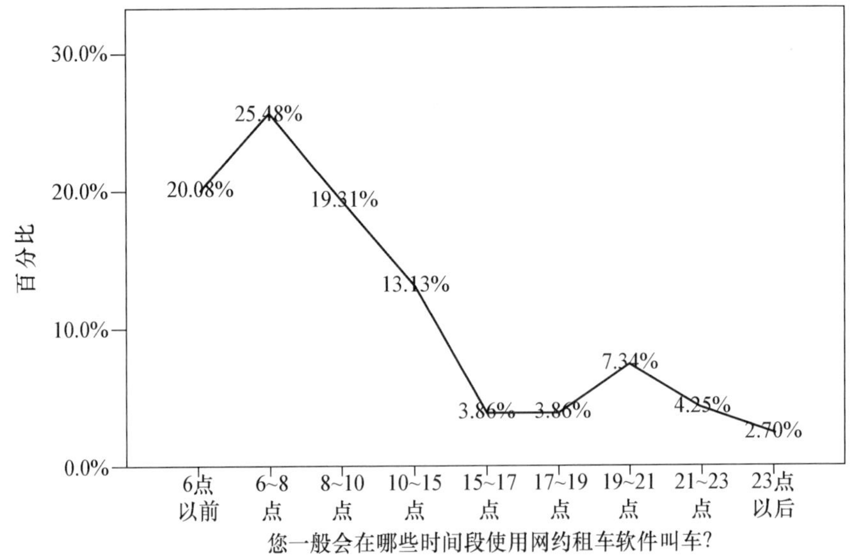

图7　在某时间段用网约租车软件叫车情况图

6. 大众使用网约租车软件的主要原因（见表4）

表4　大众使用网约租车软件原因表

		回应		观察值百分比（%）
		N	百分比（%）	
使用网约租车软件原因[a]	价格便宜	70	15.8	26.9
	等车时间短，方便，节省时间	196	44.1	75.4
	身边用的人多，随大流	43	9.7	16.5
	不用站在街边招手打车	110	24.8	42.3
	司机服务态度好	14	3.2	5.4
	其他	11	2.5	4.2
总计		444	100.0	

a. 群组。

统计结果显示，44.1%的消费者选择网约租车的原因是等车时间短，方便，节省时间；24.8%的人是因为不用站在街边招手打车；15.8%的消费者认为在打车软件刚进入市场的时候，由于各种炒作补贴，价格十分优惠，所以他们更愿意去尝试使用这种软件。

（三）针对乘客的交互分析

1. 不同职业对网约租车软件的使用占比情况（见图8）

统计结果显示，学生使用打车软件的比例最高，企事业单位员工次之，无职业者用的人数最少。这说明打车软件的主要消费人群是学生和企事业单位员工，而且以学生居多，老年人和有车族则使用较少。这与不同的教育背景和生活环境都息息相关。学生接受新鲜事物的能力普遍比较强且对于打车软件这种新兴的网络产品比较容易接受，企事业单位员工大部分为白领，接受新鲜事物的能力也比较强，且都有一定的学历，对于打车软件的使用比较得心应手，相比之下，自由职业者或无职业者就接受得较慢。

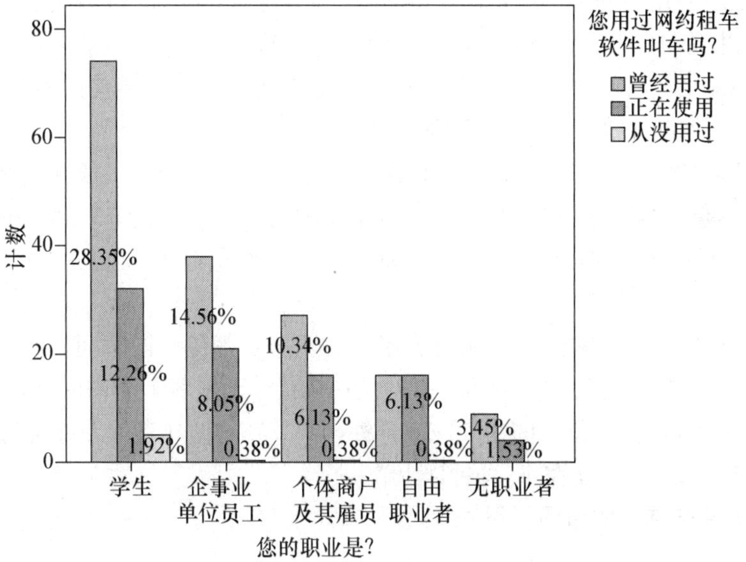

图 8 使用网约租车软件叫车情况图

2. 大众平日使用打车软件叫车的次数（见图 9）

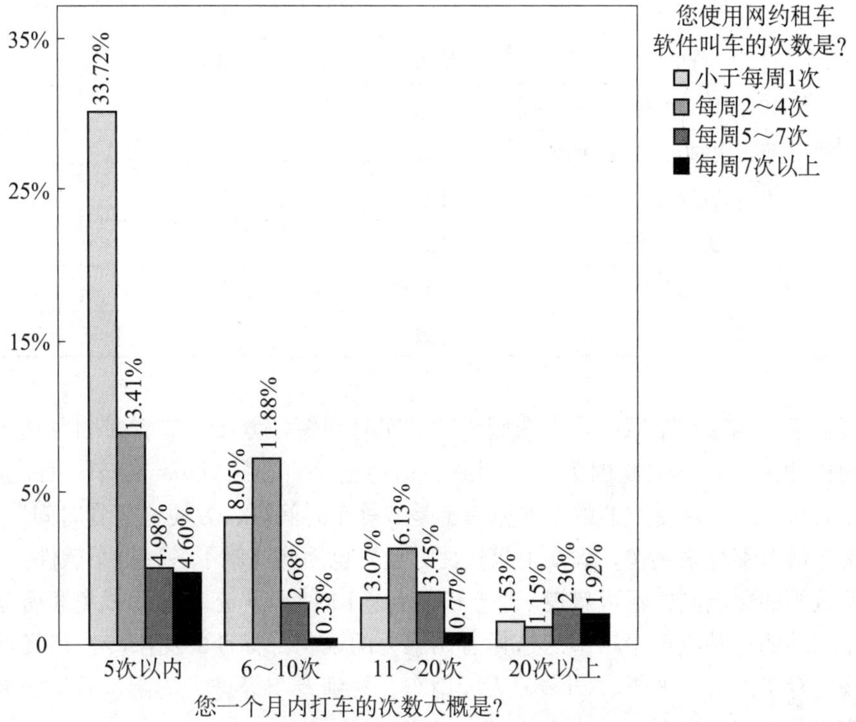

图 9 使用网约租车软件叫车频率图

统计结果显示，在被调查者中，平均每月打车在 5 次以内的人群，使用打车软件少于每周一次的最多，占 33.72%，每周 7 次以上的最少，占 4.60%；平均每月打车6～10 次的人群，每周使用打车软件 2～4 次的最多，占 11.88%，每周 7 次以上的最少，占 0.38%；每月打车 11～20 次的人群，每周使用打车软件 2～4 次的最多，占 6.13%，每周 7 次以上的最少，占 0.77%；每月打车 20 次以上的人群，每周使用打车软件 5～7 次的最多，占 2.30%，每周 2～4 次的最少，占 1.15%。

调查显示，是否用打车软件，主要取决于扬招难易度。乘客一般在“地理位置较偏僻”“上下班高峰”“较晚或较早时间”等打车难的情况下使用打车软件，这三种情况分别占 50.3%、47.4%和 46.6%。另外，天气不好、着急赶时间也是两个不能忽视的原因。

通常乘客在使用打车软件时，在司机接单后还需要等待一段时间，等待司机时间的长短已成为影响用户体验的主要因素。针对从司机接单到乘客上车的时间监测数据显示，有 47.5%的用户表示需等待时间为 5～10 分钟，27.7%的用户表示等待时间在 5 分钟内，24.8%的用户表示等待时间在 10 分钟以上。

3. 打车软件被选择的原因（见表 5）

表 5　使用网约租车软件原因表

			您常用哪种网约租车软件叫车				总计
			滴滴出行	Uber专车	百度顺风车	神州专车	
使用网约租车软件主要原因[a]	价格便宜	计数	62	3	3	2	70
	等车时间短，方便，节省时间	计数	156	16	18	6	196
	身边用的人多，随大流	计数	32	3	8	0	43
	不用站在街边招手打车	计数	92	7	7	4	110
	司机服务态度好	计数	8	2	3	1	14
	其他	计数	7	1	3	0	11
总计		计数	357	32	42	13	444

a. 群组。

调查显示，剔除补贴原因，大众因为“等车时间短，方便，节省时间”选择滴滴出行软件的比例最高，其次是因为“不用站在街边招手打车”。Uber 专车、百度顺风车、神州专车，这三种软件受欢迎的主要原因都是“等车时间短，方便，节省时间”。由此可见，随着生活节奏越来越快，大众追求快捷方便，也因此成就了各种打车软件。

补贴政策的影响同样不可忽视。“充 100 元送 100 元”“充××元钱免车费”……在众多打车软件的补贴政策中，不乏这样有诱惑力的语句。如今的沈阳专车市场，在滴滴专车和快的专车之后，神州、Uber、天天用车、易到专车等进入沈阳，并给予大量的补贴和优惠以争夺用户资源。

“现在专车软件特别多，优惠力度一个比一个大，用户坐专车比出租车便宜多了，谁还坐出租车呢?”一位出租车司机告诉记者。以铁西区北一路至沈河区三经街为例，出租车车费是 16 元，滴滴专车免起步费的车费是 8 元。

另一位出租车司机表示，过去只有滴滴和快的两个专车软件时，他们就已经感觉到打车的乘客少了，现在这么多专车软件进入沈阳，给乘客发优惠券的渠道也越来越多，这让出租车市场承受的压力非常大。

（四）针对出租车司机的单项分析

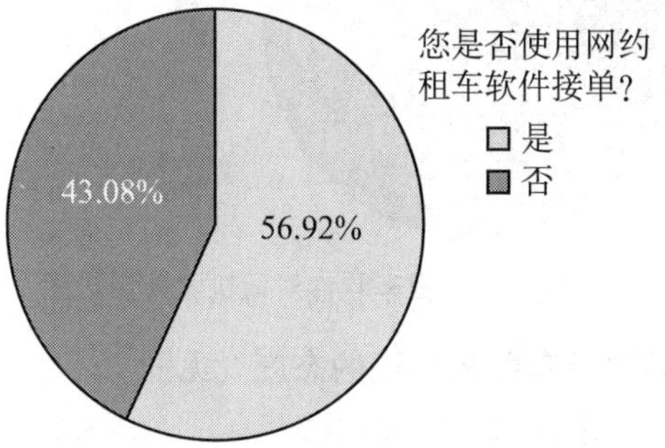

图 10 使用网约租车软件接单情况图

1. 出租车司机使用网约租车软件接单的情况（见图 10）

统计结果显示，使用网约租车软件接单的出租车司机占 56.92%，没有使用网约租车软件接单的出租车司机占 43.08%。由此可以看出，网约租车软件在出租车行业中已经被普遍使用。

2. 出租车司机使用网约租车软件接单原因（见表 6）

表 6 使用网约租车软件接单原因表

		回应		观察值百分比（%）
		N	百分比（%）	
使用网约租车软件接单原因[a]	降低空驶率，不用扫街费油	21	20.6	51.2
	易于接单，提高收入	30	29.4	73.2
	灵活安排工作时间	17	16.7	41.5
	同行普遍在用	6	5.9	14.6
	接单后软件给予额外奖励	19	18.6	46.3
	避免了因争抢客户与其他司机发生矛盾	9	8.8	22.0
总计		102	100.0	248.8

a. 群组。

统计结果显示，使用网约租车软件接单的原因主要是“易于接单，提高收入”，占 29.4%；“降低空驶率，不用扫街费油”，占 20.6%；“接单后给予额外奖励”，占 18.6%。由此可见，出租车司机接单的三个主要原因都与收入有关。

3. 网约租车软件给出租车司机带来的收入改善（见图 11）

统计结果显示，出租车司机认为对收入根本不影响的占 6.15%，影响不大的占 13.85%，影响一般的占 47.69%，影响非常大的占 32.31%。由此可见，网约租车软件对出租车司机收入产生了很大的影响。网约租车软件初期给出租车司机提供了很多的额外奖励，因此出租车司机的一些收入也来源于此。

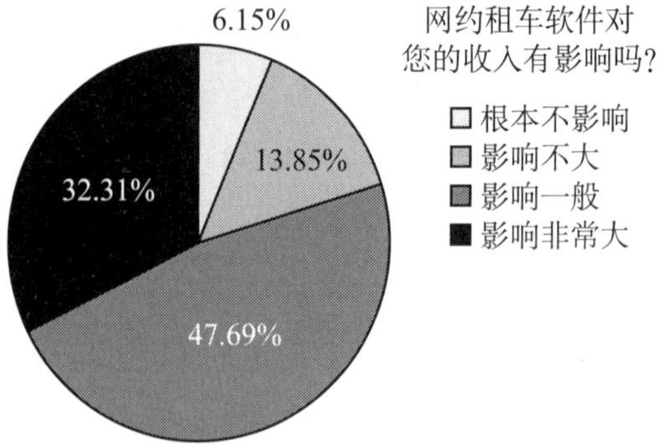

图11 网约租车软件对司机收入影响图

4. 出租车司机对于网约租车服务出现的态度（见图12）

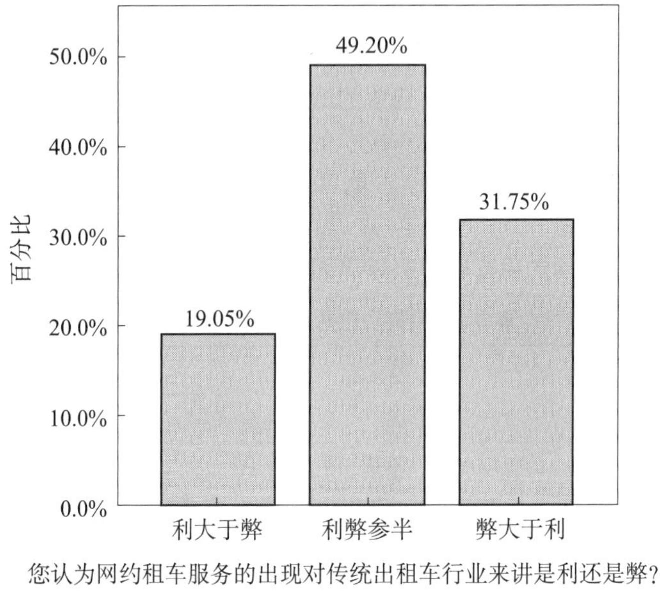

图12 网约租车利弊图

统计结果显示，出租车司机认为网约租车服务利大于弊占19.05%，利弊参半的占49.20%，弊大于利的占31.75%，因此出租车司机对网约租车服务的普遍态度为利弊参半。

5. 专车、快车、顺风车与传统出租车的关系（见图13）

统计结果显示，对于专车、快车、顺风车与传统出租车的关系，3.08%的人认为是互补关系，27.69%的人认为是竞争关系，16.92%的人认为是合作关系，40.00%的人认为是竞争与合作并存的关系，12.31%的人认为四者不存在关系，其中认为四者竞争与合作并存的比例最大，由此可以看出，专车、快车、顺风车的出现既给传统出租车带来了威胁，也促进了出租车行业的发展。

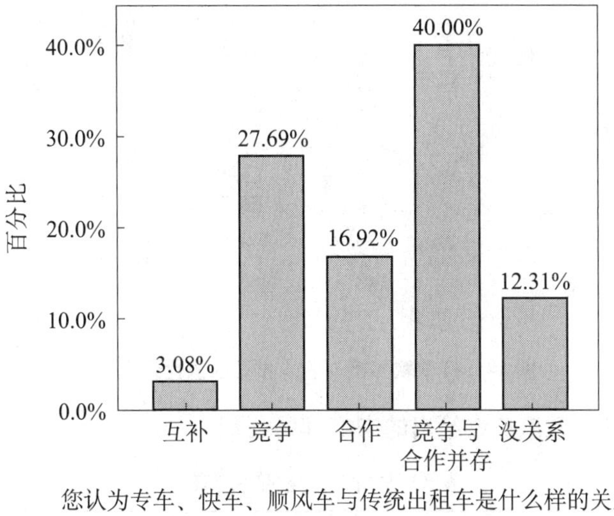

图 13　专车、快车、顺风车与传统出租车关系图

6. 司机担心网约租车软件出现后可能出现的问题（见表 7）

表 7　网约租车软件可能出现问题表

		回应		观察值百分比（%）
		N	百分比（%）	
担心网约租车软件出现后可能会出现的问题[a]	乘客减少，收入减少	16	12.9	24.6
	行车过程中接单，易发生交通事故	43	34.7	66.2
	需要再三确认乘客信息很麻烦	22	17.7	33.8
	需要承担乘客违约的风险	29	23.4	44.6
	传统出租车减少	14	11.3	21.5
总计		124	100.0	190.8

a. 群组。

统计结果显示，网约租车软件出现后，担心乘客减少、收入减少的出租车司机占12.9%，由此可见，一部分出租车司机不选择打车软件接单的原因是怕收入下降；担心发生交通事故的出租车司机占34.7%，是所有选项中占比最高的，因此我们可以得出结论，打车软件存在的一个很大的弊端是行车安全无保障；觉得再三确认乘客信息麻烦的出租车司机占17.7%；担心承担乘客违约风险的出租车司机占23.4%；担心传统出租车减少的出租车司机占11.3%。综上所述，大部分出租车司机所担心的问题是安全问题以及违约风险。

7. 每日接单收入中来自打车软件的收入所占比例（见图 14）

统计结果显示，每日从打车软件中获得的收入占30%～40%的最多，其次是占40%～50%的，由此可见，用打车软件接单为出租车司机创造了很多收益。

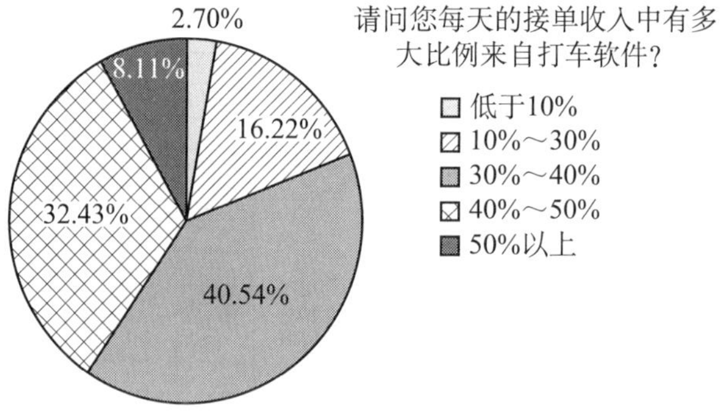

图14　打车软件接单收入占总收入比例图

8. 出租车司机认为政府应该给出的态度（见表8）

表8　政府应给出的态度表

		回应		观察值百分比（%）
		N	百分比（%）	
出租车司机认为政府应给出的态度[a]	出台法规限制专车、快车和顺风车的发展	16	20.8	25.4
	出台法规规范专车、快车和顺风车的发展	36	46.8	57.1
	对传统出租车行业进行改革	21	27.3	33.3
	其他	4	5.2	6.3
总计		77	100.0	122.2

a. 群组。

统计结果显示，46.8%的出租车司机认为政府应该出台法规规范专车、快车和顺风车的发展；27.3%的出租车司机认为政府应该对传统出租车行业进行改革；20.8%的出租车司机认为政府应该出台法规限制专车、快车和顺风车的发展；5.2%的出租车司机有其他的想法。由此可见，绝大部分出租车司机并不排斥网约租车服务，只是希望政府对其加以改善，并对传统出租车行业进行改革。政府对于新兴的网约租车服务的管理任重而道远。

四、结论

目前，网约租车服务的出现对于消费者和出租车司机而言都有好的影响以及坏的影响，然而不论好的方面还是坏的方面都给传统出租车行业带来了巨大的影响，这种新兴服务改变了人们原有的出行方式，同时也打破了传统出租车行业原有的结构，根据调查，接受网约租车服务的消费者及出租车司机占多数，然而仍有少数受访者不曾使用这种服务，在使用过网约租车软件的消费者及出租车司机中也仍有不好的反馈，因此关于网约租车服务的种种问题值得我们深思。

1. 对于消费者来说，50%以上的人们对于网约租车服务的认识仍停留在一个较低的层面上。在所调查的群体中，比较了解并在使用网约租车软件的消费者群体基本集中在18～30岁这一年龄段，也就是青年群体。由此说明，由于网络原因，很多年纪稍大的群体并不能接受网约租车软件或者接受较慢。

2. 对于出租车司机来说，网约租车服务的出现影响着司机们的收入，但是在使用网约租车软件接单的过程中也出现了一些问题，司机们对网约租车服务的态度褒贬不一，但大部分的司机比较认同这种新兴服务方式，不过在认同的同时也提出应继续加以改革与完善，而小部分司机群体则根本不接受这种方式。

3. 对于传统的出租车行业来说，网约租车服务的出现打破了传统出租车行业单一的结构与方式，传统出租车服务质量差、表现形式单一等弊端暴露出来，新兴网约租车服务的一些创新形式及服务质量得到好评，冲击着传统出租车行业。

4. 对于政府而言，面对网约租车服务对于传统出租车行业的冲击，对传统出租车行业进行改革势在必行，同时对网约租车服务进行规范和完善也是必不可少的，因此政府的宏观调控显得任重而道远。

综上所述，面对网约租车服务对于传统出租车行业的影响，政府应该加大监督力度，完善网约租车服务，坚决杜绝某些打车软件打法律的擦边球，同时对传统出租车行业进行改革。

经此次调查，小组成员得出此结论，并深刻认识到网约租车服务对传统出租车行业的重大影响。

五、建议

（一）杜绝网约租车软件打法律擦边球，加大监管力度

从 2014 年 10 月份开始，网约租车服务快速发展,极大地冲击了传统出租车行业。在这背后，体现的正是大城市公共出行的旺盛需求和差异化发展趋势。对此，国家发改委综合运输研究所城市交通研究室主任程世东告诉中国广播网记者：“现在公众的出行需求远未被满足，不仅高端个性化的需求远远没有满足，普通的需求也没有满足。所以，才有很多平台以汽车共享、合乘拼车等形式来满足这种需求，甚至游离在法规以外。”

所以，政府部门要加大立法、监督和管理的力度。在出租车经营和管理方面，政府部门要制定全国统一的管理条例，明确各方的责权利关系。主要包括：一是制定法规明确规定出租车与乘客的权利义务，规定经营者的服务质量管理责任，界定监管机构的权力和责任；二是建立有效、便捷的投诉处理机制和不良服务的记录和查询系统；三是对经营者的日常经营应有持续性地监督、检查措施，服务不能达标、不履行管理责任的经营者应承担相应的责任，包括退回经营权。

（二）规范专车、快车和顺风车等网约租车服务的发展

根据本次调查结果，我们发现，规范专车、快车和顺风车等网约租车服务的发展迫在眉睫。我们根据调查分析的结果，提出以下几个方面的建议：

1. 规范专车与快车的合法性

专家表示，“现在以私家车的身份接入‘专车’和‘快车’等网络预约出租车肯定是不合适的”。国家发改委综合运输研究所城市交通研究室主任程世东说：“相关部门现在需要尽快出台市场准入条件和标准，规定车辆达到什么条件可以变为网络预约出租车营运车辆，驾驶员符合什么条件可以注册成为网络预约出租车驾驶员。等身份转变之后，

合格的车辆和驾驶员从事网络预约出租车服务才是合适的。”

2. 限制专车、快车的数量

专车、快车资源多，环保，服务好，平台有优惠政策，想去哪都不会被拒载，能花较少的钱坐上豪车。但是出租车司机有什么反应呢？“打车软件我们不反对，有了打车软件，我们载客更加有效率，我一天有七成左右的单是通过打车软件接的。”在北京开出租车的张师傅告诉记者，“但现在‘快车’的出现对出租车冲击太大，北京市所有的出租车才 6 万辆，‘快车’一下子就冒出好几万辆，而且打车公司给他们大量的补贴，大家现在都愿意去坐‘快车’，我每天接的单少了将近一半。”通过这段中国广播网记者对某出租车司机的采访，我们可以看出限制专车、快车数量的重要性。

（三）对传统出租车行业进行改革

1. 清理规范经营权使用金

对于传统出租车行业深化改革是一项迫切的民生工程，而这项改革的难点之一在于经营权的历史包袱。杭州出租车深化改革方案的核心是改革经营权机制，以立足行业实际、经营权无偿有期限使用、清理规范经营关系为改革重点，这为沈阳市深化出租车改革提供了有益的经验。

自 2015 年 1 月 1 日起，杭州市出租汽车行业停止收取经营权有偿使用金，实行经营权无偿使用。据前期初步统计，杭州市将一次性退还 2 600 余辆出租汽车近 1 亿元的有偿使用金。经营权实行有期限管理，每期 6 年。期满后，以服务质量信誉考核结果作为主要依据，优先再配置给服务质量优良的经营者。考核不合格的，按有关规定或协议约定收回经营权。如果我市借鉴杭州市改革经验，结合本市具体情况进行改革，相信传统出租车行业一定会有很大改善。

2. 提升传统出租车服务品质，丰富出租车服务形式

近年来传统出租车显露出很多弊端，全国公共交通问题专家、参与交通运输部出租行业改革方案制定的徐康明教授表示，近年来出租的发展受到了多重因素的制约，打车难及出租车服务品质被广泛诟病，成为媒体与社会各界关注的重点问题之一。另外，出租车服务水平与社会期望不断拉大，特别是出租车服务形式单一、服务品质单一与社会需求的多样化严重对立，各种有关出租车司机服务陋习的报道也不时见诸报端。与此同时，司企利益分配矛盾不时爆发，传统出租车的弊端也就几乎完全暴露在公众面前了。主要表现为：

（1）打车难。其表现一是拒载与强行停车，二是漫天要价，三是可通过电话呼叫的方式提前叫车但回应不多。

（2）打车贵。在一些火车站等客流量多的地区，不按规定打表计价，打车价要高出起步价几倍。

（3）打车乱。在一些大中小型城市的核心商业区，一口价、不打表、随意拼载乘客、出租车乱停乱放等现象随处可见，甚至有一些司机还没将前一名乘客送达，在半途中就又拉上其他的乘客。

因此，对出租车司机应做到以下几点：

（1）逐步提高出租车司机的待遇和地位。在各地政府的积极引导下，在出租车驾驶者积极参与的情况下，有计划、有步骤的成立各地出租车行业协会或者出租车公司工会，以确保其话语权和利益不受侵犯。

(2) 倡导出租车文明服务，大力宣传城市形象。出租车应以服务顾客、方便市民为基本原则，借鉴国外经验，发展专营电话预约服务的“约租车”。这类车不能沿路接客，只能接受电话预约，车型可以分高、中、低多种层次，满足不同需求，努力为乘客提供舒适、快捷、及时、安全的服务环境。出租车司机为倡导出租车文明的主体和监督者，要以服务社会为宗旨。

面对未来的激流险滩，面对既得利益的高墙，面对群众关注的焦点、百姓生活的难点，希望有关部门能一鼓作气、势如破竹地把这块硬骨头啃下来。交通运输部日前表示，“专车”是新时期的创新服务模式，对满足运输市场高品质、多样化、差异化需求有积极作用，却未回应出租车垄断经营权改革的核心问题。作为打车软件的使用者的一分子，我们迫切希望政府能够加大力度对传统出租车进行改革。

六、参考文献

[1] 郭晓祎．“滴滴打车”新思维．中国经济和信息化，2013 (12)：76-78.

[2] 何菲．滴滴打车：等来的商机．IT 经理世界，2013 (15)：67-69.

[3] 陈云海，马亮．滴滴打车为何成烧钱机器．中国报业，2014 (5)：75-76.

[4] 于洁涵，梁雪琴，谢绍晖．手机打车软件盈利模式浅析．交通科技与经济，2014 (2)：63-65.

[5] 李旭超．论打车软件对乘客打车行为的 SWOT 分析:以“嘀嘀打车”和“快的打车”为例．现代工业经济和信息化，2014 (9)：84-87.

[6] 常缨征．对移动打车软件价格战的经济学思考．价格理论与实践，2014 (4)：116-118.

[7] 刘思思，刘宁一，赵钊．打车软件运营模式的经济学分析．甘肃金融，2014 (6)：68-69.

[8] 赵媛．我国打车软件移动营销策略．合作经济与科技，2014 (19)：102-104.

[9] 钟淑新．滴滴打车：改变人们的出行方式．分忧，2014 (6)：34-35.

[10] 刘孚嘉．当“打车难”遭遇嘀嘀打车．经济与社会发展研究，2014 (Z1)：68-70.

[11] 林玉川．移动打车软件用户行为研究．厦门：厦门大学，2014.

[12] 任然．关于打车软件的批判性思考．中国信息化，2014 (Z3)：101-103.

[13] 范再宏．关于打车软件对出租车行业的影响研究．科学导报，2016 (2)：148.

[14] 胡金明，蔡晓薇．通行规则对道路状况的影响分析．安庆师范学院学报（自然科学版），2015 (1)：27-30.

[15] 宗刚，李聪．北京市交通运输系统负外部性量化分析与计算．生态经济．2014 (5)：59-65.

七、附录

(此处略。详细内容可见本书第 2 章的附录。)

附录二　常用表

一、相关系数临界值表

$n-2$	α					$n-2$
	0.1	0.05	0.02	0.01	0.001	
1	0.987 7	0.099 7	0.999 5	0.999 9	1.000 0	1
2	0.900 0	0.950 0	0.980 0	0.990 0	0.999 0	2
3	0.805 4	0.878 3	0.934 3	0.958 7	0.991 2	3
4	0.729 3	0.811 4	0.882 2	0.917 2	0.974 1	4
5	0.669 4	0.754 5	0.832 9	0.874 5	0.950 7	5
6	0.621 5	0.706 7	0.788 7	0.834 3	0.924 9	6
7	0.582 2	0.666 4	0.749 8	0.797 7	0.898 2	7
8	0.549 4	0.631 9	0.715 5	0.764 6	0.872 1	8
9	0.521 4	0.602 1	0.685 1	0.734 8	0.847 1	9
10	0.497 3	0.576 0	0.658 1	0.707 9	0.823 3	10
11	0.476 2	0.552 9	0.633 9	0.683 5	0.801 0	11
12	0.457 5	0.532 4	0.612 0	0.661 4	0.780 0	12
13	0.440 9	0.513 9	0.592 3	0.641 1	0.760 3	13
14	0.425 9	0.497 3	0.574 2	0.622 6	0.742 0	14
15	0.412 4	0.482 1	0.557 7	0.605 5	0.724 6	15
16	0.400 0	0.468 3	0.542 5	0.589 7	0.708 4	16
17	0.388 7	0.455 5	0.528 5	0.575 1	0.693 2	17
18	0.378 3	0.443 8	0.515 5	0.561 4	0.678 7	18
19	0.368 7	0.432 9	0.503 4	0.548 7	0.665 2	19
20	0.359 8	0.422 7	0.492 1	0.536 8	0.652 4	20
25	0.323 3	0.380 9	0.445 1	0.486 9	0.597 4	25
30	0.296 0	0.349 4	0.409 3	0.448 7	0.554 1	30
35	0.274 6	0.324 6	0.381 0	0.418 2	0.518 9	35
40	0.257 3	0.304 4	0.357 8	0.393 2	0.489 6	40
45	0.242 8	0.287 5	0.338 4	0.372 1	0.464 8	45
50	0.230 6	0.273 2	0.321 8	0.354 1	0.443 3	50
60	0.210 8	0.250 0	0.294 8	0.324 8	0.407 8	60
70	0.195 4	0.231 9	0.273 7	0.301 7	0.379 9	70

续表

n−2	α					n−2
	0.1	0.05	0.02	0.01	0.001	
80	0.182 9	0.217 2	0.256 5	0.283 0	0.356 8	80
90	0.172 6	0.205 0	0.242 2	0.267 3	0.337 5	90
100	0.163 8	0.194 6	0.230 1	0.254 0	0.321 1	100

二、标准正态分布表

Z	0.00	0.01	0.02	0.03	0.04	0.05	0.06	0.07	0.08	0.09
0.0	0.500 0	0.504 0	0.508 0	0.512 0	0.516 0	0.519 9	0.523 9	0.527 9	0.531 9	0.535 9
0.1	0.539 8	0.543 8	0.547 8	0.551 7	0.555 7	0.559 6	0.563 6	0.567 5	0.571 4	0.575 3
0.2	0.579 3	0.583 2	0.587 1	0.591 0	0.594 8	0.598 7	0.602 6	0.606 4	0.610 3	0.614 1
0.3	0.617 9	0.621 7	0.625 5	0.629 3	0.633 1	0.636 8	0.640 4	0.644 3	0.648 0	0.651 7
0.4	0.655 4	0.659 1	0.662 8	0.666 4	0.670 0	0.673 6	0.677 2	0.680 8	0.684 4	0.687 9
0.5	0.691 5	0.695 0	0.698 5	0.701 9	0.705 4	0.708 8	0.712 3	0.715 7	0.719 0	0.722 4
0.6	0.725 7	0.7291	0.732 4	0.735 7	0.738 9	0.742 2	0.745 4	0.748 6	0.751 7	0.754 9
0.7	0.758 0	0.761 1	0.764 2	0.767 3	0.770 3	0.773 4	0.776 4	0.779 4	0.782 3	0.785 2
0.8	0.788 1	0.791 0	0.793 9	0.796 7	0.799 5	0.802 3	0.805 1	0.807 8	0.810 6	0.813 3
0.9	0.815 9	0.818 6	0.821 2	0.823 8	0.826 4	0.828 9	0.835 5	0.834 0	0.836 5	0.838 9
1.0	0.841 3	0.843 8	0.846 1	0.848 5	0.850 8	0.853 1	0.855 4	0.857 7	0.859 9	0.862 1
1.1	0.864 3	0.866 5	0.868 6	0.870 8	0.872 9	0.874 9	0.877 0	0.879 0	0.881 0	0.883 0
1.2	0.884 9	0.886 9	0.888 8	0.890 7	0.892 5	0.894 4	0.896 2	0.898 0	0.899 7	0.901 5
1.3	0.903 2	0.904 9	0.906 6	0.908 2	0.909 9	0.911 5	0.913 1	0.914 7	0.916 2	0.917 7
1.4	0.9192	0.920 7	0.922 2	0.923 6	0.925 1	0.926 5	0.927 9	0.929 2	0.930 6	0.9319
1.5	0.933 2	0.934 5	0.935 7	0.937 0	0.938 2	0.939 4	0.940 6	0.941 8	0.943 0	0.944 1
1.6	0.945 2	0.946 3	0.947 4	0.948 4	0.949 5	0.950 5	0.951 5	0.952 5	0.953 5	0.953 5
1.7	0.955 4	0.956 4	0.957 3	0.958 2	0.959 1	0.959 9	0.960 8	0.961 6	0.962 5	0.963 3
1.8	0.964 1	0.964 8	0.965 6	0.966 4	0.967 2	0.967 8	0.968 6	0.969 3	0.970 0	0.970 6
1.9	0.971 3	0.971 9	0.972 6	0.973 2	0.973 8	0.974 4	0.975 0	0.975 6	0.976 2	0.976 7
2.0	0.977 2	0.977 8	0.978 3	0.978 8	0.979 3	0.979 8	0.980 3	0.980 8	0.981 2	0.981 7
2.1	0.982 1	0.982 6	0.983 0	0.983 4	0.983 8	0.984 2	0.984 6	0.985 0	0.985 4	0.985 7
2.2	0.986 1	0.986 4	0.986 8	0.987 1	0.987 4	0.987 8	0.988 1	0.988 4	0.988 7	0.989 0
2.3	0.989 3	0.989 6	0.989 8	0.990 1	0.990 4	0.990 6	0.990 9	0.991 1	0.991 3	0.991 6
2.4	0.991 8	0.992 0	0.992 2	0.992 5	0.992 7	0.992 9	0.993 1	0.993 2	0.993 4	0.9936

续表

Z	0.00	0.01	0.02	0.03	0.04	0.05	0.06	0.07	0.08	0.09
2.5	0.993 8	0.994 0	0.994 1	0.994 3	0.994 5	0.994 6	0.994 8	0.994 9	0.995 1	0.995 2
2.6	0.995 3	0.995 5	0.995 6	0.995 7	0.995 9	0.996 0	0.996 1	0.996 2	0.996 3	0.996 4
2.7	0.996 5	0.996 6	0.996 7	0.996 8	0.996 9	0.997 0	0.997 1	0.997 2	0.997 3	0.997 4
2.8	0.997 4	0.997 5	0.997 6	0.997 7	0.997 7	0.997 8	0.997 9	0.997 9	0.998 0	0.9981
2.9	0.998 1	0.998 2	0.998 2	0.998 3	0.998 4	0.998 4	0.998 5	0.998 5	0.998 6	0.9986
3.0	0.998 7	0.999 0	0.999 3	0.999 5	0.999 7	0.999 8	0.999 8	0.999 9	0.999 9	1.0000

三、给定概率水平下的 t 分布表

自由度	α					
	0.25	0.1	0.05	0.025	0.01	0.005
1	1.000 0	3.077 7	6.313 8	12.706 2	31.820 5	63.656 7
2	0.816 5	1.885 6	2.920 0	4.302 7	6.964 6	9.924 8
3	0.764 9	1.637 7	2.353 4	3.182 4	4.540 7	5.840 9
4	0.740 7	1.533 2	2.131 8	2.776 4	3.746 9	4.604 1
5	0.726 7	1.475 9	2.015 0	2.570 6	3.364 9	4.032 1
6	0.717 6	1.439 8	1.943 2	2.446 9	3.142 7	3.707 4
7	0.711 1	1.414 9	1.894 6	2.364 6	2.998 0	3.499 5
8	0.706 4	1.396 8	1.859 5	2.306 0	2.896 5	3.355 4
9	0.702 7	1.383 0	1.833 1	2.262 2	2.821 4	3.249 8
10	0.699 8	1.372 2	1.812 5	2.228 1	2.763 8	3.169 3
11	0.697 4	1.363 4	1.795 9	2.201 0	2.718 1	3.105 8
12	0.695 5	1.356 2	1.782 3	2.178 8	2.681 0	3.054 5
13	0.693 8	1.350 2	1.770 9	2.160 4	2.650 3	3.012 3
14	0.692 4	1.345 0	1.761 3	2.144 8	2.624 5	2.976 8
15	0.691 2	1.340 6	1.753 1	2.131 4	2.602 5	2.946 7
16	0.690 1	1.336 8	1.745 9	2.119 9	2.583 5	2.920 8
17	0.689 2	1.333 4	1.739 6	2.109 8	2.566 9	2.898 2
18	0.688 4	1.330 4	1.734 1	2.100 9	2.552 4	2.878 4
19	0.687 6	1.327 7	1.729 1	2.093 0	2.539 5	2.860 9
20	0.687 0	1.325 3	1.724 7	2.086 0	2.528 0	2.845 3
21	0.686 4	1.323 2	1.720 7	2.079 6	2.517 6	2.831 4
22	0.685 8	1.321 2	1.717 1	2.073 9	2.508 3	2.818 8
23	0.685 3	1.319 5	1.713 9	2.068 7	2.499 9	2.807 3

续表

自由度	α					
	0.25	0.1	0.05	0.025	0.01	0.005
24	0.684 8	1.317 8	1.710 9	2.063 9	2.492 2	2.796 9
25	0.684 4	1.316 3	1.708 1	2.059 5	2.485 1	2.787 4
26	0.684 0	1.315 0	1.705 6	2.055 5	2.478 6	2.778 7
27	0.683 7	1.313 7	1.703 3	2.051 8	2.472 7	2.770 7
28	0.683 4	1.312 5	1.701 1	2.048 4	2.467 1	2.763 3
29	0.683 0	1.311 4	1.699 1	2.045 2	2.462 0	2.756 4
30	0.682 8	1.310 4	1.697 3	2.042 3	2.457 3	2.750 0
31	0.682 5	1.309 5	1.695 5	2.039 5	2.452 8	2.744 0
32	0.682 2	1.308 6	1.693 9	2.036 9	2.448 7	2.738 5
33	0.682 0	1.307 7	1.692 4	2.034 5	2.444 8	2.733 3
34	0.681 8	1.307 0	1.690 9	2.032 2	2.441 1	2.728 4
35	0.681 6	1.306 2	1.689 6	2.030 1	2.437 7	2.723 8
36	0.681 4	1.305 5	1.688 3	2.028 1	2.434 5	2.719 5
37	0.681 2	1.304 9	1.687 1	2.026 2	2.431 4	2.715 4
38	0.681 0	1.304 2	1.686 0	2.024 4	2.428 6	2.711 6
39	0.680 8	1.303 6	1.684 9	2.022 7	2.425 8	2.707 9
40	0.680 7	1.303 1	1.683 9	2.021 1	2.423 3	2.704 5
41	0.680 5	1.302 5	1.682 9	2.019 5	2.420 8	2.701 2
42	0.680 4	1.302 0	1.682 0	2.018 1	2.418 5	2.698 1
43	0.680 2	1.301 6	1.681 1	2.016 7	2.416 3	2.695 1
44	0.680 1	1.301 1	1.680 2	2.015 4	2.414 1	2.692 3
45	0.680 0	1.300 6	1.679 4	2.014 1	2.412 1	2.689 6
46	0.679 9	1.300 2	1.678 7	2.012 9	2.410 2	2.687 0
47	0.679 7	1.299 8	1.677 9	2.011 7	2.408 3	2.684 6
48	0.679 6	1.299 4	1.677 2	2.010 6	2.406 6	2.682 2
49	0.679 5	1.299 1	1.676 6	2.009 6	2.404 9	2.680 0
50	0.679 4	1.298 7	1.675 9	2.008 6	2.403 3	2.677 8
51	0.679 3	1.298 4	1.675 3	2.007 6	2.401 7	2.675 7
52	0.679 2	1.298 0	1.674 7	2.006 6	2.400 2	2.673 7
53	0.679 1	1.297 7	1.674 1	2.005 7	2.398 8	2.671 8
54	0.679 1	1.297 4	1.673 6	2.004 9	2.397 4	2.670 0
55	0.679 0	1.297 1	1.673 0	2.004 0	2.396 1	2.668 2
56	0.678 9	1.296 9	1.672 5	2.003 2	2.394 8	2.666 5

续表

自由度	α					
	0.25	0.1	0.05	0.025	0.01	0.005
57	0.678 8	1.296 6	1.672 0	2.002 5	2.393 6	2.664 9
58	0.678 7	1.296 3	1.671 6	2.001 7	2.392 4	2.663 3
59	0.678 7	1.296 1	1.671 1	2.001 0	2.391 2	2.661 8
60	0.678 6	1.295 8	1.670 6	2.000 3	2.390 1	2.660 3
61	0.678 5	1.295 6	1.670 2	1.999 6	2.389 0	2.658 9
62	0.678 5	1.295 4	1.669 8	1.999 0	2.388 0	2.657 5
63	0.678 4	1.295 1	1.669 4	1.998 3	2.387 0	2.656 1
64	0.678 3	1.294 9	1.669 0	1.997 7	2.386 0	2.654 9
65	0.678 3	1.294 7	1.668 6	1.997 1	2.385 1	2.653 6
66	0.678 2	1.294 5	1.668 3	1.996 6	2.384 2	2.652 4
67	0.678 2	1.294 3	1.667 9	1.996 0	2.383 3	2.651 2
68	0.678 1	1.294 1	1.667 6	1.995 5	2.382 4	2.650 1
69	0.678 1	1.293 9	1.667 2	1.994 9	2.381 6	2.649 0
70	0.678 0	1.293 8	1.666 9	1.994 4	2.380 8	2.647 9
71	0.678 0	1.293 6	1.666 6	1.993 9	2.380 0	2.646 9
72	0.677 9	1.293 4	1.666 3	1.993 5	2.379 3	2.645 9
73	0.677 9	1.293 3	1.666 0	1.993 0	2.378 5	2.644 9
74	0.677 8	1.293 1	1.665 7	1.992 5	2.377 8	2.643 9
75	0.677 8	1.292 9	1.665 4	1.992 1	2.377 1	2.643 0
76	0.677 7	1.292 8	1.665 2	1.991 7	2.376 4	2.642 1
77	0.677 7	1.292 6	1.664 9	1.991 3	2.375 8	2.641 2
78	0.677 6	1.292 5	1.664 6	1.990 8	2.375 1	2.640 3
79	0.677 6	1.292 4	1.664 4	1.990 5	2.374 5	2.639 5
80	0.677 6	1.292 2	1.664 1	1.990 1	2.373 9	2.638 7
81	0.677 5	1.292 1	1.663 9	1.989 7	2.373 3	2.637 9
82	0.677 5	1.292 0	1.663 6	1.989 3	2.372 7	2.637 1
83	0.677 5	1.291 8	1.663 4	1.989 0	2.372 1	2.636 4
84	0.677 4	1.291 7	1.663 2	1.988 6	2.371 6	2.635 6
85	0.677 4	1.291 6	1.663 0	1.988 3	2.371 0	2.634 9
86	0.677 4	1.291 5	1.662 8	1.987 9	2.370 5	2.634 2
87	0.677 3	1.291 4	1.662 6	1.987 6	2.370 0	2.633 5
88	0.677 3	1.291 2	1.662 4	1.987 3	2.369 5	2.632 9
89	0.677 3	1.291 1	1.662 2	1.987 0	2.369 0	2.632 2

续表

自由度	α					
	0.25	0.1	0.05	0.025	0.01	0.005
90	0.677 2	1.291 0	1.662 0	1.986 7	2.368 5	2.631 6
91	0.677 2	1.290 9	1.661 8	1.986 4	2.368 0	2.630 9
92	0.677 2	1.290 8	1.661 6	1.986 1	2.367 6	2.630 3
93	0.677 1	1.290 7	1.661 4	1.985 8	2.367 1	2.629 7
94	0.677 1	1.290 6	1.661 2	1.985 5	2.366 7	2.629 1
95	0.677 1	1.290 5	1.661 1	1.985 3	2.366 2	2.628 6
96	0.677 1	1.290 4	1.660 9	1.985 0	2.365 8	2.628 0
97	0.677 0	1.290 3	1.660 7	1.984 7	2.365 4	2.627 5
98	0.677 0	1.290 2	1.660 6	1.984 5	2.365 0	2.626 9
99	0.677 0	1.290 2	1.660 4	1.984 2	2.364 6	2.626 4
100	0.677 0	1.290 1	1.660 2	1.984 0	2.364 2	2.625 9
101	0.676 9	1.290 0	1.660 1	1.983 7	2.363 8	2.625 4
102	0.676 9	1.289 9	1.659 9	1.983 5	2.363 5	2.624 9
103	0.676 9	1.289 8	1.659 8	1.983 3	2.363 1	2.624 4
104	0.676 9	1.289 7	1.659 6	1.983 0	2.362 7	2.623 9
105	0.676 8	1.289 7	1.659 5	1.982 8	2.362 4	2.623 5
106	0.676 8	1.289 6	1.659 4	1.982 6	2.362 0	2.623 0
107	0.676 8	1.289 5	1.659 2	1.982 4	2.361 7	2.622 6
108	0.676 8	1.289 4	1.659 1	1.982 2	2.361 4	2.622 1
109	0.676 7	1.289 4	1.659 0	1.982 0	2.361 0	2.621 7
110	0.676 7	1.289 3	1.658 8	1.981 8	2.360 7	2.621 3
111	0.676 7	1.289 2	1.658 7	1.981 6	2.360 4	2.620 8
112	0.676 7	1.289 2	1.658 6	1.981 4	2.360 1	2.620 4
113	0.676 7	1.289 1	1.658 5	1.981 2	2.359 8	2.620 0
114	0.676 6	1.289 0	1.658 3	1.981 0	2.359 5	2.619 6
115	0.676 6	1.289 0	1.658 2	1.980 8	2.359 2	2.619 3
116	0.676 6	1.288 9	1.658 1	1.980 6	2.358 9	2.618 9
117	0.676 6	1.288 8	1.658 0	1.980 4	2.358 6	2.618 5
118	0.676 6	1.288 8	1.657 9	1.980 3	2.358 4	2.618 1
119	0.676 6	1.288 7	1.657 8	1.980 1	2.358 1	2.617 8
120	0.676 5	1.288 6	1.657 7	1.979 9	2.357 8	2.617 4
121	0.676 5	1.288 6	1.657 5	1.979 8	2.357 6	2.617 1
122	0.676 5	1.288 5	1.657 4	1.979 6	2.357 3	2.616 7

续表

自由度	α					
	0.25	0.1	0.05	0.025	0.01	0.005
123	0.676 5	1.288 5	1.657 3	1.979 4	2.357 0	2.616 4
124	0.676 5	1.288 4	1.657 2	1.979 3	2.356 8	2.616 1
125	0.676 5	1.288 4	1.657 1	1.979 1	2.356 5	2.615 7
126	0.676 4	1.288 3	1.657 0	1.979 0	2.356 3	2.615 4
127	0.676 4	1.288 3	1.656 9	1.978 8	2.356 1	2.615 1
128	0.676 4	1.288 2	1.656 8	1.978 7	2.355 8	2.614 8
129	0.676 4	1.288 1	1.656 8	1.978 5	2.355 6	2.614 5
130	0.676 4	1.288 1	1.656 7	1.978 4	2.355 4	2.614 2
131	0.676 4	1.288 0	1.656 6	1.978 2	2.355 2	2.613 9
132	0.676 4	1.288 0	1.656 5	1.978 1	2.354 9	2.613 6
133	0.676 3	1.287 9	1.656 4	1.978 0	2.354 7	2.613 3
134	0.676 3	1.287 9	1.656 3	1.977 8	2.354 5	2.613 0
135	0.676 3	1.287 9	1.656 2	1.977 7	2.354 3	2.612 7
136	0.676 3	1.287 8	1.656 1	1.977 6	2.354 1	2.612 5
137	0.676 3	1.287 8	1.656 1	1.977 4	2.353 9	2.612 2
138	0.676 3	1.287 7	1.656 0	1.977 3	2.353 7	2.611 9
139	0.676 3	1.287 7	1.655 9	1.977 2	2.353 5	2.611 7
140	0.676 2	1.287 6	1.655 8	1.977 1	2.353 3	2.611 4
141	0.676 2	1.287 6	1.655 7	1.976 9	2.353 1	2.611 1
142	0.676 2	1.287 5	1.655 7	1.976 8	2.352 9	2.610 9
143	0.676 2	1.287 5	1.655 6	1.976 7	2.352 7	2.610 6
144	0.676 2	1.287 5	1.655 5	1.976 6	2.352 5	2.610 4
145	0.676 2	1.287 4	1.655 4	1.976 5	2.352 3	2.610 2
146	0.676 2	1.287 4	1.655 4	1.976 3	2.352 2	2.609 9
147	0.676 2	1.287 3	1.655 3	1.976 2	2.352 0	2.609 7
148	0.676 2	1.287 3	1.655 2	1.976 1	2.351 8	2.609 5
149	0.676 1	1.287 3	1.655 1	1.976 0	2.351 6	2.609 2
150	0.676 1	1.287 2	1.655 1	1.975 9	2.351 5	2.609 0
200	0.675 7	1.285 8	1.652 5	1.971 9	2.345 1	2.600 6
300	0.675 3	1.284 4	1.649 9	1.967 9	2.338 8	2.592 3
500	0.675 0	1.283 2	1.647 9	1.964 7	2.333 8	2.585 7

四、F 分布临界值表

(一)

α=0.005	分子自由度									
分母自由度	1	2	3	4	5	6	8	12	24	∞
1	16 211	20 000	21 615	22 500	23 056	23 437	23 925	24 426	24 940	25 465
2	198.5	199	199.2	199.2	199.3	199.3	199.4	199.4	199.5	199.5
3	55.55	49.8	47.47	46.19	45.39	44.84	44.13	43.39	42.62	41.83
4	31.33	26.28	24.26	23.15	22.46	21.97	21.35	20.7	20.03	19.32
5	22.78	18.31	16.53	15.56	14.94	14.51	13.96	13.38	12.78	12.14
6	18.63	14.45	12.92	12.03	11.46	11.07	10.57	10.03	9.47	8.88
7	16.24	12.4	10.88	10.05	9.52	9.16	8.68	8.18	7.65	7.08
8	14.69	11.04	9.6	8.81	8.3	7.95	7.5	7.01	6.5	5.95
9	13.61	10.11	8.72	7.96	7.47	7.13	6.69	6.23	5.73	5.19
10	12.83	9.43	8.08	7.34	6.87	6.54	6.12	5.66	5.17	4.64
11	12.23	8.91	7.6	6.88	6.42	6.1	5.68	5.24	4.76	4.23
12	11.75	8.51	7.23	6.52	6.07	5.76	5.35	4.91	4.43	3.9
13	11.37	8.19	6.93	6.23	5.79	5.48	5.08	4.64	4.17	3.65
14	11.06	7.92	6.68	6	5.56	5.26	4.86	4.43	3.96	3.44
15	10.8	7.7	6.48	5.8	5.37	5.07	4.67	4.25	3.79	3.26
16	10.58	7.51	6.3	5.64	5.21	4.91	4.52	4.1	3.64	3.11
17	10.38	7.35	6.16	5.5	5.07	4.78	4.39	3.97	3.51	2.98
18	10.22	7.21	6.03	5.37	4.96	4.66	4.28	3.86	3.4	2.87
19	10.07	7.09	5.92	5.27	4.85	4.56	4.18	3.76	3.31	2.78
20	9.94	6.99	5.82	5.17	4.76	4.47	4.09	3.68	3.22	2.69
21	9.83	6.89	5.73	5.09	4.68	4.39	4.01	3.6	3.15	2.61
22	9.73	6.81	5.65	5.02	4.61	4.32	3.94	3.54	3.08	2.55
23	9.63	6.73	5.58	4.95	4.54	4.26	3.88	3.47	3.02	2.48
24	9.55	6.66	5.52	4.89	4.49	4.2	3.83	3.42	2.97	2.43
25	9.48	6.6	5.46	4.84	4.43	4.15	3.78	3.37	2.92	2.38
26	9.41	6.54	5.41	4.79	4.38	4.1	3.73	3.33	2.87	2.33
27	9.34	6.49	5.36	4.74	4.34	4.06	3.69	3.28	2.83	2.29
28	9.28	6.44	5.32	4.7	4.3	4.02	3.65	3.25	2.79	2.25
29	9.23	6.4	5.28	4.66	4.26	3.98	3.61	3.21	2.76	2.21
30	9.18	6.35	5.24	4.62	4.23	3.95	3.58	3.18	2.73	2.18

续表

α=0.005	分子自由度									
分母自由度	1	2	3	4	5	6	8	12	24	∞
40	8.83	6.07	4.98	4.37	3.99	3.71	3.35	2.95	2.5	1.93
60	8.49	5.79	4.73	4.14	3.76	3.49	3.13	2.74	2.29	1.69
120	8.18	5.54	4.5	3.92	3.55	3.28	2.93	2.54	2.09	1.43

（二）

α=0.01	分子自由度									
分母自由度	1	2	3	4	5	6	8	12	24	∞
1	4 052	4 999	5 403	5 625	5 764	5 859	5 981	6 106	6 234	6 366
2	98.49	99.01	99.17	99.25	99.3	99.33	99.36	99.42	99.46	99.5
3	34.12	30.81	29.46	28.71	28.24	27.91	27.49	27.05	26.6	26.12
4	21.2	18	16.69	15.98	15.52	15.21	14.8	14.37	13.93	13.46
5	16.26	13.27	12.06	11.39	10.97	10.67	10.29	9.89	9.47	9.02
6	13.74	10.92	9.78	9.15	8.75	8.47	8.1	7.72	7.31	6.88
7	12.25	9.55	8.45	7.85	7.46	7.19	6.84	6.47	6.07	5.65
8	11.26	8.65	7.59	7.01	6.63	6.37	6.03	5.67	5.28	4.86
9	10.56	8.02	6.99	6.42	6.06	5.8	5.47	5.11	4.73	4.31
10	10.04	7.56	6.55	5.99	5.64	5.39	5.06	4.71	4.33	3.91
11	9.65	7.2	6.22	5.67	5.32	5.07	4.74	4.4	4.02	3.6
12	9.33	6.93	5.95	5.41	5.06	4.82	4.5	4.16	3.78	3.36
13	9.07	6.7	5.74	5.2	4.86	4.62	4.3	3.96	3.59	3.16
14	8.86	6.51	5.56	5.03	4.69	4.46	4.14	3.8	3.43	3
15	8.68	6.36	5.42	4.89	4.56	4.32	4	3.67	3.29	2.87
16	8.53	6.23	5.29	4.77	4.44	4.2	3.89	3.55	3.18	2.75
17	8.4	6.11	5.18	4.67	4.34	4.1	3.79	3.45	3.08	2.65
18	8.28	6.01	5.09	4.58	4.25	4.01	3.71	3.37	3	2.57
19	8.18	5.93	5.01	4.5	4.17	3.94	3.63	3.3	2.92	2.49
20	8.1	5.85	4.94	4.43	4.1	3.87	3.56	3.23	2.86	2.42
21	8.02	5.78	4.87	4.37	4.04	3.81	3.51	3.17	2.8	2.36
22	7.94	5.72	4.82	4.31	3.99	3.76	3.45	3.12	2.75	2.31
23	7.88	5.66	4.76	4.26	3.94	3.71	3.41	3.07	2.7	2.26
24	7.82	5.61	4.72	4.22	3.9	3.67	3.36	3.03	2.66	2.21
25	7.77	5.57	4.68	4.18	3.86	3.63	3.32	2.99	2.62	2.17

续表

α=0.01	分子自由度									
分母自由度	1	2	3	4	5	6	8	12	24	∞
26	7.72	5.53	4.64	4.14	3.82	3.59	3.29	2.96	2.58	2.13
27	7.68	5.49	4.6	4.11	3.78	3.56	3.26	2.93	2.55	2.1
28	7.64	5.45	4.57	4.07	3.75	3.53	3.23	2.9	2.52	2.06
29	7.6	5.42	4.54	4.04	3.73	3.5	3.2	2.87	2.49	2.03
30	7.56	5.39	4.51	4.02	3.7	3.47	3.17	2.84	2.47	2.01
40	7.31	5.18	4.31	3.83	3.51	3.29	2.99	2.66	2.29	1.8
60	7.08	4.98	4.13	3.65	3.34	3.12	2.82	2.5	2.12	1.6
120	6.85	4.79	3.95	3.48	3.17	2.96	2.66	2.34	1.95	1.38
∞	6.64	4.6	3.78	3.32	3.02	2.8	2.51	2.18	1.79	1

(三)

α=0.025	分子自由度									
分母自由度	1	2	3	4	5	6	8	12	24	∞
1	647.8	799.5	864.2	899.6	921.8	937.1	956.7	976.7	997.2	1 018
2	38.51	39	39.17	39.25	39.3	39.33	39.37	39.41	39.46	39.5
3	17.44	16.04	15.44	15.1	14.88	14.73	14.54	14.34	14.12	13.9
4	12.22	10.65	9.98	9.6	9.36	9.2	8.98	8.75	8.51	8.26
5	10.01	8.43	7.76	7.39	7.15	6.98	6.76	6.52	6.28	6.02
6	8.81	7.26	6.6	6.23	5.99	5.82	5.6	5.37	5.12	4.85
7	8.07	6.54	5.89	5.52	5.29	5.12	4.9	4.67	4.42	4.14
8	7.57	6.06	5.42	5.05	4.82	4.65	4.43	4.2	3.95	3.67
9	7.21	5.71	5.08	4.72	4.48	4.32	4.1	3.87	3.61	3.33
10	6.94	5.46	4.83	4.47	4.24	4.07	3.85	3.62	3.37	3.08
11	6.72	5.26	4.63	4.28	4.04	3.88	3.66	3.43	3.17	2.88
12	6.55	5.1	4.47	4.12	3.89	3.73	3.51	3.28	3.02	2.72
13	6.41	4.97	4.35	4	3.77	3.6	3.39	3.15	2.89	2.6
14	6.3	4.86	4.24	3.89	3.66	3.5	3.29	3.05	2.79	2.49
15	6.2	4.77	4.15	3.8	3.58	3.41	3.2	2.96	2.7	2.4
16	6.12	4.69	4.08	3.73	3.5	3.34	3.12	2.89	2.63	2.32
17	6.04	4.62	4.01	3.66	3.44	3.28	3.06	2.82	2.56	2.25
18	5.98	4.56	3.95	3.61	3.38	3.22	3.01	2.77	2.5	2.19
19	5.92	4.51	3.9	3.56	3.33	3.17	2.96	2.72	2.45	2.13

续表

α=0.025	分子自由度									
分母自由度	1	2	3	4	5	6	8	12	24	∞
20	5.87	4.46	3.86	3.51	3.29	3.13	2.91	2.68	2.41	2.09
21	5.83	4.42	3.82	3.48	3.25	3.09	2.87	2.64	2.37	2.04
22	5.79	4.38	3.78	3.44	3.22	3.05	2.84	2.6	2.33	2
23	5.75	4.35	3.75	3.41	3.18	3.02	2.81	2.57	2.3	1.97
24	5.72	4.32	3.72	3.38	3.15	2.99	2.78	2.54	2.27	1.94
25	5.69	4.29	3.69	3.35	3.13	2.97	2.75	2.51	2.24	1.91
26	5.66	4.27	3.67	3.33	3.1	2.94	2.73	2.49	2.22	1.88
27	5.63	4.24	3.65	3.31	3.08	2.92	2.71	2.47	2.19	1.85
28	5.61	4.22	3.63	3.29	3.06	2.9	2.69	2.45	2.17	1.83
29	5.59	4.2	3.61	3.27	3.04	2.88	2.67	2.43	2.15	1.81
30	5.57	4.18	3.59	3.25	3.03	2.87	2.65	2.41	2.14	1.79
40	5.42	4.05	3.46	3.13	2.9	2.74	2.53	2.29	2.01	1.64
60	5.29	3.93	3.34	3.01	2.79	2.63	2.41	2.17	1.88	1.48
120	5.15	3.8	3.23	2.89	2.67	2.52	2.3	2.05	1.76	1.31
∞	5.02	3.69	3.12	2.79	2.57	2.41	2.19	1.94	1.64	1

（四）

α=0.05	分子自由度									
分母自由度	1	2	3	4	5	6	8	12	24	∞
1	161.4	199.5	215.7	224.6	230.2	234	238.9	243.9	249	254.3
2	18.51	19	19.16	19.25	19.3	19.33	19.37	19.41	19.45	19.5
3	10.13	9.55	9.28	9.12	9.01	8.94	8.84	8.74	8.64	8.53
4	7.71	6.94	6.59	6.39	6.26	6.16	6.04	5.91	5.77	5.63
5	6.61	5.79	5.41	5.19	5.05	4.95	4.82	4.68	4.53	4.36
6	5.99	5.14	4.76	4.53	4.39	4.28	4.15	4	3.84	3.67
7	5.59	4.74	4.35	4.12	3.97	3.87	3.73	3.57	3.41	3.23
8	5.32	4.46	4.07	3.84	3.69	3.58	3.44	3.28	3.12	2.93
9	5.12	4.26	3.86	3.63	3.48	3.37	3.23	3.07	2.9	2.71
10	4.96	4.1	3.71	3.48	3.33	3.22	3.07	2.91	2.74	2.54
11	4.84	3.98	3.59	3.36	3.2	3.09	2.95	2.79	2.61	2.4
12	4.75	3.88	3.49	3.26	3.11	3	2.85	2.69	2.5	2.3
13	4.67	3.8	3.41	3.18	3.02	2.92	2.77	2.6	2.42	2.21

续表

α=0.05	分子自由度								
分母自由度	1	2	3	4	5	6	8	12	24	∞
14	4.6	3.74	3.34	3.11	2.96	2.85	2.7	2.53	2.35	2.13
15	4.54	3.68	3.29	3.06	2.9	2.79	2.64	2.48	2.29	2.07
16	4.49	3.63	3.24	3.01	2.85	2.74	2.59	2.42	2.24	2.01
17	4.45	3.59	3.2	2.96	2.81	2.7	2.55	2.38	2.19	1.96
18	4.41	3.55	3.16	2.93	2.77	2.66	2.51	2.34	2.15	1.92
19	4.38	3.52	3.13	2.9	2.74	2.63	2.48	2.31	2.11	1.88
20	4.35	3.49	3.1	2.87	2.71	2.6	2.45	2.28	2.08	1.84
21	4.32	3.47	3.07	2.84	2.68	2.57	2.42	2.25	2.05	1.81
22	4.3	3.44	3.05	2.82	2.66	2.55	2.4	2.23	2.03	1.78
23	4.28	3.42	3.03	2.8	2.64	2.53	2.38	2.2	2	1.76
24	4.26	3.4	3.01	2.78	2.62	2.51	2.36	2.18	1.98	1.73
25	4.24	3.38	2.99	2.76	2.6	2.49	2.34	2.16	1.96	1.71
26	4.22	3.37	2.98	2.74	2.59	2.47	2.32	2.15	1.95	1.69
27	4.21	3.35	2.96	2.73	2.57	2.46	2.3	2.13	1.93	1.67
28	4.2	3.34	2.95	2.71	2.56	2.44	2.29	2.12	1.91	1.65
29	4.18	3.33	2.93	2.7	2.54	2.43	2.28	2.1	1.9	1.64
30	4.17	3.32	2.92	2.69	2.53	2.42	2.27	2.09	1.89	1.62
40	4.08	3.23	2.84	2.61	2.45	2.34	2.18	2	1.79	1.51
60	4	3.15	2.76	2.52	2.37	2.25	2.1	1.92	1.7	1.39
120	3.92	3.07	2.68	2.45	2.29	2.17	2.02	1.83	1.61	1.25
∞	3.84	2.99	2.6	2.37	2.21	2.09	1.94	1.75	1.52	1

(五)

α=0.1	分子自由度								
分母自由度	1	2	3	4	5	6	8	12	24	∞
1	39.86	49.5	53.59	55.83	57.24	58.2	59.44	60.71	62	63.33
2	8.53	9	9.16	9.24	9.29	9.33	9.37	9.41	9.45	9.49
3	5.54	5.46	5.36	5.32	5.31	5.28	5.25	5.22	5.18	5.13
4	4.54	4.32	4.19	4.11	4.05	4.01	3.95	3.9	3.83	3.76
5	4.06	3.78	3.62	3.52	3.45	3.4	3.34	3.27	3.19	3.1
6	3.78	3.46	3.29	3.18	3.11	3.05	2.98	2.9	2.82	2.72
7	3.59	3.26	3.07	2.96	2.88	2.83	2.75	2.67	2.58	2.47

续表

α=0.1	分子自由度									
分母自由度	1	2	3	4	5	6	8	12	24	∞
8	3.46	3.11	2.92	2.81	2.73	2.67	2.59	2.5	2.4	2.29
9	3.36	3.01	2.81	2.69	2.61	2.55	2.47	2.38	2.28	2.16
10	3.29	2.92	2.73	2.61	2.52	2.46	2.38	2.28	2.18	2.06
11	3.23	2.86	2.66	2.54	2.45	2.39	2.3	2.21	2.1	1.97
12	3.18	2.81	2.61	2.48	2.39	2.33	2.24	2.15	2.04	1.9
13	3.14	2.76	2.56	2.43	2.35	2.28	2.2	2.1	1.98	1.85
14	3.1	2.73	2.52	2.39	2.31	2.24	2.15	2.05	1.94	1.8
15	3.07	2.7	2.49	2.36	2.27	2.21	2.12	2.02	1.9	1.76
16	3.05	2.67	2.46	2.33	2.24	2.18	2.09	1.99	1.87	1.72
17	3.03	2.64	2.44	2.31	2.22	2.15	2.06	1.96	1.84	1.69
18	3.01	2.62	2.42	2.29	2.2	2.13	2.04	1.93	1.81	1.66
19	2.99	2.61	2.4	2.27	2.18	2.11	2.02	1.91	1.79	1.63
20	2.97	2.59	2.38	2.25	2.16	2.09	2	1.89	1.77	1.61
21	2.96	2.57	2.36	2.23	2.14	2.08	1.98	1.87	1.75	1.59
22	2.95	2.56	2.35	2.22	2.13	2.06	1.97	1.86	1.73	1.57
23	2.94	2.55	2.34	2.21	2.11	2.05	1.95	1.84	1.72	1.55
24	2.93	2.54	2.33	2.19	2.1	2.04	1.94	1.83	1.7	1.53
25	2.92	2.53	2.32	2.18	2.09	2.02	1.93	1.82	1.69	1.52
26	2.91	2.52	2.31	2.17	2.08	2.01	1.92	1.81	1.68	1.5
27	2.9	2.51	2.3	2.17	2.07	2	1.91	1.8	1.67	1.49
28	2.89	2.5	2.29	2.16	2.06	2	1.9	1.79	1.66	1.48
29	2.89	2.5	2.28	2.15	2.06	1.99	1.89	1.78	1.65	1.47
30	2.88	2.49	2.28	2.14	2.05	1.98	1.88	1.77	1.64	1.46
40	2.84	2.44	2.23	2.09	2	1.93	1.83	1.71	1.57	1.38
60	2.79	2.39	2.18	2.04	1.95	1.87	1.77	1.66	1.51	1.29
120	2.75	2.35	2.13	1.99	1.9	1.82	1.72	1.6	1.45	1.19
∞	2.71	2.3	2.08	1.94	1.85	1.17	1.67	1.55	1.38	1

参考文献

1. 蒋萍．市场调查．2 版．上海：格致出版社，2013.

2. 林根祥，汪有涛，张璇．市场调查与预测．4 版．北京：中国人民大学出版社，2014.

3. 简明，金勇进，蒋妍．市场调查方法与技术．3 版．北京：中国人民大学出版社，2012.

4. 张灿鹏，郭砚常．市场调查与分析预测．北京：清华大学出版社，北京交通大学出版社，2008.

5. 詹姆斯・R. 埃文斯，戴维・L. 奥尔森．数据、模型与决策．北京：中国人民大学出版社，2006.

6. 卢纹岱，朱红兵．SPSS 统计分析．北京：电子工业出版社，2015.

7. 邱林，杨智，吕一林，等．营销科学研究．北京：高等教育出版社，2008.

8. 杨立生，刘超群．统计学原理．北京：北京大学出版社，2011.

9. 韩德昌，李桂华，刘立雁．市场调查与预测教程．北京：清华大学出版社，2008.

10. 李金林，赵中秋．管理统计学．北京：清华大学出版社，2006.

11. 吴仁群．经济预测与决策．北京：中国人民大学出版社，2015.

12. 王文举，张桂喜．经济预测、决策与对策．2 版．北京：首都经济贸易大学出版社，2013.

13. 简明，胡玉立．市场预测与管理决策．5 版．北京：中国人民大学出版社，2014.

14. 陈晓慧．市场预测与决策．2 版．武汉：武汉理工大学出版社，2013.

15. 易丹辉．统计预测：方法与应用．2 版．北京：中国人民大学出版社，2014.

16. 陈凯．市场调研与分析．北京：中国人民大学出版社，2016.

17. 李昊，熊科．市场调查与预测．北京：中国人民大学出版社，2016.

中国人民大学出版社　管理分社

教师教学服务说明

中国人民大学出版社管理分社以出版工商管理和公共管理类精品图书为宗旨。为更好地服务一线教师，我们着力建设了一批数字化、立体化的网络教学资源。教师可以通过以下方式获得免费下载教学资源的权限：

★ 在中国人民大学出版社网站 www.crup.com.cn 进行注册，注册后进入“会员中心”，在左侧点击“我的教师认证”，填写相关信息，提交后等待审核。我们将在一个工作日内为您开通相关资源的下载权限。

★ 如您急需教学资源或需要其他帮助，请加入教师 QQ 群或在工作时间与我们联络。

中国人民大学出版社　管理分社

教师 QQ 群：648333426（工商管理）　114970332（财会）　648117133（公共管理）
教师群仅限教师加入，入群请备注（学校＋姓名）

联系电话：010-62515735，62515987，62515782，82501048，62514760

电子邮箱：glcbfs@crup.com.cn

通讯地址：北京市海淀区中关村大街甲 59 号文化大厦 1501 室（100872）

管理书社　　人大社财会　　公共管理与政治学悦读坊